*Maximilian von Poseck*

# Die deutsche Kavallerie 1914 in Belgien und Frankreich

*Maximilian von Poseck*

**Die deutsche Kavallerie 1914 in Belgien und Frankreich**

*ISBN/EAN: 9783955640835*

*Auflage: 1*

*Erscheinungsjahr: 2013*

*Erscheinungsort: Bremen, Deutschland*

EHV
HISTORY

# Die
# Deutsche Kavallerie 1914 in Belgien und Frankreich

Von

**M. v. Poseck**

Generalleutnant und Inspekteur der Kavallerie

Dritte, durchgesehene Auflage

Berlin 1922 * Verlag von E. S. Mittler & Sohn

# Vorwort.

Das Material zu der nachfolgenden Schilderung der Tätigkeit der Kavallerie 1914 im Westen war für eine der bisher vom Großen Generalstabe des Feldheeres herausgegebenen „Einzeldarstellungen" bestimmt. Bei der Fülle der Ereignisse bei 10 Kavalleriedivisionen während eines Zeitraumes von über drei Monaten war der zur Verfügung stehende Raum, selbst bei einer Darstellung in gedrängter Kürze, nicht ausreichend.

Da mit der Auflösung des Generalstabes und der Aufhebung der Kriegsgeschichtlichen Abteilungen die Einzeldarstellungen nicht mehr herausgegeben werden, konnte nunmehr der Rahmen entsprechend erweitert werden. Auch war es nun möglich, Einzelberichte von Mitkämpfern über besondere Ereignisse aufzunehmen.

Trotzdem erhebt die nachfolgende Arbeit nicht etwa den Anspruch auf Vollständigkeit, und ich bin mir bewußt, daß noch zahlreiche Lücken, ja selbst Fehler vorhanden sein werden. Auch konnten von Einzeldarstellungen nur diejenigen Aufnahme finden, die auf das seinerzeit ergangene Rundschreiben hin zu diesem Zweck eingesandt worden sind. Diese Einzeldarstellungen sind zum Teil aus dem Gedächtnis niedergeschrieben und in bezug auf Vollständigkeit und Formvollendung nicht einwandfrei. Immerhin sind sie durch Wiedergabe der unmittelbaren persönlichen Eindrücke von Mitkämpfern als Stimmungsbilder von Wert. Sie enthalten manche die nüchternen Kriegstagebücher ergänzende Aufschlüsse, und ihre Schilderungen zeigen den echten Reitergeist, der unsere Kavallerie im Kriege beseelte.

Noch ist dies nicht Kriegsgeschichte. Dazu ist das Material noch zu unvollständig, denn die Quellen aus den Archiven unserer Gegner im Weltkriege fehlen noch. Es soll vielmehr lediglich eine vorläufige Zusammenstellung der Ereignisse und Erfahrungen sein, die in erster Linie bezweckt, denen, „die mit dabei waren", die Erinnerung an die schönen Zeiten reiterlicher Tätigkeit im Bewegungskriege wieder in das Gedächtnis zurückzurufen. Dann aber soll sie auch weiteren Kreisen davon Kunde geben, was die Kavallerie in diesem Kriege geleistet hat, und daß diese Waffe nicht, wie manche glauben, im Zeitalter der Technik sich überlebt habe und zum alten Eisen zu werfen sei.

Den Beweis für die Daseinsberechtigung der Reiterei mögen die Ereignisse liefern. An ihren Taten sollt Ihr sie erkennen!

Schwedt, Mai 1921.

v. Poseck.

# Vorwort zur zweiten Auflage.

Der Umstand, daß ein Neudruck dieses Buches sich als notwendig erwiesen hat, zeigt, daß die Schilderung der Taten unserer Reiterwaffe das Interesse weiterer Kreise erregt hat. Abgesehen von einzelnen kleineren Berichtigungen hat in dieser zweiten Auflage noch eine genaue Schilderung der Attacke der bayerischen Ulanen-Brigade am 11. August 1914 bei Lagarde Aufnahme gefunden, weil dieser Reiterangriff ein Schulbeispiel für die auch heute noch bestehende Möglichkeit von Attacken kleinerer Verbände ist.

Eine eingehendere Beleuchtung der operativen Entschlüsse und der strategischen Tätigkeit der Kavallerie in dieser Kriegsperiode, wie sie von einzelnen Kritikern für wünschenswert gehalten worden ist, konnte in den einmal gesteckten Rahmen dieses Buches nicht mehr hineingearbeitet werden. Sie ergibt sich m. E. aber auch aus den angeführten Befehlen und Anordnungen sowie aus dem Gang der Ereignisse gewissermaßen von selbst. Bei der in Bearbeitung befindlichen Schilderung der Ereignisse auf den östlichen Kriegsschauplätzen wird auch auf diese Fragen näher eingegangen werden.

Möge unserer Waffe neben der fortschreitenden Vervollkommnung im Feuerkampf ihr alter Reitergeist erhalten bleiben!

Schwedt, September 1921,

v. Poseck.

# Inhaltsverzeichnis.

## Anlagen.



## Karten

(am Schluß des Buches).

# Abkürzungen.

A. E. = Aufklärungs-Eskadron.
A. Gr. = Armeegruppe.
A. H. Qu. = Armeehauptquartier.
A. K. = Armeekorps.
A. O. K. = Armeeoberkommando.
Batt. = Batterie.
bayer. = bayerisch.
Brig. = Brigade.
Brig. St. Qu. = Brigadestabsquartier.
Btl. = Bataillon.
Chev. = Chevauleger.
Div. = Division.
D. St. Qu. = Divisionsstabsquartier.
Drag. = Dragoner.
Esk. = Eskadron.
F. A. = Feldartillerie.
Flak = Flugzeug-Abwehrkanone.
Fu. St. = Funkenstation.
G. = Garde.
H. Gr. = Heeresgruppe.
H. K. K. = Höherer Kavallerie-kommandeur.
Hus. = Husar.
J. Brig. = Infanteriebrigade.
J. D. = Infanteriedivision.
Jäg. = Jäger.
Jäg. z. Pf. = Jäger zu Pferde.
Karab. = Karabinier.
Kav. = Kavallerie.
K. D. = Kavalleriedivision.
Kdo. = Kommando.
K. H. Qu. = Korpshauptquartier.
Komp. = Kompagnie.
Kür. = Kürassier.
Ldst. = Landsturm.
L. F. H. = Leichte Feldhaubitze.
Ldw. = Landwehr.
L. u. F. Wag. = Lebensmittel- und Futter-wagen.
M. G. = Maschinengewehr.
M. G. A. = Maschinengewehr-abteilung.
O. H. L. = Oberste Heeresleitung.
Pi. = Pionier.
Pi. A. = Pionierabteilung.
Radf. = Radfahrer.
R. = Reserve.
R. K. = Reservekorps.
R. D. = Reservedivision.
Regt. = Regiment.
sächs. = sächsisch.
Sch. = Schützen.
schw. R. = schwerer Reiter.
Ul. = Ulan.

# Einleitung.

Mit den ersten Mobilmachungstransporten erreichte die deutsche Heereskavallerie Anfang August 1914 ihre Versammlungsräume. Ihre verantwortungsreiche Tätigkeit, Aufklärung des feindlichen Aufmarsches und Verschleierung der eigenen Bewegungen, begann.

In heißem Tatendrang und voll freudiger Hingabe setzte der deutsche Reiter den Fuß in den Bügel. Galt es doch, das in langjähriger, mühevoller Friedensarbeit Erlernte im blutigen Ernst des Krieges zu betätigen. Daß dies gelungen ist, und daß die deutsche Kavallerie gleich ihren Schwesterwaffen ihre Schuldigkeit in vollem Maße getan hat, dürfen wir mit stolzer Genugtuung bekennen.

Zwar ist es der Kavallerie nicht vergönnt gewesen, in geschlossenem Massenangriff zu Pferde mit eingelegter Lanze den Feind niederzureiten. Weder Belgier, Franzosen oder Engländer nahmen den von uns oft genug gesuchten Reiterkampf geschlossener Divisionen jemals an. Auch haben sie selbst es nie gewagt, uns in großen Verbänden zu Pferde anzugreifen. Trotzdem ist aber unsere gute Ausbildung zu Pferde und mit der Lanze nicht vergeblich gewesen. Sie kam uns im Aufklärungsdienst gut zustatten.

Was von den vor der Heeresfront befindlichen Kavalleriedivisionen, Aufklärungseskadrons, Patrouillen und Meldereitern in den Zeiten des Bewegungskrieges geleistet wurde, ist noch wenig bekannt. Erst mit der fortschreitenden genaueren Schilderung des Krieges wird ein Teil dieser Taten zu allgemeiner Kenntnis gelangen.

Die erhöhte, ausschlaggebende Bedeutung des Gefechts zu Fuß war vor dem Kriege leider noch nicht überall voll gewürdigt und erkannt worden, und so sah sich die Kavallerie bald vor neue, vielseitige Aufgaben gestellt. In rascher Anpassungsfähigkeit hat sie es indessen verstanden — zumal nach allmählich besser gewordener Bewaffnung, Ausrüstung und Munitionierung — sich bald in die veränderten Verhältnisse zu finden, so daß sie auch in der neuen Kampfesweise ihren Mann stehen konnte.

Naturgemäß ergaben sich auf der fast 400 km langen Front, dem Feldzugsplan entsprechend, durch die Lage der Landesgrenzen und der feindlichen Verteidigungsanlagen sowie durch die Verschiedenartigkeit des Geländes bedingt, für die Heereskavallerie die mannigfachsten Aufgaben. So konnten sich die Kavalleriedivisionen des weit ausholend vorgehenden rechten deutschen Heeresflügels auf dem echt reiterlichen Gebiet der Fernaufklärung und Verschleierung betätigen, während die Aufgaben für die Kavallerie des linken Flügels mehr in Nahaufklärung, Sicherung, besonders der Flügel, und im Ausfüllen von Frontlücken auf verhältnismäßig beschränktem Raume bestanden.

Es wird daher in dieser Schrift in der Hauptsache die Tätigkeit derjenigen Kavalleriedivisionen eingehender behandelt werden, die am Vormarsch durch Belgien und Nordfrankreich auf Paris, an der Marneschlacht, dem Rückmarsch zur Aisne, der Verlängerung des rechten Heeresflügels bis zur Lys und an den Kämpfen in Flandern teilgenommen haben. Die Ereignisse bei der Kavallerie auf dem linken Heeresflügel im August und September werden dagegen nur kurz gestreift werden.

---

# I. Heeresaufmarsch, Verteilung und Aufgaben der Kavallerie.

(Vgl. Karte I.)

**Der Aufmarsch des deutschen Heeres** im Westen vollzog sich folgendermaßen:

**1. Armee (Gen. Oberst v. Kluck)** im Raume nördlich und nordöstlich von Aachen bis zur Rheinlinie von unterhalb Köln bis Duisburg. A. H. Qu. Grevenbroich. II., IV., III. A. K., III. und IV. R. K.

**2. Armee (Gen. Oberst v. Bülow)** östlich der Linie Aachen—südlich Malmedy bis zur ungefähren Linie Bergheim—Euskirchen—Stadtkyll. A. H. Qu. Montjoie. IX., VII., X. und G. K., VII., X. und G. R. K.

Ferner **H. K. K. 2** (Gen. Lt. v. der Marwitz) mit 2. und 4. K. D., die östlich Aachen, sowie 9. K. D., die in der Gegend des Truppenübungsplatzes Elsenborn ausgeladen wurden. Von diesen standen am 4. 8. an der Maas nördlich Lüttich: H. K. K. 2 und 4. K. D. bei Fouron le Comte, 2. K. D. bei Berneau, 9. K. D. südlich von Lüttich bei Louveigne bereit.

**3. Armee (Gen. Oberst Frhr. v. Hausen)** im Raume St. Vith—Wiltz—Echternach—Trarbach—Stadtkyll. A. H. Qu. Prüm. XI., XII., XIX. A. K und XII. R. K.

**4. Armee (Herzog Albrecht von Württemberg)** im Raume Wiltz—Esch—Wadern—Trier. A. H. Qu. Trier. VIII., XVIII., VI. A. K., VIII. und XVIII. R. K.

Ferner **H. K. K. 1** (Gen. Lt. Frhr. v. Richthofen) mit G. und 5. K. D. am 7. 8. bei Diekirch (H. K. K. 1 und G. K. D.) und **Mersch** (5. K. D.), sowie **H. K. K. 4** (Gen. Lt. Frhr. v. Hollen) am 4. 8. mit 3. K. D. bei Remich und 6. K. D. bei Arzweiler, H. K. K. 4 in Diedenhofen.

**5. Armee (Wilhelm, Deutscher Kronprinz)** im Raume Esch—Metz—St. Ingbert—Wadern. A. H. Qu. Saarbrücken. XIII., XVI., V. A. K., V. und VI. R. K.

**6. Armee (Kronprinz Rupprecht von Bayern)** im Raume Metz—Donon—Zweibrücken. A. H. Qu. St. Avold. III. bayer., II. bayer., XXI., I. bayer. A. K. und I. bayer. R. K.

Ferner **H. K. K. 3** (General d. Kav. Ritter v. Frommel) am 6. 8. mit 8. (sächs.) K. D. bei Mörchingen, H. K. K. 3 und bayer. K. D. bei Dieuze und 7. K. D. bei Saarburg.

**7. Armee (Gen. Oberst v. Heeringen)** im Raume vorwärts Straßburg und östlich der Grenzlinie vom Donon bis zur Schweizer Grenze. A. H. Qu. Straßburg. XV., XIV. A. K., XIV. R. K.

Demgegenüber erfolgte **der Aufmarsch der fünf französischen Armeen** an der Nordostgrenze Frankreichs in der ungefähren Linie Motbéliard—Nancy—Montmédy—Fourmies nördlich Hirson:

**1. Armee (Dubail)** zwischen Belfort und der Linie Mirecourt—Lunéville.

Auftrag: Offensive gegen Elsaß-Lothringen.

**2. Armee (de Castelnau)** bis zur Linie Commercy—Thiaucourt.

Auftrag: Angriff über Dieuze—Château Salins in Richtung Saarbrücken.

**3. Armee (Ruffey)** bis zur Linie Givry—Montmédy.

Auftrag: Bereitstellung auf den Höhen an der Maas gegenüber Metz—Briey—Diedenhofen.

**5. Armee (Lanrezac)** bis zur Linie Guise—südlich Maubeuge, unter Versammlung der Hauptkräfte nordwestlich Montmédy—Mézières.

**4. Armee (de Langle de Cary)** als Reserve nördlich Givry in den Argonnen und in der Champagne bereitgestellt, später zwischen 3. und 5. Armee eingeschoben.

Für den Fall des Einmarsches der Deutschen in Belgien sollten 3. bis 5. Armee gegen die Linie Luxemburg—Gedinne vorgehen, um die deutsche Front zu durchbrechen.

Auf dem linken Flügel sollten **die Engländer** unter French bei Maubeuge eingreifen, während **die belgische Armee** sich im Raume Antwerpen—Lüttich—Namur sammelte, mit je einer Division bei Tirlemont, Löwen, Lüttich, Namur, Perwez und Wawre.

Von der **feindlichen Heereskavallerie** waren die zehn französischen Kavalleriedivisionen auf die Armeen verteilt worden, und zwar:

8. K. D. bei Belfort (1. Armee),

2., 6. und 10. K. D., Kav. Korps Conneau bei Lunéville (2. Armee),

7. K. D. westlich Metz (3. Armee),

4. und 9. K. D. südlich Longwy—Longuyon (3., später 4. Armee),

1., 3. und 5. K. D., Kav. Korps Sordet, erst bei Sedan, dann von Mitte August an südlich und nördlich der Maas in der Gegend von Namur bei der 5. Armee.

Das erste britische Expeditionskorps verfügte im August 1914 über eine fünf Brigaden starke Kavalleriedivision unter Gen. Major Allenby.

Bei der belgischen Armee befand sich eine Kavalleriedivision unter Gen. Lt. de Witte bei Hannut.

Dem **Feldzugsplan** entsprechend sollten fünf Armeen der deutschen Heeresfront von der Linie Aachen—Diedenhofen aus, mit den Hauptkräften durch Belgien und Luxemburg marschierend, eine große Linksschwenkung mit dem Drehpunkt Diedenhofen—Metz (5. Armee) ausführen, während die 6. und 7. Armee sowie H. K. K. 3 den linken Flügel zu schützen hatten.

Wie bei jeder Schwenkung mußte, nach dem alten Grundsatze: Richtung nach außen, Fühlung nach innen, der äußere, hier der rechte Flügel, also die 1. Armee, das Tempo angeben; jedoch konnte die Bewegung erst beginnen, nachdem die Straßensperre vor der 1. und 2. Armee, die Festung Lüttich, gefallen war. Am 13. 8. überschritten 1. und 2. Armee die Grenze, nachdem am 12. das Fort Evegnée, am 13. Fort Pontisse genommen waren.

Die 3. Armee hatte die Marschrichtung auf die Maasstrecke Namur—Lüttich erhalten und trat den Vormarsch am 17. an.

4. und 5. Armee sollten in Übereinstimmung und dem großen Plane entsprechend handeln, d. h. die 5. Armee den Drehpunkt Diedenhofen—Metz und den Anschluß an die 4. Armee festhalten. Hier begann das Vorgehen am 19. und 20. 8.

Die 6. Armee sollte durch Vorgehen gegen die Mosel unterhalb Frouard und die Meurthe die dortigen feindlichen Kräfte fesseln und bei einem feindlichen Vorstoß zwischen Metz und den Vogesen die verstärkte „Niedstellung" — zwischen Metz und der Saar — halten.

Der 7. Armee war der Schutz des Ober-Elsaß übertragen worden.

**Der Heereskavallerie***) fielen **folgende Aufgaben** zu:

H. K. K. 2: (2., 4., 9. K. D. und Jäg. Btle. 3, 4, 7, 9, 10), erst der 2. Armee, vom Beginn des Vormarsches an der O. H. L. unterstellt, erhielt den Auftrag, vor der 1. und 2. Armee aufklärend gegen die Linie Antwerpen—Brüssel—Charleroi vorzugehen, um die in Belgien befindlichen belgischen, englischen oder französischen Kräfte festzustellen.

H. K. K. 1: (G. und 5. K. D., G. Jäg., G. Schützen-Btl. und die Jäg. Btle. 11, 12 und 13), vom 7. 8. ab der O. H. L. unterstellt, sollte auf Dinant (Vormarschgebiet der 3. Armee) vorgehen und gegen die Maasstrecke Namur—Mézières aufklären.

H. K. K. 4: (3. und 6. K. D. mit Jäg. Btle. 5 und 6) hatte Befehl, vor der Front der 5. Armee auf Carignan und Damvillers vorzugehen und gegen die Maasstrecke Mézières—St. Mihiel aufzuklären, um die Besetzung

*) Ranglisten und Kriegsgliederung siehe Anlage 3.

der Maas unterhalb Verdun sowie ein etwaiges Vorgehen französischer Kräfte über die Linie Verdun—Metz festzustellen.

H. K. K. 3: (8., bayer. und 7. K. D. mit 1. und 2. bayer. Jäg. Btl.), bei der 6. Armee, sollte die Aufklärung auf St. Mihiel sowie über Pont à Mousson—Lunéville—Baccarat übernehmen.

---

# II. Vormarsch durch Belgien vom 4. bis 24. August 1914.

## 1. Geländebeschreibung.

(Vgl. Karte I.)

**Das Vormarschgelände der Kavallerie in Belgien** liegt etwa im Raume Maastricht—Antwerpen—Lille—Maubeuge—Hirson—Durbuy—Lauf der Ourthe—Lüttich—Maastricht und besteht aus drei Teilen.

1. Der nördliche Teil dieses Gebiets geht im Nordosten in das bis zur belgisch-holländischen Grenze reichende Campinenland über und reicht im Süden bis zur ungefähren Linie Hasselt—Brüssel—Audenarde.

Dieses Vormarschgelände der 2. K. D. (nördlichste Division des H. K. K. 2) ist eine fruchtbare Tiefebene, in der blühender Ackerbau und Viehzucht reichliche Verpflegung gewähren. Die vielen einzelnen Gehöfte und industriellen Anlagen erschweren die Unterbringung von Truppen. Ein dichtes Eisenbahnnetz, zahlreiche, oft kanalisierte Wasserstraßen mit festen Brücken und gute meist gepflasterte Chausseen, die allerdings zum Teil, weil auf Brüssel zusammenlaufend, ungünstig zur Vormarschrichtung liegen, erleichtern den Verkehr. Die nicht gepflasterten Wege werden bei Regen schnell grundlos. Zäune und Hecken, Bäume, Gebüsche und Dämme an den Rändern der Wasserläufe und an den Leinpfaden der Kanäle erschweren die Übersicht und erleichtern die Verteidigung.

2. Das mittlere bis zur Sambre—Maaslinie reichende Gebiet, das Vormarschgelände des H. K. K. 2 (4. und 9. K. D.) — ohne 2. K. D. — sowie zum Teil des H. K. K. 1 (G. und 5. K. D.), bildet die nördliche Abdachung der Ardennen und ist ein kräftig gewelltes Hügelland. Die Nordufer der Sambre und Maas zeigen noch ziemlich schroffe Formen. Die sich nördlich anschließenden, meist von Südwest nach Nordost streichenden Höhenzüge werden allmählich nach Norden zu breiter und flacher. Das Land ist gut angebaut, dicht bevölkert, mit gutem Straßennetz, daher günstig für den Durchmarsch und militärische Operationen.

An Gewässern sind in dem ganzen bisher geschilderten Gebiet nördlich der Sambre—Maaslinie vorhanden:

a) Die in der allgemeinen Richtung auf die Schelde-Mündung bei Antwerpen zu abfließenden Flußsysteme, und zwar:

Die sich nördlich von Mecheln (Malines) zum Rupel vereinigenden Flußläufe der Nethe, der Deyle und der Senne, ferner die Schelde mit dem Dendre.

Die von der belgisch-holländischen Grenze nach Westen fließende Nethe kommt für den Vormarsch der Kavallerie nicht so in Betracht wie der in südnördlicher Richtung sich hinziehende 2 m tiefe und 10 m breite Kanal Turnhout—Hasselt mit seinen nicht ausgemauerten steilgeböschten Ufern.

Der über Hasselt—Diest—Aerschot fließende Dyle-Nebenfluß, der Demer, hat als linke Zuflüsse den Herck und die über Orsmael westlich St. Trond bzw. Tirlemont fließende Kleine und Große Gette.

Von diesen bilden die Große Gette von Tirlemont an, und nach ihrer Mündung bei Haelen auch der Demer, größere Bewegungshindernisse, da sie von zahlreichen kleinen Bewässerungskanälen und vielfach nassen Wiesen begleitet sind. Von Diest an ist der Demer 2 m tief und 10 m breit, reguliert und schiffbar. Das hier um 10 bis 30 m überhöhende Südufer begünstigt die Verteidigung gegen Norden, auch sind hier die die Übersicht erschwerenden Baumreihen und Hecken sowie die begleitenden Bewässerungskanäle seltener.

Die Dyle selbst ist bei Wavre 8 m, bei Löwen 15 m, bei der Einmündung des Demer bei Werchter westlich Aerschot 30 m und bei Mecheln 40 m breit. Sie ist wasserreich, aber trotz starker Strömung leicht zu überbrücken. Von Löwen ab ist sie kanalisiert, etwa 3 m tief und bildet, besonders in der Gegend von Werchter, in Verbindung mit dem 30 m breiten Canal de la Dyle, zahlreichen Bewässerungskanälen und nassen Wiesen mit Stacheldraht- und Heckenzäunen ein schwer zu überwindendes Hindernis.

Die über Brüssel fließende Senne ist in ihrem unteren kanalisierten Teil 20 bis 30 m breit und 2 m tief. Sie wird begleitet vom Kanal Charleroi—Brüssel und dessen Fortsetzung, dem Kanal von Willebroeck.

Der nördlich Mons entspringende rechte Schelde-Nebenfluß, der Dendre, ist von Ath ab kanalisiert und von Alost an 20 m breit und 2 m tief, mit zahlreichen festen Brücken. Die bis zu 1½ km breite, aus zum Teil nassen Wiesen bestehende Talsohle ist von Wasserrinnen und Baumreihen durchzogen. Gehöfte und Felder sind von Hecken und Gebüschen umgeben. Während das rechte Ufer steil ansteigt, erhebt sich das linke allmählich und glacisartig. Im ganzen ist der Dendre-Abschnitt ein besonders für Kavallerie schwer zu überwindendes Hindernis.

Die Schelde kommt für den Vormarsch der Kavallerie in Belgien nur auf der Strecke von Tournai bis Audenarde in Betracht. Sie ist hier 20 bis 30 m breit, über 2 m tief, kanalisiert und schiffbar und bildet mit ihrer zum Teil breiten, von meist trockenen Wiesen bedeckten Talsohle ebenfalls ein bedeutendes Bewegungshindernis. Das rechte Ufer überhöht das bis auf hügeliges Gelände westlich Audenarde meist flache linke Ufer.

b) Die linken Zuflüsse der Sambre—Maas sind, außer dem von Condé über Mons nach Charleroi führenden, die Schelde mit der Sambre verbindenden Canal du Centre, die bei Huy mündende Mehaigne und der über Tongres fließende Geer. Beide bilden bei einer durchschnittlichen Breite von etwa 10 m keine bedeutenden Hindernisse.

3. Der südlichste Teil des Vormarschgeländes in Belgien — H. K. K. 1 mit G. und 5. K. D. bis zum 24. 8. 1914 — im Raume Maubeuge—Hirson—Durbuy—Lüttich umfaßt das nördliche Ardennen-Gebiet sowie das Sambre-Tal von Maubeuge bis Namur und das Maas-Tal von Givet bis Lüttich.

Das nördliche Ardennen-Gebiet ist eine vielfach bewaldete Hochfläche, deren tiefeingeschnittene, starkgewundene, zum Teil enge Flußtäler oft felsige oder dichtbewachsene Hänge haben. Die Kavallerie ist daher beim Übergang über die Abschnitte auf die hier meist starke Steigungen aufweisenden Straßen angewiesen, die leicht mit geringen Kräften gesperrt werden können. Das Straßennetz ist sonst gut entwickelt, Kultur und Ackerbau sind geringer als in der Gegend nördlich der Sambre—Maas-Linie; dafür begünstigt die stellenweise gut entwickelte Viehzucht die Verpflegung von Truppen.

Die Sambre von Maubeuge bis Namur liegt bis Solre im Feuer der Werke von Maubeuge. Bei 30 bis 40 m Breite, vielfach überbrückt, durchbricht sie in einer tiefen 1 bis $1\frac{1}{2}$ km breiten Bergspalte mit vielfach bewaldeten 80 bis 100 m hohen Uferhöhen den Nordrand des Ardennengebiets. Auf dem südlichen, oft überhöhenden Ufer finden sich gute Artilleriestellungen. In dem von meist trockenen Wiesen bedeckten Flußtal sowie auf den Uferhöhen befindet sich bei außerordentlich dichter Bevölkerung, besonders im Kohlenbecken von Charleroi, eine große Zahl von industriellen Anlagen, Bergwerken, Schutthalden, kleinen Städten, massiven Dörfern und Gehöften. Ein dichtes Gewirr von Häusern, Eisenbahndämmen und Einschnitten erschwert die Übersicht und daher ganz besonders die Tätigkeit der Kavallerie und Artillerie. Bei geringen Verpflegungsmöglichkeiten ist das Sambre-Tal ein schwieriges Durchmarschgelände für Truppen. Bei

Franière beginnt der Wirkungsbereich von Namur, wo die Sambre in die Maas einmündet.

Die Maas kommt für den Vormarsch der Kavallerie auf der Strecke Dinant—Namur—Maastricht in Betracht, und auch hier nur außerhalb des Wirkungsbereichs der Festungen Namur und Lüttich, d. h. von Dinant bis Profondeville und von Andenne bis Flone. Von Dinant bis Namur ist das tiefeingeschnittene Tal von zum Teil schroffen, waldigen Berg- und Felshöhen begleitet, die auf dem rechten Ufer überhöhen und besonders bei Dinant gute Artilleriestellungen bieten. Dagegen sind die dortigen steilen Felsen des linken Ufers mit guten Infanteriestellungen für einen Übergang von Osten her ungünstig.

Von Namur abwärts ist die Maas 100 bis 160 m breit und 2 bis 6 m tief. Das Maas-Tal zeigt die gleichen Eigentümlichkeiten wie das Sambre-Tal, außer daß hier das Tal allmählich breiter wird und die nördlichen Uferhänge schroffer, felsiger und höher als die südlichen sind.

Bei einem Vorgehen von Süden her hat der Verteidiger entweder am Nordufer selbst oder in dem schon beschriebenen unmittelbar anschließenden Hintergelände gute Verteidigungsmöglichkeiten. Das veraltete Sperrfort Huy hat nur geringe Widerstandsfähigkeit.

Unterhalb der Festung Lüttich, deren Wirkungsbereich bis zur belgisch-holländischen Grenze unterhalb Visé reicht, werden Fluß und Tal breiter, und die Ufer verflachen sich allmählich zur Tiefebene. Ein 20 m breiter, 2 m tiefer Kanal zwischen niedrigen, baumbestandenen Dämmen begleitet das linke Flußufer in verschiedener Entfernung und wechselndem Wasserstand, wodurch Brückenschläge sehr erschwert werden.

## 2. Höherer Kavalleriekommandeur 2 (Generalleutnant v. der Marwitz mit 2., 4. und 9. Kavallerie-Division). — Vormarschgefechte vom 4. bis 24. August 1914.

### Kämpfe bei Lüttich und Visé vom 4. bis 6. August 1914.

Zu den bereits erwähnten Aufgaben des H. K. K. 2, dem aufklärenden Vorgehen gegen die Linie Antwerpen—Brüssel—Charleroi zur Feststellung des Verbleibs des belgischen Heeres, etwaiger Landungen englischer Truppen oder des Auftretens französischer Kräfte in Belgien, kam noch der Auftrag, die von Brüssel, Namur und Dinant heranführenden Bahnen zu zerstören und mit 2. und 4. K. D. nördlich, mit 9. K. D. südlich um Lüttich herumzugreifen.

Noch ehe am 4. 8. die letzten Schwadronen und Bagagen der 2. (Gen. Lt. Frhr. v. Krane) und 4. K. D. (Gen. Lt. v. Garnier) ihre Ausladungen östlich von Aachen vollendet hatten, wurden die eingetroffenen Teile beider Divisionen nebst 1 Komp. Jäg. Btl. 9 und Pionieren auf Kraftwagen dem Gen. Lt. v. Garnier unterstellt. Mit dieser zusammengesetzten Division trat er, die Eskadron Hanstein (4. Hus. 15) in der Vorhut, den Vormarsch auf die Maas nördlich von Lüttich an, um die Maas- und Kanalübergänge bei Visé in die Hand zu nehmen.

Die 9. K. D. (Gen. Major v. Bülow), dem Generalkommando X. A. K. für das Unternehmen gegen Lüttich unterstellt, erreichte am 4. 8. Louveigne südlich Lüttich und besetzte die Ourthe-Brücken bei Poulseur. Vom 5. bis 8. 8. stand die Division bei und nördlich Rouvreux—Sprimont und deckte hier, gegen die Linie Namur—Dinant aufklärend, die die Festung Lüttich angreifenden Truppen gegen Namur.

**4. August.** Die Division Garnier überschritt am 4. bei Gemmenich mit Hurra die belgische Grenze. Bei drückender Augusthitze trabten die deutschen Reiter mit ihren reitenden Batterien und M. G. A. durch das gut angebaute, mit zahlreichen Hecken und Buschremisen bestandene ostbelgische Hügelland. In gehobener Stimmung, von Kampfesmut und Tatendrang beseelt, spähten die in der langen Marschkolonne reitenden Offiziere, Unteroffiziere und Mannschaften bei allen Höhepunkten und bei jeder Wegebiegung unablässig nach rechts und links erwartungsvoll nach dem Feinde aus.

Mit dem Überschreiten der Grenze waren allenthalben Aufrufe an die Bevölkerung verteilt worden mit der Begründung unseres Einmarsches und der eindringlichen Warnung vor Gegenmaßregeln.

Es sollte sich indessen bald zeigen, daß nicht nur die belgische Armee, sondern auch die Zivilbevölkerung zum äußersten Widerstande bereit und entschlossen waren. Schon ehe es zu Zusammenstößen mit belgischen Truppen kam, begann bereits in den Ortschaften auf dem rechten Maas-Ufer in der Gegend von Visé der von der belgischen Regierung planmäßig organisierte Franktireurkrieg der Zivilbevölkerung, an dem sich auch die Geistlichkeit zum Teil aktiv beteiligte. Radfahrer begleiteten die Marschkolonne und meldeten vorauseilend ihr Herannahen im nächsten Dorfe. Verabredete Zeichen, wie auffallende Tätigkeit der Windmühlen, Heraussteckten von Fahnen auf Kirchtürmen, Glockenläuten und brennende Strohmieten, verkündeten weithin unseren Vormarsch. Aus Waldstücken und Häusern, deren Dächer durch Fortnehmen einzelner Ziegel und Dachsparren mit richtigen Schießscharten versehen waren, ja auch von Kirchtürmen aus wurde geschossen, besonders auf einzelne Reiter und Patrouillen, und mancher brave Reitersmann fiel hier der Kugel des Meuchelmörders aus feigem Hinterhalt zum Opfer.

War es da zu verwundern, ja war es nicht ganz selbstverständlich, daß nach den ersten Verlusten scharfe Gegenmaßregeln getroffen wurden? Alle mit der Waffe in der Hand ergriffenen oder beim Spionendienst betroffenen Zivilisten wurden erschossen und die Häuser, aus denen geschossen worden war, in Brand gesteckt. Oft genug ist es ferner beim weiteren Vormarsch vorgekommen, daß Soldaten der belgischen Armee sich auf dem Rückzuge Zivilkleider anzogen und sich auch dann noch am Widerstande beteiligten.

Nur wer diese Ereignisse und den begreiflichen Zorn unserer Soldaten über diese hinterlistige, allen Kriegsgesetzen Hohn sprechende Kampfesweise nicht miterlebt hat, kann von unseren berechtigten Vergeltungsmaßregeln als von „Greueltaten“ sprechen. Zweifellos würden Engländer wie Franzosen in einem „feindlichen“ Belgien genau so, wenn nicht gar schlimmer gehandelt haben*).

Daß im übrigen unsere Gegner schon seit langem mit Belgien als Kriegsschauplatz gerechnet hatten, zeigten die von uns erbeuteten, bereits mehrere Jahre alten belgischen Generalstabskarten mit aufgedruckten „englischen“ Erklärungen der Signaturen.

Ohne eine Berührung mit feindlichen Truppen erreichten die vordersten Teile der Division Garnier den Ort Visé, wo die Maas-Brücken sowie alle Kähne und sonstiges Übergangsmaterial zerstört vorgefunden wurden. In dem auf dem östlichen Ufer liegenden Teil des Ortes kam es gegen 3° Nachmittags zu einem Feuergefecht gegen belgische Gendarmen, Teile des 12. Regts. und Zivilisten, in das auch die schweren Geschütze von Lüttich her mit eingriffen. Hierbei nahmen Jäger, Radfahrer und Kav. Schützen der 2. und 4. K. D. ohne große Verluste den Ort, wobei sie auch vom Westufer der Maas her Infanteriefeuer erhielten.

Unter diesen Umständen wurde bei der Nähe der Festung von einem Übergang bei Visé abgesehen, und ein Übergang weiter nördlich bei Lixhé und Schloß Navagne dicht an der holländischen Grenze in Aussicht genommen.

Als gegen 7° Abends das Inf. Regt. v. Lützow (25) zur Ablösung eintraf, gingen 2. und 4. K. D. daher mit Anbruch der Dunkelheit im Raume Fouron le Comte—Mouland—Berneau zur Ruhe über.

Hell leuchteten die Sterne in der heißen Augustnacht auf die ersten Kriegsbiwaks in Feindesland hernieder. In langen Reihen standen die Pferde. Müde legten sich die Reiter auf die mit Stroh auf hartem Boden zurechtgemachte Lagerstatt zur Ruhe nieder, die durch dauernde Einzelschüsse von Einwohnern aus den umliegenden Gebüschen gestört wurde.

**5. August.** Am frühen Morgen des 5. 8. rückten die Divisionen zur Übergangsstelle bei Lixhé, wo zunächst mit dem Übersetzen der Aufklärungsorgane begonnen wurde.

*) Vgl. „Die Wahrheit über die deutschen Kriegsverbrechen“ von O. v. Stülpnagel.

H. K. K. 2 hatte der 2. K. D. den Aufklärungsstreifen zwischen der Linie Visé—Antwerpen und der Linie Wavre—Enghien, der 4. K. D. das Gelände südlich anschließend bis zur Maas—Sambre-Linie zugewiesen.

Teils schwimmend, teils auf aus Stahlbooten hergestellten Fähren gelangten erst die Fernpatrouillen, dann die Aufklärungs-Eskadrons (2. K. D.: Rittm. Graf Yorck v. Wartenburg, 3. Drag. 2, und Rittm. Kleffel, 4. Hus. 12, 4. K. D.: Rittm. v. Troschke, 5. Drag. 18, und Rittm. v. Boehn, 2. Drag. 17 — letztere zum Teil erst am 6. 8. —) auf das westliche Maas-Ufer. Beneidet von ihren Kameraden trabten diese Schwadronen als erste dem Feinde entgegen.

Da ein Teil der schweren Brückenwagen auf den beschwerlichen Wegen steckengeblieben oder umgefallen war, dauerte das Übersetzen lange Zeit, zumal auch die gegen Lüttich vorgehende 34. J. Brig. zwischendurch mit übergesetzt werden mußte. Erst am Spätnachmittage trafen noch zwei Div. Brückentrains ein, um den Brückenbau zu beginnen. Auch wurde das Übersetzen durch dauerndes Feuer schwerer Geschütze des Lütticher Forts Pontisse gestört, das durch brennende Fanale vom Westufer her geleitet wurde.

Das an der Brückenstelle liegende Schloß Navagne wurde in Brand geschossen. Hier hatte das Drag. Regt. 2 (2. K. D.) seine ersten Verluste, Fahnenjunker Graf Arnim-Boitzenburg tot, Lt. Frhr. v. Lynker und zwei Dragoner durch Splitter verwundet. Die weitere Beschießung verursachte keine Verluste, da die Regimenter sich in lichten Formationen mit weiten Zwischenräumen aufstellten, und die schweren Granaten teils zu kurz gingen, teils in dem schweren Lehmboden nicht krepierten und als Blindgänger liegen blieben.

Da somit an diesem Tage ein Übersetzen der Masse der 2. und 4. K. D. noch nicht möglich war, gingen die Divisionen auf den Biwaksplätzen vom 4. zur Ruhe über, stellten sich aber schon während der Nacht in der Nähe der Brückenstelle wieder bereit.

**6. August.** Auch am 6. 8. konnten zunächst nur die A. E. weiter übergesetzt werden. Die Divisionen biwakierten dicht östlich der Maas. Schon jetzt machte sich Hafermangel empfindlich fühlbar.

Unterdessen war die Bereitstellung der sechs Inf. Brigaden zum Handstreich auf Lüttich bis auf etwa 1 bis 2 km an die Befestigungswerke herangeschoben worden. Über ein am 5. hierbei erfolgtes Reiterstückchen berichtet die Einzelschrift „Lüttich—Namur“: „Am hellen Tage waren deutsche Reiterabteilungen zwischen den Befestigungswerken hindurchgeritten und die Straßen der Stadt entlang gejagt mit der deutlich erkennbaren Absicht, sich des Kommandanten zu bemächtigen. Allerdings war das kühne Reiterstücklein fehlgeschlagen. Es war anzunehmen, daß belgische

Kundschafter den Kommandanten der Festung über den heranrückenden Feind hinreichend unterrichtet hatten."

In der Nacht vom 5. zum 6. sowie im Laufe des 6. erfolgte der Durchbruch der Angriffsbrigaden durch die Fortlinie. Dieser war indessen trotz anfänglicher, mit größter Tapferkeit erkämpfter Erfolge nur bei der von Osten her angreifenden 14. J. Brig. geglückt. Sie stand am 6. abends bereits an den Maas-Brücken von Lüttich. Zur Aufnahme der nach Navagne zurückgehenden 34. J. Brig. sowie zum Schutz der Übergangsstelle bei Lixhé wurde die 8. K. Brig. (Gen. Major Frhr. Thumb v. Neuburg) von der 2. K. D. auf das Westufer übergesetzt.

Südlich von Lüttich hatten unterdessen die Aufklärungsorgane der 9. K. D. westlich der Ourthe nur feindliche Patrouillen angetroffen. Auch hier wurden die Biwaks nachts häufig von organisierten Einwohnerbanden beschossen, was die Erschießung aller mit den Waffen in der Hand Betroffenen erforderlich machte.

## Vormarsch bis zum 11. August 1914.

**7. August.** Am 7. Morgens zog General v. Emmich (Komm. Gen. des X. A. K.) mit der 14. J. Brig. in Lüttich ein. Er war also somit im Besitz der Innenfestung, während die diese umgebenden Forts sich noch in Feindeshand befanden, eine in der Kriegsgeschichte wohl einzig dastehende Lage.

Da jedoch zunächst die Verbindung nach außen abgeschnitten war, entstanden die wildesten Gerüchte über den Rückzug unserer Truppen und die vermeintliche Ermordung des Generals v. Emmich. Dies veranlaßte den General v. der Marwitz — H. K. K. 2 — den Oberbefehl über die Maas-Armee zu übernehmen, bis sich gegen 9ⁿ Abends die Lage klärte.

Auf die sich später als falsch herausstellende Meldung vom Anmarsch einer französischen und einer belgischen K. D. auf dem rechten Maas-Ufer aus südlicher Richtung wurden die 2. und 4. K. D. bei strömendem Regen bei Warsage und Neuf Château mit der Front nach Süden bereitgestellt. Da sich indessen die Hoffnung auf einen Reiterkampf nicht erfüllte, bezogen die Divisionen am Abend bei diesen beiden Orten Ortsbiwak.

**8. August.** Nachdem während der Nacht bei Lixhé durch die Pioniere eine schmale Laufbrücke sowie eine Holzbrücke fertiggestellt waren, konnte nach langer Geduldsprobe endlich am 8. 8. der Übergang und der Vormarsch der Kavallerie beginnen, um ihre Aufgaben der Aufklärung und Sicherung des rechten Heeresflügels zu übernehmen. Obgleich die Übergangsstelle und die Brücken, die nur in der Kolonne zu Einem überschritten werden durften, ständig unter dem Feuer der schweren Artillerie der Lütticher

Nordforts lagen, traten keine Verluste ein. Der um 3° Morgens von Warsage aufgebrochenen und bis gegen Mittag übergegangenen 2. K. D. folgte die 4. K. D. Ihr Übergang dauerte bis spät in die Nacht hinein.

Die 2. K. D., deren Vormarsch auf die Höhen westlich der Maas vom feindlichen Artilleriefeuer begleitet wurde, marschierte bis in die Gegend von Siechen, die 4. K. D. erreichte die Gegend von Fallet Mheer. Die Bagagen konnten der mangelnden Tragfähigkeit der Brücken wegen nicht folgen, weshalb wiederum erheblicher Hafermangel eintrat.

Nach den Meldungen der A. E., die eine ganze Anzahl belgischer Infanteristen gefangen hatten, gewann General v. der Marwitz den Eindruck, daß belgische Truppen von Lüttich auf Tirlemont abmarschiert seien, und daß die belgische Armee sich nicht vorwärts der Linie Löwen—Namur zum Kampfe stellen werde.

Die Einwohner vieler Ortschaften setzten nicht nur die Beschießung unserer Patrouillen fort, sondern mißhandelten sogar auch unsere Verwundeten in grausamster Weise. Dies ließ General v. Emmich der belgischen Regierung mitteilen sowie, daß er befohlen habe, in solchen Fällen die schärfsten Gegenmaßregeln zu treffen.

**9. August.** Als vorderste Linie der Fernaufklärung am 9. 8. wurde für die 2. und 4. K. D. in ihren Streifen die Linie Diest—Tirlemont—Huy bestimmt.

Die 2. K. D. sollte über Tongres auf St. Trond, die 4. K. D. südlich davon über Grandville auf St. Trond vorgehen.

Der Vormarsch wurde durch zahlreiche Straßensperren, gefällte Bäume, Gräben und Barrikaden verzögert. Nach dem Erreichen von Tongres entsandte die 2. K. D. an Stelle der nach vorzüglich erfülltem Auftrage zurückgekehrten A. E. York (3. Drag. 2) eine neue A. E., die 2. Ul. 3 unter Rittm. v. Roeder, deren Tätigkeit folgende Schilderung wiedergibt:

„Am 9. 8. erhielt die Eskadron mit einer 1. Fu. Station den Befehl, in die Gegend südl. Tirlemont—Löwen vorzugehen, feindliche Kräfte festzustellen und Bahnen zu zerstören. Glühende Mittagshitze, Tränken und Requirieren in Tongres, dann ging's vorwärts. Wiederholt fielen einzelne Schüsse auf die Eskadron von Einwohnern aus feigem Hinterhalt. Zu einem Absuchen der Häuser oder Waldstücke war keine Zeit, da es darauf ankam, schnell unter Schonung der Pferde vorwärts zu kommen.

In Heers hatten die Einwohner eine Barrikade errichtet und standen in dichten Massen dabei. Der Führer der Spitze, Lt. Frhr. v. Richthofen, ergriff den Besitzer des ersten Hauses, erklärte ihm kurz, daß sein Haus in Flammen aufgehen würde, wenn die Barrikade nicht sofort weggeräumt würde, und schickte ihn zu den an der Barrikade versammelten Einwohnern. In wenigen Minuten war die Straße frei. Die Eskadron durchritt den Ort, begleitet von Karabinerschützen zu Fuß.

Mit Einbruch der Dunkelheit bezog die Eskadron einige Kilometer südl. von St. Trond bei einem Gehöft Biwak. Bei der feindlichen Haltung der Einwohner galt es auf der Hut zu sein. Sämtliche Bewohner des Gehöftes wurden in ein Zimmer gestopft, alle durchkommenden Personen, besonders Radler, würden dazu gesperrt. Die Hitze und die Luft in dem Raum am anderen Morgen war unbeschreiblich. Zum Schlafen ist keiner der Dragoner gekommen. Nach Entsendung der Patrouillen zur Beobachtung der nächsten Straßen und Bahnlinien und nach Aufstellung der notwendigsten Posten mußten von der Eskadron noch für alle Fälle Schützen bereitgestellt werden. Der Rest hatte die ganze Nacht zu tun, um die Pferde in kleinen Trupps zur nächsten Tränkstelle zu führen.

Am folgenden Tage stieß die Eskadron südöstl. Tirlemont auf den Feind, belgische Infanterie schanzte dort. Die Eskadron bog in eine Geländebedeckung südlich aus und verbarg sich in einem Wäldchen, um von hier durch Patrouillen genaueres festzustellen. Wenige 100 m vor den abgesessenen Schützen der Eskadron wimmelten feindliche Radfahrer auf der Chaussee, dann fuhr ein Auto mit feindlicher Kommandoflagge in mittlerer Fahrt auf Tirlemont. Sehnsüchtig wurde mancher Karabiner auf das schöne Ziel gerichtet, aber kein Schuß durfte fallen. Von zwei Seiten vom Feinde umgeben, kam für die Eskadron alles darauf an, sich nicht zu verraten, um die äußerst wichtigen Beobachtungen melden zu können. Gleich darauf ratterte auch schon die Fu. Station, und fast gleichzeitig war die Meldung bei der Division.

Nach Süden ausbiegend und wieder westwärts vorgehend, stieß die Eskadron in Piétrain auf feindliche Kavallerie. Abgesessene Schützen, in dichter Hecke verborgen, hatten die Spitze bis auf wenige Meter herankommen lassen und eröffneten ein lebhaftes Feuer. Als Lt. Frhr. v. Richthofen mehrere Tage später sein Pferd zum ersten Male absattelte, fand er, daß ein feindliches Geschoß den Rücken seines Pferdes gestreift und das Futter seines Sattels zerrissen hatte. Das war der einzige Erfolg der Schießerei!

Fast gleichzeitig konnte die Eskadron bei Jodoigne feindliche Infanterie, mehrere Bataillone, im Marsch auf Tirlemont beobachten. Schnell war die Fu. Station aufgebaut, und wieder flog eine wichtige Meldung zur Division. Das Tagewerk war getan, der Abend dämmerte, es mußte ein Plätzchen gefunden werden, um Mann und Pferd eine kurze Ruhe zu gönnen. Häufig fielen vereinzelte Schüsse auf die Eskadron von Einwohnern oder Radfahrern. Ein Haus, aus dem geschossen worden war, wurde in Brand gesteckt. Bei Orpheylissen, südl. Tirlemont, wurde gehalten und das Nötigste requiriert. Bei völliger Dunkelheit rückte die Eskadron noch etwa 1 km weiter und bezog an versteckter Stelle Biwak. Funkenverbindung war weder in der Nacht noch am Morgen mit der bei Tirlemont vermuteten Division zu erreichen.

Am Morgen des 11. 8. wurde von dicht südl. Tirlemont aus Lt. v. der Marwitz mit einer Patrouille in die Stadt geschickt und stieß in dichtem Nebel auf eine abgesessene belgische Eskadron. Ehe die Herren sich indessen besonnen hatten und lebhaft zu schießen anfingen, war Marwitz mit seinen Reitern im Nebel verschwunden.

Nun ritt die Eskadron, an belgischen Postierungen vorbei, in östlicher Richtung weiter, um Verbindung mit der Division zu suchen. Endlich gelang nördl. Landen, wo die Eskadron vom 11. bis 13. 8. zur Beobachtung der Straßen und Bahnlinien blieb, die Funkenverbindung mit der Division. Diese war, statt auf Tirlemont, auf Hasselt, Haelen abmarschiert. Es kam zu mehrfachen Zusammenstößen mit belgischer Kavallerie. Vizewachtmstr. Flume brachte von einer Patrouille den ersten Gefangenen ein, ausgerechnet auch einen dritten Ulanen. Vizewachtmstr. Schwede geriet mit seiner Patrouille zwischen eine doppelt so starke belgische Patrouille, attackierte, kam aber in einem tiefen Hohlweg mit seiner ganzen Patrouille zu Fall. Die Belgier suchten das Weite.

Am 13. 8. suchte die Eskadron, im Marsch nach Norden, wieder Anschluß an die Division zu gewinnen. Bei Büdingen stieß Lt. v. Woedtke als Führer der Spitze unmittelbar auf einen feindlichen Infanterieposten. Woedtke machte langsam kehrt, der Posten, der offenbar belgische Ulanen vor sich zu haben glaubte, ließ sich nicht in seiner Ruhe stören. In Herck la Ville, wo die Eskadron die Division vermutete, erhielt sie feindliches Feuer, 1 Pferd tot. Lt. v. der Marwitz nahm in schnellem Anlauf mit einigen Karabinerschützen den Ort, den die Belgier fluchtartig räumten, ein Häuflein Lanzen zum Andenken zurücklassend.

Am späten Nachmittag erreichte die Eskadron die Division, die bei Hasselt stehengeblieben war."

**Gefecht bei St. Trond.** Bei Gothem westlich Looz brach die Division schwachen Widerstand feindlicher Radfahrer und aus den Häusern feuernder Einwohner und erreichte 3[30] Nachmittags St. Trond, wo die Spitze — L. Hus. Brig. — lebhaftes Feuer erhielt. Auch hier beteiligte sich die Bevölkerung wieder am Kampfe.

Der gegen 6[00] Abends als Parlamentär mit einem Mann mit weißer Flagge und einem Trompeter im Auto in die Stadt geschickte 2. Adjutant der Division, Rittm. Sander, sollte diese zur Übergabe auffordern. Er wurde jedoch bereits aus den vordersten Häusern mit starkem Feuer empfangen, erhielt selbst fünf Schüsse, wunderbarerweise ohne erheblich verletzt zu werden, während seine beiden Begleiter schwer verwundet wurden. Dieser Vorfall zeigte, daß nicht einmal die Parlamentärflagge vom Gegner geachtet wurde.

Infolge einbrechender Dunkelheit konnte der befohlene Angriff auf die Stadt, außer einer Beschießung durch Artillerie, nicht mehr durchgeführt werden. Die Division ging bei Gothem zur Ruhe über.

Die 4. K. D. hatte unterdessen ebenfalls die Gegend südöstlich von St. Trond erreicht, beteiligte sich an der Beschießung des Ortes und ruhte Nachts in der Gegend von Brusthem mit Sicherungsmaßnahmen gegen die auch hier bewaffnet auftretende Zivilbevölkerung.

**10. August.** Bei Diest und Tirlemont hatten die Patrouillen feindliche Kavallerie (drei verschiedene Uniformen), sowie feindliche rückwärtige Bewegungen auf Löwen festgestellt.

2. und 4. K. D. erhielten Befehl, am 10. 8. auf Tirlemont vorzugehen. Die 9. K. D. sollte bei Huy die Maas überschreiten und über Hannut vorgehend den Anschluß an die 2. und 4. K. D. gewinnen. Die Fernaufklärung sollte die Linie Aerschot—Löwen—Wawre—Namur erreichen.

Die 2. K. D. besetzte am Morgen des 10. das in der Nacht vom Gegner geräumte St. Trond. Waffen wurden beschlagnahmt, Telephon- und Telegraphenleitungen zerstört, die Garde civique (130 Mann) wurde gefangen genommen. Es war drückend heiß.

Westlich St. Trond mußte eine große Straßensprengung über Wildern umgangen werden, was das Vorgehen erheblich aufhielt. Die Übergänge über die Kleine Gette bei Orsmael—Gussenhofen und südlich wurden vom Gegner besetzt gefunden (Schützengräben).

**Gefecht bei Orsmael—Gussenhofen.** H. K. K. 2 befahl den Angriff. Die 8. K. Brig. (Kür. 7 und Hus. 12) griff frontal an, unterstützt durch das Feuer der reitenden Batterien und die nördlich über Heelenbosch umfassend vorgehende 5. K. Brig. (Drag. 2 und Ul. 3). Aus allen Büschen und Häusern wurde geschossen.

Der Gegner — 4 Esk. 3. Lanciers und Radfahrer — räumte nach längerem Feuergefecht und nach Häuserkampf, an dem auch die Bevölkerung wieder teilnahm, gegen Abend den Ort.

Das Gefecht des Hus. Regts. 12 wird wie folgt geschildert:

„Unsere 1. Eskadron mußte mit Schützen gegen Dormael, aus dem vereinzelte Schüsse fielen, vorgehen. Wir anderen warteten, ins Gras lang hingestreckt, um noch ein wenig der Ruhe zu pflegen. Da saust plötzlich ein Meldereiter heran. „Ins Dorf vor uns reiten 4 feindliche Schwadronen", ruft er, und kaum gesagt, war's schon geschehen „Aufsitzen, Anreiten", und im frischen Trabe setzt sich die Schwadron Asseburg an die Spitze des anreitenden Regiments, im Galopp in die Flanken Sicherungen herausschiebend. Jeder Offizier lockert den Säbel, jeder Mann packt seine Lanze fester, aus allen Augen leuchtet die helle Freude, in kurzer Zeit in den Feind zu reiten und ihm zeigen zu können, was tüchtige Thüringer Jungen in langer, treuer Friedensarbeit gelernt haben.

Es ging vorwärts, hinter uns blieben die Häuser von Halle-Boyenhoven, aber endlos lang dehnt sich ein neues Dorf aus: Orsmael-Gussenhoven. Keine Möglichkeit gibt es also, übers freie Feld brausend den Gegner zu packen. Doch halt, was ist das? Erst vereinzelt, dann immer mehr, schließlich in dichter Menge pfeift's und prasselt's durch die Bäume über unsere Köpfe hinweg. „Fertig zum Gefecht zu Fuß! Runter von den Pferden, die Pferde in Deckung!" befiehlt unser Führer, und im Nu lagen wir in den Chausseegräben und auf der Straße, schneller noch als wir es im Frieden gelernt hatten.

Vom Feinde war nichts zu sehen, bis schließlich unser Rittmeister durchs Glas in weiter Ferner eine Straßenbarrikade entdeckte. Dort also waren sie, die uns den schönen Ritt verdorben hatten, vorbei war die Hoffnung auf eine Attacke. Dagegen gingen wir in Schützenlinien vor, das feindliche Feuer nicht achtend, auf freier Straße, dann im Schutze der Bäume und Häuser. Bald jedoch kam der frische Anlauf ins Stocken, denn nicht nur von vorn, sondern von allen Seiten schoß es jetzt, und mancher Brave erhielt die feindliche Kugel. Als erster fiel der Fahnenjunker v. Düring durch Kopfschuß, bald folgten andere, unter ihnen Rittmeister v. Schlotheim, der von den Handpferden mit Verstärkung heraneilte. Erst allmählich bekamen wir Luft, als sich andere Schwadronen, rechts die 1. und 5. unseres Regiments, links die des Kürassier-Regts. 7, entwickelten, und so den hartnäckigen Gegner und das Gesindel der Heckenschützen, die heimtückisch aus Höfen und Häusern schossen, umfassend angriffen.

So ging es weiter im Sonnenbrand, in schwierigem Vorwärtskämpfen, bis wir endlich die Barrikade auf Sturmentfernung vor uns hatten. Nun gab's kein Halten mehr, mit Hurra ging's vorwärts, und endlich hatten wir es geschafft, nach blutigem Kampf war das schwierige Hindernis genommen. Auch die anderen Eskadrons warfen den sich heftig wehrenden Gegner aus seinen Stellungen, und schließlich war das ganze Dorf in unseren Händen. Andere Teile der Division brachen zur Verfolgung vor, und aus unseren Reihen schlug noch vernichtendes Verfolgungsfeuer in den fliehenden Gegner, das 1. belgische Guiden-Regt.

Glänzend war der Erfolg, doch schwer war er erstritten. 3 Fahnenjunker hatte die tödliche Kugel ereilt, geblieben war der Rittm. v. Schultz, gefallen und verwundet so mancher schneidige Husar. Bewegten Herzens betteten wir sie dort, wo sie ihr Leben dem Vaterlande geopfert hatten, mit dem festen Vorsatz, die gefallenen Kameraden zu rächen."

Der Führer der rechts verlängernden 5. Esk., Rittm. Frhr. v. Dalwigk, berichtet:

„Da von meinen Schützen die Hälfte zur Sicherung der linken Flanke ausgeschieden war, wir mit beweglichen Handpferden abgesessen waren, und die Eskadron noch 3 Patrouillen hatte entsenden müssen, waren nur noch etwa 20 Schützen bei mir.

Wir pürschten uns zunächst zwischen Häusern und Hecken entlang ohne sehr beschossen zu werden. Plötzlich bekamen wir starkes Feuer aus der rechten Flanke. Da ich nicht wußte, daß inzwischen auch die 1. Esk. zur Umfassung rechts angesetzt war, drehte ich die Eskadron rechts und stand nun vor der Gette. Bei der großen Hitze war es nicht unangenehm, bis an die Schultern durch das Wasser zu waten. Auf dem andern Ufer ließ ich zunächst niederlegen und beobachtete. Vor uns auf etwa 400—500 m lagen mehrere große Gehöfte. Zu sehen war vom Gegner nichts. Er machte sich nur durch fortwährendes Schießen bemerkbar. Wie im Manöver gab ich als Marschrichtung eins der Gehöfte an, und kommandierte: „Sprung, auf Marsch, Marsch." Während dieses Sprunges verlor ich von meinen Schützen 8 Tote und 7 Verwundete. Der weiter rechts liegende Feind hatte uns flankierend fassen können. Zum Glück machte sich jetzt die umfassende Bewegung der 1. Esk. bemerkbar, sonst wäre von den Schützen der 5. wohl nicht viel übrig geblieben. Wir lagen auf einer Wiese ohne jede Deckung. Der Feind schoß, wie sich später herausstellte, teilweise aus einem Graben hinter einer Hecke, teilweise vom Dach eines Gehöftes her, wo er sich durch Herausbrechen von Ziegeln kleine Schießscharten gemacht hatte. Von zwei Seiten wurde nun das besetzte Gehöft gestürmt. Die Belgier hatten eine Menge Verwundeter; über die Gefangenen waren wir besonders stolz. Als ich später auf die Wiese zurückkam, sah ich erst, wie schwer die Verluste meiner Eskadron gewesen waren. Die Toten und Verwundeten waren fast nur Reservisten und „alte Leute", so daß ich den später bestätigten Verdacht schöpfte, daß beim Absitzen zum Gefecht zu Fuß die „alten Leute" zu mogeln versuchten und die „Rekruten" nicht „ranlassen" wollten. Sehr nahe ging es mir, daß mehrere Schwerverwundete mich flehentlich baten, sie doch mit zur Eskadron zu nehmen, sie würden bald wieder gesund sein und wollten gern weiter bei der Eskadron reiten.

Am Abend sprach Gen. Lt. v. der Marwitz dem Hus. Regt. seine besondere Anerkennung aus, daß wir ohne Artillerieunterstützung ein derartig zäh verteidigtes Dorf im Sturm genommen hätten. Ein hohes Lob für uns, das stolze Freude hervorrief."

Auf dem linken Flügel gelang es dem Kür. Regt. 7 ebenfalls in erbittertem Fußgefecht vorwärts zu kommen.

„Die zähe Verteidigung des Dorfes ließ bald erkennen, daß es für die Belgier galt, Zeit zu gewinnen, um den abziehenden Truppen den Rückzug zu decken. In dieser Erkenntnis raffte Lt. v. Gustedt, was an Reitern verfügbar war, zusammen, holte weit um das Dorf herum aus, und stieß gegen die Rückzugslinie der Belgier vor, unbekümmert um das heftige Feuer, das er während des kühnen Unternehmens vom Dorfe her erhielt. An der Spitze seiner getreuen Kürassiere warf er sich todesmutig in einer schneidigen Attacke auf den an Zahl weit überlegenen Gegner und rannte ihn im ersten Anlauf über. Was nicht zu Pferde wegkam, wurde niedergemacht oder gefangen eingebracht."

Die Artillerie beschoß vom Westrande von Orsmael Infanterie (4. belg. Brig.), die auf Tirlemont zurückging und von der in Eskadronskolonnen vorgehenden 5. K. Brig. nicht mehr eingeholt werden konnte. Die Dunkelheit brach herein, worauf die Division bei Wilderen gegen Mitternacht in das Biwak rückte.

**Gefecht bei Linsmeau und Orphey—Lissem.** Die 4. K. D. hatte gegen Mittag Landen*) erreicht, wo der Bahnhof zerstört wurde. Auf die Meldung vom Erscheinen mehrerer feindlicher Eskadrons bei Racour—Linsmeau ging die Division gegen diese zum Angriff vor, dem sich der Gegner durch schleuniges Ausweichen in südlicher Richtung entzog. Hierauf wurde der vom Gegner besetzte Übergang der Kleinen Geete bei Orphey—Lissem angegriffen und nach Feuerkampf genommen. Bei Dunkelheit ging die Division bei Racour zur Ruhe über, marschierte aber auf Befehl des H. K. K. 2 noch in der Nacht nach Velm, wo die Division nach nächtlichem Feuerkampf mit bewaffneten Einwohnern im Morgengrauen rastete.

Die Jäg. Btle. 7 und 9 hielten auf Befehl des Generals v. der Marwitz St. Trond besetzt.

Im Süden war an der Straße Namur—Mozhé beim Übergang über den Mehaigne-Bach neuer schanzender Gegner gemeldet worden.

Die 9. K. D., deren Führung an Stelle des am 7. 8. verstorbenen Generals v. Bülow bis zum Eintreffen des neuen Div. Kommandeurs, des Gen. Majors Graf Eberhard v. Schmettow, am 12. 8. der Oberst v. Heuduck übernommen hatte, befand sich noch südlich von Lüttich. Huy war noch in Feindeshand, so daß die vorderste feindliche Linie von Diest über Tirlemont—Mozhé bis zur Maas-Feste Huy verlief. Die Verhältnisse bei Hasselt waren noch ungeklärt.

**11. August.** Wegen der starken Besetzung des Gette-Abschnittes hatte General v. der Marwitz sich entschlossen, nach Norden auszubiegen, um am 12. den Übergang in der Gegend von Diest zu erzwingen.

Infolge der durch die große Hitze verursachten Anstrengungen — seit dem 7. 8. täglich durchschnittlich 30 km —, der dauernden Gefechte und nächtlichen Beunruhigungen durch Einwohner, sowie der Verpflegungs-

*) Vgl. Skizze 2.

schwierigkeiten, mußte die 4. K. D. am frühen Morgen des 11. 8. zunächst nach St. Trond, dann nach L o o z zurückgenommen werden, wo sie verblieb.

D i e 2. K. D. sollte nun zunächst allein nach Norden auf Herck la Ville vorgehen. Da dieser Befehl indessen nicht rechtzeitig eintraf, wurde befohlen, daß die Division nach W e l l e n u n d C o r t e s s e m rücken sollte, um hier zu ruhen, und am 12. von hier aus den Vormarsch auf Diest anzutreten. Verpflegung wurde requiriert, die L. u. F. Wag. kamen heran, und Mann und Pferd konnten sich endlich einmal wieder satt essen und sich durch ein Bad im klaren Herck-Bach erfrischen.

Wie groß die bisherigen Anstrengungen gewesen waren, zeigt das Kriegstagebuch des H. K. K. 2, wo es heißt: „Der Tag ist sehr heiß. Das Kav. Korps bedurfte dringend der Ruhe und ausreichender Versorgung mit Verpflegung und Hafer. Ein Vorgehen mit der entkräfteten Truppe erscheint unmöglich, sollte nicht seine weitere Verwendung in Frage gestellt werden." — A. O. K. 2 funkte: „IX. A. K. mit Haferzufuhr beauftragt. Nötigenfalls Bewegung verlangsamen. Beitreiben und vom Lande leben."

Vor der Front wurde die starke Besetzung der Gette-Linie: Diest—Tirlemont—Jodoigne weiter bestätigt. Nach einem aufgefangenen Briefe sollte der französische Nordflügel in Linie Namur—Dinant—Givet stehen. Dorthin war H. K. K. 1 im Vormarsch.

## Gefecht bei Haelen am 12. August 1914.

(Vgl. Skizze 1)

Ein ereignisreicher Tag brach an. Heiß brannte die Sonne auf die staubigen Landstraßen hernieder. General v. der Marwitz ließ um 6° Morg. die 2. K. D. über Hasselt, die 4. K. D. mit dem durch die 7. Jäger verstärkten Jäg. Btl. 9 über Alken—Stevoort auf Haelen vorgehen. Aufklärung gegen die Linie Hechtel—Beeringen—Diest—Tirlemont—Moxhé. Die Brig. Printz (15. und 16. Hus.) der 4. K. D. wurde zur Sicherung der linken Flanke bei St. Trond gelassen.

D i e 2. K. D. marschierte zunächst nach Hasselt, wo ein größeres Waffenlager beschlagnahmt wurde, und erreichte gegen Mittag Stevoort an der großen Straße nach Diest. Hier befand sich d i e 4. K. D. im Vormarsch auf Haelen.

Unterwegs traf folgender Befehl des H. K. K. 2 ein: „4. K. D. öffnet die Enge bei Haelen. 2. K. D. rückt mit dem Anfang bis an den Herck-Abschnitt östlich Herck la Ville und sichert gegen Lummen."

Als die Patrouillen der 4. K. D. den Eingang von Haelen besetzt fanden, befahl General v. Garnier den Ort zu nehmen. Mit Unterstützung durch die westlich Herck la Ville in Stellung gehende Artillerie gingen das verstärkte Jäg. Btl. 9 mit der 3. K. Brig. südlich anschließend, zu beiden

Seiten der Straße vor. Gegen 1° Nachm. gelang es die Gette-Brücke am Osteingang der Stadt zu nehmen und bis an den Westrand von Haelen durchzustoßen. Das jetzt einsetzende feindliche Artilleriefeuer verursachte, die Hauptstraße der Länge nach bestreichend, in dem mit Truppen angefüllten Orte erhebliche Verluste. Die einzige Brücke war zum Teil zerstört und kaum mehr passierbar, Qualm und Rauch der brennenden, einstürzenden Häuser, sowie die vielen in den Straßen umherliegenden toten und verwundeten Menschen und Pferde boten ein schauerliches Bild und erschwerten den Durchzug der Truppen.

Zur Klärung der Verhältnisse westlich von Haelen, wo die Belgier die Höhen besetzt hielten, wurde die 4. Drag. 18 als A. E. vorgeschickt. Die 17. (mecklenburgische) K. Brig., unter Gen. Major Graf Schimmelmann, wurde bis Waterkant östlich Haelen vorgezogen.

Unterdessen hatte die 3. K. Brig. (Kür. 2 und Ul. 9), unter Oberst Graf v. der Goltz bei Donck südlich Haelen den Übergang über eine mit Hilfe der Brückenwagen schnell hergestellte Brücke erzwungen und war im Begriff von hier aus auf Haelen vorzugehen.

Beim Gegner war Artillerie — etwa eine Batterie — auf den Höhen bei Hontsum, 2 km westlich von Haelen, sowie Infanteriebesetzung an der Straße nach Diest erkannt worden.

Um der eigenen Artillerie das geschützweise Durchziehen durch den Ort in die einzig mögliche Feuerstellung dicht westlich von Haelen zu ermöglichen, war das Drag. Regt. 17 der A. E. unmittelbar gefolgt und griff nun mit zwei Eskadrons auf der Straße nach Diest an. Diese stießen indessen auf eine mit Drahthindernissen verstärkte Infanteriestellung und erlitten schwere Verluste, so daß der Regimentskommandeur, Oberst Frhr. v. der Heyden-Rynsch, die Eskadrons zurücknahm und am Westausgang von Haelen zum Gefecht zu Fuß absitzen ließ.

Über diese Attacke berichtet der Kommandeur wie folgt:

„Als der Kommandeur des Drag. Regts. 17 mit dem Anfang seines Regts. den Nordwestrand von Haelen erreichte, empfing ihn starkes feindliches Artilleriefeuer. Die Granaten und Schrapnells platzten dicht neben den Reitern, ohne jedoch Schaden zu tun. Der Divisionsstab hielt hinter einem Hause. Jäger und Artillerie befanden sich vorwärts des Ausganges. Auf den vorliegenden Höhen sah man die Belgier. Eine Erkundungspatrouille unter Lt. d. R. Graf Bernstorff-Karin ritt gegen die Höhen im Galopp vor. Sie konnte aber nur eine starke Besetzung feststellen. Dem Offizier wurde das Pferd erschossen. Ein tapferer, kaltblütiger Dragoner brachte ihm inmitten des stärksten Infanteriefeuers ein reiterloses Pferd.

»Die Mecklenburgische Brigade hat die Artillerie zu nehmen«, hieß der Befehl. Der Regts. Kommandeur mit dem Adjutanten, Rittm. v. Bredow, wies die Richtungen an, und schon trabte die 2. Esk. unter Rittm. v. Bodecker auf der Straße nach Diest vor. Der Regimentsstab setzte sich an den Anfang der 3. Esk., Rittm. Frhr. v. Maltzahn, und folgte der 2. Esk. Diese ging in der Kolonne zu Vieren im Galopp vor. Ein rasendes

Artillerie- und Infanteriefeuer schlug über der Eskadron zusammen, ein Ausweichen oder ein Aufmarschieren war nicht möglich, da die Straße zu beiden Seiten mit hohen Knicks und Drahtzäunen eingefriedigt war. Eine gewaltige Staubsäule wälzte sich vorwärts, Teile der Eskadron kamen bis an das vorliegende Dorf, das verbarrikadiert und mit M. G. besetzt war. Roß und Reiter stürzten zu Haufen und bildeten eine zuckende Wehr. Die 3. Esk. mit dem Regts. Stab an der Spitze folgte. Auch sie wurde von einem Hagel von Geschossen überschüttet, jedoch schoß die belgische Artillerie zu kurz, während die Infanteriegeschosse meist zu hoch gingen. Die mächtige Staubwolke hinderte jede Beobachtung. Die Pferde- und Menschenmauer auf der Straße machte ein weiteres Vorwärtskommen der Eskadron unmöglich, ein Ausbiegen nach seitwärts war gleichfalls ausgeschlossen, die Aussicht, an den Feind heranzukommen, war nicht vorhanden. Infolgedessen ließ der Kommandeur die 3. Esk. kehrtmachen und ging mit ihr zurück. Die Bewegung wurde im stärksten Feuer im Trabe ruhig ausgeführt.

Da ein Vorwärtskommen zu Pferde ausgeschlossen war, wurde die 3. Esk. zu Fuß mit Schützen vorgezogen.

Unterdessen hatte die Leib-Esk. westlich der Straße Haelen—Diest attackiert, war gleichfalls in ein schwieriges Gelände mit Drahteinfriedigungen gekommen, war mit einzelnen Reitern in die Reihen der Belgier gelangt, verblutete sich aber in dem gewaltigen Infanterie- und M. G.-Feuer. Der Kommandeur, Rittm. Graf Kalnein, führte die Eskadron mit opfermutiger Tapferkeit vor und fiel an der Spitze seiner Heldenschar. Von dieser Eskadron, sowie von der 2. kamen im ganzen 13 Mann zu Fuß zurück. Alle Offiziere und die übrigen Mannschaften waren gefallen, gestürzt oder gefangen.

Die Lts. Graf Brockdorff, Ordonnanzoffizier der Brigade, und Graf Rothkirch, Ordonnanzoffizier des Regts., hatten die Attacke mitgeritten. Beiden wurden die Pferde erschossen. Die Standarte war bei dem Zuge der 4. Esk., Rittm. v. Troschke, zurückgeblieben.

Bewegten Herzens und voll tiefer Trauer über die großen, schmerzlichen Verluste, sammelte der Regts. Kommandeur die Reste seines Regts. — 180 Pferde — südlich Haelen."

Durch diesen kühnen Vorstoß erhielt die Artillerie Luft, konnte in Stellung gehen und brachte die feindliche Artillerie auf den Höhen von Hontsum bald zum Schweigen.

Jetzt schien der Augenblick zum Vorbrechen aus der Enge und zur Wegnahme der beherrschenden Höhen gekommen zu sein. Drag. Regt. 18 wurde vom Ausgang nach Velpen aus zur Attacke gegen die Höhen angesetzt. Auch dieser Angriff mußte bei der langen Marschkolonne und dem mangelnden Entwicklungsraum nicht einheitlich, sondern in Staffeln erfolgen. Nachdem die mecklenburgischen Dragoner in todesmutigem Ansturm die ersten feindlichen Linien überritten hatten, stießen sie mitten im stärksten Infanterie- und Maschinengewehrfeuer auf vom Gegner besetzte Hohlwege und durch Draht geschützte Gräben und Hecken, und mußten unter schwersten Verlusten wieder zurückgehen. Viele brave Dragoner fanden hier den Heldentod, an ihrer Spitze ihr tapferer Kommandeur Major Baron Digeon v. Monteton mit seinem Adjutanten, Oberlt. v. Laffert.

Die Attacke des Drag. Regts. 18, bei der die 4. und 1. Esk. frontal in zwei Wellen, 3. Esk. links rückwärts gestaffelt, in nordwestlicher Richtung vorstießen, schildert Rittm. v. Wernitz folgendermaßen:

„Ich ritt zum Südwestausgang des Dorfes zum Major v. Monteton und dem Stab. Kaum steckten wir die Nase heraus, so erhielten wir schon Feuer von den in unregelmäßigen Linien in Gräben und hinter Hecken liegenden feindlichen Schützen. Wir konnten nur in der Kolonne zu Zweien heraus. Vor uns befand sich eine kleine Bodenwelle, durch die der Weg eingeschnitten ins Freie führte. Ich gab den Befehl, nicht durch den Einschnitt zu reiten, sondern, die Welle als Deckung benutzend, aus dem Einschnitt herauszuspringen und draufzugehen. Die Richtung würde ich angeben. Der 1. Zug links, der 2. rechts, und so folgend. — Und nun ging die Reise los!

Meine brave, aber sehr heftige Vollblutstute sprang mit mächtigem Satz aus dem Weg und ging gleich in voller Fahrt vorwärts, hinter mir mein Trompeter, Sergt. Palm. Meine braven Mecklenburger folgten mit brausendem Hurra. Ein heilloses Feuer prasselte uns entgegen, mancher Sattel wurde leer, und manch gutes, braves Pferd machte seinen letzten Galoppsprung, aber bald hatten wir die ersten Schützenlinien überritten. Jetzt sah ich hinter diesen an einer Hecke mit Drahtzaun stärkere, geschlossene Linien sich hinlegen. Ein Besinnen gab es nicht, also drauf. Mit langen Sätzen ging mein braves Pferd vorwärts, da — ein Zusammenprall mit einem ledigen Pferd — und wir lagen. Fest krallte ich mich in Mähne und Vorderzeug, und wir rappelten uns wieder auf. Der Sattel hing unter dem Bauch, aber es ging weiter. Nur noch ein kurzes Stück; ich konnte schon die Gesichter der Belgier unterscheiden, da stolperte mein Pferd, wahrscheinlich über einen Draht, und diesmal gelang es mir nicht mehr, sie festzuhalten. Es war kein erfreulicher Moment, da wir auch noch jetzt M. G.-Feuer erhielten. Aufspringend sah ich noch das leere Pferd unseres Kommandeurs an mir vorbeijagen. Er starb dort den schönsten Reitertod, zusammen mit seinem treuen Adjutanten, Oblt. v. Laffert. Ich sah den linken Flügel der Eskadron in einer Ecke, gebildet aus Hecke und Drahtzaun, festsitzen, dabei die Standarte hoch im Winde flatternd. Ich lief darauf zu, und mit Hilfe des Rittmeisters beim Stabe, Graf v. d. Schulenburg, gelang es, der Standarte und den Dragonern einen Ausweg zu weisen. Bald sammelten sich Leute meiner und anderer Eskadrons zu Fuß um mich, darunter Uffz. Haller, Gefr. Thal, Andau und andere. Leider habe ich die Namen nicht mehr alle in Erinnerung. Stabstrompeter Gröschke brachte mir trotz des heftigsten Feuers ein Pferd. Ich werde ihm diese Tat nie vergessen, wenn ich auch im Augenblick keinen Gebrauch davon machen konnte. G. hat auch späterhin bewiesen, daß er nicht nur mit dem Fiedelbogen umzugehen weiß.

Als wir aus dem ärgsten Gedränge heraus waren, gelang es mir, ein zaumzeugloses Pferd zu greifen. Einen dünnen Strick hatte ich bei mir, er ersetzte den Zügel. Meine Leute warfen mich aufs Pferd, und es gelang, uns durchzuschlagen. Ich habe noch oft an das Wort eines alten Reitlehrers gedacht in der schönen Reitschulzeit in der hannoverschen Heide: „Der Kavallerist muß immer ein Messer und einen Bindfaden in der Tasche haben." Ohne meine treuen Leute und ohne den Bindfaden wäre ich wohl kaum herausgekommen, da ich mir bei dem Stürzen eine eklige Hüftquetschung zugezogen hatte, wie sich einige Tage später herausstellte. Abends traf ich mit einer kleinen Anzahl von Leuten beim Regiment ein, das Rittm. v. Massow, 120 Mann stark, auf dem Marktplatz von Haelen gesammelt hatte."

Es hatten verloren: Drag. Regt. 17: 8 Offiziere, 159 Mann und 165 Pferde; Drag. Regt. 18: 6 Offiziere, 138 Mann und 163 Pferde.

Während dieser Zeit hatte auch die 3. K. Brig. bei Donck den Befehl zum Angriff erhalten. Ihr Ziel war die feindliche Artillerie bei Hontsum.

Die Schützen saßen auf, die Brigade ritt an, voran das Kür. Regt. Königin unter Oberstlt. v. Knobelsdorff, dahinter die 9. Ulanen unter Oberstlt. Graf v. Schmettow.

Auch hier gelang es, vom Dorfe Velpen aus, die vordersten feindlichen Linien zu überreiten. Einzelne Schwadronen gelangten sogar bis in die Gärten der Tullerie Ferme. Aber auch hier stießen die staffelweise attackierenden Eskadrons allenthalben auf in Gräben und hinter verdrahteten Hecken versteckt liegende Schützen, und mußten schließlich mit schweren Verlusten wieder zurückgehen.

Die nachfolgenden beiden Schilderungen geben ein Bild von der Attacke der 3. K. Brig.:

„Vermittels einer Pontonbrücke überwindet das Kür. Regt. Königin die Gette westlich Haelen. Hinter Getreidehocken sieht man feindliche Schützen. Die 3. Esk., Rittm. v. Sichart, erhielt den Befehl, diese zu attackieren. Einige kurze scharfe Kommandos, und schon brausen die pommerschen Reiter dahin. In wenigen Sekunden ist die belgische Schützenlinie erreicht und überritten; sie hebt die Arme hoch. Aber da prasselt der Schwadron ein mörderisches Infanterie- und M. G.-Feuer entgegen. Getroffene Pferde reißen im Sturz andere mit zur Erde, andere wieder rasen reiterlos in der Gegend umher; auch das Pferd des Schwadronsführers fällt. Inzwischen waren die 5. links, die 4. rechts der 3. Esk. ebenfalls zur Attacke auf Infanterie angesetzt worden. Vernichtendes Feuer eines hinter Hecken und Drahtzäunen wohlverschanzten Gegners bereitete dem todesmutigen Ritt ein jähes Ende. Da trifft von der Div. der Befehl für die 3. Kav. Brig. ein, die feindliche Artillerie zu attackieren.

Der Regts. Kommandeur, Oberstlt. v. Knobelsdorff, führt die 2. Esk. und die Trümmer der drei anderen Eskadrons gegen dieses Ziel, rechts von dem anreitenden Schwesterregiment, den Demminer Ulanen. Noch zweimal finden die feindlichen M. G. ihre Nahrung. Schwerverwundet stürzt Rittm. v. Horn, der Chef der 2. Esk. Nur wenige, unter ihnen Lt. v. Ploetz, gelangen bis zur feindlichen Stellung zwischen den Drahtzäunen und Hecken der Ferme Tuillerie, und noch weniger kehren von dort zurück.

Beim Appell fanden sich am Südwestausgang von Haelen zunächst nur 75 Berittene ein. Später kamen dann noch viele zu Fuß, zahlreiche Pferde wurden eingefangen. Der Verlust des Regiments belief sich nach späterer Feststellung an Toten, Verwundeten und Vermißten auf 6 Offiziere, 71 Mann, 270 Pferde. Das Feuer des Feindes hatte zu kurz gelegen. Hieraus erklärte sich der überwiegende Verlust an Pferden, die größtenteils Beinschüsse erhielten."

Der Adjutant des Ul. Regts. 9 schreibt:

„Der Kommandeur, Oberstlt. Graf Schmettow, setzte sofort die beiden vordersten Schwadronen zur Attacke an. Ordonnanzoffiziere jagten von der Brigade zum Regiment und zu den Schwadronen, die Trompeter bliesen „Marsch, Marsch." Schon am Dorfausgang prasselte uns heftiges Infanterie- und M. G.-Feuer entgegen. Dort stürzten bereits die ersten Pferde und Reiter verwundet oder tödlich getroffen. So gut und so schnell es ging, wurde noch einigermaßen in Deckung aufmarschiert, hinter der ersten drängte schon die 5. ungestüm aus dem Dorfe vorwärts, denn es galt ja, die Artillerie auf der Höhe drüben zu nehmen.

Rittm. v. Obernitz, Eskadronchef der 1. Esk., weit voraus, ging es in vollem Lauf mit gefällter Lanze mit Hurra los. Ein Hohlweg durchschnitt quer das Attackefeld. Ausbiegen unmöglich, hinein, hinüber, was darin stürzte, blieb liegen. Durch Hocken, in denen belgische Schützen vergeblich versuchten, den Reitern Halt zu gebieten, hindurch, die vordersten Schützenlinien waren überritten. In dem mörderischen Artillerie-, Infanterie- und M. G.-Feuer, letzteres besonders aus der Flanke von Loxbergen her, waren diese beiden Schwadronen bald fast aufgerieben. Die Trümmer fluteten zurück, wieder den Hohlweg, der jetzt von toten und verwundeten Leuten und Pferden angefüllt war, passierend.

Die beiden anderen Schwadronen hatten, aufgehalten durch die Brücke, inzwischen auch den Westausgang von Velpen im Galopp erreicht. Der Regimentsruf ertönte, aufgenommen von den Trompetern. Oberstlt. Graf Schmettow sammelte hinter einer kleinen Höhe westlich Velpen das Regiment, um es von neuem unter seiner Führung gegen den Feind zu werfen.

Nun preschten die Ulanen mit den beiden noch frischen Schwadronen, denen sich auch die Reste der beiden vordersten angeschlossen hatten, links daneben 3 Eskadrons des Kür. Regts., gegen die Ferme Tuillerie los, hinter der noch immer die feindliche Infanterie feuerte. Diesmal gelangte die Attacke durch mehrere Schützenlinien hindurch bis in den Grund der Ferme, deren verdrahtete Hecken die Belgier stark besetzt hielten. Ledige und verwundete Pferde durchrasten das Schlachtfeld, Leute, die ihre Pferde bei der ersten Attacke verloren hatten, griffen sich neue und attackierten zum zweiten Male mit. Die verdrahteten Hecken im Grunde hielten jedoch den Ansturm auf. Einigen gelang der Sprung über Draht und Gestrüpp, über feuernde Gewehre und feindliche Leiber, viele stürzten getroffen zu Boden, der Rest flutete noch immer im starken Feuer nach Norden zu ab. Teile des Regiments zogen sich über die Pontonbrücke, bei Schloß Landwyk wieder das andere Ufer der Gette erreichend, Teile über die notdürftig wiederhergestellte Brücke in Haelen zurück.

Als sich das Ul. Regt. bei Donck nach der Attacke sammelte, wurden zunächst 8 Offiziere und etwa 150 Mann gezählt. Wir hatten in der kurzen Zeit des Gefechts 4 Offiziere, über 100 Mann und über 250 Pferde verloren. Im Laufe der nächsten Stunden fanden sich jedoch, Gott sei Dank, viele Leute, deren Pferde abgeschossen waren, sowie verschiedene ledige Pferde wieder ein.

Es verdient noch erwähnt zu werden, daß viele Leute, die ihre Pferde verloren hatten, zum Karabiner griffen und sich dem Angriff der 7. Jäg., die nach der Attacke vorgingen, anschlossen."

Der am linken Flügel der Division eingesetzten M. G. A. 2 unter Hauptmann v. Schierstädt gelang es, den von Süden anmarschierenden belgischen Verstärkungen erhebliche Verluste beizubringen.

Die 2. K. D. war zunächst, auf eine Meldung vom Vorgehen stärkerer feindlicher Kavallerie und Infanterie aus westlicher Richtung gegen den Gette-Abschnitt, in der Gegend von Donck bereitgestellt worden.

Auf Befehl des Generals v. der Marwitz wurde dann gegen 4° Nachmittags die L. Hus. Brig. unter Oberst v. Frankenberg und Ludwigsdorf sowie die reit. Abteilung unter Major le Tanneux v. St. Paul hinter der

4. K. D. ebenfalls durch Haelen vorgezogen, das Gros — 5. und 8. K. Brig. — sollte folgen und sich südlich Haelen bereitstellen.

Die Schützen der L. Hus. Brig. gingen mit Jäg. Btl. 9 bis an die Straße Haelen—Velpen vor, und nahmen hier die zurückgehenden Teile der 4. K. D. auf. Die reit. Abteilung richtete ihr Feuer gegen die sich erheblich verstärkende feindliche Artillerie.

Während des unter starkem Artilleriefeuer erfolgenden Durchziehens durch Haelen erreichte der Befehl des Generals v. der Marwitz das Gros, kehrtzumachen und östlich Haelen den Schutz der linken Flanke zu übernehmen.

Da eine erhebliche Verstärkung des Gegners, sowohl an Infanterie wie an Artillerie erkannt worden war (die von Tirlemont her eingetroffene 4. belg. Brig mit 5 Btln. und 3 Batt.), und ein Erfolg daher aussichtslos erschien, außerdem der Gefechtszweck, die Klärung der Lage bei Diest und südlich erreicht worden war, ließ General v. der Marwitz gegen Abend das Gefecht abbrechen und das westliche Gette-Ufer räumen.

Gegen Mitternacht erreichten die 2. K. D. bei Kermpt, Curange und H a s s e l t, die 4. K. D. bei A l k e n ihre Biwakplätze. Außer den Gefechtsbewegungen hatte die 2. K. D. an diesem Tage 60, die 4. K. D. 50 km bei drückender Hitze zurückgelegt. Müde legten sich die Reiter zur Ruhe nieder. Mancher liebe Kamerad fehlte, der sein Leben für das Vaterland hingegeben hatte.

Wenn auch die Reiterangriffe bei Haelen keine unmittelbaren Erfolge hatten, so war doch außer den Verlusten, die sie dem Gegner zufügten, der eigentliche Erkundungszweck, die Feststellung des linken Flügels der Gette-Stellung, erreicht worden. Vor allem aber hatten sie gezeigt, daß unsere braven Reiter den heißen Drang hatten, dem Feinde mit der Lanze zu Leibe zu gehen, und sich selbst durch das ärgste Feuer in ihrer Angriffsfreudigkeit nicht abschrecken ließen, in den Feind hineinzureiten, solange es möglich war. Anderseits lehrte dieser Tag, daß bei der heutigen Waffenwirkung derartige Stellungen nicht zu Pferde angegriffen werden können, und daß nur der Feuerkampf in solchen Fällen zum Ziel führen kann.

## Ereignisse vom 13. bis 16. August 1914.

Bei Lüttich wurde an diesem Tage das Fort d'Evegnée genommen, und schon am 13. fiel das Fort Pontisse, so daß der Vormarsch der 1. Armee durch die Festung Lüttich nicht aufgehalten worden war, und die Armee am 14. 8. die Maas-Linie Lixhé—Lüttich, am 15. die Linie Bilsen—Tongres erreichen konnte.

Die Nachrichten über den Gegner besagten, daß hinter den Vortruppen bei Diest—Tirlemont in der Gegend von Löwen—Wawre drei bis vier

J. D., bei Antwerpen und Namur je eine J. D. ständen. Auch wurden englische Ausladungen bei Ostende, Dünkirchen und Calais gemeldet.

Die Heereskavallerie sollte daher zunächst, auch um den Hafermangel und die fehlende Munitionszufuhr zu beheben, im allgemeinen stehen bleiben, um einen etwaigen feindlichen Vormarsch bis zum Herankommen der 1. und 2. Armee aufzuhalten und deren Vormarsch zu verschleiern.

Auf Befehl des H. K. K. 2 blieb daher die 2. K. D. mit Jäg. Btl. 7 und 9 bis zum 16. 8. bei Hasselt stehen, um ein feindliches Vorgehen von Haelen aus zu verhindern und den Vormarsch der 1. Armee zu verschleiern.

An Stelle der am 13. zurückkehrenden A. E. Roeder (2. Ul. 3) wurden neue A. Es. entsandt: 3. L. Hus. 1, Rittm. Walzer, nach Norden auf Beeringen, 5. Kür. 7, Rittm. v. Versen, auf Lummen und 5. Hus. 12, Rittm. Frhr. v. Dallwigk, auf Büdingen. Diese meldeten die Gegend bis zur Linie Hechtel—Beeringen—Pael vom Feinde frei, Lummen (hier Kavallerie) und die Gette-Übergänge von Haelen bis Büdingen durch verschanzten Gegner besetzt, der anscheinend nicht beabsichtigte weiter vorzugehen.

**13. bis 15. August.** Die 4. K. D. rückte am 13. nach Looz*), am 14. nach Heers, am 15. nach Orp le Grand zur Vereinigung mit der 9. K. D. Aufklärung bis zur Linie Tirlemont—Avennes durch 4. Hus. 15, Rittm. v. Hanstein, und die A. Es. Hus. 16, Rittm. Stern, und Kür. 4, Rittm. Frhr. v. Landsberg.

Die 9. K. D. meldete am 14. Nachmittags dem H. K. K. 2 ihren Übergang über die Maas auf einer Pontonbrücke bei Hermalle sous Huy. Sie wurde durch Funkspruch über die Lage orientiert und erhielt die Weisung, unter Aufklärung gegen die Straße Jodoigne—Namur am 15. Boëlhe zu erreichen und dort mit der 4. K. D. Verbindung aufzunehmen. Die Division erreichte am 15. Thisnes und Crehen.

H. K. K. 2, der am 15. sein K. H. Qu. nach Gr. Hallet bei Orp le Grand verlegt hatte, erhielt außer den bei der 2. K. D. befindlichen Jäg. Btln. 7 und 9 noch die Jäg. Btle. 3, 4 und 10 zugeteilt.

Es sollte versucht werden der Heereskavallerie durch Kraftwagenkolonnen Nachschub an Verpflegung und Hafer zuzuführen. Doch stieß dies auf Schwierigkeiten, so daß A. O. K. 2 funkte: „Ob Verpflegung eintrifft ist zweifelhaft. Rücksichtslos vom Lande leben."

Wegen der immer wieder erfolgenden Beteiligung bewaffneter Einwohner an den Kämpfen wurden beim Durchmarsch die Gemeindevorsteher unter Androhung schärfster Strafen mit dem Sammeln und Zusammentragen sämtlicher vorhandener Waffen beauftragt. Diese ver-

*) Vgl. Skizze 2.

blieben dann entweder unter Bewachung im Rathause, oder wurden, wo dies nicht sicher erschien, vernichtet.

Am 15. 8. traf bei General v. der Marwitz die Weisung ein, mit der 4. und 9. K. D. auf Perwez vorzugehen, während die 2. K. D. den Vormarsch der 1. Armee weiter verschleiern sollte.

**16. August.** Es gingen daher am 16. um 6[h] Vorm. die 4. K. D. von Orp le Grand über Jauche auf Opprebais, die 9. K. D. von Thisnes über Thorembais St. Trond auf Chaumont—Gistoux vor.

**Gefecht bei Incourt.** Nach dem Erreichen von Incourt beschoß die 4. K. D. hier mit ihrer Artillerie feindliche Artillerie und Infanteriepostierungen und stellte sich zum Angriff bereit. Dieser wurde jedoch auf Befehl des H. K. K. 2 nicht durchgeführt, und die 4. K. D. angewiesen, am Abend bei Jauche zur Ruhe überzugehen.

**Gefecht bei Chaumont—Gistoux.** Inzwischen hatte die 9. K. D. bei Chaumont—Gistoux einen erfolgreichen Feuerüberfall auf drei belgische Eskadrons der 1. Chasseurs à cheval ausgeführt, die schwere Verluste erlitten. Das zur Verfolgung vorgehende Königs-Ul. Regt. erbeutete eine belgische Standarte, wurde aber durch starkes feindliches Artilleriefeuer genötigt, wieder zurückzugehen.

Das Königs-Ul. Regt. berichtet über diese Attacke:

„Nach zweistündiger Rast in Orbais geht's weiter, meist im Trabe, auf Chaumont. Plötzlich halt, wieder antraben, halt. Ordonnanzoffiziere fliegen im Galopp vorbei. „Rechts heran." Eine Fuchsbatterie unserer reitenden Abteilung rattert an uns vorbei nach vorne, ebenso M. G. der M. G. A. 7. Allmählich sickert's durch, was los ist, einer sagt's dem andern: „Vor uns belgische Kavallerie, eine Patrouille ist zurückgejagt, dahinter soll noch mehr stehen." —

Inzwischen marschiert die Brigade westlich Château du Dieu amant auf, das Königs-Ul. Regt. beiderseits der Artillerie. Es sollte also Wahrheit werden. Am 16. August eine Attacke!

Die Offiziere, die blanke Klinge in der Hand, die Ulanen die Zügel schon fester gefaßt, so harrte man ungeduldig auf das Zeichen zum Vorbrechen, doch wollte die Führung erst die Wirkung der Artillerie abwarten, ehe die Attacke angesetzt wurde. Endlich wurde dem Regt. freie Hand gegeben. Die Eskadrons v. Natzmer, v. Wallenrodt und v. Löbbecke brechen vor, und mit gefällter Lanze geht es dem belgischen Kav. Regt. entgegen, das, durch unsere Artillerie und M. G. in Verwirrung gebracht, nun vollends die Flucht ergreift. 1 Offizier, 8 Mann und 28 Pferde werden als Beute eingebracht, außerdem die Standarte des Regiments, die Vizewachtmeister Thielecke der 5. Esk. dem in einem Knäuel von Menschen- und Pferdeleichen sich zäh verteidigenden belgischen Standartenträger im Ringkampf entrissen hat.

Stolz, am Tage von Mars la Tour das erste feindliche Feldzeichen mit blanker Waffe dem Gegner abgerungen zu haben, kehrten die Eskadrons zur Division zurück.

Eine Patrouille unter Lt. Graf v. d. Schulenburg erhält den Auftrag, weiter vorzudringen und die feindliche Artillerie festzustellen, die schon ihre eisernen Grüße in das Regiment schleudert. Es gelingt ihm, auf kaum 1000 Meter an die feuernde feindliche Batterie heranzukommen, die östlich Sart-Risbart, östlich Chaumont, in offener

Feuerstellung aufgefahren ist. Gefreiter Aumund bringt die Meldung, und bald hat unsere reitende Abteilung die feindliche Batterie zum Schweigen gebracht. Gefr. Stanziek, der trotz stärksten feindlichen Feuers auf seinem weit vorgeschobenen Beobachtungsposten ausgehalten hatte, wurde schwer verwundet. Er erhielt später als einer der ersten das Eiserne Kreuz. Sonst waren keine Verluste zu beklagen. Der Tag aber hatte mit einem vollen Erfolge für das Königs-Ul. Regt. geendet."

Auch die 9. K. D., deren Artillerie durch das feindliche Artilleriefeuer einige Verluste hatte, erhielt den Befehl, den weiteren Angriff nicht durchzuführen, sondern gegen Abend bei Autre Eglise zur Ruhe überzugehen.

## Vormarsch bis über den Dendre vom 17. bis 22. August 1914.

**Am 17. August** wurde die 1. und 2. Armee und H. K. K. 2 dem Oberbefehlshaber der 2. Armee, General v. Bülow, unterstellt. Es war beabsichtigt, die in der Stellung zwischen Diest—Tirlemont—Wawre gemeldeten feindlichen Kräfte von Antwerpen abzudrängen, und die beiden Armeen später aus der Linie Brüssel—Namur unter Sicherung gegen Antwerpen zu verwenden.

Die 2. K. D. schied aus dem Verbande des H. K. K. 2 aus und trat unter den Befehl der 1. Armee (II. A. K.), um selbständig die Aufklärung und Verschleierung des äußersten rechten Heeresflügels zu übernehmen.

Vor Fortsetzung der Schilderung der Ereignisse beim H. K. K. 2 wird daher zunächst nachstehend die Tätigkeit der 2. K. D. in der Zeit vom 17. bis 22. 8. besprochen werden.

## 2. Kavallerie-Division vom 17. bis 22. August 1914.

(Siehe Karte I und Geländebeschreibung S. 6.)

Nachdem die 2. K. D. mit dem von Bilsen auf Kermpt vorgehenden II. A. K. Verbindung aufgenommen hatte, ging sie mit Jäg. Btln. 7 und 9, den bei Diest festgestellten feindlichen Nordflügel umgehend, zur Aufklärung des Geländes vorwärts und nördlich des rechten Flügels der 1. Armee von Hasselt über Lummen auf Beeringen vor. Die verhältnismäßige Ruhe der letzten Tage und die an Stelle der bisherigen Hitze mit Regen einsetzende kühlere Witterung hatte den Kräftezustand der Pferde wieder gehoben, so daß der Vormarsch mit frischen Kräften angetreten werden konnte.

Die Division entsandte von Beeringen aus eine Offizierpatrouille auf Turnhout und eine A. E., 2. Drag. 2, Rittm. v. Wedel, über Tessenderloo—Gheel auf Hérenthals.

Der belgische Truppenübungsplatz Bourg Leopold wurde von der Vorhut (Drag. Regt. 2) nach kurzem Feuergefecht gegen belgische Gendarmen genommen. Ein kurz vorher in Richtung Antwerpen abfahrender Militärzug konnte nicht mehr zum Halten gebracht werden. Dagegen wurden im Lager Gefangene gemacht und ein Waffendepot beschlagnahmt, worauf die Division bei Beverloo nächtigte.

Die 1. Armee erreichte an diesem Tage die Linie Kermpt—St. Trond, während die 2. Armee nach dem Fall von Lüttich in der Linie Lüttich—Huy zunächst halten blieb und aufschloß.

**18. August.** Am 18. ging die Division bei wiederum großer Hitze bis Vorst und Veerle vor und besetzte die Nethe-Übergänge bei Westerloo zur Sicherung des rechten Flügels der 1. Armee. Diese ging an diesem Tage zum Angriff gegen die Linie Diest—Tirlemont vor und erreichte, nachdem der Gegner bei Diest und südlich seine Stellungen kampflos geräumt und nur bei Tirlemont heftigen, aber kurzen Widerstand geleistet hatte, die Linie Herssélt—Tirlemont. Das Gelände nördlich der Nethe wurde vom Feinde frei gemeldet.

Die belgische Kavallerie zeigte sich nirgends zu Pferde. Wo man sie bisher angetroffen hatte, hatte sie nur mit dem Karabiner gefochten.

Die Aufklärungstätigkeit unserer Patrouillen in Belgien wurde insofern stellenweise dadurch erleichtert, daß sie von den Bewohnern für Engländer gehalten wurden.

**19. August.** Die 1. Armee überschritt, teils unter kleineren Gefechten mit dem zurückgehenden Feind (1. und 3. belg. Div.), die Dyle und stand am Abend mit Vortruppen westlich Löwen.

**Gefecht bei Hoogdonck.** Die 2. K. D. ging zunächst über Herssélt auf Aerschot vor. Nachdem hier die 3. J. D. den Widerstand stärkerer feindlicher Infanterie und bewaffneter Einwohner gebrochen hatte, ging die Division über Betecom auf Werchter vor. Es gelang ihr bei Hoogdonck unter Einsatz der Leibhusaren- und 8. K. Brig. in siegreichem Gefecht das 5. und 6. belg. Inf. Regt. zum Rückzuge zu zwingen. Hierbei erbeutete das 1. L. Hus. Regt. eine belgische Bataillonsfahne und machte eine Anzahl Gefangene.

Um die dringend notwendigen Verpflegungs- und Haferkolonnen herankommen zu lassen, blieb die Division bei Betecom. Der Mangel eigener Verpflegungskolonnen bei den Kav. Divisionen machte sich hier wiederum empfindlich fühlbar.

Vom H. K. K. 2 kam die Nachricht, daß die französische 5. K. D. bei Perwez mit schweren Verlusten vor 4. und 9. K. D. zurückgegangen sei.

**20. August.** Die 2. K. D. ging am 20. 8. zur Aufklärung beiderseits Brüssel und zur Deckung gegen Antwerpen, von wo nach belgischen Nachrichten der Anmarsch englischer Kräfte erwartet wurde, über Werchter vor. Sie überschritt bei großer Hitze zwischen Antwerpen und Brüssel die Senne und den Kanal von Willebroeck bei Vilvorde 6 km nördlich von Brüssel.

Voll stolzer Genugtuung sahen die deutschen Reiter die Kirchtürme von

Brüssel im Süden liegen und bedauerten nicht auch wie das dahin angesetzte IV. A. K. dort einziehen zu können. Die belgische Regierung und die königliche Familie waren nach Antwerpen geflohen. In Grimberghen wurden die Bahnhofsanlagen zerstört und zwei Autos mit bewaffneten Insassen erbeutet.

Die Division erreichte nach kleineren Gefechten mit Einwohnern Wolverthem.

Die belgische Armee hatte vom 18. 8. an den Rückzug auf Antwerpen begonnen. Flieger meldeten den Raum Brüssel—Ninove—Termonde—Antwerpen bis auf lebhaften Zugverkehr in Richtung auf Antwerpen vom Feinde frei. Zahlreiche auf den Straßen umherliegende Ausrüstungs- und Uniformstücke, Tornister und Käppis zeigten, daß der Rückzug der Belgier nach Antwerpen in Unordnung und Eile vor sich gegangen war. Es ist erwiesen, daß viele belgische Soldaten die Uniform mit Zivilkleidung vertauschten und auch dann noch an den Kämpfen teilnahmen. Selbstverständlich wurden sie in solchen Fällen nicht als Soldaten, sondern als Franktireurs behandelt.

Infolge der bisherigen großen Anstrengungen konnte der rechte Flügel der 1. Armee das für diesen Tag gesteckte Ziel Ninove nicht erreichen. Die Nachtruhe wurde allenthalben durch die feindliche Haltung der Bewohner gestört, so daß eine spätere Abmarschzeit angeordnet werden mußte, und nach Durchschreiten von Brüssel (IV. A. K.) die Anfänge der Armee bis zur Linie Ganshoren (Nordwestausgang von Brüssel)—Waterloo gelangten.

**21. August.** Die 1. Armee erreichte unter Rechtsstaffelung gegen Antwerpen bei Ganshoren am 21. die Linie Castre—Hal—Braisne-Château, während die 2. Armee mit ihrem rechten Flügel in Richtung Nivelles die auf Gembloux vorgehenden französischen Kräfte, mit dem linken Flügel die Festung Namur angriff.

Die 2. K. D. marschierte über Merchtem nach Theralphene, von wo neue A. Es. — Esk. v. Wedel, Ul. 3 und die 5. Esk. Kür. 7 — entsandt wurden zur Feststellung eines etwaigen englischen Vormarsches von der Küste her. Die Division erreichte Voorde westlich des Dendre, wo sie weit vorwärts des rechten Armeeflügels gegen Gent sicherte. Die belgische Armee hatte sich anscheinend in den Schutz der Festung Antwerpen zurückgezogen.

**22. August.** Nachdem am Nachmittage der Befehl eingegangen war, daß die Division wieder dem H. K. K. unterstellt sei, und sich über Grammont an diesen heranziehen solle, erreichte die Division am 22. La Hamaide, nordwestlich von Ath, so daß das Kav. Korps des Generals v. der Marwitz nun in der Linie La Hamaide (2. K. D.)—Ath (4. K. D.)—Ormeignies (9. K. D.) wieder versammelt war.

## Höherer Kavalleriekommandeur 2 mit 4. und 9. Kavallerie-Division vom 17. bis 22. August 1914.

(Siehe auch Geländebeschreibung S. 6 bis 8.)

Es muß nunmehr zunächst die Schilderung der Erlebnisse des H. K. K. 2 mit 4. und 9. K. D. während der Zeit vom 17. 8. ab nachgeholt werden.

**17. August.** Nach dem Fall von Lüttich blieb die 2. Armee in Linie Lüttich—Huy halten und schloß auf. Auch die Heereskavallerie sollte vorläufig stehen bleiben und einen feindlichen Angriff abwehren*). General v. der Marwitz stellte daher die 4. und 9. K. D., die bei Jauche und Autre Eglise genächtigt hatten, erstere mit Jäg. Btln. 3 und 4 bei Hedenge, letztere mit den 10. Jägern bei Geest—Gerampont bereit. Fernaufklärung gegen die Linie Brüssel—Charleroi.

Ein Angriff erfolgte nicht. Wegen der Ungeklärtheit der Lage wurden die Divisionen gegen Abend in die Gegend von Hannut zurückgenommen. Hier blieben sie während der Nacht gefechtsbereit stehen und gingen am 18. wieder in eine Bereitschaftsstellung bei Hedenge und östlich Ramillies—Offus vor.

**18. August.** H. K. K. 2 wurde vom 18. 8. an der 2. Armee unterstellt.

Gegen 1° Nachm. wurde der 4. K. D. durch die A. E. Hanstein — vgl. nachstehenden Bericht — der Anmarsch starker feindlicher Kavallerie von Perwez her gemeldet.

„Die 4. Esk. Hus. Regts. 15, Rittm. v. Hanstein, befand sich seit dem 10. 8. am Feinde. Das Ergebnis der Aufklärung war bis 12. 8.: Der Nordflügel der Franzosen bei Dinant-Givet, eine belgische Gruppe bei Namur, eine zweite belgische Gruppe hinter der Gette, die vom Kavalleriekorps Marwitz angegriffen wurde.

Am 16. 8. war die Eisenbahn Namur—Brüssel bei Gembloux gesprengt worden. Vergeblich suchten die Patrouillen die feindliche Heereskavallerie, bis am 17. 8. die Aufklärung folgendes Resultat ergab:

1. Die über Gembloux auf Sombreffe vorgetriebene Radfahrerpatrouille des Vizewachtm. Pferdmenges mit dem Fahnenjunker Stakmann wurde bis auf den Husaren Neumann von feindlicher Kavallerie abgeschossen.
2. Oblt. Schulze-Moderow meldete bei Le Mazy 150 Raupenhelme.
3. Gefr. Meister meldete mündlich feindliche Reiter im Marsch von Fleurus auf Gembloux direkt an 4. K. D.

Der Gedanke lag nahe, daß sich feindliche Heereskavallerie zwischen die beiden belgischen Gruppen bei Namur und Jodoigne—Tirlemont (hinter der Gette) schieben wollte. Genaueres über die Stärke der feindlichen Kavallerie konnte jedoch nicht festgestellt werden, bis am 18. 8. eine kühne Tat des Hus. Hübner alles wie im Frieden klärte.

Am 18. 8. morgens stand die 4. Hus. 15 mit den Eskadrons Stern Hus. 16 und Landsberg, Kür. 4, südlich Jauselette. Der Eskadronsführer sandte eine Nahsicherung auf Perwez vor. Von dieser wurde der Hus. Hübner, 4. Hus. 15, in das Dorf zur Erkundung entsandt. Hübner ritt allein heran und sah am Dorfrand in einem Garten 5 Pferde mit 2 Franzosen stehen. Über den Zaun setzen und attackieren war eins.

*) Siehe Skizze 2.

Ein Reiter wurde erstochen, der andere lief fort, und Hübner kam im Galopp mit den 5 Pferden zur Eskadron zurück, zunächst freudig begrüßt wegen des Zuwachses an Pferden.

Der Eskadronsführer machte sich nun an die Untersuchung der Papiere des Offizierpferdes, eines edlen Vollblutfuchses. Die Untersuchung ergab, daß der Offizier dem 6. Drag. Regt. angehörte, das am 16. 8. die Sambre bei Franière und Mornimont gesperrt hatte. Das Regiment gehörte zur 1. franz. Kav. Div., die sich am 2. 8. bei Charleville und Sedan befunden hatte. Es war dies das Kav. Korps Sordet mit der 1., 3. und 5. Kav. Div. (siehe S. 4).

Es war also am 18. oder 19. 8. in Übereinstimmung mit der Meldung von den Raupenhelmen mit dem Erscheinen einer französischen Kavalleriedivision zu rechnen. Sie erschien auch, von anderen Patrouillen vorher gemeldet, gegen 1° Nachm. mit ihrer Vorhut — 3 bis 4 Eskadrons — in Richtung auf Grand Rosières vorgehend.

Hübner wurde zum Gefreiten befördert, erhielt das Pferd des französischen Offiziers zugewiesen und später das Eiserne Kreuz. Leider fiel er 1915 in Rußland, ein Opfer seines Wagemutes."

**Gefecht bei Perwez (Hedenge).** Die Division entwickelte sich in den Geländefalten südwestlich von Hedenge und stellte sich zur Attacke bereit. Die Jäg. Btle. 3 und 4 übernahmen die Sicherung des rechten Flügels. Alles befand sich in gehobener Stimmung. Hoffte man doch, daß die feindliche Kavallerie sich nun endlich einmal zum Kampfe zu Pferde stellen werde. Aber es sollte anders kommen.

Die feindliche Kavallerie, die Grand Rosières erreicht hatte, wurde von den reitenden Batterien unter Feuer genommen und flutete bald fluchtartig über Perwez zurück. Der von feindlichen Schützen noch besetzte Ort Geest-Gerampont wurde nach kurzem Feuerkampf vom Jäg. Btl. 4 genommen, worauf die 4. K. D. unter staffelweisem Vorziehen der Artillerie zur Verfolgung auf Perwez vorging.

Nach Meldung der A. Es. v. Hanstein (Hus. 15) und Stern (Hus. 16) war die feindliche Kavallerie (5. franz. K. D. vom Kav. Korps Sordet) indessen weiter in südlicher Richtung zurückgegangen. Sie hatte 2 Geschütze, 2 M. G. und viele tote Leute und Pferde auf dem Gefechtsfelde zurückgelassen.

**Gefecht bei Ramillies—Offus (Perwez).** Auch die 9. K. D. hatte am Kampfe teilgenommen. Sie hatte Ramillies—Offus von feindlichen Schützen besetzt gefunden (Radfahrer), den Ort sowie die feindliche Kavallerie unter Artilleriefeuer genommen, und war mit entwickelten Schützen der 19. K. Brig. gegen die besetzten Dörfer Ramillies, Boneffe und Branchon vorgegangen. Der Feind räumte auch hier nach kurzem Gefecht. Ein Geschütz und mehrere Gefangene wurden erbeutet.

Am Vormittage war es den Patrouillen der Lts. Frhr. Knigge (Ul. 13) und Frhr. v. Schorlemer (Drag. 19) gelungen, mit 2 Offizieren und 17 Mann eine ganze französische Schwadron bei Chaumont—Gistoux zu attackieren und zu verjagen. Diese schöne Reitertat wird wie folgt geschildert:

„Der 18. 8. sollte wieder die Lanzen der hannoverschen Ulanen zur Geltung bringen.

Am 17. Abends wurde Lt. Frhr. Knigge, einer der bewährtesten Patrouillenreiter des Regiments (er ist später in Rußland gefallen), auf einem Patrouillenritt von Einwohnern aus einem Hinterhalt überfallen. Dank seiner Umsicht konnte er sich mit seinen Ulanen der drohenden Gefahr entziehen. Ein Pferd wurde erschossen, den Reiter nahm Lt. Frhr. Knigge vor sich auf sein Pferd und jagte mit ihm davon. Die Nacht verbrachte die Patrouille an einem versteckten Ort, während Lt. Frhr. Knigge mit dem Ul. Klein zu Fuß an die feindlichen Lager bis auf einige hundert Meter herankroch und hier bis zum Morgengrauen verblieb, um dann eine wichtige Meldung an die Division abzuschicken, die ihr Ziel leider nicht erreichte, da die beiden Ulanen unterwegs von feindlicher Kavallerie überwältigt und gefangen wurden.

Während Lt. Frhr. Knigge nun am Morgen des 18. 8. die feindlichen Kolonnen von ihren Biwaksplätzen an seitlich begleitete, bemerkte er etwa 1 Kilometer östlich Chaumont—Gistoux einen feindlichen Kavallerieposten. Gleichzeitig traf er mit einer Patrouille des Drag. Regts. 19 unter Lt. Frhr. v. Schorlemer zusammen. Ein Wink genügt, die beiden Reiteroffiziere haben sich verstanden, Lanzen gefällt und mit Hurra wird der feindliche Posten überritten. Im selben Augenblick bemerken sie eine feindliche Eskadron auf einige hundert Meter Entfernung. Also weiter im langen Galopp gegen die französischen Reiter. Diese versuchen noch aufzumarschieren, wollen die Attacke annehmen, doch kurz vor dem Zusammenprall stieben die Franzosen auseinander, und Seite an Seite mit den französischen 21. Dragonern jagten hannoversche Ulanen und oldenburgische Dragoner einen Kilometer bis nach Chaumont—Gistoux hinein. Ein Mann und 7 Pferde konnten heimgebracht werden, ein Ulan erlag einem Säbelhieb. — Eine wahrhaft schneidige Reitertat für 2 Offiziere und 17 Mann, eine ganze Schwadron in alle Winde zu verjagen.

Der 9. Kav. Div. wurde hierdurch Klarheit gebracht über das Herannahen eines feindlichen Kav. Korps. Sie konnte sich noch rechtzeitig bei Offus bereitstellen, um der französischen Kavallerie bei Ramilliers—Offus einen warmen Empfang zu bereiten."

Bei Einbruch der Dunkelheit gingen die 4. K. D. bei Jauche, die 9. K. D. bei Autre Eglise, die Jäg. Btle. bei Huppaye und Enines zur Ruhe über.

Über die Tätigkeit der Patrouillen schreibt der Generalstabsoffizier der 9. K. D.: „Die Meldungen liefen ein wie im Manöver."

**19. August.** Zum weiteren Vormarsch wurden am 19. frühmorgens die 9. K. D. nach Mont St. André, die 4. K. D. nach Grand Rosières vorgezogen. Hier wurde das Kavalleriekorps auf die Fliegermeldung von starken feindlichen Truppenansammlungen (ein Armeekorps) bei Walhain St. Paul und stärkerer Infanterie, bei Gembloux bereitgestellt, um einen etwaigen feindlichen Angriff bis zum Eintreffen der Anfänge der 2. Armee abzuwehren.

Als gegen Mittag das X. A. K. bei Grand Rosières eintraf, mit der Absicht, den Gegner anzugreifen, wurde General der Kav. v. der Marwitz ersucht, auf dessen Nordflügel mitzuwirken.

**Gefecht bei Orbais.** Unter kleineren Gefechten mit feindlichen Nachhuten gelangte der H. K. K. 2 mit der 9. K. D. über Thorembais—Orbais, wo sie feindliches Artilleriefeuer erhielt, bis Walhain St. Paul, wo sie nachts verblieb.

Die 4. K. D. ging selbständig, dem weichenden Gegner folgend, über Meux, das im Fußgefecht genommen wurde, bis Gembloux vor. Ihre A. E., Rittm. v. Sichard, Kür. 2, stellte den Abmarsch starker feindlicher Kräfte auf Namur und Charleroi fest. Oberst Egli schreibt, daß das Kav. Korps Sordet am 20. 8. bis Gosselies zurückgegangen sei.

Am Abend ging die Division hinter der vordersten Linie der Infanterievorposten der 2. Armee, deren Anfänge die Straße Perwez—St. Germain erreicht hatten, bei Jauselette zur Ruhe über.

**Am 20. August** ging das Kavalleriekorps, dem weiter auf Charleroi zurückgehenden Feinde folgend, mit 9. K. D. über Chastre bis Marbais, mit 4. K. D. über Gembloux, Sombreffe bis Brye—Wagnelée*) vor.

Der linke Flügel der 2. Armee erreichte Gembloux.

**21. August.** Auf die Weisung der 2. Armee, daß die Heereskavallerie in südlicher Richtung, westlich von Charleroi vorbei vorgehen sollte, um den französischen Nordflügel und die Anwesenheit englischer Kräfte festzustellen, wurde die Aufklärung in dieser Richtung eingeleitet, und die Divisionen bei Marbais (9. K. D. und die Jäg. Btle. 3, 4 und 10) und Brye (4. K. D.) bereitgestellt.

Um 7° Vorm. traf ein neuer Befehl ein, daß der H. K. K. 2 nach Westen marschieren und sich vor den rechten Flügel der 1. Armee setzen solle.

Von der bereits durch die 4. K. D. in südlicher Richtung angesetzten Fernaufklärung konnten nur die A. Es. zurückgeholt werden. Die zahlreichen Fernpatrouillen fanden sich erst teils im Laufe der nächsten Tage, teils noch später wieder bei der Division ein. Nach einem infolge von zahlreichen Marschkreuzungen mit der Infanterie der 2. Armee beschwerlichen Marsche erreichten die Divisionen Braisne le Comte (4. K. D.) und Soignies (9. K. D.).

**22. August.** An diesem Tage wurde die Verschiebung nach Westen weiter fortgesetzt. Die 2. K. D. trat wieder unter den Befehl des H. K. K. 2, so daß das Kav. Korps Marwitz am Abend bei La Hamaide (2. K. D. mit Jäg. Btln. 7 und 9), Ath (K. H. Qu., 4. K. D. und Jäg. Btle. 3, 4 und 10) und Ormeignies (9. K. D.) versammelt war. Vgl. Seite 31.

Für die Fernaufklärung war befohlen: H. K. K. 2 klärt gegen die Linie Thourout—Lille—Condé auf. H. K. K. 1 (Gen. Lt. Frhr. v. Richthofen mit Garde- und 5. K. D.) hatte die Maas östlich Namur überschritten und setzte sich vor den rechten Flügel der 2. Armee, um von

*) Vgl. Karte I.

hier aus die Aufklärung gegen die Linie Condé—Maubeuge—Philippeville zu übernehmen.

Die 1. Armee hatte die Linie Ninove—Ollignies—Mignault erreicht, das III. R. K. deckte nördlich Löwen gegen Antwerpen, das IV. R. K. stand bei Brüssel. Es war beabsichtigt mit dem linken Flügel westlich Maubeuge vorbei nach Süden weiter zu marschieren.

Die 2. Armee stand in siegreichem Kampfe gegen die 5. franz. Armee in Linie Binche—Sambre-Linie—Charleroi—Namur, während ihr linker Flügel die Festung Namur vom 20. bis 24. 8. bezwang.

### Weiterer Vormarsch bis zur belgischen Grenze, Schlacht bei Mons und Gefechte bei Tournai am 24. August 1914.

**23. August.** Da bei Courtrai starke feindliche Kavallerie, bei Tournai feindliche Ausladungen gemeldet waren, und man mit dem Anmarsch starker englischer Kräfte über Lille rechnete, wurde das Kav. Korps Marwitz, statt weiter vor dem rechten Flügel der 1. Armee zu bleiben, auf Befehl der 2. Armee auf Courtrai angesetzt.

Im Vormarsch dorthin erreichte das Kavalleriekorps die Schelde, und zwar: 2. K. D. mit Jäg. 7 und 9 von La Hamaide über Frasnes-lez-Buissenal bei Berchem, 4. K. D. mit Jäg. 3, 4 und 10 von Ath über Frasnes-lez-Buissenal bei Escanaffles, 9. K. D. von Ormeignies über Leuze bei Pottes. Alle drei Divisionen schoben Sicherungen über den Fluß vor.

Die englische Armee befand sich zu dieser Zeit im Raum Condé—Mons—Maubeuge in Versammlung.

Über die Tätigkeit der Kavallerie des H. K. K. 2 schreibt Stegemann: „Wie eine dichte Wolke war die Kavallerie des Generals v. der Marwitz vor der 1. Armee Kluck hergezogen. Sie hatte alle Bewegungen verschleiert, sich durch die Volksbewegung durchgekämpft, in unzähligen kleinen Gefechten den Feind beunruhigt, hier ihn geworfen, dort sich geopfert, und so den dreifachen Zweck, den Vormarsch zu verbergen, ihn zu sichern und den Feind über die Stoßrichtung zu täuschen, in idealer Weise erfüllt." Ferner: „Die Bewegungen der Armee Kluck sind in der Annäherung und Vorbereitung vollkommen verschleiert worden. Viel weiter nach Norden ausholend, als dem Gegner möglich schien, traf die 1. deutsche Armee am 22. 8. von Norden und Nordwesten her bei Mons überraschend auf die Briten." Ebenso führt Oberst Egli das Urteil Hanotaux' an, wonach die Reiterei des Generals v. der Marwitz „vor der deutschen Front einen Schleier gebildet habe, der vor- und zurückging, sich aber nicht aufheben ließ".

**Schlacht bei Mons am 23. und 24. August.** Die 1. Armee erreichte am 23. 8. die ungefähre Linie Leuze—Condé—Mons und östlich, und erkämpfte sich hier in hartnäckigem Kampfe gegen die im Vormarsch auf die Linie Ath—Mons—Binche befindliche englische Armee unter Marschall French den Übergang über den Canal du Centre westlich von St. Ghislain und bei Mons.

**24. August.** Auf Befehl der O. H. L. wurde der H. K. K. 2 der 1. Armee unterstellt und von dieser, zumal Courtrai vom Feinde frei gefunden wurde, sofort nach Süden abgedreht, um über Tournai auf Denain westlich Valenciennes und gegen die Rückzugsstraßen der englischen Armee angesetzt zu werden. Leider war durch den Vorstoß auf Courtrai viel wertvolle Zeit verloren gegangen.

General v. der Marwitz ließ die 9. K. D., dahinter die 2. K. D. auf dem westlichen, die 4. K. D. mit den Jäg. Btln. auf dem östlichen Schelde-Ufer in südlicher Richtung vorgehen.

**Gefechte bei Tournai.** Die 9. und 2. K. D. stießen gegen Mittag zwischen Lille und Tournai bei Lamain in Linie Wannechain—Willemeau auf Widerstand französischer Infanterie (Territorialtruppen aus Lille), Vortruppen der neuen Armee des Generals d'Amade, vgl. Seite 55, in der ungefähren Stärke einer Brigade.

Der 9. K. D. gelang es durch das gutliegende Feuer der reitenden Abteilung 10, deren 3. reit. Batt. unter Hauptm. Mentz selbständig das Feuer eröffnete, mehrere Bataillone bei Wannechain unter schweren Verlusten zum Zurückgehen zu zwingen.

Bei der hinter der 9. K. D. östlich Lamain eintreffenden 2. K. D. ging das in der Vorhut befindliche Drag. Regt. 2 unter Oberst v. Poseck im Galopp auf die Höhe 80 westlich Tournai vor, saß zum Gefecht zu Fuß ab, und nahm die feindlichen Schützen bei Willemeau unter Feuer, unterstützt durch die sodann eintreffende reitende Abteilung sowie die 8. K. Brig.

Auch hier ging der Gegner nach kurzem Gefecht zurück, verfolgt durch das Feuer der Artillerie und die Schützen je einer Eskadron Kür. 7 und Hus. 12, denen es gelang, 1 General, 5 Offiziere und etwa 130 Mann der französischen Territorialtruppen gefangen zu nehmen.

Auf den nunmehr eintreffenden Befehl, die Verfolgung der geschlagenen englischen Armee mit allen Kräften fortzusetzen, gingen die 9. und 2. K. D. sodann, zwar müde, aber in gehobener Stimmung, weiter nach Süden vor und erreichten, bei Mouchin die belgisch-französische Grenze überschreitend, nach einer Tagesleistung von 65 bis 70 km bei großer Hitze über Orchies am Abend Marchiennes. Auch die 9. K. D. hatte an diesem Tage etwa 100 Gefangene eingebracht.

Beim Durchreiten der ersten französischen Ortschaften wurden die deutschen Truppen von den Einwohnern freudig begrüßt und mit Obst und Blumen beschenkt. Das Rätsel löste sich bald, als es sich herausstellte, daß wir in der grauen Felduniform für Engländer gehalten worden waren. Im übrigen war in Frankreich die Beteiligung der Einwohner am Kampfe, im Gegensatze zu den von ihrer Regierung systematisch zu bewaffnetem Widerstande aufgehetzten Belgiern, erheblich geringer.

Die 4. K. D. war von Escanaffles östlich der Schelde über Celles bis nördlich Tournai vorgegangen. Hier erhielten die Jäg. Btle. 3, 4 und 10, sowie Hus. Regt. 16 unter Major v. Raszewski den Befehl, die von Infanterie und Einwohnern verteidigte Stadt von Norden, die Jäg. Btle. 7 und 9 von Westen her anzugreifen.

In heftigem Straßenkampf drangen die Angreifer, wie folgende Schilderung zeigt, in die Stadt ein:

„Das Hus. Regt. 16 sollte den nördlichen Teil der Stadt angreifen. Kaum hatten die 2., 3. und 4. Esk. unter der Führung des Majors beim Stabe v. Raszewski in Schützenlinie die Vorwärtsbewegung angetreten, während die 1. Esk. zunächst in Reserve blieb, als schon die ersten feindlichen Kugeln den angreifenden Husaren über die Köpfe sausten. Trotzdem wurde unaufhaltsam vorgegangen, bis auf günstige Entfernung der Feuerkampf aufgenommen werden konnte. Major v. Raszewski ließ sich jedoch zur größten Begeisterung seiner tapferen Schützen nur auf ein kurzes Feuergefecht ein, und trat zum Sturm gegen die nördliche Stadtgrenze an. Dem ungestümen Draufgehen der Schleswig-Holsteiner konnte der Feind nicht lange widerstehen. Doch lag der schwerste Teil des Kampfes noch vor ihnen.

Es hieß, die Stadt selbst und die starkbesetzten Bahnanlagen im westlichen Teil der Stadt zu nehmen. Ein weiteres zusammenhängendes Vorgehen war wegen der Häuser, Straßen und Gärten nicht möglich. Major v. Raszewski teilte daher jeder Eskadron eine Straße zum konzentrischen Vorgehen auf den Bahnhof zu. Die 2. Esk. sollte links rückwärts gestaffelt vorgehen.

In den folgenden schweren Straßenkämpfen hatte jeder Gelegenheit, zu zeigen, was er in ernster Friedensarbeit gelernt hatte. Jeder Unterführer und Husar mußte selbständig handeln. Haus für Haus mußte dem weit stärkeren Feind entrissen werden.

Einem Zuge der 4. Esk. war es gelungen, sich unter seinem Eskadronführer schnell bis zum Bahnhof durchzuarbeiten. Ein stark besetztes Weichenstellhaus wurde erstürmt, doch sah sich die kleine, tapfere Schar bald von starker französischer Infanterie umzingelt. Mit ruhigem, gutgezieltem Feuer setzten sich die Husaren zur Wehr. Keiner dachte daran, das Spiel verloren zu geben. Bald nahte der Entsatz. Auch die anderen Eskadrons waren allmählich bis zum Bahnhof vorgedrungen, der trotz zähen Widerstandes des Gegners in frischem Angriff von der 1. und 4. Esk. genommen wurde. Lt. Stever fand im Häuserkampf den Heldentod. Eine herankommende Jäg. Komp. setzte Major v. Raszewski zum Angriff auf die stark besetzte Brücke an, die auch bald genommen wurde. Auch die 2. Esk. hatte in siegreichem Vordringen zum Erfolge beigetragen. Sie verlor ihren tapferen Führer, Rittm. Frhr. Ostmann v. d. Leye, der schwer verwundet wurde und einige Tage später seinen Verletzungen erlag. Tournai war in deutscher Hand. Gefangene und Beute waren der Lohn des Siegers."

Die 4. K. D. ging unterdessen östlich um Tournai herum und überschritt die Schelde, da die Brücke bei Vaux lez Tournai zerstört war, bei Antoing, um von Süden her anzugreifen und dem Gegner die Rückzugsstraße zu verlegen. Erst gegen 3° Nachm. traf die Division auf den Höhen südlich der Stadt ein, wo die Meldung einging, daß die Stadt genommen und 1 General, mehrere Offiziere und etwa 250 Mann gefangengenommen worden seien. Der Rest war in südwestlicher Richtung zurückgegangen.

Oblt. v. Borcke, Ordonnanzoffizier des Stabes des H. K. K. 2, war kurze Zeit in französische Gefangenschaft geraten, aber wieder befreit worden. Der Stadt wurde eine Kontribution auferlegt und wegen Beteiligung von Einwohnern am Kampfe der Stadtrat und angesehene Bürger als Geiseln festgenommen, die später wieder freigelassen wurden.

Die Bahnstrecke Tournai—Lille war am Vormittage durch die Pi. A. an mehreren Stellen zerstört worden.

Südlich Tournai erhielt die 4. K. D. ebenfalls den Befehl, zur Verfolgung der Engländer beschleunigt weiter vorzugehen. Sie überschritt bei La Glanerie die belgisch-französische Grenze und erreichte um 8° Abends Orchies, wo eine längere Tränk- und Futterpause gemacht wurde. Die Division hatte über 65 km zurückgelegt. H. K. K. 2 blieb nachts in Tournai.

Auf dem Weitermarsche fielen noch zahlreiche Gefangene in die Hände der Kavallerie. Auf den Straßen fanden sich viele fortgeworfene Waffen und Ausrüstungsstücke, die auf eine regellose Flucht des Feindes schließen ließen.

Die weitere Schilderung der Verfolgungstätigkeit und des Vormarsches des H. K. K. 2 in Frankreich erfolgt in Abschnitt III. Zuvor müssen jedoch die Ereignisse beim Kav. Korps Richthofen (H. K. K. 1) während seines Vormarsches durch Belgien nachgeholt werden.

## 3. Höherer Kavalleriekommandeur 1 (Generalleutnant Frhr. v. Richthofen mit Garde- und 5. Kavallerie-Division) vom 6. bis 24. August 1914. — Aufklärungskämpfe und gewaltsame Erkundung bei Dinant vom 10. bis 20. August 1914.

### Vormarsch bis Dinant bis zum 13. August 1914.

(Vgl. Karte I und Geländebeschreibung S. 6 bis 9.)

**Am 6. August** traf der H. K. K. 1, Gen. Lt. Frhr. v. Richthofen, mit seinem Stabe in Bitburg ein.

Der Auftrag für das Kav. Korps war, mit der G. K. D. und der 5. K. D. nebst dem G. Jäg.-, dem G. Schützen-Btl. und den Jäg. Btln. 11, 12 und 13 aus der Gegend von Wiltz gegen die Maas südlich Namur vorzugehen, zur Feststellung, ob das I. und II. franz. Korps die Maas zwischen Namur und Givet besetzt hatten, und ob französische Kräfte sich östlich der Maas befänden. Fernaufklärung gegen die Maasstrecke Namur—Mézières.

**7. August.** Da es wünschenswert erschien, möglichst bald eine Waffenentscheidung gegen die feindliche Heereskavallerie herbeizuführen, und diese zunächst aus der Richtung von Arlon her zu erwarten war, wurde das Kav. Korps am 7. 8. nach Diekirch und Mersch vorgeführt.

Die G. K. D., unter Gen. Lt. v. Storch, marschierte bei starkem Regen, gegen die Linie Bastogne—Martelange aufklärend, von Bitburg nach Diekirch. Der Marsch war wegen der steilen, den Pferden ungewohnten Berge sehr anstrengend. Hierüber berichtet die G. K. D. in ihrem Kriegstagebuch: „Die Wege waren durch starken Regen schlecht geworden. Namentlich die beiden erkrankten Regimenter, vor allem die G. Kür., waren sehr erschöpft. Die Artillerie war besonders schlecht dran. Sie hatte für ihre leichte Munitionskolonne meist kaltblütige, schlechte Pferde erhalten, die schnelle Tempos nicht gewohnt waren. Infolgedessen verlor sie vier Pferde tot durch Überanstrengung und die anderen kaum mehr bewegungsfähig. Dazu waren ihr die Pferde so spät geliefert worden, daß ungefähr ein Drittel hinten nicht beschlagen waren, so daß viele Pferde sich durchliefen."

Die 5. K. D., unter Gen. Major v. Ilsemann, erreichte Mersch. Die über Arlon angesetzte A. E., 4. Hus. 4, Rittm. v. Schierstedt, hatte ein erfolgreiches Gefecht mit zwei französischen Eskadrons:

„Plötzlich stieß die Spitze auf eine französische Eskadron. Sie wurde von der Esk. Schierstedt attackiert und geworfen. Während des Vorgehens bemerkte der Eskadronsführer eine zweite, flankierend attackierende Eskadron. Das sofort gegebene Signal wurde von den beiden vorderen Zügen nicht verstanden. Diese attackierten bis in das feindliche Dorf hinein und sahen sich plötzlich einer feindlichen Barrikade gegenüber. Der Gewandtheit einiger Leute gelang es, diese schnell zu beseitigen und ihren Kameraden den Weg freizumachen. Nach starkem Handgemenge kamen die beiden Züge wieder zur Eskadron zurück, die unterdessen ein wirkungsvolles Feuer auf die zweite feindliche Eskadron eröffnet hatte. Der Gegner wurde vertrieben. Infolge ziemlicher Pferdeverluste gerieten 3 Unteroffiziere und 20 Mann ohne Verschulden in Gefangenschaft. Einige Versprengte fanden sich später wieder ein. Besonders tapfer benahmen sich die Hus. Streckmann und Weigelt, die mehrere französische Offiziere niederstachen. Nach Aussage von belgischen Ärzten verlor der Gegner etwa 82 Mann."

**8. August.** Auf die Meldung vom Vormarsch einer feindlichen Kav. Div. von Arlon nach Norden und starker Kavallerie bei Martelange, wurden die bei Wiltz eingetroffenen Jäg. Btle. 12 und 13 nach Eschdorf vorgeschoben. Die G. K. D. wurde um 5°° Morgens bei Rost nördlich Mersch bereitgestellt und ging am Abend nach Ettelbrück, wo das G. Schützen-Btl. eintraf. Die 5. K. D. stand mit Tagesanbruch auf den Höhen westlich Mersch bereit und blieb für die Nacht bei Mersch.

Die Meldungen ergaben, daß die feindliche Kavallerie anscheinend wieder auf belgisches Gebiet zurückgegangen war.

Zur Aufklärung gegen die Linie Namur—Dinant wurden von der G. K. D. die 5./1. G. Drag. Regts., Rittm. Frhr. v. Gayling, und die 5./2. G. Drag. Regts., Rittm. v. Levetzow, mit leichter Fu. Sta. und je

30 Jäg. Radfahrern entsandt. Die 5. K. D. klärte südlich davon durch die Eskrs. Klitzing, 1. Hus. 6, Königsmarck, 1. Drag. 4, und Schierstedt, 4. Hus. 4, auf. Arlon und das nördlich davon gelegene luxemburgische Gebiet wurden vom Feinde frei gemeldet.

**9. August.** Da die weiterhin eingehenden Meldungen ergaben, daß in Richtung Arlon mit stärkerer Kavallerie nicht zu rechnen war, wurde die Division, um nicht weiter von der gegebenen Marschrichtung abzuweichen, in nordwestlicher Richtung in Marsch gesetzt. Es erreichten: G. K. D. Eschdorf, 5. K. D. mit Jäg. 12 und 13 Rambrück. Jäg. Btl. 11 und das G. Jäg. Btl. wurden nach Wiltz herangeführt.

**10. August.** An diesem Tage marschierte die G. K. D., östlich Bastogne die luxemburgisch-belgische Grenze überschreitend, bis Bastogne, die 5. K. D. bis Rives. Südwestlich Bastogne und bei Amberloup hatten Patrouillen der G. K. D. durch Überfälle feindlicher Kavallerie, die mit Hilfe von Einwohnern ausgeführt worden waren, einige Verluste, die zur Vorsicht mahnten, besonders auch der feindlich gesinnten Bevölkerung gegenüber.

**11. August.** Die feindselige Gesinnung und das gegen das Völkerrecht verstoßende Verhalten der belgischen Bevölkerung zeigte sich auch in Bastogne. Hier brach am 11. 8. um 6° Morgens im Quartier des Gen. Lts. Frhrn. v. Richthofen durch Brandstiftung plötzlich Feuer aus, so daß der Stab sich nur mit knapper Not retten konnte. Allenthalben wurden die Patrouillen aus Hinterhalten angeschossen, und Wegesperren verzögerten den Vormarsch und behinderten die Aufklärungstätigkeit. Auch hier mußten wie beim H. K. K. 2 energische Vorsichtsmaßregeln getroffen werden.

Die Kolonne zu Vieren erwies sich, weil zu breit zum Ausweichen und zum Vorbeifahren von Kraftwagen, als unzweckmäßig. Tatsächlich ist die Kavallerie denn auch während des ganzen Krieges stets in der Kolonne zu Zweien marschiert.

Die A. E. Levetzow hatte am Vormittag im Walde von St. Hubert ihre erste Begegnung mit dem Feinde, ein kurzes, glückliches Gefecht mit 40 bis 50 französischen Dragonern. Sie meldete die Gegend südlich Laroche vom Feinde frei, bei Harsin und Marche je eine feindliche Eskadron, anscheinend von der franz. 1. K. D. (Kav. Korps Sordet). Die G. K. D. erreichte Laroche, die 5. K. D. Ménil östlich St. Hubert.

**12. und 13. August.** Bei wiederum sehr heißem Wetter wurden die Divisionen am 12. bis Marche und Rochefort—Forrières vorgeführt, und auch hier am 13. belassen, um den durch die ungewohnten Gebirgsmärsche sehr angestrengten Pferden einen Ruhetag zu gönnen, den abgenutzten Beschlag zu ergänzen, sowie der Aufklärung weiteren Vorsprung zu lassen. Das G. Jäg. Btl. traf bei der G. K. D. ein.

Die Aufklärung ergab die Anwesenheit feindlicher Kavallerie bei Aye westlich Marche, sowie westlich der Linie Éprave—Resteigne westlich von Forrières (franz. 1. K. D.), außerdem stärkere feindliche Kräfte bei Ciergnon, Assesse und bei Dinant.

Dem nach Ave et Auffe vorgeschickten Ul. Regt. 10 gelang es, dort einige feindliche Eskadrons durch Karabinerfeuer zu vertreiben.

Die Tätigkeit der A. E. Levetzow, 2. G. Drag., sowie der Patrouille des Lts. Johann August Prinzen zu Stolberg-Roßla, 3. G. Ul., sind bereits an anderer Stelle geschildert*).

Allenthalben hatten Patrouillenzusammenstöße stattgefunden. Sie zeigten in erfreulicher Weise die Angriffsfreudigkeit unserer Aufklärungsabteilungen.

Mit der 9. K. D. bei Strée östlich Huy wurde Funkenverbindung aufgenommen.

### Gewaltsame Erkundung bei Dinant vom 14. bis 20. August 1914.

**14. August.** Für das am 15. 8. beabsichtigte Vorgehen des Kav. Korps auf Dinant sollten die Divisionen am 14. die Linie Sovet—Celles erreichen (s. Skizze 3).

Es wurde gemeldet, daß Assesse von feindlichen Truppen aller Waffen besetzt sei. Bei Yvoir und Houx nördlich von Dinant hatten die Patrouillen Feuer erhalten. Südlich Ciergnon waren zwei französische Kavalleriedivisionen gemeldet worden (das von Sedan nach Belgien marschierte Kav. Korps Sordet, 1., 3. und 5. K. D.).

**Gefecht bei Assesse.** Die G. K. D. gelangte bei strömendem Regen bis Ciney. Ein gemischtes Detachement — 2 Esks., 1 Radfahrer-Komp. und 2 Geschütze, unter Oberstlt. v. Tschirschky — besetzte nach Kampf Assesse und blieb hier.

**Gefecht bei Custinne.** Die 5. K. D. marschierte über Buissonville auf Celles vor. Bei einer über Conneux vorgehenden gemischten Brigade hatte die 5. Esk. Ul. Regts. 10, Rittm. v. Lautz, die Vorhut. Es gelang ihr nördlich Custinne, wie nachstehende Schilderung zeigt, eine feindliche Vorhut-Eskadron vollständig aufzureiben.

„Gegen 9° Vorm. meldete die Spitze der 5. Esk. Ul. Regts. 10 den Waldrand am Wegekreuz nördlich Custinne vom Feinde besetzt. Gleichzeitig sah Rittm. v. Lautz 30 feindliche Dragoner, die, nach dem hörbaren Gewehrfeuer zu urteilen, von einer deutschen Patrouille beschossen wurden, auf der Straße herantraben. Da eine Attacke des besetzten Waldrandes wegen nicht möglich war, ließ Rittm. v. Lautz 2 Züge zum Gefecht zu Fuß absitzen, und nahm die feindlichen Reiter auf 300 Meter unter wirksames Feuer. Als der Gegner hierauf nach Süden ausbog, erhielt er auf diesem Flankenmarsch erhebliche Verluste. Als die Eskadron nun sprungweise vorzugehen ver-

*) Vogel, 3000 km mit der Garde-Kavallerie-Division.

suchte, erhielt sie aus einem Gehölz von der rechten Flanke Feuer. Sie ging daher zunächst wieder zurück, um die Handpferde in Sicherheit zu bringen. Sodann ging sie von neuem vor, wobei es gelang, mehrere unverwundete Gefangene zu machen, sowie ein Automobil und einige Pferde zu erbeuten. Auch mehrere Verwundete, die der Gegner nicht hatte mitnehmen können, darunter der Rittmeister und Offiziere der Eskadron, fielen in unsere Hände."

Durch dieses Gefecht wurde die feindliche Kavallerie bewogen, in dem dortigen schwierigen Gelände von einem Angriff auf die 5. K. D. abzustehen.

Oberst Egli schreibt über das franz. Kav. Korps Sordet:: „Einen greifbaren Erfolg hat die Anwesenheit dieser Reitermasse von 18 Kav. Regtrn. mit 36 Geschützen usw. in dem Raum zwischen Semois, Ourthe und Maas nicht gehabt. Es war ein Patrouillenreiten mit Kavalleriedivisionen. In dem Augenblick, als bei Dinant die Kanonen donnerten, verzog sich das I. Kav. Korps über die Maas, statt durch einen kraftvollen Vorstoß zu versuchen, etwas Klarheit über die Lage in dem bisherigen Aufklärungsraum zu schaffen."

Die 5. K. D. erreichte Achène und ging dort zur Ruhe über, Div. Stab in Foy Notre Dame. Der Gegner verhielt sich vollständig passiv.

**15. August.** Um die dem H. K. K. 1 aufgetragene Aufklärung auszuführen, war, da Patrouillen über die besetzte Maas-Linie nicht vordringen konnten, eine gewaltsame Erkundung gegen den Abschnitt Yvoir—Dinant befohlen worden. Hierzu schoben die Divisionen ihre Jäg. Btle. unter dem Schutze der Artillerie bei Le Buc (G. K. D.) und Gemechenne (5. K. D.) gegen die Maas-Strecke Houx—Dinant—les Rivages vor, während die Masse der Kavallerie auf den äußeren Flügeln — G. K. D. bei Awagne, 5. K. D. südlich Foy Notre Dame — gestaffelt blieb.

Zwei Eskadrons 1. G. Ul. mit einem M. G. Zug unter Major Frhr. v. Edelsheim deckten bei Houx die rechte Flanke.

**Gefechte bei Dinant — 20. August.** Um 7° Vorm. eröffneten die reitenden Batterien ihr Feuer auf das von französischer Infanterie besetzte Fort Dinant. Weitere feindliche Infanterie wurde bei Anhée, mehrere Bataillone bei Dinant und weiter südlich bei Neffe unter wirksames Feuer genommen. Die feindliche Artillerie antwortete erst gegen 9° Vorm. mit zwei Batterien aus verdeckter Stellung.

Es gelang den Jäg. Btln. der G. K. D. mit einem Zuge der Batt. Zitzewitz von Norden her bis dicht an Dinant heranzukommen, während die Jäg. Btle. 11, 12 und 13 das Fort Dinant stürmten. Sie machten hierbei 75 Gefangene der Regtr. 148 und 33, so daß somit die Anwesenheit von Teilen des I. und II. franz. Korps in der Linie Namur—Givet festgestellt war. Die Jäger hatten bei diesen Kämpfen zum Teil erhebliche Verluste.

Hauptm. d. Res. Rohrbeck und Lt. v. Rheinbaben vom G. Schützen-Btl. waren gefallen.

Das 1. sächs. Jäg. Btl. Nr. 12 schildert den Angriff wie folgt:

„Schlag 7 Uhr setzte die reit. Abt. F. Art. Regts. 5 mit ihrem gutliegenden Feuer auf die Feste Dinant ein.

Zwischen den 11. und 13. Jäg. gingen die Schützen des Jäg. Bat. 12, ungeachtet der feindlichen Geschosse, über das wellige Gelände wie auf dem Exerzierplatz vorwärts. Bald boten die roten Hosen der Franzosen den Jägern ein gutes Ziel. Daß unser Feuer gut lag, bewiesen die Schüsse des Gegners, die meist viel zu hoch gingen, da der Feind vielfach aus der Deckung in die Luft schoß.

Wenn auch die Mauer des Parkes von Dinant dem Feind gute Deckung bot, so wurde ihm der Aufenthalt dort durch das Feuer unserer M. G. bald unbehaglich gemacht. Er wartete den Sturm nicht erst ab, sondern suchte unter Hinterlassung seines Gepäcks das Weite. Bald hatte er sich jedoch in einer neuen Stellung eingenistet, und empfing die anstürmenden Jäger mit rasendem Schnellfeuer. Mancher brave Jäger wurde vom tödlichen Blei getroffen, darunter auch der Führer der 3. Komp., Hptm. v. Sichart, und Fähnrich Bobsien wurde schwer verwundet.

Noch war die Hauptarbeit nicht getan, fest saß der Gegner noch hinter den schützenden Mauern der Zitadelle. Hell funkelten die nun aufgepflanzten Seitengewehre, und mit brausendem Hurra ging's den Wall hinauf. Wieder heftiges Schnellfeuer und neues Zurückweichen des Gegners. Mit 24 tapferen Jägern fielen hier Lt. Merz und die Oberjäger Däberitz und Oltscher. 2 Leutnants, 38 Oberjäger und Jäger wurden verwundet. Noch saßen die Franzosen im Fort, doch die Jäger machten ganze Arbeit. Gegen 40 Franzosen ergaben sich einer Handvoll entschlossener Jäger, und bald flatterte die deutsche Flagge hoch in den Lüften auf der Mauer der eroberten Feste. Das Ziel war erreicht. Tief unten in Dinant flohen die Franzosen über die Maasbrücke, verfolgt von unserem Feuer.

Plötzlich wurden über Dinant 4 weiße Wölkchen sichtbar, denen kurz darauf der Knall der platzenden Schrapnells folgte. Der Gegner hatte seine Artillerie in Stellung gebracht und machte den Jägern den Besitz der Feste streitig. Das Jäg. Bat. nahm hinter den schützenden Mauern des Forts Deckung, während unsere Artillerie die feindliche beschoß. Allmählich tauchten auch die Köpfe der vorher von uns vertriebenen französischen Schützen wieder auf, und bald lagen die Franzosen den Jägern von neuem am jenseitigen Ufer der Maas gegenüber. Das gutgezielte Feuer der Jäger und M. G. riß noch manche Lücke in die Reihen des Feindes, der inzwischen erheblich verstärkte Kräfte entwickelte, um die eingesetzten fünf deutschen Jäg. Bat. zum Zurückgehen zu bewegen. Gegen Mittag kam der Befehl des H. K. K. 1, nach erfülltem Erkundungsauftrag das Gefecht abzubrechen und Dinant zu räumen. Ohne nennenswerte Verluste wurde dieser Befehl ausgeführt, sehr gegen den Willen unserer Jäger.

Der 15. 8. 1914, an dem das Jäg. Bat. 12 seine Feuertaufe erhalten hat, wird ein Ehrentag in der Geschichte des alten, ruhmreichen Bataillons sein."

Feindliche, südlich der Lesse in Richtung Falmagne erkannte starke Kavallerie (Kav. Korps Sordet) wurde beschossen und ging nach Westen über die Maas zurück. Aus dem Tagebuch eines gefallenen Offiziers der franz. 5. K. D. ergab sich, daß die französische Kavallerie durch große Märsche bereits sehr überanstrengt war.

Da infolge der hohen, bis dicht an die Maas herantretenden Ostufer die Unterstützung eines weiteren Angriffes über den Flußlauf hinüber durch Artillerie unmöglich war, sah Gen. Lt. Frhr. v. Richthofen angesichts der auf den steilen Felsen des linken Ufers eingegrabenen starken Infanteriebesetzung von einer weiteren Durchführung des Gefechts ab, zumal der Aufklärungsauftrag erfüllt war.

Die Jäg. Btle. wurden daher gegen Mittag in die Linie le Buc—Gemechenne zurückgenommen; der Gegner folgte nicht. Starkes gegen 2° Nachm. losbrechendes feindliches Artilleriefeuer, auch von schwerer Artillerie, mit hohen Sprengpunkten und großem Munitionseinsatz, dauerte bis 6° Abends, ohne irgendwelche Verluste zu verursachen.

Das Kavalleriekorps ging im Raume Sovet—Lisogne—Foy Notre Dame—Achène zur Ruhe über; die Jäger hielten die Höhen bei Buc und Gemechenne.

**16. bis 19. August.** Während der nächsten vier Tage wurde bei andauernd heißem, sonnigem Wetter von den täglich bereitgestellten Divisionen wiederholt von neuem gegen die Maas herangefühlt und die Erkundungsresultate über die Besetzung des linken Maas-Ufers vervollständigt.

Am 16. wurde eine Brigade der G. K. D. zu einer Strafexpedition nach Houx entsandt, wo am 15. von Einwohnern auf unsere Truppen geschossen worden war.

Am 17. fühlte das Kavalleriekorps mit abgesessenen Schützen und Artillerie gegen die ganze Linie Houx—Dréhance heran. Die feindliche Artillerie schoß wieder viel und schlecht. Je ein Kav. Regt. mit Infanterie und Artillerie wurde auf Houx (Oberst v. Bärensprung mit dem Regt. der Gardedukorps) und Le Buc (Oberst v. Arnim mit dem 1. G. Ul. Regt., den G. Jäg. und einer Batt.) entsandt, ein Regt. (Oberst Graf v. Spee mit den G. Kür., Radfahrern und zwei Batt.) deckte bei Purnode die rechte Flanke.

Am 18. und 19. wurden beide Divisionen erneut auf Yvoir und Dréhance vorgeführt und konnten durch angriffsweise Erkundung weitere Einzelheiten der feindlichen Stellungen feststellen. Das Gesamtresultat wurde der 3. Armee gemeldet, sowie die Absicht, die Höhen östlich Dinant bis zum Eintreffen der Infanterie zu halten.

Der 19. wurde ferner dazu verwendet, den auf den steinigen Straßen sehr mangelhaft gewordenen Beschlag zu verbessern. Ferner wurden die Lanzenspitzen geschärft, da die Patrouillen die Erfahrung gemacht hatten, daß die ungeschärften Spitzen manchmal beim Stoß statt einzudringen von der Bekleidung des Gegners abgeglitten waren.

**20. August.** Das zur Einschließung von Namur von Südwesten her bestimmte XI. A. K. bat um Deckung seiner linken Flanke durch das Kav. Korps. Hierzu wurde die G. K. D. am 20., nach Ablösung durch das

XII. A. K., das seine Jäg. Btle. 12 und 13 wieder an sich zog, in die Gegend von Natoye verschoben.

Hier fand eine Besprechung des H. K. K. 1 mit dem Oberbefehlshaber der 3. Armee, Generaloberst Frhrn. v. Hausen, statt, bei der die Möglichkeiten der Verwendung des Kav. Korps nördlich der Sambre, also nördlich von Namur, oder im Süden in der Gegend östlich von Givet zum Schutz der linken Flanke der 3. Armee besprochen wurden. Erstere Verwendung führte durch die rückwärtigen Verbindungen der 2. Armee, letztere in das gebirgige Waldgelände bei Givet.

Schließlich wurde die G. K. D. zunächst bei Natoye belassen, während die 5. K. D. die Gegend von Huyet erreichte, um hier die linke Flanke der 3. Armee zu decken, die an diesem Tage bis in die Linie Namur—Huyet vormarschiert war.

Gegen Abend traf ein Befehl der O. H. L. ein, der den H. K. K. 1 der 2. Armee unterstellte. Das Kav. Korps sollte, nach Norden um Namur herum ausholend, die Gegend südlich Nivelles erreichen, und hier vor dem rechten Flügel der 2. Armee die Aufklärung gegen die Linie Valenciennes—Avesnes—Philippeville übernehmen. Vgl. Seite 26.

Die 1. und 2. Armee hatten an diesem Tage die ungefähre Linie Brüssel—Namur erreicht.

Über die Tätigkeit der Heereskavallerie schreibt Stegemann: „Wie bei Haelen war auch bei Dinant die notwendige strategische Aufklärung durch opfermutiges Vorgehen der Reiter und Jäger und ihrer Batterien im taktischen Zusammenprall mit überlegenen Kräften gesucht und gewonnen worden. Die belgische Armee hielt standbereit die Gette-Linie, französische Kräfte waren im Begriff, die Front nach Süden zu verlängern und zwischen Namur und Givet aufzumarschieren, aber der Aufmarsch war noch nicht vollendet und ein Vormarsch noch lange nicht zu fürchten. Mit dieser Erkenntnis kehrten die deutschen Aufklärer zu den Stoßarmeen zurück, die ihre letzten Vorbereitungen zum allgemeinen Vormarsch trafen und darin durch feindliche Kavallerie kaum gestört wurden, da die eigenen Reiterdivisionen einen undurchdringlichen Schleier von der Ourthe bis zur Maas und von der Maas bis zur Gette gesponnen hatten."

Desgleichen führt Oberst Egli bei den Nachrichten, die bei der französischen O. H. L. bis zum 20. 8. eingegangen waren, an: „Vor der sich anscheinend in Luxemburg und der Provinz Namur bildenden Armee des Gen. Oberst v. Hausen wußte man sicher nur die Anwesenheit des Kav. Korps, das aus der 5. K. D. und der Garde-Kavallerie bestehen sollte. Im übrigen war die Gesamtheit der deutschen Bewegungen verdeckt, und man war darauf beschränkt, festzustellen, daß hinter dem Schleier, den die Reiterei bildete, Bewegungen ausgeführt wurden, über die man keinerlei bestimmte Nachrichten hatte."

## Weiterer Vormarsch nördlich der Sambre und Schlacht bei Mons, Charleroi und Namur vom 21. bis 24. August 1914.

(Vgl. Karte I.)

**21. bis 23. August.** In Ausführung des Befehls der O. H. L. erreichte die G. K. D., die Maas bei Huy überschreitend, am 21. die Gegend südlich von Vinalmont, am 22. Gembloux, am 23. Haine St. Paul. Zur Aufklärung gegen die Linie Mons—östlich Maubeuge wurde die A. E. Knyphausen vom Regt. der Gardedukorps entsandt.

Die auf den Übergang bei Andenne angesetzte 5. K. D. marschierte am 21. bis Natoye, am 22. in die Gegend von Eghezée, am 23. bis Gosselies.

Ebenso wie die Divisionen des H. K. K. 2 in der Gegend südlich von Tournai, wurden unsere Truppen auch in den Ortschaften des Kohlenreviers nördlich von Charleroi mit ihren zahlreichen Zechen und Schutthalden und endlosen Häuserreihen von der dortigen wallonischen Bevölkerung für Engländer gehalten, und daher freundlich empfangen und mit Lebensmitteln und Liebesgaben beschenkt. Dies war um so angenehmer, als die weiten, bei andauernder Hitze erfolgenden Umgehungsmärsche nördlich um Namur herum sehr anstrengend waren. Sie führten in dem stark bebauten Gelände (vgl. Seite 6 bis 9) zu zahlreichen zeitraubenden Marschkreuzungen mit den gegen die Festung angesetzten Truppen, sowie den rückwärtigen Teilen der Marschkolonnen der 2. Armee. Hierdurch ging viel Zeit verloren, und das Kav. Korps konnte sich nur langsam wieder an die Armeefront vorarbeiten. Hierzu kam, daß nunmehr vom 24. 8. ab die Umgehung der Festung Maubeuge neue Umwege und Zeitverlust verursachte, so daß es dem Kav. Korps erst vom 28. 8. ab gelang, wieder vor die Anfänge der Armee zu kommen.

**Schlacht bei Namur—Charleroi am 23. und 24. August.** Unterdessen war die 2. Armee in Linie Binche—Sambre-Linie Charleroi—Namur auf die franz. 5. Armee gestoßen, während ihr linker Flügel die Festung Namur angriff. Auf ihrem rechten Flügel kämpfte das VII. A. K. etwa längs der Straße Nivelles—Binche.

Zu gleicher Zeit zwang das linke Flügelkorps der 1. Armee, das IX. A. K., bei Mons den rechten Flügel der englischen Armee zum Zurückgehen.

Die bei der G. K. D. in Haine St. Paul eingehenden Meldungen der A. E. Knyphausen ergaben, daß in Bray, nordwestlich Binche, englische Kavallerie stand, während der rechte englische Flügel von Mons aus nach Süden zurückging.

**24. August.** Gen. Lt. Frhr. v. Richthofen entschloß sich, um in den Kampf des IX. A. K. gegen die Engländer einzugreifen, in westlicher Richtung zu beiden Seiten der großen Straße Binche—Bavai vorzugehen.

Nach kurzem Kampf nahm die G. K. D. den Ort Haulchin, und nötigte bei Givry englische Infanterie und Artillerie zum Zurückgehen.

**Gefecht bei Merbes Ste. Marie.** Die 5. K. D. deckte unterdessen die linke Flanke der G. K. D. und unterstützte das in Richtung auf Merbes le Château einen artilleristisch überlegenen Gegner angreifende VII. A. K. (rechter Flügel der 2. Armee) durch das Feuer ihrer reitenden Abteilung. Am Abend ging die G. K. D. bei Binche, die 5. K. D. bei Merbes Ste. Marie zur Ruhe über. Es bestand die Absicht, das Kav. Korps, entsprechend dem Fortschreiten des IX. A. K., westlich um Maubeuge herumzuführen.

Der nächste Tag brachte die Gewißheit, daß der Gegner allenthalben geschlagen nach Süden zurückging. Bei der nun beginnenden Verfolgungstätigkeit verließen die Kav. Korps Marwitz und Richthofen das belgische Gebiet und drangen nach Frankreich hinein vor.

Belgien war bis auf die Reste seines Heeres, die sich nach Antwerpen geflüchtet hatten, in deutscher Hand. Die vereinigten französisch-englischen Armeen waren auf der ganzen Heeresfront in den Schlachten bei Mons, Charleroi, Dinant, Neufchâteau und Longwy geschlagen worden.

---

# III. Vormarsch durch Frankreich bis über den Grand Morin vom 25. August bis 5. September 1914.

## 1. Geländebeschreibung.

### Das Vormarschgelände der Kavallerie in Frankreich
— H. K. K. 2 und 1 vom 24. August 1914 ab —

(Vgl. Karte I.)

liegt im Raume Lille—Bethune—Paris—Lauf des Yères—Courtacon—Fère Champenoise—Maubeuge—Lille, und zerfällt in zwei Abschnitte.

1. Das Gebiet zwischen der belgisch-französischen Grenze und der Somme- und Oise-Linie: Amiens—St. Quentin—Hirson, dessen nördlicher Teil, zwischen der belgisch-französischen Grenze und der ungefähren Linie Bethune—Lens—Douai—Valenciennes, eine Tiefebene ist, deren Übersicht nur durch einzelne Wälder und hohe Baumreihen längs der Straßen und Flüsse unterbrochen wird.

Das von der Scarpe bis zur Somme reichende Hügelland besteht aus großen, kahlen, als Ackerland dienenden Hochflächen, deren mit Baumgruppen und Gebüsch bewachsene Hänge zu breiten, von zahlreichen Flüssen und Kanälen durchzogenen Wiesentälern sanft absteigen. Es finden sich hier nur ganz große, ausgedehnte Stellungen meist ohne Flügelanlehnung.

Dieses ganze Gebiet hat ein vorzügliches Wegenetz mit breiten, oft gepflasterten Chausseen mit Sommerwegen, sowie geschotterten, oft allerdings nur 2 bis 3 m breiten Verbindungswegen. Außerhalb der Wege ist das Gelände fast überall gangbar. Nur nördlich Valenciennes und Landrecies finden sich größere Waldungen (Laubholz) mit zum Teil dichtem Unterholz.

Industriezentren, wie in der Gegend von Condé, mit entsprechend dichter Bevölkerung wechseln mit rein wirtschaftlichen Gegenden mit Ackerstädtchen und wohlhabenden Ortschaften, oder, wie in der Gegend von Douai und Valenciennes, mit zahlreichen Einzelgehöften. Ackerbau und Viehzucht stehen in hoher Blüte. Für Unterkunft und Verpflegung von Truppen bieten sich daher keine Schwierigkeiten.

Für den Vormarsch des H. K. K. 2 kommt zunächst die zwischen Douai und Marchiennes kanalisierte, 30 bis 50 m breite Scarpe in Betracht, die von ausgedehnten, sumpfigen, durch ein Kanalnetz für die Landwirtschaft nutzbar gemachten Flächen begleitet wird. Die ganze Gegend kann durch Anstauung unter Wasser gesetzt werden. Der Wald nördlich Marchiennes ist sumpfig und bei Regenwetter nur auf den Wegen gangbar. Der Scarpe-Abschnitt bildet daher auf dieser Strecke ein bedeutendes Hindernis. Im Süden wird das Flußbett in einer Entfernung von über Artillerieschußweite von nicht unbedeutenden Erhebungen begleitet. Auch erschweren in dem völlig flachen Gelände unterhalb Marchiennes zahlreiche kleine Teiche und Sümpfe die Gangbarkeit.

Dann kommt auf der Strecke Cambrai—Valenciennes die etwa 50 m breite, 2 m tiefe, kanalisierte Schelde, die trotz der Überhöhung des rechten Ufers keinen bedeutenden Verteidigungsabschnitt bildet, und am 25. und 26. 8. bei Bouchain, dann bei Cambrai überschritten wurde.

Der Vormarsch des H. K. K. 1 führte von der belgischen Grenze an über Avesnes, dann über die Sambre südlich Landrecies nach Bohain.

Die Sambre, mit wiesenbedeckter Talsohle, die bei nassem Wetter ungangbar ist, hat bis unterhalb Landrecies im allgemeinen flach geböschte Talränder. Von Landrecies ab, wo der 24 m breite und 2 m tiefe, von 1 bis 2 m hohen Dämmen, mit 1 bis 2 m breiten Wassergräben am äußeren Fuße begleitete Oise—Sambre-Kanal mündet, ist die Sambre durchweg kanalisiert.

Von Bohain ab marschierte der H. K. K. 1 auf dem kahlen Höhengelände zwischen der Somme und der von Guise bis La Fère 30 bis 40 m breiten und bis 2 m tiefen, zum Teil mehrere Arme bildenden Oise entlang.

Die Somme wurde am 29. 8. von H. K. K. 2 westlich Péronne, von H. K. K. 1 nördlich St. Simon, dann bei Ham überschritten.

Sie wird fast durchweg von Kanälen begleitet. Bei St. Quentin beginnt der von der Schelde kommende Kanal von St. Quentin, der von St. Simon aus als Canal Crozat zur Oise bei La Fère führt, während er als der 15 m breite und 2 m tiefe Somme-Kanal die Somme weiter über Ham—Péronne bis südlich Bray s. Somme begleitet, wo er in den kanalisierten Flußlauf übergeht.

Oberhalb Péronne ist der Somme-Abschnitt von geringerer Bedeutung. Von Péronne ab bildet das 900 bis 1500 m breite, mit Gebüschen, Hecken und Baumgruppen dicht bestandene Wiesental der Somme mit vielen schilfbewachsenen, schlammufrigen Teichen und Nebenarmen einen guten Verteidigungsabschnitt gegen Norden hin, zumal das sanft geböschte weit vom Flusse entfernte Nordufer nur geringe Artilleriewirkung gegen die Höhen des Südufers gestattet. Im allgemeinen sind die Talhänge der die Somme begleitenden Hochflächen meist flach und leicht ersteigbar. Steileres Ufergelände findet sich südwestlich von St. Quentin, sowie bei und westlich von Péronne, also an den Übergangsstellen der Kavallerie.

2. Südlich der Somme und Oise erstreckt sich das weitere Vormarschgebiet von der Somme—Oise-Linie Amiens—St. Quentin—Hirson bis zur Linie Paris—Lauf des Yères—Courtacon—Fère Champenoise.

In dem Waldgelände westlich und südlich von Noyon, sowie beim Übergang über die Oise zwischen Noyon und Compiègne schoben sich die fünf Kavalleriedivisionen der Heereskavallerie auf einen Raum von stellenweise nur 10 km zusammen.

Die Oise wird hier 80 m breit und 3 m tief und wird bis zur Mündung der Aisne nordöstlich Compiègne von der etwa 25 m breiten Fortsetzung des Sambre—Oise-Kanals, mit Seitendämmen und 40 m langen und 6 m breiten senkrecht gemauerten Schleusen, begleitet. Die Oise bildet bis Compiègne einen starken militärischen Abschnitt mit teilweise guten Stellungen auf beiden Ufern, der indessen kampflos überwunden werden konnte.

Von der Oise aus erfolgte der Weitermarsch über die Aisne in Linie Compiègne—Soissons, dann über den Ourcq bei Crouy und Fère en Tardenois, und weiter bis zur Marne-Linie La Ferté sous Jouarre—östlich Château Thierry.

Nach Durchschreiten des Waldgeländes und der steilgeränderten Hochflächen im Aisne-Oise-Winkel südlich von Noyon, wurde zunächst die Aisne von H. K. K. 2 bei Compiègne, von H. K. K. 1 bei Soissons überschritten.

Die Aisne ist von Bailly ab 50 bis 60 m breit und 2 bis 3 m tief. Der Wasserstand wird durch Wehre mit Schleusen von 8 m Breite und 46 m Länge geregelt.

Der Aisne—Oise-Kanal verbindet die Oise (südwestlich von Chauny) mit der Aisne (östlich von Bailly) und führt dann als Aisne—Marne-Kanal weiter über Reims nach Condé an der Marne östlich von Epernay.

H. K. K. 2 überschritt nun, durch das Wald- und Hochflächengelände nördlich und südlich von Crépy en Valois marschierend, bei Croun den 20 m breiten, in gangbarem Wiesentale fließenden Ourcq, der von Mareuil ab vom Ourcq-Kanal begleitet wird, sodann die Marne bei La Ferté sous Jouarre.

H. K. K. 1 erreichte, durch das kuppenreiche Bergland den Ourcq bei Fère en Tardenois überschreitend, das Südufer der Marne bei und östlich von Château Thierry.

Die Marne ist von Epernay oberhalb Château Thierry an bei 2 m Tiefe schiffbar gemacht, Kanäle und zahlreiche Seitenarme schneiden die vielfachen Flußkrümmungen ab; der Wasserstand wird durch Stauwehre und Schleusen geregelt. Die Talsohle ist stark bebaut, die meist steilen, bis 180 m hohen Ränder sind vielfach mit Wein bepflanzt, so daß die Marne ein bedeutendes Hindernis und einen starken Verteidigungsabschnitt bildet.

Das Gelände zwischen Marne und Seine ist eine Hochfläche, die sich allmählich nach Westen zu senkt. Dementsprechend werden auch die zur Marne und Seine abfallenden Hänge von Osten nach Westen zu allmählich sanfter.

Zahlreiche Abschnitte finden sich in diesem Gelände, wie die ziemlich tiefen und steilrandigen Täler des Petit Morin, des Grand Morin, des Aubetin und des Yères.

Hier erreichte die Heereskavallerie am 6. 9. 14 die Linie Le Corbier—Courtacon—Montceaux als südlichste Grenze des Vormarsches.

## 2. Höherer Kavalleriekommandeur 2 bei der 1. Armee. — Vormarschgefechte in Nordfrankreich,

### Schlacht bei Solesmes und Le Cateau vom 25. bis 27. August 1914 und Verfolgung bis zur Somme bis 28. August 1914.

(Vgl. Karte I und Geländebeschreibung S. 48 bis 50.)

**25. August.** Nach kurzer Rast — 2. und 9. K. D. bei Marchiennes, 4. K. D. bei Orchies — nahm das Kav. Korps Marwitz um 2° Morgens bei schwüler Witterung die Verfolgung der geschlagenen englischen Armee wieder auf. Galt es doch auch hier, die durch den Vorstoß auf Courtrai für

4*

die Heereskavallerie leider verlorene Zeit möglichst wieder einzuholen, wenn auch infolge dieses Zeitverlustes die Aussicht, bis in den Rücken der englischen Armee zu gelangen, schon jetzt nicht mehr bestand.

Die englische Armee hatte auf ihrem Rückzuge am 24. die Linie Valenciennes—Bavai—Maubeuge erreicht. Auch der opfermutige Einsatz der britischen Kavallerie auf dem Westflügel, besonders die verlustreiche, im deutschen Maschinengewehrfeuer zusammenbrechende Attacke der 2. K. Brig. unter General de Lisle bei Thulin südöstlich Condé, hatte den zurückgehenden englischen Divisionen nur kurze Erleichterung gegen die scharf nachdrängende 1. Armee verschaffen können.

Am 25. setzte French den Rückzug auf die Linie Cambrai—Le Cateau—Landrecies fort, um der Gefahr einer völligen Umfassung noch rechtzeitig zu entgehen.

General v. der Marwitz hatte seine Divisionen zur überholenden Verfolgung gegen den La Selle-Abschnitt auf Le Cateau (2. K. D.), Solesmes (4. K. D.) und Haspres (9. K. D. mit dem gegen den linken feindlichen Flügel vorgehenden II. A. K.) angesetzt.

Die 2. K. D. erreichte zunächst um 6° Morgens Bouchain an der Schelde, wo schwache Besetzung durch das 2. L. Hus. Regt. vertrieben wurde. Sodann wurde auf Iwuy zurückgehende Infanterie erfolgreich durch die reitenden Batterien beschossen, desgleichen ein auf Cambrai fahrender Eisenbahnzug.

**Gefecht bei Iwuy und Avesnes lez Aubert.** Der Weitermarsch auf Avesnes le Sec brachte dem 1. L. Hus. Regt. Gelegenheit zu einem Feuerüberfall und zwei Attacken auf französische Infanterie, die wie folgt geschildert werden:

„Das 1. Leib-Hus. Regt. wurde nun an die Spitze vorgezogen und setzte sich auf Iwuy in Marsch. Offizierpatrouillen meldeten den Ort vom Feinde besetzt und eine feindliche Kolonne im Marsch von Avesnes-le-Sec auf Iwuy.

8° Vorm. wurde die 3. Esk. zur Aufklärung vorgeschickt, während sich das Regiment südöstlich Hordain bereitstellte. Die vorgeschickte Eskadron, nur zwei Züge stark, kam unbemerkt an eine etwa drei Kompagnien starke feindliche Kolonne, die auf Iwuy marschierte, heran, saß mit 40 Schützen hinter einer Höhe zum Gefecht zu Fuß ab, und machte auf den sorglos dahinmarschierenden Gegner auf 300 m einen Feuerüberfall.

Es entstand eine große Panik beim Gegner, Zugpferde wurden abgeschossen, und er erlitt erhebliche Verluste. Allmählich aber brachten die Franzosen ein Maschinengewehr in Stellung und griffen die an Zahl weit unterlegene Eskadron an. In dem nun folgenden erbitterten Feuergefecht erlitt die Eskadron starke Verluste, und ihre Lage wurde gegen 10° ziemlich kritisch.

Da traf auf dem linken Flügel der Rest des Regiments in Eskadronskolonnen im Galopp ein, gleichzeitig wurde Iwuy von Avesnes-le-Sec her durch eine reitende Batterie unter Feuer genommen. Eineinhalb Eskadrons griffen zu Fuß in das Feuergefecht ein, während der Rest des Regiments den Feind von Osten her in der Flanke attackierte. Die Kraft des feindlichen Bataillons, dessen Führer, ein Oberstleutnant, im Laufe des Gefechts gefallen war, erlahmte. Alles, was nicht entkam, ergab sich den mit »Hurra« vorwärts stürmenden und vorwärts reitenden Husaren. Die blutigen Verluste der Franzosen waren sehr groß, außerdem ließen sie 400 unverwundete Gefangene eines Territorial-Regiments und 4 Maschinengewehre in unserer Hand.

Nach Säuberung von Iwuy sammelte sich das Regiment auf Befehl der Division bei Villers-en-Cauchies. Um 3° Nachm. ging die Division auf St. Hilaire vor. Das 1. L. Hus. Regt. marschierte bei strömendem Regen als rechte Seitendeckung auf Avesnes-lez-Aubert und erhielt plötzlich, während das Drag. Regt. 2 bei St. Hilaire im Gefecht lag, von allen Seiten Infanteriefeuer. Französische Infanterie, die hinter Strohhocken Deckung genommen hatte, schoß von rechts, links, von vorn und von rückwärts auf das Regiment.

Auf Befehl des Oberstlts. v. Eicke ritten 3 Eskadrons in Richtung auf Avesnes-lez-Aubert zur Attacke an. Mit der Lanze oder der Pistole wurde der Widerstand gebrochen und der Weg dorthin freigemacht, wo mittlerweile die 2. K. D. eingetroffen war. Bei der Attacke wurden wiederum etwa 40 Gefangene gemacht.

Der 25. 8. hatte dem Regiment somit einen schönen Erfolg gebracht. Mancher brave Totenkopfreiter liegt auf dem Schlachtfelde von Iwuy und St. Hilaire begraben."

Unterdessen hatte sich die 2. K. D. gegen 12° Mittags bei Villers en Cauchies bereitgestellt, da starke englische Kolonnen im Rückmarsch von Valenciennes auf Solesmes gemeldet worden waren, und ging auf Befehl des H. K. K. 2 weiter auf St. Vaast in Richtung Bethencourt vor.

**Gefecht bei St. Hilaire** (vgl. Skizze 4). Die Höhen westlich von St. Hilaire wurden besetzt gefunden. Das in der Vorhut marschierende Drag. Regt. 2 griff bei strömendem Gewitterregen an. Die 3. Esk. attackierte die auf den Höhen sichtbaren französischen Schützen, während die 2. Esk., durch den Ort vorgehend, den Gegner flankierend fassen sollte, und die 1. Esk., mit Schützen östlich St. Hilaire herumgreifend, nach Süden zurückgehende Infanterie unter Feuer nahm.

Die glänzend gerittene, wenn auch infolge des ungünstigen Geländes, besonders eines tiefen Hohlweges, verlustreiche Attacke endete mit der völligen Vernichtung des Feindes. Das Regiment berichtet:

„Kaum hatte der Feuerkampf der 1. Esk., Rittm. v. Bredow, begonnen, als die 3. Esk., ihr Führer Rittm. Graf Yorck von Wartenburg weit voraus, unter brausendem »Hurra« nordwestlich von St. Hilaire zur Attacke ansetzte.

Der Franzose hatte aber schnell Schützen zusammengerafft, die hinter Hecken und einem Gehöft vor den gefürchteten Lanzen sicher, Schnellfeuer auf die anreitende Eskadron eröffneten, von der die Lts. v. Loeper und v. Goßler, die Vizewachtmeister Klawikowsky und Frhr. v. Seckendorff und 9 Dragoner fielen und 13 Dragoner verwundet wurden. Trotzdem kam die Eskadron wie auf dem Exerzierplatz heran.

Da stellte sich ein unvermutetes Hindernis entgegen. Ein tiefer Hohlweg mit Steilrändern hemmte die Wucht der Attacke, und 3 Züge stürzten zum Teil in den Hohlweg. Nur der linke Flügel unter Oblt. v. Gustedt, der dieses Hindernis nicht vor sich hatte, kam heran und überritt die Franzosen, die in wilder Flucht auseinanderstoben. Als Oblt. v. Gustedt keinen Gegner mehr vor sich hatte, sammelte er seinen Zug und ritt abermals, kehrt machend, gegen die noch hinter den Hecken und Strohmandeln sitzenden Franzosen, gegen die die Attacke wirkungslos geblieben war. Die 2. Esk. unter Rittm. v. Wedel war unterdessen im Orte St. Hilaire durch Straßenkampf mit zurückgehender Infanterie aufgehalten worden. Die Eskadron verlor hierbei 12 Tote, darunter den Fahnenjunker Graf zu Dohna-Schlobitten und den Einj. Utffz. Treichel.

Auch die 5. Esk., Rittm. v. Selchow, mußte eingesetzt werden, und es gelang den 3 Eskadrons in schwerem, siegreichem Häuserkampf gegen die in den Häusern und Kellern versteckten Franzosen den Ort gegen Abend zu nehmen. Sie verloren hierbei außer den Genannten noch Sergt. Mewes, die Utffz. Große, Kruber und Tempel und 11 Dragoner tot sowie 6 Dragoner verwundet."

Die schweren Verluste des Regiments wurden durch die weit größeren Verluste des Feindes aufgewogen. Vor allem aber war dem Kavalleriekorps freie Bahn erkämpft worden zur Fortsetzung der Verfolgung sowie für die erfolgreichen Ereignisse des folgenden Tages.

Die reitende Abteilung der 2. K. D. hatte von den Höhen nördlich St. Vaast aus englische Infanterie, die bei Solesmes schanzte, und nach Süden zurückgehende Kolonnen beschossen. Die Division ruhte bei St. Hilaire und Rieux.

**Gefecht bei St. Aubert.** Hinter der 2. war die 4. K. D. marschiert. Die Division hatte sich auf die Meldung vom Anmarsch feindlicher Kavallerie erst westlich Villers en Cauchies, dann bei St. Aubert mit der Front nach Osten bereitgestellt, und von hier aus mit ihrer Artillerie feindliche, an der Selle entlang nach Süden zurückgehende Kolonnen beschossen. Die Division ging gegen Abend bei St. Aubert und Villers en Cauchies zur Ruhe über.

**Gefecht bei Haspres.** Die 9. K. D. hatte bei Neuville die Schelde überschritten, und sich zunächst befehlsgemäß westlich Haspres bereitgestellt. Es gelang bei Noyelles und Haspres etwa 200 Gefangene zu machen, worauf die Division gegen 2° Nachm. von den Höhen südlich Haspres aus mit ihrer Artillerie feindliche Kolonnen, die östlich der Selle nach Süden marschierten, beschoß. Als die im Anmarsch gemeldete feindliche Kavallerie nicht erschien, ging die Division über Villers en Cauchies nach Avesnes-lez-Aubert vor. Der Ort wurde gegen 4° Nachm. von Teilen der 14. K. Brig., der M. G. A. und 1. Batt. nach Straßenkampf genommen, worauf die Division hier während der Nacht verblieb. Ein Schützenzug der Vorhut-Eskadron, 1. Ul. Regts. 5, unterstützte den Angriff der 3. Drag. 2 westlich St. Hilaire erfolgreich durch Fußgefecht.

Eine weitere Fortsetzung der Verfolgung an diesem Tage war wegen der völligen Erschöpfung von Mann und Pferd nicht möglich. Wenn auch das als südlichstes gesteckte Ziel, Le Cateau, nicht erreicht werden konnte, so war es dem Kavalleriekorps doch gelungen, die von Valenciennes aus zurückgehenden englischen Kolonnen zu zwingen, statt auf Cambrai zu marschieren, östlich der Selle zu bleiben. Hierdurch wurde das Rückzugsgebiet verengt und die Zahl der Rückzugsstraßen vermindert, wodurch die Verwirrung des Rückzuges empfindlich gesteigert werden mußte.

Um dieser Gefahr zu begegnen, die zu einer Katastrophe für die englische Armee werden mußte, versuchte French mit allen Kräften seinen linken Flügel südlich der großen Straße Le Cateau—Cambrai in westlicher Richtung auszudehnen. Eine neueingetroffene Ersatzdivision, sowie die Divisionen des von Arras heranmarschierenden Generals d'Amade sollten seine linke Flanke schützen.

Dementsprechend verschob General v. Kluck den rechten Flügel der 1. Armee ebenfalls nach Westen, und ließ diesen über Cambrai in Richtung Bapaume—Combles vorgehen. H. K. K. 2 sollte sich dem Gegner vorlegen und ihn unter allen Umständen festhalten.

**26. August.** Auch der 26. 8. sollte ein Tag erfolgreicher Verfolgungstätigkeit für die Heereskavallerie werden, ungeachtet der Prophezeiung des französischen Heeresberichtes*), der der deutschen Kavallerie voraussagte, sie könne nicht weiter vorgehen, ohne in die Hände der durch französische Truppen verstärkten Engländer zu fallen. Hiermit waren offenbar die Divisionen d'Amades gemeint. Das schon am 23. 8. von French zur Unterstützung erbetene französische Kav. Korps Sordet (drei Divisionen) bei Beaufort, war wegen Übermüdung seiner Pferde zunächst nicht imstande, den Engländern zu helfen**).

Nach wiederum nur kurzer Nachtruhe in grundlosem Regenbiwak brach das Kav. Korps Marwitz bereits um 4³⁰ Morg. zur Fortsetzung der Verfolgung auf. Angespornt durch die Nachricht, daß der Feind zwischen Maubeuge und Givet geschlagen, Namur gefallen und die 5. Armee ebenfalls in siegreichem Fortschreiten sei, drängte alles vorwärts, aber die völlig aufgeweichten Wege verzögerten den Vormarsch erheblich.

Da die Tätigkeit der Kavallerie an diesem Tage von ganz besonderem Interesse ist, soll ihr ein entsprechend großer Raum gewidmet werden. Auch sollen die interessanten Einzelheiten dieser Kämpfe durch mehrere Einzelberichte beleuchtet werden.

General v. der Marwitz hatte seine Divisionen gegen die große Römerstraße Bavai—Maretz—Nauroy angesetzt, und zwar:

2. K. D. mit Jäg. 4 und 7 über Carnières—Esnes nach Beaurevoir,
9. K. D. mit Jäg. 3, 9 und 10 über Beauvois nach Prémont,
4. K. D. über Caudry nach Maretz.

*) Cette cavallerie ne peut s'avancer d'avantage qu'en s'exposant à tomber dans les lignes anglaises renforcés hier par des troupes françaises.

**) Frenchs Bericht: „But owing to the fatigue of his horses he found himself unable to interfere in any way." — Hamilton: The first seven divisions: „His horses where ridden to a standstill and he could do nothing."

**Gefecht bei Cattenières** (vgl. Skizze 4). Die 2. K. D. erreichte über Carnières nach Überschreiten der großen Straße Le Cateau—Cambrai gegen 8° Morg. mit der Vorhut (5. K. Brig.) den Bahnhof südlich Cattenières. Von hier aus wurden in Richtung Longsart auf dem sich von Caudry nach Crèvecoeur hinziehenden Höhenrücken schanzende Engländer sowie dichte Infanterie- und Wagenkolonnen erkannt.

Sofort ging die M. G. A. 4 unter Hauptm. Ulbrich in Stellung und eröffnete auf 1000 m mit sieben Maschinengewehren ein vernichtendes Feuer auf den gänzlich ungesicherten, völlig überraschten Feind.

„Unsere 7 Maschinengewehre spien ihr Feuer in die dichten Kolonnen der Engländer. Der Gegner ist vollkommen überrascht! Ein Bild des Schreckens und der Verwirrung entstand bei ihm. Pferde bäumen sich getroffen hoch auf und reißen beim Überschlagen die Fahrzeuge mit den Hang hinunter. Einige Fahrzeuge versuchen kehrt zu machen und in entgegengesetzter Richtung zu entfliehen, aber auch sie trifft die Garbe des mörderischen Feuers. Alles rennt Schutz suchend auseinander, hierhin, dorthin, bis sie getroffen zusammensinken. Nur Resten gelingt es in Schützengräben, die Sicherheitsabteilungen der feindlichen Marschkolonnen ausgeworfen hatten, zu entkommen. Langsam nur eröffnet der Engländer von hier aus das Feuer.

Aufrechtstehend hatten wir bis jetzt von den Lafetten geschossen, nun ging es mit freigemachten Gewehren in Stellung. Der Feind schiebt Maschinengewehre in seine Schützenlinie ein, und der Kampf geht weiter. Das feindliche Feuer nimmt zu, immer noch hält die Abteilung allein die Stellung. An jedem Gewehr gibt es Verwundete und Tote. Lt. Reinke fällt von drei Schüssen getroffen neben unserem Abteilungsführer.

Da schwärmen Jäger und Kavalleristen links und rechts von uns ein und dringen gegen die feindlichen Gräben vor. Die feindliche Stellung wird genommen. In ihr finden wir Haufen von Leichen, Verwundeten, toten Pferden und zerschossenen Fahrzeugen vor, das Ergebnis unseres überraschenden Feuerüberfalles und unseres Vernichtungsfeuers.

›Der Ruhm des Tages gehört der Maschinengewehr-Abteilung 4.‹ Das waren die Worte unseres Divisionskommandeurs an Hauptm. Ulbrich, als er sich bedankte für das mutige Draufgehen und Aushalten der Abteilung.“

Unterdessen war die reitende Abteilung zu beiden Seiten von Cattenières aufgefahren, während die Schützen der auf der Straße haltenden Division sowie die Jägerbataillone so schnell als möglich vorgezogen wurden.

Die 5. K. Brig. (Drag. 2 und Ul. 3) griff, mit ihren Schützen über die Bahn westlich ausholend, mit Jäg. Btl. 7 auf dem rechten Flügel von Norden her in Richtung Longsart an, während die 8. K. Brig. (Kür. 7 und Hus. 12), L. Hus. 1 und Jäg. 4 sich in dem tiefeingeschnittenen Bahnkörper vom Bahnhof nach Südosten entwickelten.

Es kam zu einem stundenlangen Feuergefecht, in dem es gelang, den Engländern trotz ihrer zahlenmäßigen Überlegenheit die Höhen bei Longsart zu entreißen, ihnen schwere Verluste beizubringen und eine große Anzahl Gefangene zu machen. Auch durch den Einsatz starker Artillerie konnten sie die Lage nicht mehr herstellen.

„Auf dem rechten Flügel ging das Jäg. Batl. 7 von Wambaix aus, nach links Anschluß an das Ul. Regt. 3 nehmend, trotz des feindlichen Feuers wie auf dem Exerzierplatz gegen die hinter Getreidemieten Deckung nehmenden Engländer vor. Nachdem die verstärkten Schützenlinien, unterstützt durch das Feuer der Maschinengewehre, den Feind unter kräftiges Feuer genommen hatten, wurden rückgängige Bewegungen des Gegners beim Dorfe Esnes und eine Verlängerung des feindlichen linken Flügels nach Westen erkannt. Die bisher zurückgehaltene 3. Komp. ging daher zur Verlängerung des rechten Flügels vor. Ihr Führer, Hauptm. Sartig, fiel beim Überschreiten der Straße Wambaix—Esnes, der das Kommando übernehmende Lt. v. Hugo wurde schwer verwundet.

Da der Gegner sich verstärkte und das Bataillon starkes Artilleriefeuer erhielt, war ein weiteres Vorgehen nicht möglich. Trotz schwerer Verluste hielt das Bataillon indessen seine Stellung bis mit dem Eintreffen des IV. R. Ks. befohlen wurde, das Gefecht abzubrechen.

Es fanden den Heldentod: Lt. v. Michels und 15 Jäger, unter diesen der Gefreite Schulze-Osthort, der sich durch die Leitung des Herantragens der M. G.-Munition in hervorragender Weise ausgezeichnet hatte. Verwundet wurden: Lt. v. Dulong, Fähnrich Frhr. v. Blomberg und 38 Jäger."

Neben den Jägern war das Ul. Regt. 3 unter Oberst v. Linsingen eingesetzt:

„Am Bahnhof Catteniéres wies der Brigadekommandeur, Oberst v. Arnim, den Führern ihre Gefechtsstreifen zu. Kaum waren die Geleise der Bahn überschritten, als die Schützen bereits in das Strichfeuer der feindlichen Infanterie gerieten. Sie schwärmten aus und verlängerten den rechten Flügel der schon im Kampfe befindlichen 2. Dragoner. Obgleich vom Gegner noch nichts zu sehen war, pfiffen doch die Kugeln durch die Rübenblätter hindurch den Schützen um die Ohren, und manch einen traf schon das feindliche Geschoß. Um dem Gegner näher auf den Leib zu rücken, wurden nach kurzer Atempause rasch einige Sprünge ausgeführt. Bald sah man auch den khakifarbenen Gegner, wie er, völlig überrascht durch das schnelle Vorgehen unserer Division, in eine Stellung eilte und sich einzugraben versuchte.

Die erste feindliche Stellung wurde bald überrannt, und stehend freihändig schossen wir in die zurückflutenden englischen Schützenlinien. Die 2. Esk. konnte bereits 50 Gefangene zurückschicken. Die anderen Eskadrons wollten nicht nachstehen und stürmten den Fliehenden nach, bis nunmehr einsetzendes schweres englisches Artilleriefeuer Halt gebot. Jetzt erst erkannte man, daß der Gegner an Zahl weit überlegen war. Nachdem er sich von seiner ersten Überraschung erholt hatte, setzte er seine Reserven zum Gegenstoß an, und jetzt mußte jeder Mann zeigen, daß er auch die Kraft besaß, die gewonnene Stellung zu behaupten.

Von der Division kam die Weisung, daß es darauf ankäme, die Stellung unter allen Umständen zu halten, bis das bereits angekündigte IV. R. K. heran wäre.

Waren die Verluste bisher gering gewesen, so riß das starke feindliche Feuer nunmehr doch empfindliche Lücken in die Reihen. Auch machte sich allmählich Munitionsmangel in empfindlicher Weise geltend. Mehr denn je hieß es, daß jede Kugel ihr Ziel erreichen mußte. Dennoch hielten die Schützen den heftig anstürmenden Gegner ab bis die Sonne hoch am Himmel stand. Allmählich begann aber die Lage kritisch zu werden. Infolge des immer größer werdenden Munitionsmangels mußte die Widerstandskraft trotz allen guten Willens erlahmen, wenn nicht bald die verheißene Hilfe eintraf.

Da kamen heulend die ersten Grüße des nahenden Korps über unsere Köpfe hinweg in die Engländer geflogen. Bald griffen die ersten Kompagnien ein und lösten uns in der gewonnenen und gehaltenen Stellung ab. Der Auftrag war erfüllt, und das Regiment ist stolz, zum Erfolge dieses Tages nach seinen besten Kräften beigetragen zu haben.

Die Schützen wurden nunmehr aus dem Gefecht gezogen. Erst beim Aufsitzen ließen sich die Verluste des Tages übersehen. Es waren 5 Tote, darunter der Fahnenjunker v. Hellfeld, und 21 Verwundete, dabei 3 Offiziere und 1 Fähnrich, sowie 4 Vermißte."

Im Anschluß an Ul. Regt. 3 war das Drag. Regt. 2 unter Oberst v. Poseck als vorderstes Regiment der Vorhut in das Gefecht getreten.

„Vom Bahnhof Cattenières aus entwickelten sich die Schützen des Regiments fast ohne Deckung gegen das zunächst meist zu hoch gehende feindliche Infanteriefeuer in Linie Bahnhof Cattenières—Wambaix, Angriffsrichtung für die Mitte das Gehöft Longsart.

In langen Sprüngen ging es vorwärts, um zunächst auf bessere Schußentfernung heranzukommen. Aus 1200 m wurde kniend das Feuer eröffnet, da man in den Rübenfeldern liegend nichts sehen konnte. Die Engländer schossen darauf weniger lebhaft, aber nicht besser als vorher, Oblt. d. Res. v. Hövel und Lt. v. d. Osten wurden leicht verwundet. Dann ging das Regiment unaufhaltsam und ohne sich noch viel niederzulegen, gegen die Höhen vorwärts. Die Kugeln zischten entweder zu hoch, oder durch die Rübenblätter klatschend, an den Schützen vorüber.

Als der linke Flügel des Regiments auf 150 m vor der englischen Schützenlinie lag, gingen die Engländer zurück und verschwanden in langen Sprüngen hinter der Höhe in Richtung auf das Gehöft Longsart und weiter nach Süden hin.

Um 12° Mittags wurde mit lautem »Hurra« die Höhe gestürmt, und die fliehenden Engländer im Stehen mit Schnellfeuer überschüttet. Nur wenige kamen lebend den Abhang nach Longsart hinunter. Ruhig und sicher schossen die Dragoner weiter, trotzdem sie vom Gehöft Longsart her nun lebhaftes Gewehr- und M. G.-Feuer erhielten.

Hier fanden die Lts. v. Stocken, Graf Finck v. Finckenstein und v. Witzleben (Job) mit mehreren braven Dragonern den Heldentod. Außerdem wurden Lt. Frhr. v. Gablenz und die Fähnriche Frhr. v. Richthofen und Frhr. v. Zedlitz und Neukirch sowie eine Anzahl Dragoner schwer verwundet. Der Erfolg war aber da. In glänzendem Ansturm über 1500 m hatte das Regiment die starke englische Infanterie von dem beherrschenden Höhenzuge geworfen.

Bald jedoch rafften sich die Engländer südlich Longsart zu energischem Widerstand auf, brachten Maschinengewehre und Artillerie ins Gefecht, und es entspann sich jetzt ein längerer Feuerkampf, in dem sich die beiderseitigen Verluste mehrten, bei uns besonders durch das gut liegende Feuer der englischen Artillerie, die sich auch gegen Cattenières und den hohen Schornstein der Zuckerfabrik am Bahnhof einschoß.

Von allen Zügen und Gruppen kamen jetzt Meldungen über Munitionsmangel. Munition von den 4 km entfernten Handpferden heranzuschaffen war unmöglich, und die Engländer begannen unter dem Schutze ihrer Artillerie zum Gegenangriff vorzugehen. Trotzdem hielten die Dragoner auf den Höhen weiter stand, bis die letzte Patrone verschossen war und das IV. R. K. in den Kampf eingriff.

Der Zweck war erreicht und rechtfertigte die Verluste, die außer den bereits erwähnten noch 21 verwundete Dragoner betrugen."

Beim Kür. Regt. 7 deckten die Schützen des Regiments unter Rittm. v. Kotze gegen englische Umfassungsversuche, wobei Rittm. v. Kotze den Heldentod fand.

Auf dem linken Flügel wurde in der Lücke zwischen der 2. und 9. K. D. das 2. L. Hus. Regt. eingesetzt und behauptete in zähem Ringen den Bahndamm südöstlich von Catteniòres. Hier fielen Rittm. Ritter und Edler v. Oettinger, Führer der 4. Esk., Oblt. v. Hertzberg und drei Husaren, Lt. Geisler, 1 Unteroffizier und 17 Husaren wurden verwundet. Oblt. Prinz Friedrich Sigismund von Preußen übernahm die Führung der 4. Esk.

Trotz starken feindlichen Artilleriefeuers erreichten die Schützen der Division in musterhafter Ordnung und Ruhe ihre 4 bis 5 km entfernt stehenden Handpferde, worauf die 2. K. D. am Abend bei Naves, nordöstlich von Cambrai, mit der 9. K. D. in das Biwak rückte.

Auch an diesem Tage waren die Verluste zum Teil wiederum schwer, aber nicht vergeblich gewesen. Die Kavallerie hatte ihre Schuldigkeit getan, indem sie den verfolgten Gegner rücksichtslos anpackte und ihn so lange festhielt, bis die eigene Infanterie herangekommen war.

Eine vollständige Verlustliste kann hier nicht gegeben werden. Außer den in den Einzelberichten genannten, erwähnt das Kriegstagebuch der 2. K. D. noch: von Jäg. 4 Hauptm. Hauffe und die Lts. Gruson, v. Gerlach und Söllinger als verwundet, von der reit. Abt. 35 Major Le Tanneux v. St. Paul, Hauptm. Müller und Lt. Ritgen verwundet.

**Gefecht bei Caudry** (vgl. Skizze 4). Die 9. K. D. war von Avesnes-lez-Aubert über Bévillers vorgegangen. Nach kurzem Gefecht wurde das vom Gegner besetzte Beauvois gegen 7° Morg. geräumt.

Die Division griff sodann den südlich Beauvois bei Fontaine-au-Pire und auf den westlich anschließenden Höhen eingegrabenen Feind mit der 19. K. Brig. und den Jäg. Btln. 3, 9 und 10 an, während die 13. und 14. K. Brig. unter Oberst Seiffert im Verein mit der 4. K. D. in Richtung Caudry—Bethencourt angriffen.

Gegen 10° gingen die Engländer bis Caudry zurück, wo sie mit verstärkten Kräften in vorbereiteten Schützengräben erneuten Widerstand leisteten.

Über den Angriff der Jäg. Btle. 3 und 10 berichtet Jäg. Btl. 3:

„Unser Bataillon unter Maj. v. Quitzow wurde auf Beauvois angesetzt. Die 2. Komp., Hauptm. Frhr. v. Rechenberg, die 3., Hauptm. Reimnitz, und die 4., Hauptm. v. Mühlen, wurden entwickelt. Die 1. Komp., Hauptm. Frhr. v. Werthern, und die M. G.-Kompagnie, Hauptm. Frhr. v. Wangenheim, blieben zunächst hinter dem rechten Flügel des Bataillons als Reserve.

Wir griffen an, links von uns Jäg. 10, rechts abgesessene Kavallerie. Über freies Feld ging's fast wie zu Hause auf dem Exerzierplatz bis auf 800 m an die feindliche Stellung heran. Nicht umsonst nannte sich unser Gegner »Rifle-Brigade« (Scharfschützen-Brigade), englische Elitetruppen! Es waren abgefeimte, kriegserfahrene Berufssoldaten, die meist schon auf allen Kontinenten gefochten hatten. Zähe, abgebrühte Burschen waren sie, die mit einer Bombenruhe, auch wenn sie schon verwundet waren, schossen, und das ihnen günstige Gelände so hervorragend auszunutzen verstanden, daß es selbst einem Jägerauge schwer wurde, sie aufs Korn zu kriegen.

Wir gingen aber dennoch so scharf vor, daß unser Div. Kdr., Gen. Major Graf Schmettow, unserm Bataillon gegen Mittag den Befehl geben mußte, zunächst nicht weiter vorzugehen. Gegen 10⁰ Vorm. mußte auf dem rechten Flügel des Bataillons die M. G.-Kompagnie eingesetzt werden. Sprungweise wurden die Gewehre durch den tief-eingeschnittenen Bahnkörper vorgetragen. Die Züge wurden von Oblt. Frhr. v. Wrangel, Oblt. Mackensen v. Astfeld und Lt. Heller geführt, Vizefeldw. d. R. Schmidt trat mit dem Res. M. G. zum 1. Zuge. Vizefeldw. Mützell führte die Fahrzeuge an der Ferme du Fresnoy vorbei, im Grunde über die Chaussee nach.

Verdammt kritisch wurde die Lage unserer dünnen Schützenlinie, als der Gegner, der zwar seine Vorstellungen bei Beauvois geräumt hatte, uns aus seiner Hauptstellung auf dem Höhenzuge westlich Fontaine-au-Pire empfindlich mit Maschinengewehren und Artillerie flankierte. Durch Vorgehen konnten die Kompagnien zum Teil sich dem feindlichen Feuer entziehen. Vom. 1. M. G. bei der 3. Komp. zeichnete sich der Gefreite Krägenbrink besonders aus. Der Munitionsersatz konnte nur mit großen Schwierigkeiten bewirkt werden.

Da endlich 3⁰ Nachm. kam Verstärkung; verstärkt und wieder mit Munition versehen, bearbeitete unsere Artillerie die feindliche Stellung, daß die Fetzen flogen! Jetzt konnten Jäg. 10, links von uns, wie auch wir auf der ganzen Linie vorgehen. Lt. Klingender stürmte mit seinem Zuge, angelehnt an Jäg. 10, die feindliche Stellung und nahm 240 Engländer gefangen. Der Angriff wurde bis über die Bahnlinie Cambrai—Le Cateau vorgetragen. Die abgesessene Kavallerie rechts von uns unterstützte unseren Angriff. Unsere weitere Verfolgung wurde durch feindliches Artilleriefeuer aufgehalten. 7³⁰ Abends wurden wir durch Infanterie des IV. A. K. abgelöst. — Lt. Hundsdörfer, 3 Ob. Jäg., 8 Jäg. waren gefallen, 2 Off., 5 Ob. Jäg. und 36 Jäg. waren verwundet worden. Die 3. Jäg. hatten gezeigt, daß der Geist von Vionville noch in ihnen lebte!"

„Jäg. Btl. 10 griff Beauvois an. Rechts davon die 3. Jäg. nach dem Dorfe Cattenières zu, links Kavallerieschützen. Rasch wird der Feind aus seinen Vorstellungen geworfen. Die Windmühle westlich des Dorfes Beauvois wird erreicht.

Um 10⁰ Vorm. kam der Befehl zu weiterem Angriff. Sprungweise arbeiteten sich die Schützenlinien an den Gegner heran. Die Verluste sind beträchtlich. Unterstützungen schwärmen in die vorderste Linie ein, um die Lücken zu füllen und den Angriff weiterzutragen. »Mensch, legen Sie sich hin«, rief ein Feldwebel einem Jäger zu, der stehend schoß. »Wegen der Engländer nicht, Herr Feldwebel!« In dem Augenblick traf ihn die Kugel durchs Herz. Und wie der Jäger, so waren sie alle, die todesmutig den Angriff vorwärts trugen.

Unterstützungen waren aufgebraucht. Eine lange, dünne Schützenlinie lag 400 m vor dem Feinde; weiter scheint es nun aber beim besten Willen nicht mehr zu gehen. Die Müdigkeit macht sich geltend. Manch einer schläft in der Schützenlinie ein.

Am rechten Flügel des Bataillons lag Oblt. Kirchheim mit seiner 1. Komp. Eine Meldung läuft die Linie entlang: »Neue feindliche Kolonnen sind im Anmarsch.« Gleichzeitig schlägt aus der Flanke Artilleriefeuer in die gelichteten Reihen. Der Oblt. Kirchheim überlegt: »Sind die englischen Verstärkungen eher oben auf der Höhe als wir, dann sind wir hier verloren, also müssen wir zuerst oben sein.« Rasch schickt er einen seiner Meldeläufer nach rechts zu den 3. Jägern. »Befehl des Jägerdetachements: Zum Sturm antreten.« Gleichzeitig läßt er seinen Hornisten blasen. Das bekannte Signal wird überall aufgenommen. Wie ein Mann erhebt sich die ganze Schützenlinie. Alle

Offiziere und Feldwebel mit gezogenem Säbel weit voran. Mancher Offizier und Jägersmann sinkt nieder, aber der Sturm gelingt, der Engländer wird von der Höhe geworfen. Kräftig räumt das Verfolgungsfeuer der Jäger unter den Fliehenden auf. Um einzelne tatkräftige Offiziere geballt, wird zugleich mit den fliehenden Engländern über die Höhe vorgestoßen bis an einen Bahndamm. Als erste erreichen ihn Hauptm. Richter und Oblt. Krahmer-Möllenberg. 250 Engländer, die durch diesen kühnen Vorstoß abgeschnitten sind, strecken die Waffen. Schwer sind die Verluste des Feindes. In der gestürmten Stellung liegt Toter an Totem. Am anderen Tage werden auf dem Friedhofe von Fontaine-au-Pire 150 Engländer bestattet, zusammen mit 50 Jägern und Offizieren der Jäg. Btle. 3 und 10. Unter den zahlreichen Verwundeten des Tages befand sich auch der Oblt. Kirchheim.

Von allen Ruhmestagen des Bataillons ist uns der 26. August stets der schönste Ehrentag gewesen. Englische gefangene Offiziere meinten, sie hätten den Angriff auf diese Höhenstellung für völlig unmöglich gehalten.

In der gestürmten Stellung sammelt das Bataillon, wird herausgezogen und rückt gegen Abend nach Naves in Quartier."

„Die reitende Abteilung F. A. 10 ging bei Beauvois in Stellung, die 1. reit. Batt. am Ostrande, Front nach Caudry, die beiden anderen Batterien am Westrande von Beauvois, Front nach Süden. Schon beim Überschreiten der großen Straße Cambrai—Le Cateau und beim Einnehmen der Stellung wurden die Batterien von lebhaftem Infanteriefeuer empfangen. Das Gegenfeuer wurde sofort eröffnet. Während die 10. Jäger zum Angriff schritten, wurde die feindliche Infanterie unter heftiges Feuer genommen. Gegenangriffe der Engländer wurden auf diese Weise wiederholt zum Scheitern gebracht. Die 1. reit. Batt. hatte unter heftigem Artilleriefeuer zu leiden, ihr Batterieführer, Hauptm. Frhr. v. Wangenheim, wurde verwundet.

Gegen Mittag baten die Jäger um Unterstützung durch eine Batterie bei Fontaine-au-Pire. Major v. Wangenheim zog sofort die beiden rechts stehenden Batterien in eiliger Gangart durch die unter heftigem Feuer liegenden Ortschaften Beauvois und Fontaine-au-Pire vor. Ungeachtet der Verluste drangen sie bis an den Südwestausgang letzteren Ortes vor, in dessen Nähe — bei dem Kirchhof — sich eine schwache Jägerabteilung weit überlegenem Gegner gegenüber in schwerer Bedrängnis befand. Viel Zeit war nicht zu verlieren, eine geeignete Stellung in der Eile nicht zu finden. So brachte Hauptm. v. Uslar seine 2. reit. Batt. kurz entschlossen auf der Straße am Südwestausgange von Fontaine-au-Pire in Stellung. Kaum war dies geschehen, als in dichten Linien ein englischer Angriff gegen die Jäger einsetzte, der von der Batterie auf nahe Entfernung von der Flanke gefaßt und unter blutigen Verlusten für den Feind gebrochen wurde. Trotz heftigen Feuers der feindlichen Artillerie, die die Batterie in ihrer offenen Feuerstellung genau erkennen mußte, wurde das Feuer auf die zurückflutende feindliche Infanterie fortgesetzt, bis die Reste im Grunde verschwanden. Nun erst konnte sich Hauptm. v. Uslar gegen die feindliche Artillerie wenden, aber nur noch mit wenigen Schuß. Wegen Munitionsmangels mußte er das Schießen einstellen und ließ, um unnötige Verluste zu vermeiden, die Bedienung in Deckung der Häuser treten. Bald flaute das Gefecht ab und es gelang, die Batterie aus der schwierigen Lage zu befreien. Ihr Auftrag war erfüllt. Am späten Nachmittage griff die Infanterie des IV. A. K. in den Kampf ein und löste die 9. K. D. ab."

Unterdessen arbeiteten sich die Schützen der 14. und 13. K. Brig. gegen Caudry vor. Bei der 14. K. Brig. ging das Kür. Regt. 4 unter Oberstlt. v. Albedyll zwischen Beauvois und Jeune Bois auf Caudry los. Die Schützen führte Major v. Madai. Auch hier gelang es, den Angriff erfolgreich durchzuführen, und die genommenen Stellungen bis zum Eintreffen des IV. A. K. zu halten. Das Regiment hatte erhebliche Verluste. Der Regimentsadjutant, Oblt. Frhr. v. Weichs, fiel neben seinem Kommandeur. Oblt. Graf Westerholt wurde schwer verwundet.

Bei der östlich anschließenden 13. K. Brig. ging das Hus. Regt. 11 vor.

„Schnellste Entwicklung der Schützen wird befohlen. Also herunter von den Pferden, den Karabiner zur Hand, und ausgeschwärmt geht's unter lebhaftem Feuer im Laufschritt vorwärts bis zur Straße Beauvois—Le Cateau, rechter Flügel 5. Esk., Rittm. Frhr. v. Ayx, mit 2 Maschinengewehren, an den Gehöften »Jeune Bois«, anschließend 1. Esk., Rittm. Lipken, 3., Rittm. v. der Lippe, und 4., Rittm. Böcking. Das Schützengefecht kommt in Gang, und man merkt an den sich mehrenden Verlusten, daß uns ein zäher, gut schießender Gegner gegenüberliegt.

Die Engländer sind kaum zu sehen, sie liegen in den Rübenstücken fest eingegraben und haben den Ort Caudry in sehr geschickter Weise besetzt. Besonders heftiges Feuer kommt aus einigen Fabrikgebäuden; ihre Artillerie nimmt die Chaussee, an der das Regiment liegt, stark unter Feuer. Dessen ungeachtet faßt unsere Leute der Ehrgeiz, sie sind kaum zu halten und wollen fortwährend vorstürmen. Unsere niederrheinischen und westfälischen Jungen geben jeder ein sauber gezieltes Feuer ab, während die Maschinengewehre den Gegner von einem Strohschober aus so wirksam beschießen, daß er schwere Verluste erleidet und vollkommen in seinen Gräben und Löchern niedergehalten wird. Oberst v. Heuduck, Kdr. der 14. K. B., gibt selbst ein vorzügliches Beispiel, indem er den Karabiner ergreift, auch Oberst Seiffert, Kdr. der 13. K. B., liegt in vorderster Stellung. Die Engländer versuchen, sich gegen die umfassende Bewegung unserer Jäger durch Gegenstöße Luft zu machen, was ihnen jedoch nicht gelingt. Einzelne englische Postierungen haben nicht mehr die Zeit gefunden, den Anschluß an ihre Truppen zu nehmen und sind abgeschnitten hinter unserer Linie, was sie aber nicht hindert, uns von rückwärts aus Strohdiemen empfindlich zu stören, bis sie ausgehoben und gefangen werden. Hieran beteiligte sich mit Geschick der Gefr. Kater der 1. Esk.

Der Kampf war heiß und erbittert und geht nun schon bis in die späten Nachmittagstunden ohne Unterbrechung weiter, unsere Husaren bestehen ihre Feuerprobe glänzend und lassen nicht locker, trotzdem Fußgefecht nicht nach Kavalleriegeschmack ist und der Magen empfindlich knurrt. Da setzt plötzlich ein ohrenbetäubendes Krachen ein: schwere Artillerie einer zur Entlastung eingetroffenen deutschen Inf. Division nimmt Caudry und besonders die Fabriken unter stärkstes Feuer. Haushoch fliegen Balken, Splitter und Erdmassen, es muß für die Tommies jetzt kein Vergnügen mehr sein; ihr Feuer wird bald schwächer, der Gegner baut ab. Caudry wird genommen, der Erfolg ist unser! Die Gefangenen aber zeigen, daß ein kampferprobter Gegner mit uns um die Ehre des Tages gerungen hat, alte Kolonialtruppen mit dem Abzeichen »Egypt«, kräftig gewachsen, vorzüglich aussehend und ausgerüstet.

Auf dem Schlachtfeld sieht es wüst aus, überall Tote und Verwundete und viele gute Ausrüstungsstücke, von welchen besonders der englische Mantel wegen seiner gefälligen und praktischen Form sehr begehrt wird. Das Regiment erbeutet einen englischen Bagagewagen, in welchem sich neben anderen nützlichen Dingen auch wertvolles Kartenmaterial sowie ein Scherenfernrohr befindet, welches an die M. G.-Abteilung abgegeben wird.

Vom Regiment waren gefallen: Vizewachtm. d. R. Büttner und 4 Husaren. Verwundet waren die Unteroffiziere Coßmann, Kartheuser und Trompeter Kahmann sowie 12 Husaren."

Gegen 3° Nachm. setzte der Angriff des nunmehr eintreffenden IV. A. K. ein, worauf die Schützen der 9. K. D. allmählich herausgezogen wurden. Die Division erreichte gegen 8° Abends Naves, nordöstlich von Cambrai, wo sie zur Ruhe überging.

So war auch hier wie bei der 2. K. D. die Aufgabe der Kavallerie glänzend gelöst worden.

Für den verwundeten Major v. Kähne übernahm Major Frhr. Reichlin v. Meldegg (Ul. 5) die Führung des Drag. Regts. 19.

**Gefecht bei Bethencourt** (vgl. Skizze 4). Weiter östlich war die 4. K. D. über Quiévy vorgegangen und griff in gleicher Höhe mit der 9. K. D. zu beiden Seiten der Straße Quiévy—Bethencourt an.

Die reitende Abteilung beschoß von der Höhe südlich Quiévy aus dichte feindliche Kolonnen, die von Beaumont nach Bethencourt vorrückten, und brachte ihnen schwere Verluste bei. Es gelang der 18. und 3. K. Brig., die Höhen bei Herpigny Ferme zu nehmen und zu halten und weiter Gelände nach Süden hin zu gewinnen.

Gegen Mittag griff die Infanterie des IV. A. K. (8. J. D.) in das Gefecht ein, worauf der Angriff weiter bis Bethencourt vorgetragen wurde. Gegen Abend wurde die 4. K. D. herausgezogen und erreichte 11° Abends Cauroir östlich von Cambrai, wo die Division während der Nacht ruhte. Die Verluste waren verhältnismäßig gering. Der Kommandeur der reit. Abt. 3, Major Wagner, war gefallen.

In welch schwerer Lage sich der linke Flügel der Engländer an diesem Tage befunden hatte, ergibt der Bericht des Marschalls French. Er gab den Befehl gegen 3³⁰ Nachm. den Rückzug fortzusetzen „um die völlige Vernichtung zu verhüten"*), und Stegemann schreibt: „Mit Mühe gelang es der Masse der Engländer sich aus dem Kampfe zu lösen." Dies zeigt, daß die Verfolgung des Kav.Korps Marwitz, ohne den durch das Vorgehen auf Courtrai verursachten Zeitverlust, zur völligen Vernichtung des Gegners geführt haben würde. Aber auch so war der 26. August ein Ehrentag für die deutsche Kavallerie.

Die 1. Armee, mit II., IV. R., IV. und III. A. K. in vorderer Linie, erreichte bis zum späten Abend die ungefähre Linie Hermies—Marcding südlich Cambrai—Crêvecoeur—Caudry—St. Souplet. Die Unterstellung der 1. unter die 2. Armee (seit dem 17. 8., s. Seite 29) hörte auf.

*) At length is became apparent that, if complete annihilation was to be avoided, a retirement must be attempted, and the order was given to commence it about 3,30 p. m.

Die 2. Armee hatte am 26. die Linie Landrecies—Fourmies nördlich Hirson erreicht. Vor ihr gingen starke französische Kräfte von Landrecies—Avesnes auf Guise—Vervins zurück. Diesem Gegner folgte die 2. Armee, mit ihrem rechten Flügel über Catillon auf Quentin vorgehend.

**27. August.** Während der Nacht zum 27. hatten die Engländer vor der 1. Armee ihren Rückzug auf Quentin und nach Südwesten fortgesetzt. Die 1. Armee blieb ihnen auf den Fersen.

Das auf dem rechten Flügel befindliche II. A. K. sollte, mit dem H. K. K. 2 auf Combles vorgehend, ein Ausweichen des Gegners nach Westen verhindern, und südlich der Somme den feindlichen Flügel nach Osten auf die vor der 1. und 2. Armee nach Südwesten zurückgehende englische und französische Armee werfen.

**Gefecht bei Beugny.** General v. der Marwitz ließ die 2. K. D. durch Cambrai zunächst nach Beugny östlich Bapaume marschieren, das schwach besetzt gefunden wurde. 9. K. D., mit 4. K. D. dahinter, umgingen Cambrai nördlich und erreichten Boursies östlich Beugny.

**Gefecht bei Haplincourt.** Um den Vormarsch nicht aufzuhalten, erhielten die Divisionen den Befehl, nach Süden auf Bertincourt abzubiegen. Auf die Meldung vom Anmarsch starker feindlicher Kavallerie von Péronne her wurden die Divisionen bei Haplincourt zum Angriff zu Pferde bereitgestellt. Die Artillerie der 2. K. D. beschoß westlich Haplincourt drei erscheinende feindliche Eskadrons. Die starke Kavallerie erschien jedoch nicht.

**Gefecht bei Bus.** Nachdem das II. A. K. bei Sailly und Guyencourt Teile des französischen Kav. Korps Sordet und der Armeegruppe d'Amade zurückgeworfen hatte, erreichte das Kav. Korps Marwitz nach kleineren Gefechten gegen den von Bapaume vorgehenden Gegner — 4. K. D. bei Bus — am Abend mit 2. K. D. Moislains, mit 9. K. D. Manancourt, mit 4. K. D. Nurlu.

Mit dem II. A. K. war vereinbart worden, daß bei der Schwierigkeit des 900 bis 1500 m breiten, eine Verteidigung gegen Norden begünstigenden Somme-Tales unterhalb Péronne (s. Geländebeschreibung Seite 50), das Kavalleriekorps den Übergang erst hinter dem II. A. K. ausführen sollte. Aus diesem Grunde wurde für den 28. 8. ein später Aufbruch für die Divisionen befohlen.

**28. August.** Während die geschlagene englische Armee ihren Rückzug eiligst über die Linie Vermand—St. Quentin—Ribemont auf Noyon—Chauny—La Fère fortsetzte, machte sich bereits am 27. bei der 1. Armee die Einwirkung der von Amiens aus zum Flankenstoß gegen den rechten deutschen Heeresflügel vorgehenden französischen Armeegruppe d'Amade geltend.

**Gefecht bei Moislains.** Die in Moislains im Ortsbiwak liegende 2. K. D., die um 10° marschbereit sein sollte, wurde gegen 9° Vorm. durch die 61. und 62. franz. Res. Div. überfallen. Starker Nebel am frühen Morgen, mangelhafte Sicherung infolge großer Erschöpfung der Truppe, zum Teil auch wohl ein Verlassen auf die in und bei Moislains noch liegenden Teile des II. A. K. (Teile des Gren. Regts. 2 und I. Btl. Füs. Regts. 34), waren die Ursache dieser Überraschung.

Zusammengeraffte Abteilungen der 5. und der L. Hus. Brig., der Pionier-, Nachrichten- und Funkerabteilung sowie des I. Füs. Regts. 34 und des II. Gren. Regts. 2 nahmen den Kampf auf, und es gelang, den Gegner nach heftigem, verlustreichem Feuerkampf zurückzuschlagen. Das gleichzeitig erforderliche Herausziehen der Handpferde aus dem dichtbelegten Orte wurde durch das bald einsetzende feindliche Artilleriefeuer außerordentlich erschwert. Erst als die reitende Abteilung aus einer Stellung östlich des Ortes die feindliche Artillerie mit Erfolg bekämpfte, gelang es, die Division allmählich am Wegekreuz westlich Templeux zu sammeln.

Der nachfolgende Bericht des Ul. Regts. 3, das in seinem Biwak am Nordeingang des Ortes den ersten Anprall des Feindes auszuhalten hatte, gibt ein anschauliches Bild der zeitweilig nicht unbedenklichen Lage der Division. Nur dem hervorragenden Verhalten der Führer und Mannschaften war es zu danken, daß keine Panik entstand.

„Die Plänkeleien mit dem Gegner hatten bis in die späten Abendstunden angedauert, so daß das Regiment erst nach 10° Abends in das Biwak am Nordwesteingang von Moislains kam. Jeder legte sich mit dem Gedanken hin, daß die Nachtruhe nur sehr kurz sein und der Kampf wieder zeitig beginnen würde. Aber o Wunder, am nächsten Morgen kam gegen 8° der Befehl, daß die Pferde geputzt, die Sachen und Waffen gründlich gereinigt werden sollten, da nicht vor 12° Mittags aufgebrochen werden würde. Jeder richtete sich nun dementsprechend ein und freute sich der noch bevorstehenden Rast.

Mittlerweile war es 9° geworden, als plötzlich einige Gewehrschüsse aus nächster Nähe fielen. Da die Nacht ruhig verlaufen war, hatte sich alles in Sicherheit gewiegt und wollte nicht glauben, daß diese Schüsse die Vorboten eines heißen Kampfes sein würden.

Inzwischen war es nicht bei diesen wenigen Schüssen geblieben, sondern man hörte bereits Salvenfeuer, das bedenklich anschwoll. Der Biwakplatz des Regiments lag am Fuße einer kleinen Anhöhe, hinter der das feindliche Infanteriefeuer erscholl. Die Kugeln pfiffen indessen meist über den Platz hinweg und richteten verhältnismäßig geringen Schaden an. Aber sehr bald war die Gefahr erkannt, daß der Feind alles überrennen würde, wenn nicht schnell der Widerstand einsetzen würde. Auf den Ruf »Schützen vor« griff jeder nach seinem Karabiner und lief in dem Aufzuge, wie er gerade war, auf die Anhöhe. Die meisten waren nur mit Hose und Hemd bekleidet, Mütze oder Tschapka aufzusetzen, oder gar die Ulanka anzuziehen, dazu reichte es nicht mehr. Mit bewundernswertem Schneid griffen die Ulanen ohne Besinnen den zahlenmäßig überlegenen Gegner — französische Infanterie — in erbittertem Feuergefecht an. Durch das schnelle Besetzen der Höhe gelang es, den feindlichen Angriff zum Stehen zu bringen und zu verhindern, daß er direkt in die abgesattelten Pferde und Bagagen feuerte. Eskadron- und Zugverbände gab es nicht, jeder mußte selbständig handeln. Nach heißem, viertelstündigem Gefecht, bei dem jeder Kugel auf Kugel herausgejagt hatte, erhielt das Regiment von den anderen Teilen der Division und je einem Bataillon des Gren. Regts. 2 und des Füs. Regts. 34 Unterstützung und ging hierauf selbst zum Angriff über. Dem wütenden Ansturm der auf das äußerste erbitterten Ulanen und der inzwischen eingetroffenen Dragoner und Husaren konnte der Gegner — das vorderste Bataillon einer Infanterie-Brigade — nicht standhalten. Er wurde geworfen, eine Kompagnie vollständig aufgerieben.

Während die Schützen in hartem Feuerkampfe lagen, wurde versucht, die Handpferde in Sicherheit zu bringen. Dies war jedoch nicht so einfach, da die französische Artillerie inzwischen das ganze Dorf unter heftiges Feuer nahm. In den engen Dorfstraßen herrschte ein heilloses Durcheinander; die Handpferde der Kavallerie, die Protzen und Wagen der eigenen Artillerie, alles strebte eiligst den Dorfausgängen zu. Am schlimmsten sah es an der Kirche aus, wo die meisten französischen Granaten einschlugen.

Glücklicherweise gelang es schließlich der eigenen Artillerie, aus dem Dorfe herauszukommen und die Franzosen unter Feuer zu nehmen. Auch die Handpferde hatten das Dorf verlassen und dicht südlich Moislains sammeln können.

Infolge des eigenen Gegenangriffes und des kräftigen Einsetzens unserer Infanterie und Artillerie zog der Gegner es vor, unter Hinterlassung zahlreicher Toter und Verwundeter den Rückzug anzutreten. Gegen Mittag war das Gefecht beendet, und die Schützen konnten zu den Handpferden zurückkehren. Nur durch Initiative jedes einzelnen Mannes war eine Katastrophe vermieden worden, die ein gelungener Überfall angerichtet haben würde.

Bei den Handpferden waren nur unbedeutende Verluste eingetreten, dagegen hatten die Schützen, die mit bewundernswerter Ruhe den Gegner erst aufgehalten, dann angegriffen und geworfen hatten, doch schwere Verluste, jedoch nicht annähernd so hoch wie der Gegner. Beim Überschreiten des Kampfgeländes bot sich ein grauenhaftes Bild: Die Franzosen waren von unserem wohlgezielten Feuer reihenweise niedergemäht worden.

Die Verluste des Regiments waren: 20 Tote, 16 Vermißte, 49 Verwundete, darunter der Fähnr. v. Lüttwitz gefallen, die Lts. Frhr. v. Richthofen, v. Woedtke und Fürst Carolath verwundet, der Vizewachtm. d. Res. v. Kottwitz schwer verwundet."

Das Kriegstagebuch der Division führt von Verlusten noch an: Lt. v. Kühne vom L. Hus. Regt. 1, Oblt. Frhr. v. Boyneburgk und Lt. Frhr. v. Seckendorf vom Hus. Regt. 12 gefallen, Rittm. v. Mackensen, 1. L. Hus., Lt. Wissmann, 2. L. Hus. und Lt. Einspenner der Funkenabteilung verwundet.

Die Division ging sodann über Bouchavesnes auf Cléry vor, mußte jedoch infolge starken feindlichen Artilleriefeuers wieder zurückgehen, und ging am Abend bei Allaines zur Ruhe über.

Unterdessen hatten Teile des II. A. K. und der 9. K. D. den auch bei Manaucourt und Sailly Saillisel angreifenden Feind nach Nordwesten zurückgeworfen. Erst spät am Abend gelang es nach Einsatz schwerer Artillerie, bei Cléry den Übergang über die Somme, die von acht Alpenjägerbataillonen, sowie der französischen 3. und 5. K. D. verteidigt wurde, zu erzwingen.

H. K. K. 2, der mit 4. K. D. von Nurlu und 9. K. D. von Manancourt aus über Moislains und Bouchavesnes vorgegangen war, ließ daher gegen Abend die 9. K. D. bei Maurepas, die 4. K. D. bei Bouchavesnes zur Ruhe übergehen, um den Uferwechsel am folgenden Tage vorzunehmen.

Während mit dem Erreichen der Somme in der Linie Maricourt, südwestlich Combles—Péronne—St. Christ die Kämpfe der 1. Armee gegen die Engländer zunächst ihren Abschluß fanden, und die 2. Armee nördlich St. Quentin bei Guise und östlich noch in hartem Kampfe stand, gingen neue Weisungen der O. H. L. ein. Diese rechnete mit erneutem Widerstande der französisch-englischen Kräfte an der Aisne und befahl:

Die 1. Armee, mit H. K. K. 2, sollte westlich der Oise gegen die untere Seine marschieren, bereit sein, in die Kämpfe der 2. Armee einzugreifen, und außerdem den Flankenschutz des Heeres übernehmen sowie Neubildungen des Gegners verhindern.

Die 2. Armee, mit H. K. K. 1, sollte über die Linie La Fère—Laon auf Paris vorgehen, und die Festungen Maubeuge, dann La Fère und später mit der 3. Armee zusammen Laon einschließen und nehmen.

Bei starkem Widerstande des Feindes an der Aisne oder an der Marne könne ein Eindrehen der Armeen aus südwestlicher in südliche Richtung erforderlich werden.

## Kämpfe zwischen Somme und Avre gegen die Gruppe d'Amade am 29. und 30. August 1914.

Die 1. Armee setzte ihren Vormarsch in Richtung Villers-Bretonneux—Nesle fort. IV. R. K. sicherte bei Combles die rechte Flanke gegen Arras—Amiens.

**29. August.** Während das IV. R. K. gegen starke Biwaks bei Albert vorstieß, warf das II. A. K. stärkeren Gegner bei Proyart und verfolgte ihn Nachts bis Villers-Bretonneux. IV. A. K. und H. K. K. 2 brach im Laufe des Tages feindlichen Widerstand bei Rosières und Méharicourt.

**Gefecht bei Rosières.** Auf Befehl des H. K. K. 2 war die 9. K. D. über Cléry auf Herléville und Rosières vorgegangen und unterstützte hier den Angriff des IV. A. K. gegen die vom Feinde besetzten Orte Vauvillers und Rosières.

**Gefecht bei Méharicourt.** Die 4. K. D. war, der 9. K. D. folgend, von Assevillers auf Lihons marschiert, und griff ebenfalls in den Kampf der 7. I. D. gegen Méharicourt ein. Ihre Sprengpatrouillen unterbrachen die Bahnlinie St. Quentin—Amiens weit hinter den feindlichen Linien, wobei sich die Lts. Groth von der Pionierabteilung der 4. K. D. und Fuchs vom Hus. Regt. 15 besonders auszeichneten.

„Um 12[30] Nachts setzten wir uns in Marsch und ritten durch das brennende Péronne unserer äußersten Vorpostenkette zu. Tiefschwarze Nacht, hinter uns den schwachen Schein der verglimmenden Flammen, vor uns in der Ferne den weißlichen Glanz feindlicher Biwaksfeuer. Nachdem wir die unseren verlassen hatten, ritten wir nach Süden, weithin schallte der Hufschlag unserer Pferde. Um uns jetzt nicht zu verraten, beschloß ich, die Pferde zurückzulassen und zusammen mit Groth unser Heil zu versuchen. Wir machten einen Treffpunkt aus und sagten unseren Leuten, wenn wir nicht bis 12 Uhr Mittags zurück seien, dann kämen wir nicht mehr.

Also hasteten wir in tiefer Dunkelheit durch Wälder, an Dörfern vorbei, nach Süden. Stunde um Stunde verging in mühsam anstrengendem Marsch, und langsam stieg im Osten das erste Grau des Tages empor und mit ihm ein Nebel, der jegliche Orientierung ausschloß. Ein Dorf tauchte auf, und um uns endlich zurechtfinden zu können, beschlossen wir, uns nach dem Namen des Dorfes zu erkundigen. Eine Frau stand arbeitend an einem Hof. Befragt, sagte sie uns, es sei Versaucourt. Wir warfen noch einen Blick auf den Hof und sahen plötzlich zu unserem Schrecken Lanzen darin stehen. Wir marschierten sofort weiter, die Sprengpatronen unterm Arm. Ein plötzliches »Halloh« ließ uns umschauen, und hinter uns liefen Rothosen her und winkten uns, halten zu bleiben. Die einzige Möglichkeit war, gute Miene zum bösen Spiel zu machen; also hielten wir und warteten der Dinge, die da kommen sollten.

Herangekommen, begrüßten uns die Rothosen mit den Worten: »Ah, vous êtes des Anglais.« — Wir gaben uns natürlich als solche aus. Es waren ein Unteroffizier und sechs Mann. Im Laufe der sich nun entspinnenden Unterhaltung erfuhren wir viel über die Truppenbewegungen, die den eiligen Abmarsch der Franzosen nach Süden zeigten. Ein alter Franzose mit weißem Bart, der 1870 mitgemacht hatte, versicherte uns immer wieder: »Vous êtes des braves soldats«, und wir sollten nur die Deutschen ordentlich verhauen.

Wir trennten uns aufs herzlichste, und nach kurzem Marsch kamen wir bei hellichtem Tage endlich an die ersehnte Bahnstrecke. Nach Anlegung der Sprengpatronen entdeckten wir, daß wir nur noch ein einziges Streichholz hatten. Man kann sich vorstellen, wie wir in Sorge waren. Sollte jetzt das ganze Unternehmen mißlingen? Wir zündeten mit größter Sorgfalt eine Zigarette an und, Gott sei Dank, es gelang. Mit der Zigarette wurden die Sprengpatronen zur Explosion gebracht.

Jetzt erst bemerkten wir den lebhaften Verkehr und sahen überall Radfahrer, Wagen mit Soldaten, die nach erfolgter Detonation nach der Ursache suchten. Wir versteckten uns in einem Rübenfeld und konnten so den Suchenden entkommen.

Nach geraumer Zeit traten wir den Rückmarsch an. Ständig umschwärmt von französischen Patrouillen, kamen wir bis Omécourt. Dort schien man uns zu mißtrauen, denn es wurde auf uns geschossen. Doch wohlbehalten langten wir wieder bei unserer Patrouille an, die schon in großer Sorge um uns bangte. Nach zwölfstündigem, anhaltendem Fußmarsch waren wir nach Erfüllung unserer Aufgabe wieder zurückgekehrt.“

Die 2. K. D. erreichte Chaulnes, wo sie bis zum Abend in Bereitstellung stand.

Nachts blieben 9. K. D. bei Herléville, 4. bei Lihons, 2. bei Chaulnes. Roye und Noyon waren vom Gegner besetzt gemeldet worden.

**30. August.** Es gelang der 1. Armee, die zum Stoß gegen ihre rechte Flanke angesetzte französische Armeegruppe am 30. auf Amiens und über die Avre zurückzuwerfen, worauf der Vormarsch in die Linie Moreuil—Roye fortgesetzt wurde.

Zur Unterstützung der in Linie Essigny le Grand—Mont d'Origny und östlich in schwerem Kampfe stehenden 2. Armee wurde die 18. J. D. (IX. A. K.) über Roye nach Osten eingedreht, während H. K. K. 2 sich auf den linken Armeeflügel setzen, gegen Noyon—Compiègne aufklären, die linke Flanke der 1. Armee gegen etwaigen Angriff von der Oise her sichern, und deren Angriff unterstützen sollte.

Die Aufklärung wurde der 4. K. D. bis zur Linie Compiègne—Noyon, der 2. K. D. bis zur Linie Noyon—Ham übertragen.

Zum Schutze des linken Flügels der 1. Armee erreichten bei starkem Nebel 2. K. D. über Curchy gegen $10^{v}$ Vorm. Ercheu, 4. K. D. über Liaucourt die Gegend von Balâtre. Sodann ließ der H. K. K. 2 die Divisionen bis Amy südlich Roye vorgehen, wo sie gegen $2^{n}$ Nachm. eintrafen, um hier den linken Armeeflügel gegen die bei Noyon gemeldeten feindlichen Kräfte zu decken.

Im Laufe des Nachmittags traf die Nachricht von der 2. Armee ein, daß sie den Feind entscheidend geschlagen habe, und daß starke Teile im Zurückgehen auf La Fère seien. Auch die Engländer, die noch an der Oise südwestlich von La Fère gestanden hatten, seien im Rückzuge von dort nach Süden begriffen.

Die 9. K. D. marschierte über Chilly nach Hattencourt, wo sie verblieb. Bei Einbruch der Dunkelheit gingen 2. K. D. bei Champien und Solente, 4. K. D. bei Ognolles und Beaulieu les Fontaines zur Ruhe über. General v. der Marwitz nahm von Roye aus mit Gen. Lt. Frhrn. v. Richthofen in Noyon Verbindung auf.

Vor Weiterführung der Schilderung der Ereignisse beim H. K. K. 2 muß zunächst die Tätigkeit des H. K. K. 1 vom 25. 8. ab beschrieben werden.

## 3. Höherer Kavalleriekommandeur 1 bei der 2. Armee.

### Verfolgungskämpfe bis St. Quentin vom 25. bis 28. August 1914.

(Vgl. Karte I und Geländebeschreibung S. 48 und 50.)

**25. August.** Bei dem nordöstlich Maubeuge befindlichen Kavalleriekorps erhielt Gen. Lt. Frhr. v. Richthofen in Haulchin von der bei Merbes Ste. Marie stehenden 5. K. D. die überraschende Meldung, daß das VII. A. K. trotz des hartnäckigen Widerstandes des Feindes die Sambre überschritten und mit seinen Anfängen bereits Beaumont erreicht habe.

Unter diesen Umständen erschien die Vormarschrichtung nach Süden für das Kavalleriekorps die günstigere. Nach Einigung über die Vormarschstraßen traf jedoch um 11° Vorm. ein Befehl der 2. Armee ein, der dem Kavalleriekorps die Richtung Bavai—Le Quesnoy, also westlich um Maubeuge herum, zur Verfolgung anwies.

Da auf diesem Wege eine überholende Verfolgung nicht ausführbar erschien, beschloß Gen. Lt. Frhr. v. Richthofen von dem erhaltenen Befehl abzuweichen und den Vormarsch weiter nach Süden, östlich an Maubeuge vorbei, fortzusetzen. Das Kavalleriekorps wurde daher, nach Entsendung einer A. E. der G. K. D. auf Bavai, auf einer Marschstraße, 5., dahinter die G. K. D., über Strée—Beaumont—Sivry vorgeführt. Die belgisch-französische Grenze wurde überschritten, und die 5. K. D. erreichte am späten Abend Liessies.

**Gefecht bei Ramousies.** Das Vorhutregiment, Ulanen 10, geriet in der Dunkelheit bei Ramousies in einen feindlichen Feuerüberfall. Es gelang jedoch, dank der vorzüglichen Haltung des Regiments, die Lage mit verhältnismäßig geringen Verlusten wiederherzustellen.

„Als das Regiment 10 Uhr Abends Willies erreichte, war es inzwischen stockfinstere Nacht geworden. Dauerndes Signalisieren mit Lichtsignalen ließ auf die Nähe des Feindes schließen. Ramousies wurde besetzt gemeldet. Darauf schickte der Führer der Vorhut, Gen. Maj. Rusche, den Major Graf Bredow mit 3 Eskadrons Ul. Regts. 10, einem Geschütz und einem Zug Maschinengewehre auf Ramousies vor. Die Spitze meldete den Ort vom Feinde frei und ging in Richtung auf Sains vor. 300 m jenseits Ramousies stieß sie auf einen feindlichen Posten. Infolge der Dunkelheit waren die Sicherungsabstände sehr verkleinert worden. Die Vorhuteskadron und der Anfang des Gros waren ebenfalls schon durch den Ort durch und hielten, teils am Südwestausgang, teils auf der tiefeingeschnittenen Dorfstraße, dicht aufgeschlossen. Die Vorhuteskadron, Rittm. Graf Helmstatt, hatte sofort nach vorwärts Schützen entwickelt und die an der Straße vorliegende Höhe besetzt. Hier sollten auch die beiden Maschinengewehre eingesetzt werden. Der Rest des Regiments stand noch aufgesessen auf der Straße.

Plötzlich eröffnete der Gegner von vorn, von beiden Seiten, aus den Häusern und aus den Seitenstraßen heftiges Feuer auf das Gros. Eine Befehlsübermittlung war jetzt nicht mehr möglich, da der Führer, Major Graf Bredow, der wie immer durch seine persönliche Tapferkeit seinen Ulanen auch hier ein Vorbild war, und sich bei den Schützen der Vorhut befand, von dem Gros abgeschnitten war.

Auf der Straße entstand ein völliges Durcheinander. Die vor dem Geschütz und den M. G.-Fahrzeugen haltenden Handpferde der Vorhuteskadron wurden wild, rissen die Pferdehalter um und gingen nach vorwärts auf der Straße durch, wo sie vom Feinde, der eine Attacke vermutete, mit heftigem Feuer empfangen wurden. Etwa 60 tote Pferde wurden am andern Morgen 2 km vorwärts vorgefunden.

Die hinter den Fahrzeugen befindliche ¼ 1. Esk., Lt. Zimmermann, und die 5. Esk., Rittm. v. Lauß, hatten während des Feuerüberfalls ihre Pferde in Deckung gebracht und saßen schnell zum Gefecht zu Fuß ab. Gleichzeitig hatten das Geschütz und die M. G.-Fahrzeuge versucht, auf der Straße kehrtzumachen. Dies gelang jedoch nicht, da die gesamte Bedienung und Bespannung teils gefallen, teils verwundet war.

Lt. Zimmermann entschloß sich sofort, mit den Schützen seines Zuges, um das

Geschütz zu retten, die Höhen rechts der Straße, auf denen ein M. G. erkannt war, vom Feinde zu säubern. Inzwischen hatte auch feindliche Artillerie begonnen zu schießen. Beim ersten Vorgehen wurde Lt. Zimmerman schwer verwundet. Dem tapferen Eingreifen dieses Zuges und der 5. Esk., die ebenfalls herangekommen war, ist es zu danken, daß der Feind nicht vorstieß und das Geschütz erbeutete.

Die Schützen der Vorhut hatten sich inzwischen vorwärts des Dorfes tapfer verteidigt. Dem Feinde gelang es unter dem Schutze der Dunkelheit, sich unbemerkt zurückzuziehen.

Nur der kaltblütigen Führung des Majors Graf Bredow und dem entschlossenen Handeln der Rittm. v. Tholtitz, Graf v. Helmstatt und v. Lautz ist es zu danken, daß das Regiment, mit Ausnahme des Verlustes von etwa 90 Pferden, im übrigen verhältnismäßig geringe Verluste hatte. Besonders zeichnete sich noch der Regts. Adjutant, Oblt. v. Obernitz, aus, indem er trotz stärksten feindlichen Feuers die Verbindung der einzelnen Eskadrons zu Pferde herzustellen suchte."

Die G. K. D. erreichte nach 1⁰ Morg. Sivry.

**26. August.** Mit Rücksicht auf den Aufenthalt, den die vielfachen Marschstockungen auf den von Truppen angefüllten Straßen verursachten, entschloß sich der H. K. K. 1 nunmehr nach Westen einzudrehen, und wies der 5. K. D. Catillon, der G. K. D. Landrecies als Verfolgungsrichtung an.

**Gefechte bei Avesnes und Marbaix.** Nach nur zweistündiger Nachtruhe brachen die Divisionen wieder auf. Während das VII. A. K. bei Sars-Poteries auf starken Widerstand stieß, fand die G. K. D. Avesnes vom Feinde besetzt. Hier hatte am frühen Morgen eine Patrouille des Lts. Graf Wedel der Garde du Corps aus einem Hause mit der Roten-Kreuz-Flagge von Einwohnern Feuer erhalten.

Als der Anfang des X. R. K. herankam, bog der H. K. K. 1 mit der G. K. D. nach Norden über St. Aubin aus, und erreichte gegen 5⁰ Nachm. Marbaix, das von zwei englischen und einem französischen Bataillon verteidigt wurde, wobei die Vorhuteskadron in einen Feuerüberfall geriet Nach Einsatz der G. Ul. Brig., der M. G. A. und reit. Abteilung, wurde der Ort gegen 6⁰ Abds. genommen und etwa 100 Gefangene erbeutet, die sich zum Teil Zivil angezogen hatten.

Bei diesem Gefecht fiel der Chef des Generalstabes des H. K. K. 1, Oberst v. Raumer. Er erhielt, mit dem Stabe des Gen. Lts. Frhrn. v. Richthofen bei der Vorhuteskadron reitend, beim Angriff auf den Dorfeingang die tödliche Kugel.

Die G. K. D. erreichte gegen 2⁰ Morg. bei strömendem Regen Taisnières en Thierrach, wo sie Nachts verblieb.

**Gefecht bei Zorées.** Die 5. K. D. traf bei Zorées auf stärkere feindliche Kavallerie. Die Vorhuteskadron des L. Kür. Regts., Rittm. v. Ploetz, konnte in erfolgreicher Attacke eine feindliche Husaren-Eskadron werfen.

„Zwischen dichten Hecken schlängelt sich der tiefeingeschnittene Weg. Das Leib-Kürassier-Regt. unter Major v. Giese, mit der 5. Esk. vorn als Vorhut der Division.

»Ein verteufeltes Gelände« murmelt der über seine Karte gebeugte Führer der Spitze — da kommt es herangebraust um die nächste Ecke mit gellendem Geschrei, was die kleinen Pferde hergeben können. Bunt leuchten durch den Staub blaurote Uniformen, blitzen lange breite Klingen, eine Eskadron 10. französischer Husaren, der Führer weit vor seinen Leuten. »Galopp Marsch!« ruft Rittm. v. Ploetz, und in mächtigem Anprall stoßen die Schwadronen aufeinander.

Ein ungleiches Bild, die hochgewachsenen Reiter auf den großen Pferden und die bunten kleinen Südfranzosen auf ihren Araberkatzen. Beim Zusammenstoß mit dem schweren Iren des Rittmeisters knickt der kleine Vollblüter des capitaine zusammen. Noch im Fallen fährt dem Reiter ein Säbelhieb seines Gegners durchs Gesicht. Im wütenden Handgemenge arbeitet auf der engen Gasse die lange deutsche Lanze gegen den krummen scharfen Säbel der Franzosen in ungleichem Kampf.

Wie mit einem Schlage ist es unterdessen auch rechts und links der Straße lebendig geworden, überall leuchten rote Hosen und blaue Röcke durch das Heckengrün, blitzen Karabinerschüsse den deutschen Reitern entgegen. Der Rest des französischen Regiments ist zum Fußgefecht abgesessen und hat dem allzu schnell vorgehenden Feinde eine Falle gestellt. Von einem Schuß durch den Mund getroffen, sinkt Lt. v. Raczeck mitten im Getümmel vom Pferde. Aber schon schwärmen die Schützen der 1. und 4. Esk. links der Straße aus. Was von der 5. Esk. der engen Gasse wegen nicht zum Einhauen kommt, greift zum Karabiner. Artillerie, Maschinengewehre, immer neue Schwadronen treffen zur Verstärkung ein, und bald ist der Kampf entschieden. Was von den feindlichen Reitern nicht tot oder verwundet den Rasen deckt, sucht in eiliger Flucht, durch das unübersichtliche Gelände begünstigt, das Weite. Über 60 tote und verwundete Franzosen bedecken den Kampfplatz, einige 20 Gefangene, einige 30 Pferde und ein Feldzeichen sind die Beute des Regiments, das 8 Tote und 17 Verwundete als eigenen Verlust beklagt."

Die 5. K. D. blieb **Nachts bei Zorées.**

Die 2. Armee **hatte den Helpe-Abschnitt Maroilles—Etroeung—Fourmies** erreicht und sollte am 27., **unter Einschließung von Maubeuge,** mit ihrem rechten **Flügel über Landrecies—Catillon auf Quentin** marschieren.

**Nach Eingang einer Fliegermeldung des A. O. K., daß der Feind nach Südwesten über den Sambre-Oise-Kanal zurückgehe, gab der H. K. K. 1** die Absicht, die weitere **Verfolgung östlich des Kanals nach Süden fort**zusetzen, auf und setzte die Divisionen für den 27. in **südwestlicher Richtung,** G. K. D. über Catillon, 5. K. D. auf Fesmy an.

**27. August.** Bei regnerischem Wetter brachen die Divisionen zur weiteren Verfolgung auf. Trotz aller Vereinbarungen mit den Nachbarkorps wurden sie indessen andauernd durch **Marschkolonnen** anderer Truppen aufgehalten, so zunächst bei **Maroilles durch VIII. A. K., dann** bei Marbaix durch das X. R. K. und schließlich bei La Groise durch das VII. A. K., ein entsetzlicher Zustand für eine gute, kampfesfreudige Truppe, den nur der ganz verstehen kann, der solche Tage miterlebt hat.

**Gefecht bei Fesmy.** In heftigen Kämpfen gegen feindliche Nachhuten, an denen sich die Kavalleriedivisionen bei Oisy und Fesmy beteiligten, wobei Drag. Regt. 8 den von feindlicher Infanterie und Radfahrern besetzten Ort Fesmy im Gefecht zu Fuß nahm, machten das VII. A. K. und X. R. K. jenseits des Sambre-Oise-Kanals nur langsame Fortschritte. Aus diesem Grunde entschloß sich der H. K. K. 1, zumal die Truppe seit drei Tagen ohne geregelte Verpflegung fast ununterbrochen unterwegs gewesen war, die Divisionen östlich des Kanals, G. K. D. bei La Groise, 5. K. D bei Fesmy früher zur Ruhe kommen zu lassen als an den vorangegangenen Tagen.

**28. August.** Der nach Mitternacht eingehende Armeebefehl gab dem H. K. K. 1 die Straßen zwischen Somme und Oise zur Verfolgung frei, mit der Weisung, südlich um Quentin herumzugehen, um mit dem H. K. K. 2 zusammen südlich der Somme und des Crozat-Kanals noch etwa bei Quentin verbliebene feindliche Kräfte abzuschneiden.

Bei Tagesanbruch die Bahnlinie bei Wassigny und Etreux überschreitend, ging die G. K. D. auf der Straße über Seboncourt—Homblières, die 5. K. D. über Aisonville auf Itancourt vor.

**Gefecht bei Thenelles.** Der G. K. D. gelang es bei Homblières, feindlichen Widerstand rasch zu brechen, während die 5. K. D. längeren Aufenthalt vor einer verstärkten Verteidigungslinie westlich Bernot und später bei Thenelles hatte.

**Gefecht bei St. Quentin.** Die G. K. D. beschoß von den Höhen bei Neuville St. Amand aus feindliche Infanterie bei St. Quentin. Ein am Nachmittage von dort aus einsetzender feindlicher Angriff wurde von der 1. G. K. Brig. und den G. Jägn. abgewiesen, desgleichen das Vorgehen von Außenabteilungen von La Fère bei Essigny le Grand durch die G. Drag. Brig. und das G. Schützen-Btl. Als das 1. G. Drag. Regt. an die Pferde ging, blieb der Zug des Lts. Graf v. Schwerin, der den Befehl zum Zurückgehen nicht erhalten hatte, feuernd liegen und wurde von etwa drei Eskadrons englischer Kavallerie attackiert und überritten. Der Versuch der Engländer, weiter zu attackieren, scheiterte an dem mörderischen Feuer der Batterie Graf Roedern der reit. Abt. des 1. G. Feldart. Regts.

Die Absicht, nunmehr unsererseits mit drei Eskadrons zu attackieren, mußte des heftigen feindlichen Infanterie-, Maschinengewehr- und Artilleriefeuers wegen aufgegeben werden. An diesem und am folgenden Tage deckte die englische Kavallerie mit bemerkenswertem Schneid den englischen Rückzug. Wenn dies auch rückhaltlos anerkannt werden muß, so sind doch die im Bericht des Generals French erwähnten Erfolge, sowie die großen Verluste, die diese Kavallerie den Vorhutregimentern des Kav. Korps Richthofen zugefügt haben soll, stark übertrieben.

Der H. K. K. 1 ging mit der G. K. D. bei Urvillers, mit der 5. K. D. bei Itancourt zur Ruhe über.

Die 2. Armee stand in der ungefähren Linie: nördlich St. Quentin —Guise und östlich. Die von der O. H. L. eingehenden Weisungen (vgl. Seite 67) ordneten das Vorgehen über die Linie La Fère—Laon auf Paris, sowie die Wegnahme der Festungen Maubeuge, La Fère und Laon (letztere im Verein mit der 3. Armee) an. Ferner wiesen sie darauf hin, daß bei starkem feindlichen Widerstande an der Aisne oder an der Marne ein Eindrehen in mehr südlicher Richtung erforderlich werden könnte.

## Schlacht bei St. Quentin am 29. und 30. August 1914.

Während General v. Kluck mit der 1. Armee zwischen Somme und Avre den Flankenstoß der unter General d'Amade herangeführten Teile der bei Amiens in der Bildung begriffenen 6. französischen Armee Maunoury abwies, stand General v. Bülow mit der 2. Armee gegen die 5. französische Armee unter Lanrezac in der Linie St. Quentin—Guise—Vervins in schwerem Kampfe.

Von der 2. Armee war für den H. K. K. 1 Aufklärung bis zur Linie Compiègne—Laon befohlen worden. Hierdurch wurde die dem H. K. K. 2 von der 1. Armee aufgetragene Aufklärung gegen die Linie Compiègne—Noyon—Ham (vgl. Seite 69) ergänzt.

**29. August.** Unter Sicherung gegen La Fère gingen am 29. 8. bei trübem Wetter die G. K. D. bei Ham, die 5. K. D. bei St. Simon auf den unbeschädigt gebliebenen Brücken über die Somme bzw. den Crozat-Kanal (vgl. Geländebeschreibung Seite 50).

**Gefecht bei Golancourt.** Die G. K. D. warf bei Golancourt eine englische Brigade mit Artillerie zurück. Stärkerer Widerstand bei Guiscard, den auch die herankommende Vorhut des VII. A. K. erst am Abend brechen konnte, zwang die G. K. D. Nachts bei Flavy le Meldeux zu bleiben. Ein umfassendes Ausholen nach Westen war wegen großer Ermüdung der Pferde nicht möglich.

Die 5. K. D. war noch nördlich des Kanals durch Außenabteilungen von La Fère aufgehalten worden. Diese waren dann nach Norden vorgegangen und hatten die der 5. K. D. folgenden Korps, G. und X. A. K., in Gegend von Urvillers, also im Rücken der 5. K. D., angegriffen. Am Abend erreichte die 5. K. D. Cugny, wo sie verblieb. Der Gegner war hier auf Noyon abgezogen.

Die 2. Armee erreichte unter heftigen Kämpfen die Linie Golancourt—Cugny—Thenelles—Puisieux—Hautien, nordwestlich Vervins.

**30. August.** Für den 30. hatte das A. O. K. 2 das Eingreifen des Kavalleriekorps südlich La Fère gegen den Rücken des Feindes gefordert.

Da ein Übergang über die Oise bei Chauny wegen der dortigen Breite des Flußtales und der Nähe der Festung La Fère nicht günstig erschien, beschloß Gen. Lt. Frhr. v. Richthofen sich in den Besitz von Noyon zu setzen, um dort durchzubrechen.

Als das Kavalleriekorps Noyon erreichte, war der Ort bereits geräumt und die Oise-Brücken gesprengt. Die Zerstörung der für den weiteren Vormarsch wichtigen Oise-Brücke bei Ribécourt konnte durch raschen Entschluß der Patrouille des Lts. v. Berkheim, 3. G. Ul., verhindert werden. Die Radf. Abt., die G. Jäg. und die G. Schützen wurden zur Besetzung und Offenhaltung dieses wichtigen Überganges dorthin vorgeschoben, während die G. K. D. bei Ville, die 5. K. D. bei Vauchelles blieben.

Im Westen hörte man starken Kanonendonner. Compiègne wurde besetzt gemeldet.

An diesem Tage waren die beiden Heereskavalleriekorps — H. K. K. 2 zum Schutze seines linken Armeeflügels, H. K. K. 1 auf der Verfolgung des vor der 2. Armee über La Fère zurückgehenden Feindes — in unmittelbare Berührung gekommen. Die Entfernung von Beaulieu les Fontaines zwischen Roye und Noyon (4. K. D.) bis Vauchelles bei Noyon (5. K. D.) betrug nur 10 km.

Bis zum Nachmittage hatte die 2. Armee die französische 5. Armee in zweitägigem, hartem Kampfe entscheidend geschlagen. General Lanrezac sah sich genötigt, da sein durch den Rückzug der Engländer offener linker Flügel völlig in der Luft hing, um der Gefahr der Umklammerung zu entgehen, den Befehl zum Rückzuge mit dem linken Flügel auf Soissons zu geben. Die 2. Armee erreichte die Linie Essigny le Grand—Ribemont—Sains-Richaumont—St. Gobert.

Mit dem 30. August, der gleichzeitig der Tag von Tannenberg war, hatte, wie Stegemann schreibt, die Angriffsbewegung der Deutschen im Westen „den Gipfelpunkt des strategischen Erfolges erreicht".

## 4. Höherer Kavalleriekommandeur 2 bei der 1. Armee.

### Einschwenken gegen die feindlichen Hauptkräfte und Vormarsch bis über den Grand Morin vom 31. August bis 5. September 1914.

(Vgl. Geländebeschreibung S. 50 u. 51.)

Wenn auch die 1. Armee dem Wunsche des Generals v. Bülow, „zur vollen Ausbeutung des Erfolges mit dem Drehpunkt Chauny gegen La Fère—Laon einzuschwenken", in Anbetracht der am 29. 8. von der O. H. L. erhaltenen Weisungen (vgl. Seite 67) nicht nachkommen konnte, so entschloß sich General v. Kluck jedoch im Einverständnis mit der O. H. L., auf die Oise abzuschwenken und am 31. über Compiègne—Noyon vorzugehen, um so in überholender Verfolgung den Erfolg der 2. Armee auszunutzen.

**31. August.** Die Armee erreichte daher, dem über Verberie—Vic—Soissons zurückgehenden Feinde folgend, am 31. 8. in Gewaltmärschen mit ihrem rechten Flügel die Linie Maignelay (12 km südlich Montdidier)—Mareuil (15 km nördlich Compiègne), mit dem linken Flügel die Linie Berneuil an der Aisne—Epargny (10 km südwestlich Coucy le Château).

H. K. K. 1 wurde ersucht, über Ribécourt auf Soissons zu gehen, während H. K. K. 2 über Thourotte auf Villers Cotterêts verfolgen sollte.

General v. der Marwitz führte daher das Kavalleriekorps, um 4° Morg. aufbrechend, mit 4., dahinter 2., dann 9. K. D. zunächst über Lassigny bis Thourotte vor. Die Jäg. Btle. 3 und 4 sicherten bei Lassigny, 7 und 9 bei Crapeaumesnil, 10 bei Roiglise von 5° Morg. an gegen Montdidier, und begleiteten sodann, über Gury, Margny marschierend, den Vormarsch des Kavalleriekorps in seiner rechten Flanke.

Unter dem Schutze der Radf. Abt. bei Longueil, südwestlich Thourotte, überschritt d i e 4. K. D. die Oise und erreichte durch den Wald von Laigue 4° Nachm. dessen Ostrand bei Offemont. Hier deckte die Division, gegen die Straße Château Thierry—Soissons aufklärend, den Durchzug der 2. und 9. K. D., und hielt eine zweistündige Futterrast.

Lt. d. Res. Radmann vom Drag. Regt. 17 führte mit den Sergeanten Weidemann und Eickhoff und 18 Dragonern den Auftrag, die Bahn Villers Cotterêts—Crépy en Valois zu sprengen, erfolgreich aus.

Unterdessen ging d i e 2. K. D. über die Brücke bei Montmacq ebenfalls durch den Wald von Laigue bis Tracy le Mont vor und klärte gegen die Linie Soissons—Coucy le Château auf.

Die 9. K. D. erreichte um 6° Abends Choisy le Bac nordöstlich Compiègne.

Als General v. der Marwitz (bei 4. K. D.) bei Offemont einen Funkspruch erhielt, daß starke feindliche Kolonnen von Soissons und Vic, und starke Kavallerie über Crépy en Valois nach Süden marschierten, befahl er um 5° Nachm. die weitere rücksichtslose Verfolgung noch in der Nacht in Richtung Nanteuil le Haudouin südlich von Crépy en Valois. Die Handpferde, Brückenwagen und Telegraphenwagen wurden zurückgelassen. Möglichst geräuschloser Marsch und rücksichtsloses Durchreiten bei feindlichem Widerstande wurde angeordnet.

Es marschierten daher Nachts:

4. K. D. über St. Jean aux Bois, Gilocourt (nördlich Crépy en Valois).

2. K. D. marschierte wieder durch den Wald von Laigue nach Choisy le Bac zurück, wo sie von 8 bis 10° Abds. eine Futterrast einlegte und dann, der 9. K. D. folgend, durch Compiègne und den Wald von Compiègne in Richtung Verberie zunächst bis La Croix St. Ouen weiter marschierte. Hier traf die Meldung ein, daß Verberie von der 9. K. D. stark besetzt ge-

funden worden sei. Der bei der 2. K. D. befindliche General v. der Marwitz befahl den Angriff auf Verberie durch die 9. K. D., der indessen bei der herrschenden Dunkelheit nicht vorwärts kam und auf den nächsten Morgen verschoben werden mußte. Beide Divisionen ruhten in dunkler Regennacht in Marschkolonne auf der Straße.

Die Jägerbataillone sollten mit Tagesanbruch Crépy en Valois erreichen.

Ein Funkspruch der 1. Armee teilte um 11° Abds. mit, daß die 1. Armee am 1. 9. um 8° Morg., die Linie Compiègne—Ambleny überschreitend, Verberie, Villers Cotterêts und Longpont erreichen werde. H. K. K. 2 sollte südlich Villers Cotterêts gegen den von Soissons zurückgehenden Flügel vorgehen.

Die Verbindung mit der über Gilocourt vorgegangenen 4. K. D. war verloren gegangen.

**Gefecht bei Verberie und bei St. Sauveur am 1. September** (vgl. Skizze 5). Da der Angriff der 9. K. D. gegen das stark besetzte und befestigte Verberie nicht vorwärts kam, wurde die 2. K. D. zur östlichen Umfassung auf St. Sauveur angesetzt. Die 5. und 8. K. Brig. (Drag. 2 und Ul. 3, Kür. 7 und Hus. 12) nahmen den von Engländern besetzten Ort nach Feuerkampf. Das Überschreiten des Automne-Bach-Abschnitts gelang aber auch hier zunächst noch nicht. 9. K. D. blieb bei Croix St. Quen, 2. K. D. bei St. Sauveur. Die Jäger-Bataillone lagen im Kampfe um das gleichfalls besetzte Crépy en Valois, das Nachmittags von ihnen genommen wurde. Gegen Abend trafen die Anfänge des II. A. K. bei Verberie, des IV. A. K. bei Crépy, des III. A. K. bei Villers Cotterêts, des IX. A. K. bei Longpont ein.

Flieger hatten die Engländer mit etwa drei Armeekorps und einer Kavalleriedivision im Rückzuge in Richtung Senlis—Crépy en Valois—La Ferté Milon gemeldet.

Unterdessen erlebte die 4. K. D. einen schweren Tag, dessen Ereignisse in der Geschichte der Kavallerie wohl einzig dastehen werden.

**Gefecht bei Néry** (vgl. Skizze 5). Die Division erbeutete um 1²⁰ Nachts in Béthisy, südlich St. Sauveur, drei Lastkraftwagen mit englischer Bemannung. Nachdem der Ort, so gut es in der Dunkelheit ging, abgesucht worden war, nahm die Division bei dichtem Nebel auf den Höhen südlich Béthisy Aufstellung, um hier das Ergebnis der Aufklärung abzuwarten. Hier erhielt Gen. Lt. v. Garnier die Meldung, daß bei Néry ein größeres englisches Biwak sei, und entschloß sich, den Gegner zu überfallen.

Die Division wurde 6° Morgens auf den Höhen östlich Néry zum Angriff entwickelt: 3. K. Brig. (Kür. 2, Ul. 9) mit Schützen, M. G. A. 2 links (südlich) daneben, dann eine Batterie Feldart. 3 auf den Höhen östlich Néry, 17. K. Brig. (Drag. 17 und 18), ebenfalls mit Schützen, dahinter zwei Batterien Feldart. 3 auf den Höhen südöstlich Néry. Die 18. K. Brig. (Huf. 15 und 16) wurde als Reserve zu Pferde hinter der Mitte in Eskadronskolonne in Mulden bereitgestellt.

Die Sicherung der durch den langen Rückzug anscheinend todmüden Engländer versagte vollständig. Auf nur 600 bis 800 m eröffneten die Batterien und die Maschinengewehr-Abteilung ihr vernichtendes Feuer auf das feindliche Artilleriebiwak und den von Kavallerie belegten Ort Néry. Die Überraschung gelang vollkommen, der Gegner erlitt außerordentliche Verluste. Eine Batterie wurde bis auf ein Geschütz und wenige Mann vernichtet. Trotzdem gelang es dem Engländer, nachdem er sich von der ersten Überraschung erholt hatte, sein einzig übrig gebliebenes Geschütz in Stellung zu bringen, Schützen zu entwickeln und Infanterie- und Artillerieunterstützung heranzubringen, die gegen die 3. und 17. K. Brig., besonders gegen den linken (südlichen) Flügel vorgingen.

Hiergegen wurde die 18. K. Brig. (Oberst v. Printz mit Huf. 15 unter Oberstlt. v. Zieten und Huf. 16 unter Oberstlt. Ludendorff) eingesetzt. Die Brigade attackierte in mehreren Wellen, überritt die feindliche Infanterie und brachte den Angriff zum Stehen. Hierauf saß die Brigade zum Gefecht zu Fuß ab, und deckte den linken Flügel der Division.

Der Oberstlt. v. Zieten berichtet hierüber: „Zur Deckung der Artillerie stand die 18. Kav. Brig. in Mulden bereit, Huf. 15 in Eskadronskolonne. Die infolge des starken Nebels sehr dicht am Feinde aufgefahrene Artillerie wurde, nachdem sich die Engländer von ihrem ersten Schrecken erholt hatten, von herangezogenen englischen Reserven durch starkes Infanteriefeuer belästigt.

Um sie zu entlasten, gingen die 2. und 17. Kav. Brig. zu Fuß vor. Die 18. Kav. Brig., Huf. 15 am rechten Flügel und am nächsten der Artillerie, sollte dem Feinde zu Pferde zu Leibe rücken, um die Artillerie vor dem immer heftiger werdenden feindlichen Feuer zu retten.

Das Huf. Regt. 15 wurde angesetzt, 3. und 4. Esk. erste Welle, 2. Esk. zweite Welle, 5. Esk. in Zugkolonne rechts rückwärts gestaffelt. Der Regts. Kommandeur, Oberstlt. v. Zieten, befand sich mit Adjutant und Ordonnanzoffizier auf dem rechten Flügel der zweiten Welle. Das Regiment attackierte die in den Rübenfeldern liegenden englischen Infanteristen, ungeachtet des heftigen Infanterie-, Maschinengewehr- und Artilleriefeuers, das das Regiment zum Teil aus der rechten Flanke erhielt. Trotz großer Verluste von Mann und Pferd wurde die englische Infanterie in forschem Galopp überritten, eine Leistung unseres ostpreußischen Pferdes, wie sie nach den vorangegangenen Anstrengungen einzig dasteht.

Der Zweck des Auftrages war erreicht, die vom Regiment überrittene Infanterie beseitigt, die aus dem Dorfe herbeieilenden Reserven stutzig gemacht und zum Halten gezwungen. Nun hieß es absitzen und den Feind mit dem Karabiner angreifen. Die Schützen des Regiments verlängerten den linken Flügel der 17. Kav. Brig., die in ein heftiges Gefecht verwickelt war. Auf die Bitte der Artillerie hatte die nachfolgende 5. Esk. bereits in den Kampf eingegriffen, wobei Lt. d. Ref. Schöningh an der Spitze seines Zuges durch Kopfschuß schwer verwundet wurde und bald darauf starb.

Heftig von allen Seiten bedroht, mußten sich die an Zahl weit überlegenen Engländer auf die Verteidigung ihres Biwaks beschränken, und ehe die von ihnen herbeigeholten Reserven eingreifen konnten, hatte sich die 4. K. D. vom Feinde gelöst."

Da der Feind sich immer mehr verstärkte, die Division auch von Süden her Artilleriefeuer erhielt, und Meldungen über feindliche Truppen bei Béthisy und Crépy en Valois, also im Rücken der Division, eintrafen, gab Gen. Lt. v. Garnier den Befehl, das Gefecht abzubrechen und in östlicher Richtung zurückzugehen. Unterdessen hatte das feindliche Artillerie- und Maschinengewehrfeuer den beiden südöstlich Néry stehenden Batterien so schwere Verluste beigebracht, daß die Geschütze nicht mehr aus der Stellung genommen werden konnten und die Bedienungsmannschaften unter Mitnahme ihrer Verwundeten in Schützenlinie zurückgehen mußten. Der Gegner drängte nicht nach.

Die Division sammelte sich südöstlich Plessis Chatelain, wo die Meldung eintraf, daß in ihrem Rücken bei Glaignes englische Kräfte ständen. Die Division marschierte daher nunmehr nach Süden über Roquemont, Trumilly nach Rosières, wo sie, nachdem sie unterwegs verschiedentlich auf feindliche Abteilungen gestoßen war, gegen 4° Nachm. eintraf.

Die Hoffnung, hier den Anschluß an die 2. und 9. K. D. zu gewinnen, die ebenfalls in Richtung Nanteuil le Haudouin angesetzt waren, erfüllte sich nicht. Diese Divisionen befanden sich, wie schon erwähnt, zu dieser Zeit noch nördlich des Automne-Abschnittes, also etwa 15 km weiter nördlich. Da die Patrouillen auf immer stärkere nach Süden marschierende feindliche Marschkolonnen stießen, wurden die Brigaden einzeln — der Divisionsstab bei der 3. K. Brig. — in die großen Wälder von Ermenonville und das Bois du Roi geführt. Hier blieben sie nach einer Marschleistung von über 120 km in 24 Stunden die Nacht über ohne jegliche Verpflegung, während die auf den Straßen über Senlis, Borest und Barón zurückgehenden feindlichen Marschkolonnen an ihnen vorbeimarschierten, ohne sie zu bemerken. Wegen Munitionsmangels war ein Angriff der einzelnen Brigaden gegen die überlegenen starken Infanteriekolonnen nicht möglich.

So endete dieser für die 4. K. D. ewig denkwürdige Tag von Néry.

Die 1. Armee stand am 1. 9. Abends mit dem IV. R. K. nördlich St. Just en Chaussée, mit den übrigen Teilen in Linie Verberie—Crépy en Valois—Villers Cotterêts—Longpont.

Die 2. Armee hatte an diesem Tage die ungefähre Linie Brancourt—Laon—Sissonne, H. K. K. 1 nach schwerem Kampfe die Gegend von Soissons erreicht.

**2. September.** Da die Möglichkeit vorhanden schien, die Engländer noch einmal fassen zu können, wurde die 1. Armee ohne Rücksicht auf Schonung von Mann und Pferd für den 2. 9. zum umfassenden Angriff angesetzt: IV. R. K. auf dem rechten Flügel nach Creil, mit Aufklärung gegen die Nordfront von Paris, II. A. K. westlich der Bahn Crépy en Valois—Nanteuil mit Aufklärung gegen die Nordostfront von Paris, IV. und III. A. K. zwischen dieser Bahn und dem Ostrande der Waldungen von Villers Cotterêts—Ourcq-Fluß, IX. A. K. östlich des III. A. K. zur Umfassung des Gegners.

Es gelang jedoch dem Engländer, sich auch diesem Angriff wieder zu entziehen und hinter die Marne-Linie Meaux—La Ferté sous Jouarre und weiter auf Coulommiers zurückzugehen. Nur das II. A. K. traf östlich Senlis in Linie Ognon—Borest auf eine französische Infanterie- und eine englische Kavalleriedivision, die unter Mitwirkung des H. K. K. 2 geschlagen und bis an den Südrand des Waldes von Ermenonville verfolgt wurden. Mit diesen Gefechten löste sich die unmittelbare Berührung mit den zurückgehenden Engländern.

**Gefecht bei Senlis.** H. K. K. 2 war zwischen II. und IV. A. K. im Einvernehmen mit der 3. J. D. vorgegangen, mit 2. und 9. K. D. über Trumilly auf Baron. Hier griff die Artillerie der 9. K. D. nördlich Baron in den Angriff der 3. J. D. ein. Am Abend ruhten: 9. K. D. bei Anger St. Vincent, 2. K. D. bei Ormoy—Villers. Die Jägerbataillone erreichten Rosières. Die 4. K. D. hatte sich nach dem Durchzuge der feindlichen Marschkolonnen gegen Abend bei Droiselles gesammelt. Nur die 17. K. Brig. und die Artillerie fehlten noch.

Die 1. Armee erreichte die Linie: Südrand des Waldes von Ermenonville—Lagny le sec (halbwegs Nanteuil le Haudouin und Dammartin)—La Ferté Milon, während das IX. A. K. noch am Abend die Marne bei Château Thierry überschritt.

Die 2. Armee hatte die Vesle-Linie zwischen Soissons bis halbwegs Fismes und Reims erreicht.

**3. September.** Die Absicht der O. H. L. war, nunmehr die Franzosen in südöstlicher Richtung von Paris abzudrängen, wobei die 1. Armee den Schutz der rechten Heeresflanke übernehmen sollte.

Es wurden daher am 3. 9. IV. R. K. östlich Senlis, II. A. K. und H. K. K. 2 bei Nanteuil le Haudouin bereitgestellt, während die jetzt für die Offensive nur noch übrigbleibenden drei Korps IV., III. und IX. A. K. über die Marne-Linie La Ferté sous Jouarre—Château Thierry vorgeführt wurden.

Die Kavalleriedivisionen blieben daher in ihren Unterkunftsorten, um den Pferden die dringend nötige Erholung zu gewähren und den infolge der dauernden Märsche in traurigem Zustande befindlichen Beschlag zu ergänzen. Bei der 4. K. D. traf die 17. K. Brig. mit der reit. Abt. bei Droiselles wieder ein. Für die eingebüßten Geschütze wurden der

Division vier Geschütze überwiesen. Die 2. K. D. entsandte eine A. E. nach Creil zur Beobachtung der Raumes Creil—Beauvais—Paris. Das II. A. K. klärte auf Dammartin, die 4. K. D. auf Meaux auf.

Die 2. Armee erreichte mit ihrem rechten Flügel Château Thierry und teilte mit, daß der vor ihr befindliche Gegner in voller Auflösung zurückgehe.

**4. September.** An diesem Tage wurde die 4. K. D. mit Jäg. Btl. 7 dem IV. R. K., das östlich Senlis die rechte Heeresflanke deckte, unterstellt. Sie entsandte zwei A. Es.: Esk. Horn (Kür. 2) nach Creil für den Raum zwischen der Linie Creil—Beauvais und der Oise, Esk. Ahlefeld (Hus. 16) nach Senlis für den Raum zwischen der Oise und der Linie Senlis—Eisenbahn Dammartin—Paris.

Das II. A. K. wurde nach Trilport an der Marne östlich von Meaux vorgezogen. IV., III. und IX. A. K. erreichten, letztere beiden Korps unter Gefechten mit starken Nachhuten, die Linie Rebais—Montmirail. Der Gegner war in weiterem Zurückgehen über Coulommiers gemeldet worden.

H. K. K. 2 mit 2., 9. K. D., den Radfahrern und den Jäg. Btln. 3, 4, 9 und 10 marschierte nach La Ferté sous Jouarre. Hierbei gingen die 9. K. D. und die Jägerbataillone südlich der Marne im Raume zwischen St. Germain und St. Cyr südlich La Ferté sous Jouarre, die 2. K. D. bei Favières nördlich La Ferté sous Jouarre zur Ruhe über.

Die 2. Armee erreichte die Linie Pargny le Dhuis—Epernay, H. K. K. 1 die Gegend westlich Montmirail. Die 3. Armee besetzte Reims.

Die französische Regierung hatte ihren Sitz nach Bordeaux verlegt.

**5. September.** Auch an diesem Tage wurde der Vormarsch der 1. Armee fortgesetzt. Das IV. R. K. übernahm mit der 4. K. D. nördlich Meaux die Deckung nördlich der Marne gegen die Nordostfront, das bis an den Grand Morin unterhalb Coulommiers vorgenommene II. A. K. die Deckung gegen die Ostfront von Paris, während IV., III. und IX. A. K. die Linie Choisy—Sancy—Esternay erreichten.

Nach einer am Morgen eintreffenden Weisung der O. H. L. sollten die 1. und 2. Armee Front gegen Paris nehmen, und zwar die 1. Armee zwischen Oise und Marne, die 2. Armee zwischen Marne und Seine, während die 3. Armee die Marschrichtung auf Troyes erhielt. Dieser Befehl konnte nicht ausgeführt werden. Die 1. Armee stand schon zu weit südlich. Sie hätte zurückgenommen werden müssen, und hätte so dem vor ihr zurückgehenden Gegner die Freiheit des Handelns wiedergegeben.

So wurde die Verfolgung wie angeordnet ausgeführt, mit der Absicht, den Feind zunächst wenigstens bis über die Seine zu werfen, zumal der bisherige Flankenschutz gegen die bei Paris sich sammelnden Kräfte vorläufig ausreichend erschien. Erst die im Laufe des Tages eingehenden Nachrichten von der Abbeförderung französischer Truppen von Osten nach Westen, sowie die Meldung der 4. K. D. von dem Marsch stärkerer Kräfte vor dem IV. R. K. südlich von Dammartin nach Osten ließ auf größere feindliche Absichten gegen die rechte Heeresflanke schließen.

**Gefecht bei Beton Bazoches.** Der in Richtung Provins angesetzte H. K. K. 2 ging mit der 2. K. D. und den Jägerbataillonen, bei Coulommiers den Grand Morin überschreitend, bis Beautheil vor, mit der 9. K. D. über Rebais, dann über den Grand Morin bis Beton Bazoches, wo ihre Artillerie feindliche Radfahrer und einzelne Eskadrons beschoß. Die Jägerbataillone blieben bei Coulommiers. Die Pferde waren an der äußersten Grenze ihrer Leistungsfähigkeit angelangt.

Die 2. K. D. entsandte eine Patrouille des Drag. Regts. 2 unter Lt. Graf Bassewitz zur Unterbrechung der Eisenbahn bei Melun an der Seine südlich von Paris. Die Patrouille wurde jedoch unterwegs aufgerieben und geriet in englische Gefangenschaft.

Nach einer Nachmittags eingegangenen Weisung des A. O. K. 1 sollte die Heereskavallerie nicht über die große Straße Rozoy—Beton Bazoches hinaus vorgehen.

**Gefecht bei St. Souplets.** Unterdessen waren von dem nördlich Meaux in Linie St. Souplets—Penchard stehenden IV. R. K. unter General v. Gronau stärkere feindliche Kräfte — 2½ Divisionen mit schwerer Artillerie — erschienen, die durch Angriff auf der ganzen Front zurückgeworfen wurden. Hierbei wirkte die 4. K. D., die von Droiselles über Nanteuil le Haudouin vorgegangen war, erfolgreich mit, indem sie westlich St. Souplets, nur noch 20 km vom Fortsgürtel von Paris entfernt, den nördlichen feindlichen Flügel mit ihrer Artillerie wirkungsvoll beschoß. Nachdem der Gegner etwa 3 km weit zurückgegangen war, wich das IV. R. K. bei Einbruch der Dunkelheit hinter den Thérouane-Abschnitt von La Ramée bis zum Ourcq, mit der 4. K. D. nach Brégy zurück. Der Feind folgte nicht.

General v. Kluck schreibt, der Stoß gegen die gefährdete Flanke der 1. Armee sei abgeschlagen worden „dank der vorzüglichen Führung durch General v. Gronau, seinem zähen Korps und der tapferen 4. K. D.".

Die 2. Armee hatte die große Straße Montmirail—Chalons von Montmirail bis südlich Vertus erreicht. Die 3. Armee befand sich südwestlich der Marne beiderseits von Chalons, die 4. und 5. Armee vorwärts der ungefähren Linie Chalons—Verdun, während 6. und 7. Armee zwischen Verdun und Epinal, sowie in den Vogesen kämpften.

Ehe zur Schilderung der Marne-Schlacht übergegangen werden kann, ist noch die Tätigkeit des H. K. K. 1 in der Zeit vom 31. 8. ab nachzuholen.

## 5. Höherer Kavalleriekommandeur 1 bei der 2. Armee.

### Vormarsch bis über den Grand Morin vom 31. August bis 5. September 1914.

(Vgl. Geländebeschreibung S. 50 u. 51.)

**31. August.** Der bei Noyon (G. K. D. bei Ville, 5. K. D. bei Vauchelles) stehende H. K. K. 1 hatte den Auftrag, nach Überschreiten der Oise in die Gegend südlich von La Fère vorzugehen und dort im Rücken des Feindes das Heraustreten seiner geschlagenen Teile aus La Fère und Laon zu verhindern.

Hierzu stellte Gen. Lt. Frhr. v. Richthofen beide Divisionen um 4³⁰ Morg. bei nebligem Wetter an der Brücke bei Ribécourt bereit, um in Richtung Coucy le Château nördlich von Soissons vorzugehen, wohin der linke (westliche) Flügel der geschlagenen französischen 5. Armee im Zurückgehen war. H. K. K. 2 sollte über Thourotte nördlich Compiègne die Engländer verfolgen, deren rechter (östlicher) Flügel die Rückzugsrichtung über Vic in Richtung La Ferté Milon hatte. Die 5. K. D. klärte gegen Soissons und nördlich, die G. K. D. gegen die Linie Coucy le Château—Chauny auf. Südöstlich von Noyon war bei Varesnes und westlich Cuts stärkere feindliche Infanterie gemeldet worden.

Der Durchbruch gelang, doch nahm der Übergang auf der schwankenden Hängebrücke bei Ribécourt erhebliche Zeit in Anspruch. Das G. Jäg. Btl. warf schwache englische Infanterie, die vor Charlepont nach Süden marschierte, zurück; bei Tracy le Mont wichen feindliche Radfahrer nach Süden aus.

**Gefecht bei Morsain.** Bei glühendem Sonnenbrand erreichte die 5. K. D. über Tracy le Mont — Autrêche — J u v i g n y — Terny Sorny. Unterwegs stieß die als A. E. vorgesandte 1. U l. 10 unter Rittmeister v. Choltitz auf eine englische Eskadron, die attackiert und geworfen wurde.

„Bei Morsain stieß die Spitze unter Lt. v. Seydlitz auf sechs englische Kavalleristen, die in westlicher Richtung abritten und versuchten, die Spitze hinter sich herzuziehen. Lt. v. Seydlitz vermutete sofort eine Falle und erkannte im Walde westlich Morsain 50 bis 60 englische Reiter. Diese griffen die Spitze an und verfolgten sie, als sie sich auf die Eskadron zurückzog. Mit kurzem Vorsprung erreichte Lt. v. Seydlitz das Ende der Eskadron, die auf einem anderen Wege in feindlicher Richtung weitergeritten war. Die Eskadron kehrte sofort um und attackierte.

Am Südausgang von Morsain stieß sie mit der englischen Schwadron zusammen. Nach kurzem Handgemenge im Dorf, bei dem ein großer Teil der Engländer teils mit dem Revolver vom Pferde geschossen, teils mit der Lanze heruntergestochen wurde, ergriff der Rest die Flucht. Er wurde von einem Teil der Eskadron unter Rittm. v. Choltitz in nördlicher Richtung verfolgt. Die Eskadron machte Gefangene und erbeutete Pferde.

Ulan Klopsch, der als Spitzenreiter in englische Gefangenschaft geraten war, wurde durch eine Patrouille der 1. Esk. unter Lt. d. Res. Mitschke wieder befreit. Infolge

Verweigerung irgendwelcher Aussagen über Zusammensetzung der deutschen Truppen hatten ihn die Engländer mißhandelt, in einen Keller gesperrt, wieder herausgeholt, dann auf Befehl von zwei Offizieren sämtliche Kleider vom Körper gerissen und ihn vollkommen nackt mitgeführt. Während der Attacke war in Morsain von Einwohnern auf die Eskadron geschossen worden. Das Haus, aus dem besonders viel geschossen worden war, wurde niedergebrannt."

Bei Moulin erbeutete Lt. d. Res. Hoffmann vom Hus. Regt. 6 mit seiner Patrouille einen französischen Kraftwagen, dessen Insassen die Husaren für Engländer hielten und ihnen mitteilten, daß in der vergangenen Nacht starke englische Truppen von Vic nach Compiègne, und Franzosen durch Soissons nach Süden marschiert wären.

**Gefecht bei Crécy au Mont.** Die G. K. D. erreichte über Rampcel—Crécy au Mont, wo sie schwache feindliche Infanterie vertrieb, Leuilly. Die Artillerie der Division beschoß von den Höhen von Leuilly aus ein französisches Zuaven-Bataillon im Biwak bei Landricourt, das zersprengt wurde.

Um die von der 2. Armee verlangte Abschließung der Südwestfront von Laon auszuführen, sollte die 5. K. D. die von Laon und Anizy le Château nach Süden führenden Straßen, die G. K. D. die große Straße La Fère—Soissons sperren.

**1. September.** Die zur Aufklärung gegen die Straße Bailly—Laon angesetzte 5. K. D. beschoß von Laffaux aus eine lange nach Süden marschierende Zuavenkolonne, die nach Bailly zu ausbog, während die G. K. D. an der Ailette feindliche Kräfte vorfand, die nach Süden strebend, nun in östlicher Richtung auszubiegen schienen.

Um 9° Vorm. ging ein Armeebefehl ein, daß der H. K. K. 1 mit Aufklärung gegen die Linie Château Thierry—Reims über Soissons vorgehen solle.

Hierauf erhielt die G. K. D. den Befehl, sich unter Rückendeckung gegen die Ailette in den Besitz von Soissons zu setzen. Zu diesem Zweck wurde Oberstlt. v. Tschirschky (Kommandeur des 3. G. Ul. Regts.) mit dem G. Jäg. Btl., dem 3. G. Ul. Regt., zwei Batterien und der Pi. Abt. gegen Soissons in Marsch gesetzt. Die Brückenwagen, die sich bei der großen Bagage befanden, konnten nicht mitgegeben werden. Die Division folgte dieser Vorhut, unter Zurücklassung einer Nachhut unter Oberst Graf v. Rothkirch (Kommandeur der 2. G. K. Brig.) mit dem G. Schützen-Btl., dem 1. G. Ul. Regt., einer Radfahrer-Kompagnie und zwei Geschützen bei Leuilly.

„Hier hielten die Schützen des 1. Garde-Ulanen-Regts. dem Angriff einer von La Fère abmarschierenden Inf. Brigade, die nach Süden durchbrechen wollte, in dem schwierigen Buschgelände so energisch und erfolgreich stand, daß nach vierstündigem Feuergefecht andere Truppen der Division eingesetzt werden konnten und der Gegner geworfen wurde."

**Gefecht bei Soissons.** Unterdessen hatte die G. K. D. gegen Mittag Soissons erreicht und besetzt gefunden, und den Angriff begonnen, den der Divisions-Kommandeur der G. K. D., Gen. Lt. v. Storch, wie folgt beschreibt:

„Der Angriff des Garde-Jäger-Batls. gegen die Brücke und die benachbarten Teile der Vorstadt wird angesetzt. Da die Patrouillen die Aisnebrücken versperrt fanden und sichere Meldungen die Stärke des Gegners noch nicht erkennen ließen, waren es Momente großer Spannung, in denen die schnell Boden gewinnenden Schützenlinien der Jäger verfolgt wurden. Glückliche Treffer der Artillerie beförderten das Brechen des feindlichen Widerstandes. Schon hatten die vordersten Linien die Aisnebrücken überschritten und von dem nördlichsten Häuserblock Besitz genommen, aus dem die durch unser Feuer hervorgerufene Explosion einer Spritfabrik und der schnell um sich greifende Riesenbrand den Feind schnell vertrieben hatten.

In diesem Augenblick fortschreitenden Angriffs und in der Hoffnung, noch am Abend die Hand auf die jenseitigen Höhen des Aisnetales legen zu können, trafen ernste Nachrichten von der Nachhut ein.

Seit mehreren Stunden stand die Nachhut in hartem Kampfe mit weit überlegener französischer Infanterie — etwa eine Brigade —, die die Ailetteübergänge erzwungen hatte und nun drohte, das schwache Nachhutdetachement zu überflügeln. Der bisherigen Vorhut mußte nun die Ausnutzung des Erfolges bei Soissons überlassen werden. An der Spitze der zwei Brigaden des Gros und einer reitenden Batterie galoppierte der Divisionskommandeur mit seinem Stabe die 6 km zurück in die Gegend südlich Leuilly, um seiner bedrängten Nachhut zu helfen.

In der Tat hatten französische Bataillone sich in dem durchschnittenen und waldreichen Gelände schon auf nahe Entfernung an die Schützen der Nachhut herangearbeitet, und man sah deutlich, wie über Le Paradies-Crecy au Mont feindliche Kolonnen die linke Flanke unserer schwachen Abteilung zu gewinnen suchten.

Auch die 5. K. D., die in der Gegend von Margival Meldung über die bedrängte Lage unseres Detachements erhielt, hatte in richtiger Erkenntnis der Lage eine Batterie dem Oberst Graf Rothkirch zur Verfügung gestellt und beeilte sich, mit dem Gros der Division ebenfalls die gefährdete Stelle zu erreichen. So gelang es bald, dem feindlichen Vordringen Halt zu gebieten."

**Gefecht bei Terny Sorny und Crécy au Mont.** Gegen 6° Abends stand die G. K. D. auf den Höhen bei Terny Sorny zum Angriff bereit, während die 5. K. D. bei Crécy au Mont in das Gefecht eingriff, wobei sich das Ul. Regt. 10 und das Hus. Regt. 6 besonders auszeichneten. Ul. Regt. 10 berichtet:

„Die 9. Kav. Brig. unter Führung des Gen. Maj. Rusche stellte sich zunächst auf den Höhen südlich Crécy au Mont, mit der Front nach Norden, zum Angriff bereit. Gegen das Dorf Le Paradies, das vom Feinde besetzt war, wurden die Schützen der 4. Esk., Rittm. Preußer, entwickelt. Ferner wurden von den in Gegend Coucy le Château gemeldeten feindlichen Kräften, die anscheinend Nachhuten oder versprengte Truppen der bei St. Quentin geschlagenen Armee waren, feindliche Infanteriekolonnen im Marsch auf Juvigny beobachtet. Gegen diese wurden die Schützen der 1., 2. und 5. Esk. entwickelt, denen es nach hartem, erbittertem Kampf gelang, den Feind nach Norden zurückzudrängen. Gleichzeitig war es der Eskadron Preußer im Verein mit Teilen der Brigade Rothkirch und der Garde-Schützen gelungen, die Überlegenheit bei

Paradies zu erringen. Das Dorf wurde im Sturm genommen, wobei die 4. Esk. etwa 50 Gefangene machte und 1 M. G. erbeutete. Hierbei zeichneten sich ganz besonders Lt. Frhr. v. Bock und Vizewachtm. Littmann aus. Die Verfolgung der geworfenen Infanterie wurde durch die 2. Esk., Rittm. Graf v. Helmstatt, aufgenommen. Leider konnte sie unter dem Schutze der Dunkelheit entkommen, so daß der Erfolg nicht voll ausgenutzt werden konnte."

Der Angriff des Kavalleriekorps wurde bei Sonnenuntergang auf das vom H. K. K. gegebene Signal: „Rasch vorwärts" vorgetragen, und der Gegner — etwa eine Infanterie-Brigade — über die Ailette zurückgeworfen.

Gleichzeitig ging von Soissons die Meldung ein, daß der ganze Ort und die dortigen Aisne-Übergänge genommen seien, und der Gegner in südlicher Richtung zurückgehe. Beim Nehmen der Aisne-Brücken und Verhinderung deren schon vorbereiteter Zerstörung hatten sich Hauptm. d. Res. Stephan mit seiner Garde-Jäger-Kompagnie und die Pionier-Abteilung besonders ausgezeichnet.

Die G. K. D. ging bei Cuffies, die 5. K. D. bei Juvigny zur Ruhe über.

Die 2. Armee erreichte die ungefähre Linie Brancourt—Laon—Sissonne.

So wurde der 1. 9. zu einem Ehrentage für die beiden Divisionen des Kav. Korps Richthofen, das seinen Auftrag, den weichenden Gegner in überholender Verfolgung festzuhalten, in vorbildlicher Weise ausgeführt hatte.

Von Bedeutung war der 1. 9. ferner, weil General Joffre an diesem Tage den allgemeinen Rückzug „bis zur Aube, wenn nötig bis zur Seine" befahl.

**2. September.** Zur Aufklärung gegen die Linie Château Thierry—Reims war die 5. K. D. gegen die Linie Château-Thierry—Vandières, die G. K. D. gegen die Linie Vandières östlich Dormans—Reims angesetzt worden.

Die 5. K. D. ging auf der Straße Soissons—Oulchy le Château vor, während die G. K. D. die Höhenstraße über Branges auf Fère en Tardenois zugewiesen erhielt.

**Gefecht bei Grand Rozoy.** Die 5. K. D. kam wegen großer Ermüdung ihrer Pferde nur langsam vorwärts und erreichte am Abend die Gegend von Hartennes, wo sie Gegner in verstärkter Stellung bei Rozoy gegenüber hatte, der durch die Artillerie beschossen wurde.

**Gefecht bei Branges.** Die G. K. D. drängte auf ihrem Wege feindliche Kavallerie zurück. Bei Branges wurde eine feindliche Infanterie-Division mit starker Artillerie und Bagagen, die über Branges nach Süden marschierte, von der Artillerie und dem 1. G. Ul. Regt., dann von den

Schützen der ganzen Division beschossen und nach Osten abgedrängt. Ein großer Teil der Bagagen fiel der G. K. D. in die Hände. Der Kommandeur des 1. G. Ul. Regts. berichtet:

„Am 2. September gegen Mittag wurden starke feindliche Kolonnen im Anmarsch von Braisne auf Fère en Tardenois erkannt. Hart nördlich Branges nahmen die reitenden Batterien eine Bereitschaftsstellung, mit 1. Garde-Ulanen-Regt. als Bedeckung. Gegen 1° Nachm. näherten sich von dem Dorfe Joudignes her französische Wagen mit Verwundeten, die durchgelassen wurden, gefolgt von einigen Radfahrern, die Lt. v. Morgen mit seinem Zuge attackierte und ihnen zwei Motorräder abnahm. Bald darauf wurde auf dem gleichen Wege eine feindliche Kompagnie erkannt und auf der weiter östlich im Tale führenden Straße nach Fère en Tardenois große Bagagekolonnen gemeldet. Sobald die feindliche Kompagnie den Höhenrand nördlich Branges auf 1000 m erreicht hatte, wurde sie von drei Eskadrons des 1. Garde-Ulanen-Regts. unter Feuer genommen. Sie ließ sich auf kein ernsteres Gefecht ein, sondern zog sich auf die Bagagekolonnen zurück. Das Regiment saß, eine Eskadron bei der Artillerie lassend, nunmehr auf, um auf die gemeldeten Bagagen vorzugehen. Die verstärkte 1. G. Kav. Brig. folgte links rückwärts. Als das Regiment den Rand des Abhanges 1 km vor den feindlichen Bagagen erreichte, wurde auf der jenseitigen Waldhöhe starke feindliche Infanterie — eine Division — erkannt. Das Regiment saß daher wieder schnell zum Gefecht zu Fuß ab und eröffnete das Feuer mit zwei Eskadrons, während die 5. Esk. sowie die Regimenter der 1. Brig. weiter nördlich herumgingen.

Der Gegner entwickelte nunmehr starke Kräfte und verstärkte seine vordere Linie dauernd, so endlich unserer Artillerie ein erkennbares, lohnendes Ziel bietend. Währenddessen war bei den Bagagen des Feindes ein wildes Durcheinander entstanden. Die Unmöglichkeit, kehrtzumachen und abzufahren, hatte zur Folge, daß die Fahrer davonliefen, Pferde ausspannten, Wagen umfielen und alles sich festfuhr. Ein schöner Erfolg war erzielt worden. Durch das schnelle Zufassen des Regiments war es der Division gelungen, eine ganze feindliche Infanteriedivision festzuhalten und schwer geschädigt nach Osten auf unsere verfolgende Infanterie abzudrängen. Die Bagage der französischen Division war vernichtet und zum Teil von der 5. Esk. des 1. G. Ul. Regts. und den anderen Regimentern der Division erbeutet worden.

Die Verluste waren im Verhältnis zum Erfolg gering. Vom Regiment waren 1 Offizier, Lt. Graf v. Hohenau, 9 Unteroffiziere und Mannschaften und 6 Pferde gefallen, 3 Offiziere, Lt. Graf v. Arnim und die Lts. d. Res. Vincenz und Georg Grafen v. Brühl, 11 Unteroffiziere und Mannschaften verwundet."

Am Abend ging die G. K. D. bei Arcis St. Restitue zur Ruhe über. Für die von der Armee befohlene weitere Ausdehnung der Aufklärung bis zur Linie Romilly—Chalons sur Marne wurde die Trennungslinie für die Divisionen über Fère Champenoise verlängert.

Die knapp gewordene Artilleriemunition wurde durch die Kraftwagenkolonne mit Hilfe des IX. A. K. ergänzt.

Die 2. Armee hatte die Vesle-Linie zwischen Soissons bis halbwegs Fismes—Reims erreicht.

**Gefecht bei Mont St. Père und Jaulgonne am 3. September.** An diesem Tage ging die 5. K. D. vor der linken Flügelkolonne der 1. Armee (IX. A. K.) zunächst bis Epieds vor. Ihr nach dem Marne-Übergang bei

Mont St. Père vorgeschobenes Vorhut-Regiment — Drag. 8 mit den Radfahrern des G. Schützen-Btls. — hatte dort ein glückliches Gefecht. Die Brücken waren von den Franzosen zu frühzeitig gesprengt worden, so daß es gelang, den noch im Ort befindlichen Truppen — Infanterie, Kavallerie und Bagagen — durch Feuer erhebliche Verluste beizubringen und Gefangene, Pferde und Wagen zu erbeuten. Zwei französische Kompagnien wurden in Richtung Jaulgonne abgedrängt, wo sie später dem VII. A. K. in die Hände fielen.

Das Regiment berichtet:

„Mehrfach mußte die Vorhuteskadron unter Rittm. v. Zerboni mit den ihr zugeteilten Radfahrern des Garde-Schützen-Batls. den Patrouillen und der Spitze den Weg freimachen gegen die Nachhut eines französischen Dragoner-Regiments, denn gerade an diesem Tage sollte der Vormarsch beschleunigt werden, da man hoffte, noch diesseits des Flusses stärkere feindliche Kräfte fassen zu können. Diese Hoffnung sollte nicht getäuscht werden.

Als der Führer der Spitzenpatrouille, Lt. Euen, den Wald vor Mont St. Père durchritten hatte, bot sich ihm von einer Höhe hart am Rande der Stadt ein seltener Anblick. Die Straßen des Städtchens waren von feindlichen Bagagen gefüllt. Im Galopp ging die Meldung zurück. Fast ebenso schnell wurde die Stadt und Tal beherrschende Höhe von den Schützen der Vorhuteskadron und den Radfahrern besetzt und das Feuer auf 800 m eröffnet.

Zu aller Erstaunen sah man schon nach den ersten Schüssen Scharen französischer Infanterie aus dem nicht einzusehenden Teil der Stadt herauseilen und der Marne zustreben. Ihre Stärke wurde auf zwei Bataillone geschätzt. Nur ein Teil des Feindes versuchte Widerstand zu leisten und erwiderte das Feuer der Dragoner. Bald war die Flucht der Franzosen allgemein. Jeder suchte so schnell wie möglich das jenseitige Marne-Ufer zu erreichen. In den Straßen und auf der Brücke bot so der Feind ein leichtes Ziel und hatte dementsprechend schwere Verluste. Noch ehe die ganze Abteilung den Fluß überschritten hatte, wurde die Brücke in die Luft gesprengt. Der zurückgebliebene Teil setzte die Flucht marneaufwärts fort.

Währenddessen waren die 4. und 5. Esk. herangezogen worden und konnten noch in das Feuergefecht eingreifen. Nach Sprengung der Brücke gingen nun die drei Eskadrons vor und drangen schnell in die Stadt ein. Plötzlich wird anreitende Kavallerie gemeldet. In wilder Flucht kam etwa eine halbe Eskadron, gemischt aus allen Waffengattungen, durch Mont St. Père galoppiert. Der Feind schien sich in völliger Auflösung zu befinden, auf einzelnen Pferden saßen zwei Reiter. Was nicht niedergeschossen wurde, jagte der gesprengten Marnebrücke zu. Dieser Rest, etwa 15 Reiter, stürzte aus Unkenntnis über die Sprengung in den Fluß und die dort liegenden Steintrümmer.

Nachdem unsere Artillerie die auf dem jenseitigen Ufer fliehenden Franzosen unter Feuer genommen hatte, setzten die Schützen der 3. Esk. auf Kähnen über den Fluß, zerstörten den dort befindlichen Bahnhof und brachten eine Anzahl von Gefangenen ein.

Der Gegner hatte starke, blutige Verluste gehabt, außer den etwa 40 Gefangenen, die vom Regiment gemacht wurden. Diese gehörten hauptsächlich dem 48. Regt. Fußjäger an. Ferner fanden sich Versprengte vom 3. Algerischen und 4. Tunesischen Turko-Regt. Unter den gefangenen Kavalleristen waren 6 Kürassiere, 28 Dragoner und 2 Husaren. Die Beute an Pferden, Wagen und Proviant war beträchtlich."

Die 5. K. D. erreichte Nesles, wo sie Nachts verblieb.

**Gefecht bei Fère en Tardenois und bei Jaulgonne.** Die G. K. D. war vor dem rechten Flügelkorps der 2. Armee (VII.) zunächst nach Fère en Tardenois vorgegangen. Bei Courmont, wo sich die Division, als starke feindliche Kavallerie gemeldet wurde, entfaltete, geriet sie in einen Feuerüberfall, vor dem sie in lichten Formationen westlich ausbiegen mußte. Die Division ging dann auf Jaulgonne vor, wo es durch rasches Zufassen der Vorhut und der G. Jäg. gelang, die Zerstörung der Brücken durch die Franzosen zu verhindern.

Unter dem Schutze ihrer Artillerie gewann die Division sodann das südliche Marne-Ufer und ging bei Crezancy zur Ruhe über. Der etwa 3 km weiter südlich liegende Ort St. Eugène war noch vom Feind besetzt.

Die Ermüdung der Pferde war durch die andauernden Anstrengungen bei drückender Hitze so groß geworden, daß mehrfach feindliche Feuerüberfälle aus dem Grunde gelangen, weil die querfeldein reitenden Meldereiter ihre Pferde kaum noch in eine schnellere Gangart bringen konnten, und daher oft abgeschossen wurden, oder ihre Meldungen nicht schnell genug zurückbringen konnten.

Der bei Jaulgonne später eintreffende Armeeführer, Generaloberst v. Bülow, sprach sich lobend über die bisherige Tätigkeit des Kavalleriekorps aus, und war mit der Absicht des Gen. Lts. Frhrn. v. Richthofen, in die Gegend von Montmirail vorzugehen, einverstanden.

Die 2. Armee erreichte mit ihrem rechten Flügel Château Thierry, ihr linker Flügel befand sich noch in Höhe der Südfront von Reims.

**4. September.** Gen. Lt. Frhr. v. Richthofen beabsichtigte, sich mit dem Kavalleriekorps auf den rechten Flügel des mit der Front nach Südosten vorgehenden IX. A. K. (linker Flügel der 1. Armee) zu setzen. Die 5. K. D. sollte direkt über Biffort dorthin marschieren, die G. K. D. erst mit dem VII. A. K. (rechter Flügel der 2. Armee) nach Süden vorgehen, und dann hinter der Front des VII. und IX. A. K. entlang, ebenfalls diesen Platz erreichen.

Die 5. K. D. wurde durch eine Marschkolonne des IX. A. K. von der großen Straße Château Thierry—Montmirail östlich heruntergedrückt, und ging von Nesles in Richtung Bois Milon vor.

**Gefecht bei Fontenelle.** Bei Artonges und Fontenelle griff die Division eine französische von Artonges nach Südwesten marschierende Infanterie-Division an, die hierdurch gezwungen wurde, immer stärkere Kräfte zum Flankenschutz herauszuschieben und die Marschrichtung auf Montmirail einzuschlagen.

Unterdessen hatte die G. K. D. am Morgen zuerst mit dem G. Jäg. Btl. in ein Gefecht gegen den noch bei St. Eugène befindlichen Gegner eingegriffen, und hatte dann gegen Mittag, bei sehr großer Hitze, meist querfeldein marschierend, nach anstrengendem Marsche Essises erreicht. Hier traf die Meldung ein, daß das III. und IV. A. K. (von der 1. Armee) bereits Montolivet und St. Barthélemy erreicht hätten, und noch heute gegen die linke Flanke der Franzosen in Linie Esternay—Montmirail vorgehen würden. Diese Meldung erwies sich zwar als falsch, oder wenigstens stark übertrieben, immerhin mußte die weitere Vormarschrichtung für das Kavalleriekorps statt Montmirail nunmehr Esternay werden.

Da die 5. K. D. über das vom Gegner noch besetzte Straßenkreuz 3 km nordwestlich Montmirail nicht vorwärts kommen konnte, bog sie auf die Marschstraße der G. K. D. bei Rozoy—Belleville ab. Die Anfänge der Divisionen wurden daher nun durch den H. K. K. so gedreht, daß die G. K. D. als rechte Kolonne die Richtung über Viels Maisons—Montolivet—Esternay, die 5. K. D. über L'Epine aux Bois—La Celle—Morsains erhielten.

Es gelang indessen nicht mehr, die vom Feinde noch stark besetzten Petit Morin-Übergänge bei Montdauphin und Celles zu nehmen. Die G. K. D. verblieb daher bei Toraille, die 5. K. D. bei L'Epine aux Bois.

Die weitere Aufgabe für den H. K. K. 1 blieb die Vorwärtsstaffelung vor dem rechten Armeeflügel. Die 2. Armee erreichte die Linie Pargny la Dhuis—Epernay.

**5. September.** Dem IX. A. K. war es gelungen, noch am 4. Abends Montmirail zu nehmen. Starke feindliche Kolonnen setzten ihren Rückzug auf Esternay fort. Auch der vor dem III. A. K. und dem Kavalleriekorps stehende Gegner war in der Nacht abgezogen.

Die 2. Armee wollte mit ihrem rechten Flügel über Montmirail vorgehen. Reims war genommen.

Die 1. Armee beabsichtigte, unter Deckung gegen Paris, weiter gegen die Seine vorzugehen. Hierzu sollten erreichen: IV. A. K. Sancy, III. Montceaux, IX. Esternay.

Die G. K. D. sollte sich zwischen den beiden Divisionen des III. A. K., die 5. K. D. zwischen III. und IX. A. K. vorarbeiten, um wieder vor die Anfänge der Infanterie zu kommen. Dieses Vorarbeiten der Kavallerie-Divisionen zwischen den Infanteriekolonnen vollzog sich bei wiederum großer Hitze zum größten Teil querfeldein unter großer Anstrengung der sehr erschöpften Pferde.

**Gefecht bei La Ferté Gaucher.** Zunächst gewann die G. K. D. den Grand-Morin-Abschnitt bei Meilleray, um den dortigen Übergang für das III. A. K. freizuhalten, und gegen La Ferté Gaucher zu sichern, wo zwei Kavallerie-Divisionen gemeldet waren. Die Division erkämpfte sich den

Besitz von La Ferté gegen feindliche Kavallerie, Artillerie und Radfahrer, sowie des dortigen Überganges. Auf einer von der Pionier-Abteilung hergestellten neuen Brücke wurde der Grand Morin überschritten, worauf die Division bei Dunkelheit die Gegend von Chartronges erreichte.

Die 5. K. D. konnte, durch den beschwerlichen Marsch querfeldein und feindlichen Widerstand bei les Chênes südöstlich Montolivet aufgehalten, nicht vor den Anfang der eigenen Infanterie kommen und gelangte mit sehr erschöpften Pferden zugleich mit dem Anfang der 6. J. D. bis Montceaux. Bei Angers und Villiers St. Georges wurde stärkerer Feind gemeldet.

Die 2. Armee hatte die große Straße Montmirail—Chalons von Montmirail bis südlich Vertus, die 1. Armee mit IV., III. und IX. A. K. die Linie Choisy—Sancy—Esternay erreicht.

---

# IV. Marneschlacht, Rückmarsch und Schlacht an der Aisne vom 6. bis 16. September 1914.

## 1. Höherer Kavalleriekommandeur 2 und 1 in den Schlachten am Ourcq und am Petit Morin vom 6. bis 9. September 1914.

(Vgl. Karte II.)

Nach dem am 5. 9. eingegangenen Befehl der O. H. L. sollten die 1. und 2. Armee die Einschließung der Ostfront von Paris übernehmen, und zwar: 1. Armee zwischen Oise und Marne, 2. Armee zwischen Marne und Seine.

**6. September.** Bei der 1. Armee zeigten außerdem die aus der Gegend Brégy, St. Souplets und Penchard gegen das IV. R. K. und die 4. K. D. gerichteten Angriffe, daß nunmehr doch mit einer stärkeren Bedrohung der rechten deutschen Heeresflanke zu rechnen sei. Es wurden daher angesetzt: II. A. K. über die Ourcq—Marne-Linie Lizy—Vareddes, IV. A. K. über La Ferté sous Jouarre, um nördlich des II. Korps über die Linie Rozoy en Multien—Trocy einzugreifen.

Das IX. A. K. wurde Morgens bei und westlich Esternay von Süden her angegriffen, worauf sich das III. A. K. zum Schutze seiner rechten Flanke bei Sancy—Montceaux bereitstellte.

Die 2. Armee wollte mit ihrem linken Flügel aus der Gegend südlich Vertus um ihren bei Montmirail stehenbleibenden rechten Flügel eine Schwenkung nach Südwesten vornehmen. Da dieser somit hinter den linken Flügel der 1. Armee kam, nahm diese das III. und IX. A. K. in der Nacht zum 7. 9. in die Petit-Morin-Linie Sablonnières—Montmirail, in die Frontlinie der 2. Armee zurück.

**Gefecht bei Brégy—Bouillancy.** Die 4. K. D. hatte auf dem rechten Flügel des IV. R. K. Gelegenheit, erst bei Brégy, dann bei Bouillancy mit ihrer Artillerie, dem Jäg. Btl. 7 und der M. G. A. erfolgreich gegen den vorgehenden feindlichen nördlichen Flügel einzugreifen. Hierbei fiel der Führer der reit. Abt. Feldart. Regts. 3, Hauptmann Winkler. Vor dem ihre rechte Flanke nördlich umfassenden Gegner mußte die Division über Betz nach Thury en Valois zurückgehen, wo der Gegner weiter aufgehalten wurde. Am Abend bezog die Division Ortsbiwak bei Villeneuve.

Der H. K. K. 2 sollte in die Linie Lumigny—Rozoy vorgehen, und den Rechtsabmarsch der Armee verschleiern.

Hierzu ließ General v. der Marwitz die 2. K. D. von Beautheil, die 9. K. D. mit dem Radfahrer-Btl. von Beton Bazoches aus bis zur Wegegabel westlich Le Corbier an der großen Straße Beton Bazoches—Rozoy vorgehen. Die Jäger-Bataillone blieben zum Offenhalten der Grand-Morin-Übergänge bei Coulommiers stehen.

Das Kavalleriekorps stellte sich sodann von 8° Vorm. an, 40 km von der Fortlinie von Paris entfernt, bereit: 9. K. D. bei Touquin, gegen Tournan und Chaumes aufklärend, 2. K. D. bei Vaudoy westlich Le Corbier mit Aufklärung nach Süden. Je ein Jäger-Bataillon wurde nach Maupertuis und Amillis vorgezogen.

**Gefechte bei Touquin und Rozoy.** Die 9. K. D. fand Touquin, die 2. K. D. Rozay besetzt. Beide Orte wurden angegriffen. Bei der 2. K. D. deckte die 5. K. Brig. bei Le Corbier die linke Flanke, indem Ul. 3 gegen Pécy, wo englische Kavallerie gemeldet war, Drag. 2 mit Schützen gegen Jouy le Chatel vorgingen. Die reit. Abt. eröffnete von nördlich Voinsles das Feuer gegen Rozoy. Die dortige Infanterie verstärkte sich indessen erheblich, ebenso nahm das feindliche Artilleriefeuer derartig zu, daß stärkere feindliche Angriffe bevorzustehen schienen. Dies war das erste Anzeichen für den von Joffre am 4. 9. befohlenen allgemeinen Angriff und somit den Beginn der Marneschlacht.

General v. der Marwitz befahl gegen Mittag, daß der Angriff nicht durchzuführen sei, und um 2° Nachm. das Abbrechen des Gefechts, sowie das Zurückgehen der 9. K. D. nach Maupertuis und der 2. K. D. nach Amillis. Am Abend erreichten: 9. K. D. St. Augustin, 2. K. D. St. Pierre südlich Coulommiers.

Hier wurde durch den H. K. K. Befehl von 9³⁰ Abds. das Resultat der bisherigen Aufklärung bestätigt, daß der Gegner aus der Linie Paris—Esternay zum Angriff vorgegangen sei.

Der H. K. K. 2 sollte ein feindliches Vorgehen zwischen Meaux und La Ferté Gaucher verhindern. Die Bagagen wurden abgeschoben. Die Divisionen wurden alarmbereit gehalten.

Bei feindlichem Angriff sollten zurückgehen: 9. K. D. mit Jäg. 10 und Radfahrer-Btl. auf die Höhen nördlich des Grand-Morin-Abschnittes Pommeuse—Mouroux, 2. K. D. mit Jäg. 4 auf das Norduser bei Boissy le Châtel und Chauffry. Jäg. 3 und 9 sollten die Höhen südlich Coulommiers während des Durchmarsches halten, und dann auf die Höhen nördlich Coulommiers folgen. Wenn kein Angriff erfolgte, sollten die Stellungen auf dem nördlichen Ufer bis 5° Morg. eingenommen sein und zu hartnäckiger Verteidigung eingerichtet werden.

Das A. O. K. wies noch einmal auf die Wichtigkeit der Schließung der Lücke zwischen 1. und 2. Armee hin.

Unterdessen ging die 2. Armee am 6. 9. weiter bis zur Linie Le Gault—Pierre Morains vor.

Der H. K. K. 1 hatte Nachts den Befehl erhalten, mit Teilkräften die Aufklärung gegen Paris zu übernehmen, mit der Masse jedoch weiter nach Süden über die Seine vorzugehen und die dortigen Bahnen zu unterbrechen.

Hierzu stellte Gen. Lt. Frhr. v. Richthofen um 6° Morg. die G. K. D. bei Chartronges zum Vorgehen über Provins, die 5. K. D. bei Montceaux zum Vorgehen über Villers St. Georges bereit.

Weitere abändernde Befehle hielten das Kavalleriekorps zunächst noch an, bis Nachmittags der erneute Befehl eintraf, die Verfolgung mit allen Kräften bis zur Seine fortzusetzen unter Zerstörung der dortigen Bahnen. Zu letzterem Zweck wurden fünf Sprengpatrouillen der G. K. D. gegen die Bahnlinie Melun—Les Ormes entsandt*).

**Gefecht bei Courtacon.** Während das III. und IX. A. K. in heftigem Kampfe in Linie Sancy—Esternay standen, ging die G. K. D. auf Courtacon vor, nahm den Ort nach kurzem Kampfe, desgleichen bis zum Abend die Orte Champceneſt und Les Marets.

**Gefecht bei Montceaux.** Die 5. K. D. unterstützte das III. A. K. in seinem Kampfe bei Montceaux, wo sich die reit. Abt. Feldart. 5 in besonders schwerer Lage, wie nachstehend geschildert, hervorragend bewährte:

„Schon auf dem Wege in die am Südrande des Dorfes Montceaux gelegene Feuerstellung erhielt die 2. reit. Batt. Schrapnellfeuer. In dem unübersichtlichen Gelände südlich des Dorfes tauchten plötzlich überall dichte französische Schützenlinien auf und wurden unter heftiges Feuer genommen. Es erschien ein französischer Flieger über der Batterie und lenkte das Feuer mehrerer feindlicher Batterien, darunter schwerer

*) Hierunter befanden sich die Lts. v. Wedemeyer (3. G. U.), v. Schierstaedt (G. K.) und Graf Strachwitz (G. d. C.), von denen die beiden letzteren in französische Gefangenschaft gerieten, und gegen alles Kriegsrecht zu schweren Gefängnisstrafen verurteilt wurden. Lt. v. Wedemeyer gelang es, sich mit dem Fähnrich Graf Plessen auf abenteuerlichen Schleichwegen durch die französischen Truppen durchzufinden, und am 21. September nördlich der Aisne wieder bei seiner Division einzutreffen.

Rimailhohaubitzen auf die Stellung. In kurzer Zeit stand das in Rauch und Pulverdampf gehüllte Montceaux in hellen Flammen. Schuß auf Schuß der schweren Geschütze schlug in und um die Batterie ein. Lt. Kleine und Vizewachtm. Schuster brachen schwerverwundet zusammen, aber unermüdlich arbeitete die Bedienung. Im stärksten Feuer flickten Unteroffizier Scholz und die Fernsprecher Klee und Gründer die dauernd zerschossene Leitung zur Beobachtungsstelle, wo inzwischen der Batteriechef, Hptm. Lewald, und der als Hilfsbeobachter dienende Einjährige Ricke unter den Trümmern einer einstürzenden Mauer fast verschüttet worden wären. Da in dem rasenden Feuer ein Einfahren der Munitionswagen unmöglich war, mußte die Munition über eine 300 m breite offene Fläche herangetragen werden. Abgesessene Fahrer und Kanoniere wetteiferten in hervorragendem Schneid, und nicht einen Augenblick setzte das Feuer aus. Da kam um 2° Nachm. der Befehl, aufzuprotzen und der in nordwestlicher Richtung abmarschierenden Division zu folgen. Die Protzen konnten nicht herankommen, und nur wie durch ein Wunder gelang es, die Geschütze aus der Stellung zu schieben und ohne weitere Verluste aufzuprotzen. Aber auf dem Wege durch den 1½ km breiten, mit stärkstem Artilleriefeuer überschütteten Talgrund nördlich Montceaux, den jedes Fahrzeug einzeln im Galopp zurückzulegen versuchte, blieben 2 Geschütze liegen, deren Räder zerschossen waren und deren Pferde sich in ihrem Blute wälzten. Der Versuch, mit neuer Bespannung heranzukommen, mußte aufgegeben werden. Aber unter dem Schutze der Dunkelheit holten die schneidigen Fahrer ihre im Feuerbereich der bereits in Montceaux eingedrungenen französischen Infanterie liegenden Geschütze wieder, und am Morgen des 7. 9. traf die Batterie mit Verlust von 2 Toten, 3 Verwundeten und 6 Vermißten am befohlenen Marschziel ein."

Da hier ein Vorwärtskommen der 5. K. D. nicht möglich erschien, zog Gen. Lt. Frhr. v. Richthofen die Division nach Courtacon heran, um dort der G. K. D. zu helfen, sich den Weg nach Provins zu bahnen. Es gelang jedoch erst allmählich, die bei Montceaux eingesetzten Teile aus dem Gefecht zu ziehen, so daß die 5. K. D. erst gegen Abend mit ihren vordersten Teilen Courtacon erreichte.

Mit Einbruch der Dunkelheit ging die G. K. D. bei Beton Bazoches, die 5. K. D. bei Leudon zur Ruhe über.

Eine feindliche Kavallerie-Division (des Kav. Korps Conneau) war auf Provins zurückgegangen. Die Waldstücke bei Champceneſt und Les Marets blieben Nachts vom Feinde besetzt.

Auch beim H. K. K. 1 hatte man an diesem Tage den Eindruck, daß der Widerstand des Gegners sich auffallend verstärkt habe.

**7. September.** Eine Mitteilung der O. H. L. besagte, daß General Joffre für den 7. 9. den allgemeinen Angriff befohlen habe. Wie gezeigt wurde, hatten die ersten Angriffe bereits am 6. eingesetzt, und zwar: Mit der 6. Armee (Maunoury) nördlich Meaux. Die britische Armee sollte aus der Linie Dagny (nordöstlich Le Corbier)—Coulommiers—La Haute Maison, Front nach Osten, in Richtung Montmirail, vorgehen, und durch das Kav. Korps Conneau mit der 5. Armee (Franchet d'Espérey), die gegen die Linie Courtacon—Esternay—Sezanne vorging, Verbindung halten, während die 9. Armee (Foch) östlich anschließend den rechten Flügel decken sollte.

Bei der 1. Armee setzte General v. Kluck das III. (ohne 5. J. D.) und IX. A. K. in Richtung La Ferté Milon—Crouy in Marsch, um den Gegner am Ourcq nördlich umfassend anzugreifen. Sie erreichten am Abend die Marne-Linie Château Thierry—Charly.

Die in Linie Antilly—Vareddes kämpfenden Truppen wurden in drei Gruppen geteilt und dem General v. Linsingen unterstellt, der gegen Mittag angriff. Während der linke besonders stark angegriffene Flügel nicht vorwärts kam, gelang es der rechten Flügelgruppe den feindlichen Nordflügel bis Villers St. Genest zurückzuwerfen. Zur Unterstützung des besonders durch das Feuer schwerer Artillerie leidenden linken Flügels wurde die 5. J. D. (III. A. K.) auf Lizy und Trilport angesetzt.

**Gefecht bei Thury en Valois und bei Autheuil en Valois.** Die 4. K. D. mit Jäg. 7 deckte auf der Höhe westlich Thury en Valois den äußersten rechten Flügel. Feindliche Kavallerie, die von Bargny aus in östlicher Richtung zu umfassen versuchte, wurde erst erfolgreich mit Artillerie beschossen. Als sie trotzdem auf Autheuil en Valois vorging, wurde sie durch einen Feuerüberfall der 18. K. Brig. (Hus. 15 und 16) mit der M. G. Komp. des Jäg. Btls. 7 und der M. G. A. unter schweren Verlusten zum Zurückgehen gezwungen. 4. und 5. Hus. 15 (Rittm. v. Hanstein und v. Weltzien) erbeuteten hierbei ein Geschütz und sechs gefüllte Munitionswagen.

„Eine Husarenaufgabe lockte, wie sie so oft geübt und gelehrt worden war auf den Übungsplätzen der Heimat. Klopfenden Herzens ging es, der Führer weit voraus, in langem Sprung nach dem Wäldchen bei Höhe 119 südlich Autheuil. Aus dem Tal herauf klang in das Abenddämmern Pferdehufschlag und das Rasseln von Geschützen.

Einen Augenblick später lagen 50 Königin-Husaren im Anschlag. Der Feuerüberfall gelang, die Geschoßgarbe lag gut und die feindlichen Reiter suchten zum Teil durch das Dorf, wo sie noch bei Moulin d'Autheuil der M. G.-Abteilung zum Opfer fielen, zum Teil auf le Plessis das Weite.

Schlimmer ging's der Artillerie. Sie versuchte im Hohlweg, der zur Kirche von Autheuil führt, zu entkommen, mußte aber 1 Geschütz und 6 Munitionswagen nebst zahlreichen Toten und Verwundeten liegen lassen.

Die zur Aufklärung gegen den Rücken und die nördliche Flanke der am Ourcq kämpfenden deutschen Truppen entsandte französische Kavallerie war mit blutigen Köpfen heimgeschickt."

Die Division blieb Nachts bei Villeneuve.

Am Grand Morin und südlich standen jetzt nur noch die vier Divisionen der Heereskavallerie.

Der H. K. K. 2 deckte bei Coulommiers die Armeeflanke gegen die aus dem Walde von Crécy vorgehenden englischen Kräfte.

**Gefecht bei Voisins.** Die 9. K. D. mit Jäg. 10 war Nachts bei St. Augustin von starker Infanterie angegriffen worden, und ging daher um 12° Mitternachts nach Giremontiers nördlich Coulommiers zurück. Hier erhielt die Division am Morgen starkes Artilleriefeuer. Englische Infanterie ging von Crécy nördlich des Grand Morin gegen Boisins vor. Auf Befehl des Generals v. der Marwitz erreichte die Division gegen Mittag Pierre Levée, wo sie um 2° Nachm. die Weisung erhielt, nach Trilport zu rücken, zur Unterstützung des bei Vareddes kämpfenden linken Flügels der Armeegruppe Linsingen durch flankierendes Artilleriefeuer. Die Division fand 5³⁰ die Brücke bei Trilport zerstört. Ein Eingreifen der Artillerie war wegen der großen Breite des Flußtales nicht möglich. Das Vorgehen auf Germigny scheiterte infolge des Feuers schwerer feindlicher Artillerie. Die Division ging daher nach Tancrou, wo sie Nachts blieb.

Die Jäg. Btle. 3 und 9 wurden in eine Aufnahmestellung am Wegekreuz Coulommiers—Jouarre und Pierre Levée—Doue zurückgenommen.

Die 2. K. D. mit Jäg. 4 ging 2³⁰ Morg. bei Boissy le Châtel auf das Nordufer des Grand Morin, wo sie sich nach Sprengung der Brücke bereitstellte. Eine Eskadron der 5. K. Brig. (Rittm. v. Wedel, Drag. 2) mit einer Batterie nördlich von Coulommiers, 8. K. Brig. auf der Höhe westlich von Boissy, Artillerie mit Jäg. 4 nördlich, Leib-Hus. Brig. östlich von Boissy, 5. K. Brig. als Reserve dahinter.

Feindliche Kavallerie mit starker Artillerie erschien gegen 11° Vorm. bei Chailly en Brie und eröffnete das Feuer auf die Stellung der Division, das von der reit. Abt. erwidert wurde. Als das feindliche Artilleriefeuer sich bedeutend verstärkte und englische Infanterie nördlich des Grand Morin im Anmarsch über Boisins gemeldet wurde, ging die Division nach Doue, und von dort auf Befehl des H. K. K. 2 um 2³⁰ Nachm. nach Pierre Levée zurück.

Hier wurde von Crécy über La Haute Maison vorgehende englische Infanterie (linker Flügel der englischen Armee) beschossen und aufgehalten. Gegen Abend wurden Jäg. 4 und 10 in eine Bereitstellung auf den Höhen bei Jouarre zurückgenommen, wo Gen. Maj. Frhr. Thumb v. Neuburg (Kommandeur der 8. K. Brig.) mit der 8. K. Brig., den Jäg. Btln. 3, 4, 9 und 10, der reit. Abt. und der M. G. A. die Deckung der linken Flanke der 1. Armee übernahm. Der Rest der 2. K. D. ging nach Favières nördlich der Marne zurück.

Eine Patrouille der 2. Esk. 2. Leib-Hus. Regts. unter Unteroffizier Krautz, einem alten Afrikaner, war bei St. Rémy hinter die englische Front geraten. Es gelang ihr jedoch dank der Geschicklichkeit ihres Führers sich über St. Germain bis Doue zum Regiment durchzuschlagen.

Feindliche Kräfte waren im Anmarsch auf Pierre Levée, von Coulommiers aus und über Doue (Kavallerie) auf St. Cyr, wo die 5. K. D.

des H. K. K. 1 stand, gemeldet. Gegen die Flanke dieses letzten Gegners wurde in Richtung Montgoins ein Flankenstoß ausgeführt, der dem Feind schwere Verluste beibrachte.

Die 2. Armee war in Linie südlich Montmirail—Fère Champenoise auf starken Widerstand gestoßen und konnte nicht über den Petit Morin hinaus vordringen.

Der H. K. K. 1 hatte noch immer die Weisung, gegen die Seine vorzugehen, als um 5° Morg. die unerwartete Nachricht vom Rückmarsch des III. und IX. A. K. aus der Linie Sancy—Esternay eintraf, den zu decken nunmehr die Aufgabe des Kavalleriekorps sei. Bei Dagny und Les Essarts war neuer Feind erschienen, den G. Schützen und G. Jägn. bei Champceneſt und Les Marets lag Feind dicht gegenüber.

Zunächst wurden die Bagagen, die sich im Laufe der Zeit durch zahlreiche kleine, bewegliche Wagen zu Beitreibungszwecken erheblich vermehrt hatten, hinter die Marne abgeschoben.

Die G. K. D. sollte zur Aufnahme der am meisten gefährdeten Jäger-Bataillone bei Beton Bazoches und Courtacon stehen bleiben, die 5. K. D. bei Chevru die von Dagny über Choisy auf Rebais führende Straße und zugleich das Loslösen der G. K. D. decken.

Als Gen. Lt. Frhr. v. Richthofen erfuhr, daß die Masse des III. A. K. bereits den Grand Morin überschritten habe, befahl er das Zurückgehen der G. K. D. über den Grand Morin bei Jouy, der 5. K. D. über St. Rémy.

**Gefecht bei Frétoy.** Das mit Deckung der rechten Flanke der G. K. D. beauftragte 1. G. Drag. Regt., unter Oberstlt. Frhr. v. Holzing, stieß bei Frétoy auf englische Kavallerie, 9. Lancers und 18. Hus. — Kav. Brigade de Lisle —, Radfahrer und Infanterie. Durch abwechselndes Feuergefecht und Attacken einzelner Eskadrons löste das Regiment diese Aufgabe in vorbildlicher Weise. Rittm. Frhr. v. Gayling attackierte mit seiner Schwadron eine englische Eskadron 9. Lancers, die den Angriff stehend und vom Pferde schießend erwartete und geworfen wurde. Ein Maschinengewehr wurde genommen und unbrauchbar gemacht*). Es gelang dem Regiment, den Feind während des Abmarsches der Division den ganzen Vormittag hindurch aufzuhalten.

Die Tätigkeit des Regiments zeigt nachfolgende Schilderung:

„Schon waren unsere Schwadronen stark gelichtet. Noch etwa 400 Reiter waren im Regiment auf müden, mageren Pferden, als wir am späten Abend des 6. 9. am

*) In dem Bericht des Feldmarschalls French (siehe Mil. Wochenbl. 1919, Nr. 40 u. f.) sind diese Reiterkämpfe stark englisch gefärbt, wie auch seine sonstigen Schilderungen. Vgl. „Die Operationen des Feldmarschalls French gegen die 1. Armee und das VII. Reservekorps im Sommer 1914" von General der Infanterie v. Zwehl. Mil. Wochenbl. 1919, Nr. 37 u. f.

rechten Flügel der Division bei Beton Bazoches Freilager bezogen und am 7. früh den Befehl bekamen, in Richtung der großen Straße nach Paris vorzugehen, aufzuklären und die Division in ihrer rechten Flanke zu sichern.

Unser Regts. Kommandeur, Oberstlt. Frhr. v. Holzing, entschloß sich zunächst, soweit als möglich vorzustoßen, und zwar nördlich der großen Straße. Das Gelände war dort mit einigen Waldstücken besetzt, links lief die Straße auf einem Rücken, rechts floß ein Bach, den die Erkunder bald als undurchschreitbar feststellten. Von der Straße her hörte man entfernte Schüsse. Unsere Patrouillen schienen dort schon auf Feind gestoßen zu sein. Es wurde Doppelkolonne formiert und sprungweise vorgegangen.

Die Bewegungen hatten nicht lange gedauert, als ein Gehöft an der Straße, halblinks von uns, aber nicht sichtbar, von feindlicher Infanterie besetzt, und gleich darauf englische Kavallerie im Anmarsch nördlich der Straße, also halbrechts von uns, gemeldet wurde. Der Kommandeur beschloß, letztere rechts ausholend anzugreifen, aber über den Bach führte nur eine einzige Brücke weit vor uns an einem feindwärts gelegenen Dorfe. Es mußte versucht werden.

Die in vollem Lauf dahinjagende Patrouille verschwand unbeschossen im Dorfe Frétoy. Auf Zeichen trabt die Marschkolonne auf dem schmalen Wege an. Still geht's durch das menschenleere Dorf. Die Brücke ist heil und frei. Wir gewinnen jenseits das freie Feld und biegen wieder westwärts ein, uns wie vorher zwischen Waldstücken abschnittsweise vorbewegend. Da sah man links vor uns englische Reiterabteilungen auf starken schwarzbraunen Pferden und ebensolche weit vor uns über einen Hang reiten. Schlag auf Schlag verdichteten sich die Meldungen, daß englische Kavallerie und französische Infanterie im Vormarsch seien.

Zunächst muß unsere linke Flanke, wo die Infanterie an der Straße gemeldet ist, sichergestellt werden. Die 2. Esk. sitzt zum Gefecht zu Fuß ab und nimmt Stellung auf freiem Feld, vor dem Rand eines Waldstückes liegend. Nicht mehr als 30 Karabiner, aber der rechte Mann dabei, Rittm. v. Rheinbaben, mit einer Schrapnellkugel im Knie noch von Urvillers her, stand er hier hinter seinen Leuten, wortkarg, kalt und sicher. Er liegt jetzt auch in französischer Erde.

Der linke Flügel steht fest, die 4. Esk. dahinter zur Verfügung, die anderen rechts davon noch zu Pferde. Die Schützen der 2. eröffnen das Feuer nach links hin, eine englische Abteilung verschwindet im Galopp. Gleichzeitig fliegt ein Meldereiter heran: »Vier französische Kompagnien, selbst gesehen, im Anmarsch auf ein Dorf dort halbrechts vor uns. Dort ist auch englische Kavallerie mit Geschützen gesehen, Marschrichtung nordöstlich, also rechts an uns vorbei.

Unser Kommandeur mit Rittm. v. Bonin, dieser vorgestern am Arm und Bauch verwundet, aber im Sattel, vorgaloppierend, sieht bei Dagny englische Kavallerie stehen.

Nur ein sofort geführter Stoß konnte der 2. Esk. ermöglichen, mit den Schützen der andern Schwadronen rechtzeitig die feindliche Infanterie in einer geeigneten Stellung zu erwarten. Dafür gab's nur das Gehöft mit Gärten halbrechts hinter uns. Gut denn. — »Rittm. v. Gayling, attackieren Sie englische Kavallerie in Richtung auf dieses Dorf dort.« »Zu Befehl!« — Die Schwadron formiert sich zur Attacke und galoppiert, während aus dem Dorfe schon gefeuert wird, der Rittmeister auf seinem Schimmel voraus, über das etwa 1000 m breite, flache Feld gegen das Dorf. Die englische Kavallerie, die dort stand, schien nichts vom Attackieren zu halten. Sie erwartet stehend und vom Pferde feuernd den Ansturm. Einige unserer Reiter überkugeln sich getroffen. Vor dem Zusammenprall werfen die Engländer die Pferde herum und reißen aus. Ins Dorf hinein, hinterher die Schwadron. — Aber die war in der Hand des Führers. Und wenn je, so war's jetzt nötig!

In der Dorfstraße stand, offenbar eben angekommen, französische Infanterie. Auf einer Seitenstraße am Dorfrand waren M. G. im Begriff, sich schußfertig zu machen. Diese bemerkt der linke Flügelzugführer, Serg. Mehlis. Aus der Attacke konnte er seinen Zug herumdrehen und fuhr mit den Lanzen in die M. G.-Bedienungen hinein. Keins hat mehr einen Schuß getan! Der andere Zugführer, Oberlt. Frhr. v. Buddenbrock — er fiel kurz darauf, in vorderster Linie kämpfend, den Karabiner an der Wange, bei La Bassée —, stieß auf die Infanterie. Ein englischer Offizier stand da, ein kaltblütiger Bursche, im Anschlage auf ihn. Buddenbrock haut ihm von seinem kleinen Schimmel herunter den schweren Säbel quer durchs Gesicht. Der Rittmeister holt seine Schwadron durch Zuruf herum und führt sie im Galopp, im Bogen, um das zu erwartende Verfolgungsfeuer abzuschwächen, auf die Stellung zurück.

Die braven Garde-Dragoner, die nicht mitzurückkamen, ruhen nicht umsonst auf jenem Felde in Frankreich nahe vor Paris.

Unser weit überlegener Feind hatte durch diese unerwartete Attacke einen richtigen Schlag vor den Kopf bekommen, so daß von da ab seine Maßnahmen, milde ausgedrückt, zögernd wurden, und das ermöglichte das erfolgreiche weitere Verhalten des Regiments.

Die Schwadron Gayling wurde in die neue Stellung zurückgeschickt, ebenso die 2., die unbehelligt auf die Pferde kam. Die 4. machte den Beschluß. An einer kleinen Geländewelle wurden, um diese Bewegung zu decken, erneut Schützen in Stellung gebracht. Doch konnten es nur etwa 20 Karabiner der 3. Esk. sein unter ihrem willensstarken Führer, Rittm. v. Schlick. Aber die kleine Festung mußte gehalten werden. Und es wurde, wie immer bei Nachhuten, recht zweifelhaft, ob diese Schützen wieder auf die Pferde kommen würden, zumal das Gelände sehr wenig übersichtlich war.

Da sah unser Kommandeur, zur Ausschau vorreitend, halbrechts von uns, halb in Büschen versteckt, feindliche Reitergruppen. Die durften nicht um die Schützen herumkommen, die sie zu spät sehen mußten! Zwei Züge der 4. Esk. waren die nächsten zur Hand. »Vizewachtmeister Grade, attackieren Sie feindliche Reiter in dieser Richtung.« Der große Vizewachtmeister auf dem prächtigen Rappwallach »Otto«, neben sich den Fähnrich v. Glasow, braust mit seinen Leuten los. Die Engländer waren abgesessen und empfingen die Dragoner mit knatterndem Feuer aus der Deckung der Büsche. Vizewachtm. Grade fiel schwerverwundet vom Pferde, Fähnrich v. Glasow war mitten durch die Brust geschossen, mehrere tüchtige Kameraden besiegelten ihre Pflichttreue mit dem Tod und ihrem Blut.

Aber es gelang, die Schwadron auf das Gehöft Les Huettes zurückzuführen. Und wahrlich nicht zu früh! Schrapnells krepieren über uns aus der rechten Flanke her. Patrouillen melden: »Vorgehen des Feindes nördlich von uns.« Aber außer mit Artilleriefeuer, das wenig Schaden anrichtete, bestätigte sich die Meldung zunächst nicht, und wir warteten vergeblich auf den Angriff der Infanterie, die indessen nicht weiter vorgegangen war.

Zur Bergung der zurückgebliebenen Verwundeten ritt, an Stelle unseres tags zuvor beim Verbinden eines Verwundeten in Gefangenschaft geratenen Stabsarztes Dr. Meinike, ein dem Regiment zur Verfügung gestellter junger Arzt des 2. G. Drag. Regts. mit mehreren freiwilligen Dragonern zurück. Sie sind in treuer Pflichterfüllung gefallen oder gefangen genommen worden.

Hinter uns, dem 1. G. Drag. Regt., bei Les Huettes, wurde die G. K. D. nach Norden durchgezogen. Sie war mit allen Bagagen und Fahrzeugen auf die Brücke bei Jouy angewiesen. Dem Regiment war es geglückt, den gerade in dieser Richtung vorfühlenden, weit überlegenen Gegner einen ganzen Vormittag lang aufzuhalten.

›Der Widerstand des Regiments hat der G. K. D. den ungehinderten Durchzug erkämpft‹, lautete die dem Regiment von vorgesetzter Stelle ausgesprochene Anerkennung."

**Gefecht bei Courtacon.** Die Division hatte unterdessen die Loslösung der G. Jäg. und G. Schützen ohne erhebliche Verluste durchgeführt und führte den Rückmarsch über Jouy am Grand Morin, nördlich Trétoire den Petit Morin überschreitend, bis Boitron nordwestlich Sablonnières aus.

Die 5. K. D. stand bis Mittag bei Choisy und St. Remy bereit und setzte den Rückmarsch am Nachmittag ohne Verluste durch den vorsichtig folgenden Gegner über Rebais, Orly am Petit Morin bis Bussières fort. Beim Offenhalten des Grand-Morin-Überganges bei St. Remy zeichnete sich die 4. Esk. Ul. 10, Rittm. Preußer, aus.

Das Regiment berichtet hierüber:

„Am 7. 9. früh wurde je eine halbe Eskadron der 4. Esk. unter Rittm. Preußer nach St. Remy und St. Simeon zum Offenhalten der Übergänge über den Grand Morin für einen etwaigen Rückzug der Division entsandt.

Nachdem gegen Mittag die ganze Eskadron nach St. Simeon gezogen worden war, griff 4³⁰ Nachm. starke feindliche Kavallerie, unterstützt durch heftiges Artilleriefeuer, die von der Eskadron ausgestellten Posten an. Da Rittm. Preußer erfahren hatte, daß die Division auf La Ferté Gaucher abgezogen war, erhielten die Posten Befehl, sich über St. Simeon und St. Remy auf das nördliche Ufer zurückzuziehen. Um 5⁰ Nachm. entschloß sich die Eskadron gleichfalls zum Rückzug und ging, da der Übergang bei St. Simeon unter starkem feindlichen Artilleriefeuer lag, erst auf dem Bahndamm in östlicher Richtung, dann bei St. Remy über den Grand Morin zurück. Die Posten, die den Rückzugsbefehl nicht mehr erhalten hatten, fielen nach tapferem Ausharren in englische Gefangenschaft.

Als die Eskadron die Höhen nach Montmogis hinaufritt, mußte sie wiederum vor feindlichem Artilleriefeuer nach Osten ausbiegen. Zur Beobachtung des auf Rebais nachdrängenden Gegners wurde Lt. Frhr. v. Bock entsandt, der 1 km nordwestlich Montmogis schon Feuer erhielt und Kavallerie zu Pferde und zu Fuß erkannte.

Im Weitermarsch hatte die Eskadron Lt. v. Seidel zur Erkundung von Rebais vorgeschickt. Im Dorf wurden zunächst nur deutsche Bagagewagen mit Infanterie erkannt. Als die Eskadron etwa 500 m vor der Wegekreuzung im Ort war, wurden die Bagagewagen von Westen her von englischer Kavallerie attackiert. Im Dorf entstand ein vollkommenes Durcheinander. Die Bagagewagen, die versuchten kehrtzumachen, versperrten die Straße. Rittm. Preußer entschloß sich zur Attacke und ließ angaloppieren. In diesem Augenblick erhielt die Eskadron von links vorwärts aus Gärten und Hecken heraus ein dermaßen starkes Feuer, daß ein Durchkommen nach vorn nur mit ungewöhnlich starken Verlusten möglich gewesen wäre. Die Eskadron machte kehrt und ging bis etwa 1 km nördlich Rebais zurück. Hierbei wurde trotz einiger Verluste die größte Ruhe und Ordnung bewahrt. Zwei Ulanen brachten den schwerverwundeten Utffz. Otto im heftigsten feindlichen Feuer zu Pferde im Schritt zurück.

Die Eskadron ging dann, nach Osten ausbiegend, über Grand Doucy nach Bellei zurück. Lt. Frhr. v. Bock blieb am Feinde und erbeutete noch englische Kavalleriepferde. Spät abends stieß die Eskadron bei Sablonnières auf die Vorposten der G. K. D. und schloß sich dieser an.

Nur durch die Umsicht und Tatkraft des Rittm. Preußer, unterstützt durch seine vorzüglichen Patrouillenreiter, ganz besonders durch Lt. Frhr. v. Bock, gelang es der Eskadron, mit verhältnismäßig geringen Verlusten diesen überaus schwierigen Rückzug auszuführen."

Die G. Schützen und die Radfahrer wurden der 5. K. D. zugeteilt.

Die Aufgabe des H. K. K. 1 bestand nun im Ausfüllen der Lücke zwischen dem H. K. K. 2 und der 2. Armee, um die Verbindungen der 1. Armee und den rechten Flügel der 2. Armee zu decken. Hierbei fiel dem H. K. K. 1 die Petit Morin-Strecke La Ferté sous Jouarre—Villeneuve zu, die je zur Hälfte einer Division zugewiesen wurde. Auf die Wichtigkeit dieser Aufgabe und die Notwendigkeit, die Verteidigung nicht am Bachlaufe selbst, sondern auf dem nördlichen Höhenrande zu suchen, wurden die Divisionen besonders hingewiesen.

Somit standen am Abend des 7. 9. die vier Kavallerie-Divisionen der H. K. Ks. 2 und 1, die die Lücke zwischen der 1. und 2. Armee schließen sollten, hinter der Marne-Linie Tancrou—La Ferté sous Jouarre—Orly—Boitron.

Die glühende Hitze der letzten Wochen hielt auch weiter an und nahm die Kräfte der durch die großen Anstrengungen sehr ermüdeten Pferde stark in Anspruch.

**8. September.** Bei der 1. Armee marschierten das IV. A. K. und die 6. J. D. Nachts auf La Ferté Milon—Crouy weiter. Die 6. J. D. griff bei Cuvergnon (rechter Flügel der A. Gr. Linsingen) ein. Das IX. A. K. sollte weiter bis südlich Crépy en Valois vorgehen, um am 9. westlich der 6. J. D. im Verein mit der von Brüssel kommenden, und über Verberie auf Baron angesetzten 43. Res. Brig. Lepel von Norden her den feindlichen linken Flügel umfassend anzugreifen.

**Gefecht bei Cuvergnon.** Die 4. K. D. sicherte bei Villers les Potées weiter die rechte Flanke, nahm am Gefecht der 6. J. D. bei Cuvergnon teil und blieb dann bei Thury en Valois.

Bei Etavigny wurde das französische Kav. Korps Sordet, das Joffre wegen Übermüdung der Pferde bis Versailles hatte zurückgehen lassen, mit der eiligst von Paris herangeholten 61. R. D. gegen die deutsche 7. J. D. eingesetzt. Der Angriff wurde abgeschlagen. Die französische 5. K. D., die einen Raid durch den Wald von Villers Cotterêts unternommen hatte, und gegen den Flugplatz des A. O. K. bei La Ferté Milon vorstieß, wurde hier durch die gerade eintreffenden Anfänge des IX. A. K. abgewiesen.

**Gefecht bei Le Plessis Placy.** Die bei Tancrou stehende 9. K. D. ging um 7[30] Vorm. über den Ourcq bis Le Plessis Placy vor, um hier den Gegner, der bei Trocy durchzubrechen schien, durch Angriff zu Pferde aufzuhalten. Als weiter nördlich bei Vincy Manoeuvre rückwärtige Bewegungen erkannt wurden, wurde die Division in beschleunigter Gangart dorthin gezogen. An beiden Stellen gelang indessen dem Gegner der Durchbruch nicht.

Um 5° Nachm. trat die Division wieder unter den Befehl des H. K. K. 2, der sie zur Sperrung des Marne-Überganges bei Ussy heranzog. Die Division erreichte 8° Abends die Gegend zwischen Rutel und Ussy, wo sie verblieb.

Die 1. Armee hatte am 8. Abends zehn Divisionen zum Kampfe gegen 8½ Divisionen Maunourys zur Stelle, so daß letzterer von nun an auf einen Sieg nicht mehr rechnen konnte.

Das Vorgehen der Engländer gegen die Marne am 7. auf La Ferté sous Jouarre, St. Cyr und über Rebais auf Orly erfolgte vorsichtig und zögernd. Trotzdem war die Deckung der langen Marne—Petit Morin-Strecke Meaux—Villeneuve (36 km Luftlinie) allein durch die Heereskavallerie eine kaum zu lösende Aufgabe. Es wurde daher die halbwegs Château Thierry und La Ferté Milon bei Bonnes befindliche 34. J. Brig., Gen. Major v. Kraewel, mit zwei Feldartillerie-Abteilungen beauftragt, die Marne-Linie La Ferté sous Jouarre—Nogent zu halten. Die Brigade erreichte am Abend Montreuil, wo sie verblieb.

Der H. K. K. 2 in Jouarre hatte befohlen, daß die 2. K. D. auf dem rechten Marne-Ufer beiderseits Ussy, Detachement Thumb (s. S. 96) südlich Jouarre die linke Armeeflanke gegen den unteren Grand Morin und Coulommiers sichern sollten.

**Gefecht bei La Ferté sous Jouarre.** Englische Kavallerie ging auf Ussy, sowie auf St. Cyr vor. Sie wurde von der Artillerie des Detachements Thumb unter Feuer genommen, das lebhaft erwidert wurde. Als der Anmarsch einer feindlichen Infanterie-Division von Coulommiers auf Jouarre gemeldet wurde, ließ Gen. d. Kav. v. der Marwitz um 10° Vorm. das Gefecht abbrechen, und das Detachement Thumb auf die Höhen von Favières nördlich La Ferté zurückgehen. Hier ordnete er 12° Mittags die Deckung der Marne wie folgt an: Das Radfahrer-Bataillon deckt bei Mary südlich Lizy den rechten Flügel, 2. K. D. in Linie Morintru—Chamigny, ein Jäger-Bataillon in La Ferté, eins bei Favières, zwei nördlich dahinter.

Die 2. K. D. stellte sich, wie befohlen, bereit, reit. Abt. bei Morintru. Aufklärung von Mary bis Saacy. Verbindung mit H. K. K. 1 bei St. Cyr wurde aufgenommen, wo die 5. K. D. und östlich anschließend die G. K. D. im Kampfe standen.

Um 1° Nachm. ging von dort die Meldung ein, daß starke feindliche Kavallerie bei Sablonnières durchgebrochen sei, der die G. K. D. bei Hondevilliers unter Festhaltung der Übergänge bei Boitron entgegenzutreten beabsichtige.

Die Stellung der 2. K. D. wurde von feindlicher Artillerie mit großem Munitionsaufwand beschossen, wodurch einige Verluste bei der Leib-Hus. Brig. und bei der Artillerie verursacht wurden. Alles blieb Nachts in der Stellung, die bis auf den letzten Mann gehalten werden sollte.

Auch beim H. K. K. 1 bei Bassevelle war auf die Notwendigkeit zäher Verteidigung des Petit-Morin-Abschnittes hingewiesen worden. Östlich Villeneuve bei Viels Maisons stand ein Detachement des VII. A. K. zur Sperrung der Lücke bis zu dem an diesem Tage bei und nördlich Montmirail kämpfenden rechten Flügel der 2. Armee.

Die 5. K. D. stand auf den Höhen bei St. Cyr und Orly mit dem G. Schützen-Btl., der 11. und 12. K. Brig., die reit. Abt. auf den Höhen nördlich St. Cyr und Orly, die 9. K. Brig. als Reserve. Die G. K. D. mit den G. Jägern stand in Linie Boitron—La Noue. Der rechte Flügel der 2. Armee war schon am 7. 9. bis Fontenelle zurückgebogen worden. Somit war der linke Flügel des H. K. K. 1 ungedeckt gegen feindliche Umfassung.

**Gefecht am Petit Morin. Gefecht bei Orly.** 8⁰ Vorm. traf beim Gen. Lt. Frhrn. v. Richthofen die Meldung ein, daß die Sicherungslinie der G. K. D. bei Bellot, der 5. K. D. bei Orly durch überlegene englische Infanterie und Kavallerie durchbrochen worden sei. Als dann das feindliche Artilleriefeuer des auf zwei Infanterie- und zwei Kavallerie-Divisionen geschätzten Gegners (nach dem Bericht von French 1. und 2. I. D. und eine englische und eine französische K. D.) immer heftiger wurde, bei Boitron und bei Orly rückgängige Bewegungen sichtbar wurden, und die bei Hondevilliers zum Gegenstoß zusammengezogenen Teile ebenfalls starkes Artilleriefeuer erhielten, wurde 12⁴⁵ Nachm. der Rückzug auf den Dollau-Abschnitt befohlen. Dieser sollte durch die 5. K. D. von Chézy bis Essises, von der G. K. D. anschließend bis Fontenelle, wo der rechte Flügel der 2. Armee stand, besetzt werden.

Die Befehle drangen bei dem schweren Kampfe nicht überall durch. Das Zurückgehen gestaltete sich daher bei der nahen Berührung mit dem Gegner äußerst verlustreich. Bei der G. K. D. hielten, nachdem die Kavallerieschützen gegen Mittag mit Verlusten aus der Stellung gezogen waren, die G. Jäg. und die G. M. G. A. 1 ihre Stellungen bei Boitron bis 3⁰ Nachm.

Die G. M. G. A. 1 berichtet:

„Die G. M. G.-Abt. 1 mit einer Schwadron gelber Ulanen und einer Kompagnie Jäger erhielt den Auftrag, die Brücke bei Boitron zu sperren. Um 6⁰ Vorm. rückte die Abteilung unter Hptm. Frhr. v. Münchhausen, die steile Zickzackstraße hinunter, bis auf 200 m an die Brücke heran. Hier wurden die Gewehre freigemacht und die

Fahrzeuge etwa 150 m zurück, seitwärts durch die Büsche gedeckt, aufgestellt. Die Sonne stieg blutigrot hoch, jeder war von dem Ernst der Lage durchdrungen. Die Schützen schanzten in dem felsigen Boden eifrig, die Fahrer machten sich den Weg zur Straße frei, es wurde eine Läuferkette von den Fahrzeugen zu den Gewehren gelegt und für Kühlwasser gesorgt.

Um 8³⁰ meldeten Jägerpatrouillen die Annäherung der Engländer. Bald darauf sah man auch Radfahrer die steile Straße gegenüber herunterkommen. Von gutgezieltem Feuer der M. G. empfangen, gaben sie bald ihr Vorhaben auf und versuchten in Schützenlinien von der bewaldeten Höhe vorzugehen, was ihnen indessen nicht gelang. Bald zogen lange Infanteriekolonnen über die Höhen, leider jedoch außer Schußbereich. Bald sah man Verstärkungen die gelichteten Radfahrerlinien auffüllen. Aber auch diese wagten, von unserm M. G. Feuer gefaßt, nicht weiter vorzugehen.

Dann kam erst eine, dann eine zweite Feldbatterie, die auf 2000 m offen auffuhren, und bald war ein heißes Gefecht entbrannt.

Um 11° wurde von hinten durchgefragt, ob die Abteilung sich noch halten könne. Hauptm. v. Münchhausen antwortete: »Bis zum letzten Atemzuge, bis zum letzten Mann.« Trotz der überwältigenden Übermacht waren die Verluste bis dahin gering, während die Jäger und die Ulanen schon schwer gelitten hatten.

Um 1° Nachm. wurde wieder durchgefragt, ob die Abteilung sich noch halten könne. Die Antwort war die gleiche. Der Gegner verstärkte sich dauernd, das Artilleriefeuer nahm große Heftigkeit an. Eine Batterie, die hinter uns gefeuert hatte, schwieg schon seit 2 Stunden. Die feindliche Infanterie versuchte wieder vorzugehen, wurde aber durch das M. G. Feuer niedergehalten. Die Artillerie beschoß besonders die Fahrzeuge, die ohne jede Deckung gegen Schuß dastanden, während ein Flieger das feindliche Feuer leitete. Ein Pferd nach dem andern brach zusammen. Die Läufer zwischen Gewehren und Fahrzeugen waren fast alle verwundet.

Um 2³⁰ kam der Befehl durch, die Stellung zu räumen, doch war dies bei dem rasenden Feuer leichter gesagt wie getan. Außerdem konnte der Gegner die Straße, auf der die Fahrzeuge hinaufmußten, einsehen.

Um 3° hörte man die Engländer links von uns mit Hurra stürmen. Da gab Hptm. v. Münchhausen den Befehl, die Gewehre sollten sich zugweise in das Dorf hinaufpirschen. Von Jägern und Ulanen war nichts mehr da. Zugleich bekam Feldwebel Müller den Befehl, mit den Fahrzeugen im Galopp das Dorf zu gewinnen. Die Fahrer, die stundenlang, ohne sich wehren zu können, im schwersten Feuer bei ihren Pferden gestanden hatten, atmeten erlöst auf, es wurde aufgesessen, und im tollsten Galopp ging es den Berg hinauf. Jedes Pferd wußte, daß es auf Tod und Leben ging. Obgleich die Engländer Schnellfeuer aus mehreren Batterien auf 1200 m abgaben, kamen doch alle Fahrzeuge hinauf. Einige Fahrer wurden verwundet, zwei Reitern das Pferd unterm Leibe erschossen. Lt. Prinz zu Schoenaich-Carolath wurde schwer verwundet.

Oben wurden die M. G. hinter Häusern auf die Fahrzeuge gebracht, unsere Verwundeten, versprengte Jäger und Ulanen wurden aufgeladen, und dann ging's im Galopp davon, hart verfolgt von der englischen Kavallerie.

Es war ein schwerer Tag für die Abteilung, aber ein Ehrentag!"

Auch die braven Garde-Jäger hatten bei ihrem Ausharren schwere Verluste, bis sie Nachmittags die Stellungen auf Befehl räumten. Die letzten Abteilungen führte, zu Fuß mitmarschierend, ihr tapferer Kommandeur Major v. Krosigk.

Bei der 5. K. D. bei Orly zeichneten sich das G. Schützen-Btl., die

Pi. Abt., Hus. 6 und die reit. Abt. besonders aus und hielten dort ebenfalls ihre Stellungen unter schwersten Verlusten bis gegen 4° Nachm.

Der Führer der Pi. Abt. 5, Oblt. Nickisch v. Rosenegk, schildert die Tätigkeit der G. Schützen und Pi. Abt. wie folgt:

„Gegen 10° meldete eine Patrouille, daß starke feindliche Kolonnen im Anmarsch seien. Ich ging hinunter nach Orly, um mich den Garde-Schützen, die das Dorf unten befestigten, zur Verfügung zu stellen. Unten gab es für uns noch reiche Arbeit. Die Garde-Schützen waren schon sehr fleißig gewesen und hatten verschiedene Scheinanlagen gebaut, auf die die Herren Engländer nachher glänzend hereinfielen. So war z. B. rechts vor dem Dorf ein recht auffälliger Schützengraben ausgehoben worden, auf dessen Brustwehr Tschakos und Knüppel die tapferen Verteidiger markierten. Diese hatten aber weiter rückwärts einen schattigen Straßengraben diesem Kunstwerk vorgezogen, in den sich nachher nur einige wenige Geschosse verirrten, während vorn der Schützengraben durch den wahnsinnigen Geschoßhagel fast dem Erdboden gleichgemacht wurde. Ebenso hatten die braven Schützen im Dorf mit ihren Tschakos und Mützen die hohen Gartenmauern geziert, die von weitem aussahen, als seien sie stark besetzt. Ihr verheerendes Feuer aber gaben sie nachher aus dem Schutzgang niedriger Mauern und Hecken am Rande des Ortes ab. Alles war in bester Stimmung und wartete so gut vorbereitet den langersehnten Angriff des Feindes.

Gegen 11° Vorm. kam ein Ordonnanzoffizier von der Division und überbrachte den Befehl, das Dorf unter allen Umständen zu halten. Hierauf wurden die 1., 3. und M. G. Komp. der Garde-Schützen vorn eingesetzt, während ich mit 2 Unteroffizieren und 20 Pionieren den Auftrag erhielt, vor der Mitte des Dorfes die Deckung von 2 M. G. zu übernehmen. Die anderen M. G. waren auf die Stellung der Garde-Schützen verteilt worden.

Es war 11³⁰ Vorm. Ich saß mit dem Führer und einem Offizier der M. G. Komp. auf einem Strohhaufen und beobachtete, als die ersten feindlichen Infanteriegeschosse über uns hinwegpfiffen. Wir krochen rasch auf unsere Plätze und leiteten das Feuer ein. Die Engländer schossen wie toll auf uns. Aber zum Glück zu hoch über uns weg auf die so schön geschmückten hohen Mauern. Ich werde das Pfeifen und Singen mein Lebtag nie wieder vergessen. Als wenn ein riesiger Bienenschwarm über uns hinwegbrauste, so dicht sausten die englischen Geschosse. Wir waren aber auch nicht faul, auch wir schossen, was die Läufe nur hergeben konnten. Patronen hatten wir uns ja auch genügend dazu beschafft, wie überhaupt für alles aufs beste gesorgt war. Und daß die Garde-Schützen nicht schlecht geschossen haben, das haben mir nachher die Engländer selbst erzählt und mir ihre vollste Anerkennung über unsere Leistungen ausgesprochen.

Es war ein heißer Kampf. Die Sonne brannte so schön heiß vom Himmel herunter, als ob sie es an diesem Tage besonders gut mit uns meinte.

So verging der Nachmittag, ohne daß der Feind vor uns weiter vorzugehen wagte. Es mochte so kurz nach 4° sein, als vor uns das Feuer nachließ, dagegen aber weiter rechts von uns heftiges Infanteriefeuer einsetzte."

Weiter schildert Oblt. v. Nickisch nunmehr seine schwere Verwundung, das Zurückgehen der Garde-Schützen, deren fernere schwere Verluste durch Artilleriefeuer und seine Gefangennahme durch englische Abteilungen, die die so lange gehaltene Stellung bei Orly umgangen hatten. Er fährt dann fort:

„Wie ich später hörte, sind die Reste der Garde-Schützen, die von Orly noch zurückgekommen waren, nur gering gewesen. Getreu ihrem Befehl hatten sie standgehalten, buchstäblich fast bis zum letzten Mann, bis jeder Widerstand vergebens war.

Und wie stark war denn der Gegner? Ich wollte es erst gar nicht glauben, als mich nachher hohe englische Offiziere ausfragen wollten und ich dabei durch Zufall erfuhr, daß wir etwa 60 000 bis 70 000 Feinde den Tage gegenüber gehabt, sie aufgehalten und ihnen standgehalten hatten. Und wie stark waren wir? Einige Kompagnien, einige abgesessene Schwadronen, die Garde-Schützen und wir paar Pioniere auf viele, viele Kilometer verteilt, einem so starken Gegner gegenüber. Auf Orly hatte es der Gegner anscheinend besonders abgesehen, gegen uns hatte er seine Hauptmassen angesetzt und uns durch Umgehung den Rückweg verlegt.

Wie viele Heldentaten aus früheren Kriegen werden als Muster hingestellt! Wenn aber später einmal eins für aufopfernde Treue und tapferes Aushalten bis zum letzten Mann gesucht wird, so wird es das beste und treffendste sein, das Standhalten der Garde-Schützen bei Orly am 8. 9. 14 zu wählen. Denn was das Garde-Schützen Batl. an diesem Tage geleistet hat, kann nur einer ermessen, der von Anfang bis zum Schluß selbst mit dabeigewesen ist und alles mit durcherlebt hat."

Das Hus. Regt. 6 berichtet:

„Die 2. Esk. besetzte die Übergänge bei St. Cyr und hielt sie im Verein mit den Garde-Schützen gegen den stark überlegenen Feind. Erst als die Gefahr drohte, daß die Eskadron abgeschnitten würde, zog sie sich 3³⁰ Nachm. mit Verlusten an das Regiment heran. Die anderen 3 Eskadrons waren inzwischen an der Straße La Ferté—Montmirail bei Les Pavillons mit Schützen in Stellung gegangen und erhielten zeitweise sehr heftiges Artilleriefeuer. Die Handpferde mußten wiederholt wegen des starken Feuers ihren Standort wechseln.

Der bereits um 12° Mittags ausgegebene Divisionsbefehl zum Räumen der Stellung war nicht angekommen. Schließlich entschloß sich Oberstlt. Frhr. v. Lepel, der Kommandeur der 12. Kav. Brig., unter dem stets wachsenden Druck des auf mindestens eine Infanteriedivision mit starker Artillerie geschätzten Gegners, das Regiment zunächst bis auf die Höhen östlich Rougeville zurückzunehmen, als ein Divisionsbefehl das Zurückgehen über die Marne anordnete."

Auch die reit. Abt. Feldart. Regts. 5 hatte einen schweren Stand:

„Nachdem die nördlich Orly und südöstlich Les Pavillons stehende 1. (Hptm. Lehmann) und 3. r. Batt. (Hptm. v. Wittken) um 9° Vorm. eine feindliche Batterie niedergekämpft und feindliche Schützenlinien am Vordringen verhindert hatten, eröffneten 3 englische Feldbatterien und eine schwere Batterie ein Höllenfeuer auf die Batterien, so daß diese und die Beobachtungsstellen stundenlang in Rauch und Staub gehüllt waren. Hptm. Lehmann wurde der Teilkreis seines Scherenfernrohrs durchschossen, prasselnd schlug das Feuer gegen die Schilde, sechsmal wurde die Fernsprechleitung zur Batterie durchschossen. Bei Herstellung der Leitungen und als Meldeläufer zeichneten sich bei der 1. Batt. die Kanoniere Friebe, Munske, Luge und die Einjährigen Schuster und Weil besonders aus. Nur durch das geschickte Reiten der Fahrer und das schnelle Entleeren der Wagen durch die Bedienung war der Munitionsersatz möglich.

Allmählich machte sich die Übermacht des Feindes immer mehr fühlbar, und als der Gegner unsere Flanken zu umgehen und gegen unsere Rückzugsstraße einzuschwenken begann, kam nach 3° Nachm. der Befehl, das Gefecht abzubrechen, den der Vizewachtm. Ullmann im stärksten feindlichen Feuer überbrachte.

Nun kam der schwierigste Augenblick: das geschützweise Aufprotzen. Bei der 1. Batt. schickte Wachtm. Winde die Protzen einzeln vor, die Handpferde wurden nur bis an die Feuerzone herangeführt. Einfahren der Protze, Aufprotzen und im Galopp seitwärts aus dem feindlichen Feuer heraus, war eins. Die Bedienung lief zu ihren entfernt stehenden Handpferden und galoppierte dem Geschütz nach. Achtmal wiederholte sich dieses Bild. Alle Fahrzeuge kamen ohne Verlust in Sicherheit. Bei der 3. Batt. fielen ein Munitions- und ein Vorratswagen, sowie einige Leute in die Hände der Engländer, da eine größere Anzahl von Pferden erschossen war. Mehrere Leute hielten sich an den Bügelriemen der Reiter fest und entkamen so der nachstoßenden englischen Kavallerie. Nur der Umsicht, dem selbständigen Handeln und dem Schneid jedes einzelnen Mannes war es zu danken, daß die Abteilung mit verhältnismäßig nicht zu großen Verlusten den Anschluß an die Division wiedergewinnen konnte."

Da der Befehl des H. K. K. 1 den Stab der 5. K. D. nicht erreichte, konnte sie den Dollau-Abschnitt nicht mehr gewinnen, war bei strömendem Gewitterregen teils über Charly, teils über Château Thierry zurückgegangen und sammelte sich gegen Abend nördlich der Marne bei Marigny.

Die G. K. D. sperrte den Dollau-Abschnitt bei Essises, Montfaucon sowie bei Fontenelle, wo mit dem rechten Flügel der 2. Armee Verbindung aufgenommen wurde. Dieser stand dem linken Flügel der französischen 5. Armee gegenüber.

Daß unsere braven, mit bewunderungswürdiger Todesverachtung und Hingabe kämpfenden Truppen den Engländern das Erzwingen des Petit Morin-Abschnittes nicht leicht gemacht haben, und daß auch der Angreifer schwere Verluste hatte, zeigt der beigefügte Bericht des F. M. French:

„Nicht weit von unserm Standpunkt lag das Dorf (La Trétoire), das der Feind mit starkem Artilleriefeuer belegte. Jenseits des Ortes war der Wasserlauf des Petit Morin mit seinen bewaldeten, abschüssigen Ufern, an denen der Feind eine starke Nachhutstellung auf der anderen Seite besetzt hielt. Die 5. Brig. wurde zur Unterstützung der 4. (von der 2. Div.) herangezogen, die schwere Artillerie trat in Tätigkeit. Gegen den Flußübergang an dieser Stelle wurde lange Zeit starker Widerstand geleistet, aber die Kavallerie und die 1. Div., die an einem aufwärts gelegenen Punkt übergesetzt waren, ermöglichten ihn schließlich doch.

Als die Spitze der 3. Coldstream Guards gerade La Trétoire passiert hatte, erhielt sie von der Hochfläche von Boitron Granatfeuer. Die feindlichen Geschütze blieben nicht lange in Tätigkeit, doch hielt der Feind, der eine M. G. Batterie besaß, die Übergangsstelle besetzt. Das Tal ist dicht bewaldet und die M. G. waren so gut aufgestellt, daß unsere Infanterie, wo immer sie sich auch zeigte, in das Feuer geriet. Die anderen Bataillone wurden zur Unterstützung der 3. Coldstream Guards herangeführt. Zwei Kanonen wurden an der Wegekrümmung nördlich von La Trétoire aufgestellt, auch Haubitzen wurden im Norden des Dorfes in Stellung gebracht.

Um $12^{0}$ Mittags wurde das Worcestershire Regiment zur Unterstützung der 4. G. Brig. entsandt und über La Trétoire—Launoy—Moulin Neuf vorgeschoben, um den Flußübergang bei La Gravière zu erzwingen und aufwärts der Garde-Brigade zu Hilfe zu kommen. Um $1^{30}$ Nachm. hatte das Regiment die Brücke genommen. Die

2. G. Gren. durchschritten alsdann La Forge. Der Feind zog sich zurück und ließ viel Tote und 2 M. G. in unserer Hand."

**Am 9. September** traten bei der 1. Armee IX. A. K., 6. J. D., Ldw. Brig. Schulenburg und 4. K. D. zu umfassendem Angriff mit dem rechten Flügel in Richtung Nanteuil le Haudouin an. Der Angriff kam gut vorwärts, ebenso bei der Brig. Lepel, die bei Baron auf den Feind stieß und auf Nanteuil vorging. Es war daher begründete Aussicht zu einem entscheidenden Sieg über die 6. französische Armee vorhanden. General Maunoury meldete, statt zu umfassen werde er umfaßt, und richtete, wie French berichtet, zwei dringende Hilferufe an diesen.

**Gefecht bei Baumoise.** Die 4. K. D. marschierte zum weiteren Schutz der rechten Flanke der 1. Armee bei Tagesanbruch von Thury en Valois nach Nordwesten über Ivors nach Baumoise, östlich Crépy en Valois. Hier drängte sie feindliche Kavallerie und Artillerie — das Kav. Korps Sordet — zurück, deren Abzug beim Verfolgen durch Crépy in Richtung Rosières erkannt wurde.

Südlich Crépy traf 6° Abends der Befehl ein, zu rasten und dann nach der Aisne zurückzumarschieren, um die dortigen Übergänge von Attichy bis Soissons für die zurückgehende 1. Armee offen zu halten. Um 11° Abends trat die Division den Rückmarsch von Crépy über Villers Cotterêts an, erreichte am 10. 9. Vic an der Aisne und sicherte hier, wie befohlen, die Übergänge.

Auf die Nachricht, daß die 2. Armee ihren rechten Flügel am 9. in die Linie Margny—Le Thoult zurücknehmen werde, daß H. K. K. 1 im Zurückgehen über die Marne und auf Condé en Brie sei, und daß ferner starke englische Infanterie bei Nanteuil und Charly über die Marne gehe, wurde die 5. J. D. auf Dhuisy in Marsch gesetzt und mit der Brig. Kraewel bei Montreuil dem H. K. K. 2 unterstellt.

**Gefecht bei Montreuil.** General v. der Marwitz erkannte gegen 10° Vorm., daß die Engländer an der Marne unterhalb La Ferté sous Jouarre nur Artillerie und schwache Infanterie hatten, während die Hauptkräfte nach Osten marschierten. Er ließ daher nur schwache Teile an der Marne stehen und zog die 2. und 9. K. D. sowie die Jäger auf den Höhen bei Cocherel zusammen. Das dortige Höhengelände gewährte weiten Ausblick. Man konnte den Verlauf der Kämpfe am Ourcq beobachten und sogar in der Ferne den Eiffelturm sehen.

Mit den Jägern, der seit dem Morgen im Kampfe stehenden Brig. Kraewel, der das 1. Leib-Hus. Regt. zugeteilt wurde, und der 5. J. D. sollte der östlich La Ferté über die Marne nordwärts vorgedrungene Feind zurückgeworfen werden. Es gelang, am Nachmittage mit der Brig. Kraewel und Teilen der Kavallerie-Divisionen den feindlichen Vormarsch aufzuhalten und den Angreifer zurückzuwerfen. Die 5. J. D. kam nicht mehr zum Eingreifen.

Unterdessen war gegen Mittag der Oberstlt. Hentsch von der O. H. L. bei General v. Kluck in Mareuil eingetroffen. Trotz der beim A. O. K. 1 herrschenden günstigen Auffassung über die Lage der 1. Armee und daher heftigen Widerspruches hatte dieser auf Grund der allgemeinen Lage und des bereits für die 2. Armee befohlenen Rückzuges das Zurückgehen der 1. Armee angeordnet.

Die Befehle zum Abmarsch wurden daher gegeben. Die in Linie Antilly—Vareddes kämpfenden Truppen wurden in die Linie Antilly—Brumetz zurückgenommen.

Die 5. J. D. und die Brig. Kraewel, die sich in der Dunkelheit vom Gegner löste, erreichten Gandelu, die 2. und 9. K. D. am späten Abend Coulombs und St. Gengoulph.

Das Zurückgehen der 1. Armee vollzog sich ohne nennenswerte Verluste. Auch hier entspricht der Bericht des F. M. French nicht den Tatsachen. Bei der Brig. Kraewel konnten allerdings die Geschütze einer zusammengeschossenen Batterie nicht mehr geborgen werden, aber selbst bei den den Rückmarsch des linken Armeeflügels deckenden und daher zuletzt abmarschierenden Kavallerie-Divisionen des H. K. K. 2 ist kein Geschütz verloren gegangen. Die Stimmung der Truppen bei dem nächtlichen Abmarsch kennzeichnet am besten die immer wieder gestellte Frage: „Warum gehen wir eigentlich zurück? Wir sind doch nicht geschlagen." Erst in der Nacht vom 9. zum 10. 9. gelang es den Engländern, bei La Ferté sous Jouarre eine Brücke zu bauen und das Nordufer zu erreichen.

Beim H. K. K. 1, der sich bei der G. K. D. am Dollau-Abschnitt befand, ging am Morgen des 9. die Meldung ein, daß der rechte Flügel der 2. Armee bis in die Linie Margny—Le Thoult zurückgenommen worden sei.

Die G. K. D. wurde daher zunächst am frühen Morgen nach Condé en Brie hinten den Dhuis-Bach zurückgeführt, wo sich die Division bei Montigny bereitstellte. Die 5. K. D. sollte über Château Thierry sobald als möglich die Gegend von Courboin erreichen.

Der Gegner fühlte nur langsam und vorsichtig mit Kavallerie auf Artonges vor. Seine Hauptkräfte marschierten nach Norden in Richtung Château Thierry weiter, wohin der Weg zunächst frei war.

In Condé en Brie traf der Befehl vom A. O. K. 2 ein, mit der 5. K. D. die Marne von Château Thierry an aufwärts bis Binson, 6 km östlich Dormans, zu sperren (30 km), mit der G. K. D. die rechte Flanke bis zur Marne (20 km) zu decken. Später, um 12° Mittags, teilte die Armee mit, daß vier feindliche Kolonnen um 9° Vorm. die Marne zwischen Nogent und Nanteuil erreicht hätten, und daß der rechte Flügel der Armee auf Damery nordwestlich Epernay zurückgehe.

Da somit die G. K. D. am Dhuis-Bach weit vor dem rechten Armeeflügel stand, wurde die Division über die Marne nördlich Dormans bis Vincelles zurückgenommen. Hier sollte sie im Anschluß an die 5. K. D. die Marne von Treloup bis Vandières sperren und so die rechte Flanke der 2. Armee weiter sichern.

**Gefecht bei Etrépilly.** Die 5. K. D. konnte Courboin nicht erreichen, da Château Thierry bereits im Besitz des nach Norden vorgehenden Gegners war. Sie wurde von stärkerer Infanterie und Kavallerie erst nach Norden zurückgedrängt und erreichte sodann über Etrépilly, wo feindliche von Château Thierry und auf Bezuet vorgehende Kolonnen von der reit. Abt. beschossen wurden, am Abend die Gegend von Beuvardes.

Die Gefechtskraft der Division hatte durch die Verluste am 9. erheblich gelitten, und die Leistungsfähigkeit der Pferde war infolge der großen Anstrengungen der letzten Zeit sehr vermindert.

Über das Verhalten der deutschen Kavallerie während der Marne-Schlacht schreibt Stegemann: „Nur die Kavallerie blieb breitgefächert und opferbereit südlich des Aubetin stehen. Das französische Kav. Korps Conneau versuchte den Rückzug der deutschen Truppen zu stören und ihnen in die Flanke zu kommen. Auch die englische Kavallerie-Division de Lisle ritt an. Aber die deutsche Heereskavallerie duldete keinen Einbruch und hütete die Übergänge des Grand Morin", und „French mühte sich umsonst, den Vorhang zu zerreißen, den die Heereskavallerie und schwere Artillerie an der Straße Meaux—Coulommiers ausgespannt hielten. Dann wich die deutsche Kavallerie vor der Armee French vom Grand Morin Schritt vor Schritt auf die Marne, indem sie planmäßig jeden Abschnitt unter Aufopferung ihrer letzten Staffeln bis aufs äußerste verteidigte".

Dadurch, daß sich die Engländer tagelang durch das Kav. Korps Marwitz aufhalten ließen, nahmen sie, wie der „Kritiker des Weltkrieges" schreibt, „dem Hauptfaktor Joffres durch Versagen des Mittelgliedes seine geschlossene Kraft".

Einen weiteren Beweis für die erfolgreiche Deckung des Rückzuges durch unsere Kavallerie liefert French selbst. Er sagt „daß die deutsche Kavallerie seit Jahren Nachhutgefechte geübt habe, unter wirksamer Verwendung von Maschinengewehren und von Jägern, die als Schützen und in der Geländebenutzung besonders geschickt seien. Diese Truppen seien besonders zur Verteidigung von Flußläufen und Stellungen geeignet, in denen man den Vormarsch des Feindes aufhalten will"

Mit dem 9. 9. war die Marne-Schlacht beendet. Der Rückmarsch auf die Aisne und Vesle begann.

Selbst French, der in seinem Bericht zwar von „außerordentlichen Verlusten" und „verzweifelten Kämpfen" der „in Verwirrung zurückgehenden deutschen Armeen" spricht, muß zugeben: „Es waren die Deutschen selbst, die mit Überlegung abzogen, welche Aussicht sie auch immer auf einen entscheidenden Sieg gehabt haben mögen."

## 2. Höherer Kavalleriekommandeur 2 und 1 beim Rückmarsch zur Aisne am 10. und 11. September 1914.

**10. September.** Die O. H. L. teilte der 1. Armee mit, daß der rechte Flügel der 2. Armee bis Dormans zurückgegangen sei. Auf die Meldung des Generals v. Kluck, daß die 1. Armee hinter die Aisne zurückgehe, erfolgte sodann die Mitteilung, daß die 2. Armee bis hinter die Vesle mit linkem Flügel bei Thuisy südöstlich Reims, und daß die 3. und 4. Armee ebenfalls zurückgehen würden. Die 1. Armee wurde der 2. unterstellt. Die 1. Armee setzte noch in der Nacht den Rückmarsch fort und gelangte im Laufe des 10. 9. mit den Nachhuten bis in die Linie Crépy en Valois—Grumilly. Der Rückmarsch erfolgte im allgemeinen ohne Nachdrängen des offenbar durch das Zurückgehen selbst überraschten Gegners. Nur auf dem linken Flügel beim H. K. K. 2 und den diesem unterstellten Truppen, die durch Bagagen und Kolonnen sehr stark belegte Straßen benutzen mußten, kam es zu Nachhutkämpfen gegen feindliche Kavallerie. Bei Candelu gerieten die Jäg. Btle. 3, 4, 9 und 10 in einen feindlichen Artilleriefeuerüberfall.

**Gefecht bei Latilly.** Die 9. K. D. stand von 8³⁰ Vorm. ab bei Latilly bereit und wies hier durch ihre Artillerie, die M. G. A. und Schützen der 19. K. Brig. den von Osten her erfolgenden Angriff feindlicher Schützen ab.

**Gefecht bei Brény.** Um 10⁰ Vorm. ging die Division dann staffelweise auf die Höhen nördlich des Ourcq bei Brény, wo feindliche, über La Croix vorgehende Kavallerie durch Artilleriefeuer bis 4⁰ Nachm. aufgehalten wurde.

**Gefecht bei St. Gengoulph und St. Remy.** Um 5⁰ Nachm. stellte sich die Division auf Befehl des H. K. K. 2 mit der 2. K. D., die bei St. Gengoulph vor feindlichem Artilleriefeuer über Chézy en Orxois hatte ausweichen müssen, bei St. Remy bereit, um feindliche auf Hartennes vorgehende Kavallerie anzugreifen. Die reit. Abteilungen beider Divisionen standen in Lauerstellung, die Divisionen waren zum Angriff zu Pferde entfaltet bereitgestellt. Die feindliche Kavallerie, die eine marschierende Wagenkolonne angegriffen hatte, wurde erfolgreich beschossen, erlitt schwere Verluste und wurde durch die auf Hartennes vorgehende Leib-Hus. Brig. vertrieben.

Die 9. K. D. erreichte Chaudun, die 2. K. D. Buzancy.

Die englische Armee folgte der 1. Armee an diesem Tage bis in die Linie La Ferté Milon—Neuilly-St. Front—Rocourt, die 6. französische Armee westlich davon bis in etwa gleiche Höhe.

H. K. K. 1 hatte noch am 9. 9. Abds. Nachricht von dem allgemein angeordneten Rückmarsch der Armeen erhalten.

Eine Infanterie-Division des VII. A. K. sollte den Uferwechsel des rechten Flügels der 2. Armee sichern und die Marne-Übergänge von Jaulgonne bis Binson besetzen, während der H. K. K. 1 weiter den rechten Armeeflügel decken sollte.

Es wurde befohlen, daß die 5. K. D. zunächst bei Beuvardes unter Besetzung der Übergänge bei Mont St. Père und Jaulgonne bis zum Eintreffen der Infanterie den Flankenschutz übernehmen solle. Die G. K. D. nahm erst bei Vandières eine Aufnahmestellung für die noch südlich der Marne befindlichen Teile des VII. A. K. und von Aufklärungsabteilungen, um dann auf Fère en Tardenois gegen die dorthin vorgehende feindliche Kolonne vorzugehen.

**Gefecht bei Jaulgonne.** Gegen Mittag gelang es stärkerem Feind, den Marne-Übergang bei Jaulgonne, der durch Schützen des Ul. Regts. 10 und eine Batterie verteidigt wurde, zu nehmen. Die G. K. D. wurde darauf bei Courmont, die 5. K. D. bei Le Charmel bereitgestellt, wo die Meldung einging, daß Feind aller Waffen Fère en Tardenois und starke Kavallerie Beuvardes erreicht habe. Da ein Angriff durch die Waldungen östlich Beuvardes ausgeschlossen war, und die letzten Teile der 2. Armee sich bereits mehrere Kilometer nördlich der Marne befanden, ging der H. K. K. um 3° Nachm. mit der G. K. D. nach Cierges, mit der 5. K. D. nach Ronchères. Ein Seitendetachement des VII. A. K. stand bei Coulonges. Der Gegner drängte nicht nach und ging zunächst nicht weiter vor.

Am Abend ging die 5. K. D. nach Aougny, die G. K. D., da das ihr zugewiesene Arcis le Ponsart eng mit Infanterie belegt war, nach Fismes. Die Nachhuten der 2. Armee standen am Abend in Linie Dormans—Damery—Moussy, südwestlich Epernay—Flavigny.

**11. September.** Nach der bisherigen Hitze hatte trübes, regnerisches Wetter eingesetzt, das die nächsten Tage hindurch anhielt.

Die 1. Armee erreichte ohne Störung durch den Feind mit ihren Nachhuten die ungefähre Linie Cuise Lamotte, südlich Attichy—Billy, südöstlich Soissons, während die Gros bereits nördlich der Aisne standen. Der Gegner folgte, ohne daß es zu größeren Gefechten kam. General v. Bülow befahl, daß die 1. Armee am 12. und 13. Anschluß an die 2. Armee — 13. J. D. bei Braisne und Fismes, rechter Armeeflügel bei Châlons an der Vesle — gewinnen sollte. Hier war der Gegner am Abend des 10. bis Ville en Tardenois gefolgt.

Die 4. K. D. sicherte die rechte Flanke der 1. Armee bei Rethondes und klärte durch den Wald von Compiègne gegen die Straße Compiègne—Verberie auf.

H. K. K. 2 deckte südöstlich Soissons die linke Armeeflanke. Hierzu stand die 2. K. D. bei Acy in Bereitstellung. Sie ließ je eine Eskadron bei Acy und Serches stehen, überschritt am Nachmittage die Aisne und blieb bei Missy.

Die 9. K. D. erreichte die Gegend von Margival, die Jäger-Bataillone und das Radfahrer-Bataillon Soissons.

H. K. K. 1 hatte die G. K. D. bei St. Thibaut, westlich Fismes, die 5. K. D. bei Chéry, 3 km südlich davon, bereitgestellt, um von hier aus nach Westen auf Violaines und Arcy St. Restitue zur offensiven Deckung der Armeeflanke vorzugehen. Hierzu sollte die G. K. D. zunächst Lesges, die 5. K. D. Bruys erreichen.

**Gefecht bei Chéry.** Die 5. K. D. geriet westlich Chéry infolge mangelnder Nahaufklärung, die ihren Grund hauptsächlich in der großen Übermüdung der Pferde hatte, in einen Artilleriefeuerüberfall und mußte in Richtung Fismes zurückgehen.

**Gefecht bei Braisne.** Die G. K. D. hielt den nachdrängenden Gegner durch Artilleriefeuer auf, wurde dann aber ebenfalls aus südwestlicher Richtung von überlegenem Gegner angegriffen, so daß sie bei Braisne hinter die Vesle zurückgehen mußte, wo die 13. I. D. den Abschnitt deckte.

Am Abend ging die G. K. D. bei Vailly auf das nördliche Aisne-Ufer, wo sie Verbindung mit dem linken Flügel der 1. Armee aufnahm. Die Division wurde sodann dem H. K. K. 2 unterstellt. Die 5. K. D. erreichte Vassogne. Hier erhielt sie am 12. 9. Befehl, nördlich um Reims herum nach Pont Faverger abzurücken, wo sie der 3. Armee unterstellt wurde. Die Division schied somit aus dem Verbande des H. K. K. 1 aus.

Die 2. Armee erreichte an diesem Tage Jonchery—Pourcy—Avenay, nordöstlich Epernay. Die 13. I. D. sicherte bei Braisne und Fismes die Lücke zwischen der 2. und 1. Armee, deren linker Flügel bei Billy stand. Der Feind war der 2. Armee bis zur Marne-Linie Venteuil—Epernay—Mareuil gefolgt.

## 3. Schlacht an der Aisne vom 12. bis 16. September 1914.

### 4. und 7. K. D. auf dem rechten Flügel der 1. Armee. H. K. K. 2 und 1 mit 9., G. und 2. K. D. auf linkem Flügel der 1. und bei 7. Armee.

**12. September.** Die 1. Armee erreichte nach Abmarsch über die Aisne und Verschiebung laut Befehl des A. O. K. 2 am 12. 9. die Linie

Nampcel—Condé. Die 4. K. D. sicherte bei Tracy le Mont den rechten, H. K. K. 2 und 1 in Gegend Bailly den linken Flügel.

Als starke feindliche Artillerie auf der Aisne-Front in Tätigkeit trat, befahl General v. Kluck 1° Nachm., daß die Armee — IV. R. K., IV., II. und III. A. K. — ihre Stellungen behaupten, und das IX. A. K. mit 4. K. D. bei Nampcel und Autrêches den rechten Armeeflügel decken sollten.

Wegen des schlechten Schußfeldes an den Hängen des nördlichen Aisne-Ufers war an vielen Stellen die Verteidigungslinie auf die weiter nördlich liegenden Höhen verlegt worden. Der Gegner — Franzosen und Engländer — konnte daher am Nachmittage in Linie Attichy—Soissons mit Teilen über die Aisne gelangen.

Die 4. K. D. stand auf den Höhen östlich Offemont in Bereitstellung und sprengte die Aisne-Brücken bei Choisy au Bac, Le Franc Port und Rethondes. Nachts ging die Division nach Nampcel.

Bei der 2. Armee war die 13. I. D. vor überlegenen feindlichen Kräften von Braisne auf Bourg nördlich der Aisne zurückgegangen. Ebenso war der rechte Flügel der 2. Armee bis auf die Höhen von St. Thierry nordwestlich Reims zurückgedrückt worden. Der Gegner hatte offenbar die Absicht, zwischen der 1. und 2. Armee durchzustoßen. Hier wurde die über Laon heraneilende, dem General v. Bülow unterstellte 7. Armee eingeschoben.

H. K. K. 2 stellte die 9. und 2. K. D. auf den Höhen nördlich Bailly bereit. Die Jäger-Bataillone wurden dem III. A. K. nördlich Condé unterstellt. Die 5. Esk. Hus. 12 besetzte und sprengte die Aisne-Brücke bei Condé.

„Von dieser Eskadron hatte sich der Vizewachtm. Zieger besonders ausgezeichnet. Er war fast immer unterwegs, und das Vertrauen seiner Untergebenen zu ihm auf Patrouillenritten war unbegrenzt.

Die Sprengung der Brücke sollte erst stattfinden, wenn die letzten eigenen Truppen den Fluß überschritten hatten. Als der Führer der letzten Patrouille der G. K. D. beim Überschreiten der Brücke nach der noch südlich der Aisne befindlichen Patrouille des Vizewachtm. Zieger gefragt wurde, meinte dieser, es wären keine Patrouillen mehr drüben, denn die Engländer wären schon ziemlich nahe heran. An der Vesle habe ein leichtsinniger Unteroffizier von den 12. Hus. gestanden, der aber wohl schon längst gefangen genommen worden sei.

Erst nach längerer Zeit kam die Patrouille Zieger zurück, verfolgt von dem Feuer der Engländer. An der Vesle-Brücke, die er mit Telegraphendraht gesperrt hatte, war ihm ein Feuerüberfall auf anreitende englische Kavallerie gelungen, und ohne einen Mann zu verlieren, kam er wieder bei der Schwadron an."

Am Abend biwakierte die 2. K. D. bei Filain, die 9. K. D. bei Chavignon.

H. K. K. 1, bei dem Oberst v. Poseck für den am 26. 8. bei Marbaix gefallenen Oberst v. Raumer als Chef des Generalstabes eintraf, klärte mit der G. K. D. bei Vailly und Braisne auf, sperrte den Aisne-Abschnitt zwischen Condé und Chavonne, bereitete die dortigen Brücken zur Zerstörung vor und blieb Nachts bei Vailly. Hier führte Major Frhr. v. Edelsheim (2. G. Ul.) die Brückenbesetzung, bestehend aus 2. und 4. Esk. 1. G. Ul. Regts., 2. Komp. G. Jäg. Btls. und G. M. G. A.

**13. September.** Die zum Angriff über die Aisne anrückenden feindlichen Kräfte gliederten sich wie folgt: Von Attichy bis Soissons die 6. französische Armee Maunoury, dann die Armee French mit III., II. und I. A. K. bis in die Gegend von Bourg. Hier schloß sich starke französische und englische Kavallerie und der linke Flügel der französischen 5. Armee Franchet d'Espérey an.

Bei kaltem, stürmischem Regenwetter wehrte die 1. Armee, die ihre seit der Schlacht am Ourcq stark durcheinander gekommenen Verbände wieder geordnet hatte, die feindlichen Angriffe ab und dehnte ihren linken Flügel bis Vailly aus, wo das III. A. K. die G. K. D. im Laufe des Tages ablöste.

**Gefecht bei Nampcel.** Auf dem rechten Flügel hatte das IX. A. K. seinen rechten Flügel bis Nampcel zurückgebogen, wo die 4. K. D. Angriffe der 17. J. D. unterstützte, durch die der Gegner in Richtung Berneuil—Attichy zurückgeworfen wurde. Am Abend ging die 4. K. D. wieder nach Nampcel.

Weiter standen in der Front der 1. Armee IV. R. K. bei Nouvron, IV. anschließend bis Pasly, II. bei Cuffies und Bregny, III. bei Condé und Vailly.

**Gefecht bei Vailly.** Nördlich Vailly trat der H. K. K. 1 mit der G. K. D. unter den Befehl des H. K. K. 2. Die G. K. D. behielt den Auftrag, die Aisne-Übergänge von Vailly bis Chavonne zu sperren, bei. Das die Brücke bei Vailly verteidigende Detachement Edelsheim hatte bis zu seiner Ablösung durch Teile des III. A. K. einen schweren Stand gehabt. Artilleriefeuer hatte erhebliche Verluste verursacht. Auch Major Frhr. v. Edelsheim wurde schwer verwundet, trotzdem brachte er seine Meldung über den Stand des Gefechts an General v. der Marwitz noch selbst im Auto zurück. Gegen Abend wurde die Division nach Chevregny zurückgenommen.

**Gefecht bei Cerny.** Die 9. K. D. wurde nordwestlich Braye en Laonnois, die 2. K. D. bei Cerny bereitgestellt. Nachdem eine über Bourg zurückgehende Landwehr-Brigade aufgenommen worden war, wurden die Höhen bis zum Eintreffen der vordersten Teile der 7. Armee — der 13. R. D. des VII. R. K. — mit Schützen und unter Einsatz der reitenden Batterien gehalten. Im Laufe des Tages trafen erst die 13., dann die 14. R. D., nebst Teilen des XV. A. K. ein und traten in Linie Cerny en

Laonnois—Craonne in heftigen Kampf gegen den erbittert angreifenden, überlegenen Gegner. Die 2. und 9. K. D. gingen nach ihrer Ablösung am Abend nach Bièvres und Colligis.

Bei der 2. Armee warf das auf dem rechten Flügel wieder vereinigte VII. A. K. den dort über den Aisne-Kanal vorgedrungenen Feind bis Brimont und Berméricourt zurück. Zwischen 7. und 2. Armee war der Gegner bis zum Abend bei Berry au Bac in Richtung Amifontaine über die Aisne vorgedrungen. Ein französisch-englisches Kavalleriekorps wurde im Vorgehen auf Sissonne gemeldet.

**Am 14. September** sollten die 1., 7. und 2. Armee angreifen und hierdurch enger zusammenschließen. Die 7. Armee sollte auf Pontavert vorstoßen, die 1. und 2. Armee sollten mit ihrem linken bzw. rechten Flügel diesen Angriff unterstützen.

Der Gegner griff am Morgen die 1. Armee und den rechten Flügel der 7. Armee (VII. R. K.) kräftig an, während er sich dem linken Flügel der 7. Armee gegenüber mehr abwehrend verhielt. Seinen Hauptstoß richtete der Gegner gegen den rechten Flügel der 2. Armee in der Gegend von Neufchâtel nördlich der Aisne. Hier wurden alle verfügbaren Reserven der 2. Armee unter General Steinmetz eingesetzt, während das XII. sächsische A. K. zur Verstärkung auf Warmeriville heranrückte.

Die Kavallerie sollte aufklären: 7. K. D. bei Ham im Streifen Ham—Amiens und Ham—Beauvais, H. K. K. 2, nach Abgabe einer K. D. an H. K. K. 1, bis zur Linie Soissons—Corbail, H. K. K. 1 anschließend bis zur Linie Epernay—Romilly.

Die 7. K. D., die bis zum 6. 9. beim H. K. K. 3 bei Thimonville in Lothringen gestanden hatte (vgl. Karte I und Teil V Seite 143), war am 7. 9. nach Brüssel transportiert worden und hatte, über Cambrai—Péronne marschierend, am 13. 9. Athies, südlich Péronne, erreicht.

Die Division hatte unterwegs gegen die Linie Thielt—Lille—Arras—Bapaume—Péronne aufgeklärt. Die 1. Esk. Drag. Regts. 26, Rittm. Frhr. v. Gemmingen, war am 13. 9. bis Amiens gelangt und schickte in zehntägigem Ritt wichtige Nachrichten über den Vormarsch starker feindlicher Kavallerie — 2. Kav. Korps — von Amiens auf Albert zurück. Von hier aus ging auch die 3. Hus. 9, Rittm. v. Boyneburgk, mit einer leichten Funkenstation am 13. 9. bis 6 km östlich von Amiens vor und bestätigte die Meldungen der Eskadron Gemmingen.

Leider ist es nicht möglich, die vorhandenen eingehenden Berichte über die erfolgreiche Tätigkeit dieser beiden A. Es., die eine Fülle von kavalleristischen Kriegserfahrungen enthalten, hier vollständig wiederzugeben. Einige besonders interessante Stellen sollen jedoch nachstehend Aufnahme finden:

„Die Esk. Gemmingen hatte von Ath aus gegen die Linie Arras—Cambrai aufzuklären. Die Linie Doullens—Albert wurde am 11. 9. von den beiden Fernpatrouillen der Lts. v. Marval und Tafel (der bekannte Tibetforscher) überschritten und von der Eskadron am 12. 9. bei Acheux erreicht.

Am 13. 9. um 3° Nachm. ritt die Eskadron von Acheux nach Villers-Bocage. Kurz vor Villers-Bocage wurden auf der nach Talmas führenden Straße Personenkraftwagen in langsamer Fahrt bemerkt. Mißtrauisch folgten wir ihnen mit den Augen, doch ließen sich nähere Feststellungen nicht erreichen. Villers-Bocage selbst war wie ausgestorben, alle Läden verschlossen, nur vor der Kirche stand ein dicker Pfarrer, der uns mit einem höhnischen: »Guten Tag Württemberger« begrüßte. Wie ich mir noch über sein Wissen den Kopf zerbrach, fing der Hexensabbat an.

Eben wollte ich am Anfang der Schwadron den Ort nach Bertangles verlassen, da stürzten die beiden letzten Verbindungsreiter der stets tief gestaffelt reitenden Spitze durch M. G.-Feuer getroffen, mit ihren Pferden, und gleichzeitig setzte wohlgezieltes Feuer auf den Dorfrand ein. Ich ließ die Eskadron kehrtmachen und gab Befehl, sie zum Ostausgang zurückzubringen. Ich selbst blieb mit meinem getreuen Trompeter, Vizewachtm. Zufall, zurück, um Überblick über die Lage zu gewinnen.

Es bot sich mir folgendes Bild: Die weitgegliederte Spitze hatte mit ihrem Anfang das Wäldchen nördlich Bertangles erreicht. Von dort erhielt sie heftiges Feuer von französischen Radfahrern, von denen einige gleichzeitig die Waldeingänge in Eile verdrahteten. Mitten durch die Spitze selbst war ein Auto in voller Fahrt gefahren und feuerte nun mit einem M. G. gegen den Dorfrand, während andere Autos ihm den Rücken deckten.

Ich war noch mit diesem Anblick beschäftigt, da ging hinten bei der Schwadron im Ort ein wildes Schießen los. Die vorher auf Talmas fahrenden Autos waren zurückgekommen und versuchten den Rückweg zu verlegen. Den anreitenden Dragonern wichen sie geschickt, rückwärts fahrend und ständig feuernd, aus. Gleichzeitig öffneten sich wie programmäßig alle Fensterläden im Orte, und die Einwohnerschaft beteiligte sich an dem Geschieße mit Flinten aller Art.

Im Galopp ritt ich nun zur Eskadron zurück, verfing mich erst in einer Seitengasse, mußte nochmals durch das Straßenfeuer und erreichte die Eskadron, die geschickt durch einen Seitenausgang das freie Feld südlich des Ortes gewonnen hatte und eben Zugkolonne formierte. Da aber die Autos von den verschiedenen dort sich kreuzenden Straßen unentwegt weiterfeuerten, galoppierte ich hinter die nächste Geländewelle und saß dort zum Gefecht zu Fuß ab.

Der Feind folgte nicht, im Gegenteil die Autos blieben abwartend stehen und ließen es zu, daß die Leute, deren Pferde gefallen waren, aufgenommen und durch auf dem Felde arbeitende Bauernpferde beritten gemacht wurden. Inzwischen brach die Dunkelheit herein. Ich ließ Patrouillen zurück und zog, da die Straßen versperrt waren, querfeldein nach Querrieu, um über die Vorgänge auf der Straße nach Amiens Klarheit zu erhalten.

Bei regnerischer Nacht um 10° Abds. kam die Eskadron dorthin. Der Ort wurde vom Feind frei gemeldet, und so schickte ich den Utffz. Katzmaier mit 5 Dragonern weiter auf Amiens zu. Unterdessen zog die Eskadron in einem Schafstall unter, um zu tränken und abzufuttern. Doch dauerte die Ruhe nicht lange, da heftige, kurze Feuerwellen von Amiens her verkündeten, daß die Patrouille auf Feind gestoßen war. Gleichzeitig meldeten die Querrieu durchstreifenden Patrouillen, daß die Einwohnerschaft sich in den Höfen sammle und mit Steinen nach ihnen werfe. Ich zog es vor, ein Strafgericht zu verschieben, und verließ den ungastlichen Ort um 12° bei stockdüsterer, regenschwerer Nacht. Licht zu machen war ebenfalls nicht ratsam, und so war ich froh, abseits der Straße im Felde einen Steinbruch zu entdecken, wo wir vorübergehend Aufnahme finden konnten. Von seinen Rändern aus beobachteten wir die Stadt Amiens, die sich in hellstem Lichterglanz aus der Dunkelheit abhob. Deutlich erscholl das Getöse eines großen Umtriebes von dort herüber, und Zug um Zug rollte von Westen her in die Stadt.

Inzwischen kam auch die Patrouille zurück und meldete ringsum feindliche Posten. Ich gewann ein deutliches Bild über den neueinsetzenden Vormarsch feindlicher Kräfte in östlicher Richtung, ein Bild, das später durch die Meldung der Patrouille Tafel seine Bestätigung erfuhr. Schon am hellen Nachmittage waren Trupps feindlicher Infanterie durch Querrieu gezogen und hatten die Patrouille vor sich hergedrängt. So fand die freche Haltung der Einwohner ihre Erklärung.

Mit dem Morgengrauen des 14. 9. trat ich den Rückmarsch auf Albert an. Das Ausbleiben von Nachrichten von der Patrouille, die nach St. Sauveur, nordwestlich Amiens, entsandt worden war, erklärte sich später dadurch, daß die Patrouille von Autos und Radfahrern überfallen und zersprengt worden war. Nur dem Führer, Vizewachtm. Breymann und dem Einj. Utffz. Wiebke, letzterem mit durchschossenem Pferd, gelang es, sich durchzuschlagen. Nach Erreichen von Albert meldete ich das Einrücken einer feindlichen Kürassierbrigade nach Amiens und gelangte mit der Eskadron nach Péronne, wo gleichzeitig ein feindliches Kavallerieregiment sich von Corbie her der Stadt näherte, während der deutsche Etappenkommandant am anderen Ausgang der Stadt im Auto nach Cambrai zu abfuhr. Nachts blieb die Eskadron in Cartigny.

Am 15. 9. folgte die feindliche Kavallerie der Eskadron über Vermand auf St. Quentin. Hier beteiligte sich die Eskadron auf Befehl des sehr energischen Generalstabsoffiziers, Maj. Graf Kirchbach von der deutschen Etappe, an der Verteidigung der Stadt. Alles, was ein Gewehr tragen konnte, rückte aus, auch die Feldbäcker, und es gelang durch ein dicht westlich der Stadt stattfindendes Feuergefecht, den Gegner von einem weiteren Angriff abzuschrecken. Die Patrouillen stellten starke feindliche Kavallerie, Infanterie auf Wagen und Artillerie fest.

Da sich auch feindliche Kavallerie gegen Tergnier, nordöstlich Chauny, gewendet hatte, wurde die Eskadron mit der Bahn dorthin befördert. Nachdem auch hier die französische Kavallerie in nordwestlicher Richtung abgezogen war, traf die Eskadron am 19. 9. bei Cuy westlich Noyon wieder bei der 7. Kav. Div. ein.

Die Eskadron hatte in 7 Tagen 300 km zurückgelegt, die Patrouillen bedeutend größere Strecken. Einzelne Meldereiterpferde hatten Tagesleistungen von über 100 km aufzuweisen. Unsere ostpreußischen Pferde hatten vorzüglich ausgehalten, was nicht zum mindesten der trefflichen Stallpflege und sachgemäßen Einteilung des tüchtigen Wachtm. Kling zu verdanken war.

Die Verluste betrugen in diesen Tagen 19 Mann und 13 Pferde. Unter den Gefallenen befand sich leider auch der besonders tüchtige Vizewachtm. d. Res. Charlier von der Patrouille Marval."

Von den Erlebnissen der A. E. Boyneburgk sei folgende Episode erwähnt:

„Nachdem die Eskadron am 13. 9. bis Glizy, 6 km vor Amiens, gelangt war, starke Besetzung der Stadt festgestellt und durch Funkspruch gemeldet hatte, durchritt sie am 14. 9. Caix in Richtung auf Rosières.

Hier geriet ihre Spitze mitten im Ort in das Feuer feindlicher Radfahrer, die von Norden kommend auf Buchoir marschierten. Kehrt mit allem und Trab in nordwestlicher Richtung, einem Kleinbahngeleise entlang. Die Radfahrer folgten und schossen der ruhig dahintrabenden Eskadron nach, ohne auch nur einen Mann zu treffen.

Da erblickt der Führer halbrechts vor sich auf 3000 m Entfernung eine französische Schützenlinie. Schnell entschlossen befiehlt der Führer die Besetzung des gerade erreichten Kleinbahnhofes Harbonnières, um sich dieser Quälgeister zunächst einmal energisch zu erwehren.

Ganze 45 Schützen besetzten den Bahnhof, ein einzelnes, etwa 20 m langes Gebäude, in einem zum Glück vorhandenen Schützengraben. Ein heftiges Feuergefecht entspinnt sich. Man sieht, wie der Feind zum Stehen kommt, womit schon viel erreicht ist. Allgemeine Freude malt sich auf den Gesichtern der Husaren. In unserer rechtwinkligen Kampfstellung dauert das Feuergefecht eine gute Stunde lang, als halbrechts feindliche Kavallerie gemeldet wird, worauf auch schon eine Eskadron sichtbar wird, die sich zur Attacke anschickt. Einige Dutzend Karabinerschüsse genügten jedoch, eine derartige Verwirrung in ihre Reihen zu bringen, daß sie mit Verlusten kehrtmachte.

Mittlerweile war es 5° geworden, und unsere Patronen waren fast verbraucht, als es beim Gegner plötzlich aufblitzte. Artillerie? Wirklich. Der erste Schuß saß unweit hinter dem Haus, vor dem die Schützen lagen, wo unsere Pferde und Funker standen! Hierauf entschloß sich der Führer, aufzusitzen und zurückzugehen. Ob es gelingen würde? — Und es gelang! — Einige Baumgruppen verdeckten zunächst das Aufsitzen, eine Geländesenkung nahm die Eskadron auf, Karabinerschüsse der vorher abgewiesenen und nun feuernden Eskadron gingen zu hoch, und im Galopp verschwand die Eskadron mit ihrem Funkerwagen in nordwestlicher Richtung. Leider mußten einige Verwundete, die nicht transportfähig waren, mit dem Ass. Arzt Dr. Wagner zurückgelassen werden. Diese gerieten, als der Gegner sich nach Verlauf einer Viertelstunde an die leere Stellung heranwagte, in Gefangenschaft.

Währenddessen trabte die Eskadron, der die französischen Radfahrer auf einer Parallelstraße folgten, nach Morcourt. Es galt, die Somme vor dem Gegner zu erreichen und sich nicht abschneiden zu lassen. So mußten die treuen Pferde, die seit 14 Tagen kaum hatten abgesattelt werden können und täglich große Strecken zurückgelegt hatten, ihr Letztes hergeben. Und sie taten es. Bergauf, bergab trabten die Reiter, bis sie nach Überschreitung des freien Somme-Überganges bei Cerizy nach Einbruch der Dunkelheit in der Gegend von Morlancourt ihren Pferden ein Stündchen Ruhe gönnen konnten.

Die beiden am Vormittage entsandten Patrouillen der Lts. Bellardi und Wegner waren nicht zurückgekehrt. Wie sich später herausstellte, waren beide in französisches M. G.-Feuer und dann durch Umstellung in Gefangenschaft geraten. Ein paar hervorragende Patrouillenführer und 20 brave Husaren hatte die Eskadron, die am 15. 9. Cambrai erreichte, in diesen Tagen verloren."

Die 1. Esk. Ul. Regts. 15, Rittm. Müller, klärte vom 14. 9. ab gegen die Linie Arras—Doullens erfolgreich auf und kehrte nach mancherlei abenteuerlichen Erlebnissen am 24. 9. in der Gegend von Ham zur 7. K. D. zurück.

**Gefecht bei Roiglise.** Die 7. K. D. sicherte am 14. 9., auf Roye vorgehend, mit dem IX. R. K., dem sie unterstellt wurde, die rechte Flanke der 1. Armee. Hierbei kam es zu einem erfolgreichen nachstehend geschilderten Gefecht der 5. Esk. Drag. Regts. 25, Rittm. Schmetzer, bei Roiglise gegen das 3. französische Hus. Regt.

„Esk. Schmetzer, 5. Drag. 25, erhielt 10° die dankbare Aufgabe, die linke Flanke der Division zu schützen und unter Aufklärung gegen Crapeaumesnil bzw. Candor nach Roiglise vorzugehen.

Bei strömendem Regen, aber in glänzender Stimmung, trabte die Eskadron nach Roiglise, voraus mit stärkeren Patrouillen die Lts. Brandes und Loos auf Crapeaumesnil und Candor. Die Eskadron hielt am Nordeingang von Roiglise und besetzte igelförmig alle Ausgänge.

Außer feindlichen Patrouillen war bisher nichts gemeldet, da sieht Lt. Dieudonné, der den Ausgang nach Noyon besetzte, von Verpilliers her einen Reiterschwarm im Galopp auf Roiglise zukommen und erkennt die zersprengte Patrouille des Lt. Brandes, die von einer halben Husaren-Eskadron verfolgt wird und Roiglise zu erreichen versucht.

Lt. Dieudonné nimmt selbst seinen Karabiner und verbietet seinen Leuten zu schießen, bis er das Feuer eröffnet. Schon war die Patrouille bis auf 30 m am Dorfrand, als Lt. Brandes stürzt. Jetzt hielt Lt. Dieudonné die Zeit für gekommen und schießt mit einem Meisterschuß den französischen Rittmeister an der Spitze der Husaren herunter. In wilder Flucht jagen auf das nunmehrige Feuer der kleinen Postierung die Franzosen nach Verpillières zurück, wo bald darauf eine Eskadron mit M. G. festgestellt wurde und sich Schützen gegen Roiglise entwickelten.

Inzwischen meldete Lt. Loos, daß nach Avricourt 2 Eskadrons hineinmarschiert und von ihm beschossen worden seien, worauf sie Schützen entwickelt hätten.

Von Süden und Südosten waren also die Schützen von mindestens 3 Eskadrons mit M. G. in der Entwicklung gegen die etwa noch 100 Mann starke Esk. Schmetzer begriffen.

Der Rittmeister zog alle Schützen heraus und besetzte den Rand von Roiglise, fest entschlossen, nicht zu weichen. Als sich aber noch eine weitere feindliche Eskadron östlich von Roiglise entwickelte, mußte er schweren Herzens seine Eskadron herausziehen, um sie vor der Umfassung zu bewahren.

Die Eskadron saß auf und ritt unter ständigem feindlichen Feuer auf die Höhe nördlich Roiglise, wo die Eskadron wieder Front schwenkte. In diesem Augenblick jagte ein Dragoner heran und rief: ›Nachspitze in Gefahr!‹. Und so war es. Ein Teil der Franzosen war zu Pferde gefolgt und jagte die schwache Nachspitze des Lts. Salzmann. Es waren etwa 60 bis 80 Husaren. Der Eskadronchef befahl, mit dem Reitstock deutend: ›Zug Boehm (Lt. d. Res) Attacke!‹ und begleitete die Attacke in der Flanke, während die drei anderen Züge zur Verfügung blieben.

Einen schöneren Befehl konnte es nicht geben, und schon brauste der Zug Boehm, von der übrigen Eskadron beneidet, den Franzosen entgegen. Diese warteten eine Attacke erst gar nicht ab, sondern flüchteten, was die Pferde laufen konnten, gegen das von den Franzosen besetzte Roiglise. Es gelang dem Zug nicht nur, eine Reihe Husaren herunterzustechen, sondern auch noch Gefangene und Beutepferde einzubringen.

Inzwischen war es Abend geworden. Die Eskadron hatte ihre Aufgabe erfüllt und vom Morgen bis zum Abend das ganze französische Hus. Regt. Nr. 3 mit M. G. und Radfahrern (nach Aussagen von Gefangenen) trotz starken Feuers aufgehalten und ihm den Einblick in das eigene Gelände verwehrt."

Starke französische Kavallerie ging aus Roye in nordöstlicher Richtung vor.

Ferner stellte sich auf dem rechten Flügel der 1. Armee die 4. K. D. bei Nampcel bereit. Nach Eintreffen der Landw. Brig. Lepel marschierte die Division dann nach Cuts, das später ebenfalls durch den zurückgebogenen Flügel der 1. Armee besetzt wurde, worauf die Division bei Camelin östlich Cuts verblieb.

In der Mitte der Aisne-Front fochten III. A. K. und VII. R. K. in unentschiedenen Kämpfen gegen das I. englische A. K. des Generals Haig. Hier stellte der H. K. K. 2, General v. der Marwitz (nach Abgabe der 2. und G. K. D. an H. K. K. 1, Gen. Lt. Frhrn. v. Richthofen) Teile der 9. K. D. — Artillerie, M. G. A. und Radf. Btl. — dem VII. R. K. zur Verfügung. Die schwere Funkenstation des H. K. K. 2 bei Chamouille wurde durch feindliche Artillerie stark beschossen und bewegungsunfähig gemacht. Es gelang jedoch dem Führer, Oblt. Meydam, und Oblt. Fellgiebel mit einigen Artilleriepferden die Station aus dem Feuer zurückzuholen.

**Gefecht bei Cerny.** Die 9. K. D. stand vom frühen Morgen ab bei Chamouille in Bereitstellung und half mit Schützen den Angriff der Engländer auf die 14. R. D. bei Cerny abweisen.

Die Radf. Komp. des Jäg. Btls. 3 unter Hauptm. v. Schweinitz berichtet:

„Das Radfahrer-Bataillon, bestehend aus den Radfahrern der G. Jäg. und der Jäg. Batle. 3, 4, 7, 9 und 10, erhält den Befehl, den englischen Durchbruchsversuch auf Laon zu verhindern. Der Bataillonsführer läßt Cerny und die Höhen südlich davon besetzen, die Radf. Komp. 3 an der Straße Chamouille—Cerny auf dem linken Flügel. Es entspinnt sich ein äußerst hartnäckiges Gefecht, immer stärker wird das Infanterie- und Artilleriefeuer. Das ganze I. englische Korps hatte den Auftrag, die Höhenlinie des Chemin des Dames zu durchbrechen und die deutschen Linien im Tal südlich Laon aufzurollen. Marschall French schonte seine Garde nicht, aber alle Angriffe brachen sich an dem kleinen Häuflein im grünen Rock, das dem stark gelichteten VII. R. K. den Rückhalt geben mußte. Gruppenweise arbeiten sich die Jäger vor, erreichen die befohlene Linie und halten diese. Das regnerische Wetter erschwert die Orientierung und das Halten der Anschlüsse. In echt märkischer Treue für Kaiser und Vaterland achten die Jäger nicht ihr Leben, nicht die Verluste in ihren Reihen.

Nach Einbruch der Dunkelheit und Bergung der Verwundeten sammeln sich von 170 Mann (ein Ersatztransport war gerade angekommen) nur noch 82. Es starben den Heldentod: Oblt. Frhr. v. Maltzahn, Oblt. d. Res. v. Kamecke, Oberjäg. Gartschock und 8 Jäger, 34 Angehörige der Kompagnie waren verwundet. Ein Teil der Vermißten fand sich im Laufe der Nacht wieder ein.

Bis zum 23. 9. wurde die Jägerstellung, die den Namen »der Hexenkessel« erhielt, gehalten. Beim Herausziehen dankte der Armeeführer, Gen. d. Inf. v. Heeringen, den Jägern, die am 14. 9. durch ihr forsches Draufgehen die eigene schwere Artillerie gerettet hätten und durch ihr zähes Ausharren, selbst im schwersten Artilleriefeuer, den anderen Truppen stets ein Vorbild und ein Halt gewesen wären."

Am Abend wurde die 9. K. D nach Rouvion le Vineux zurückgenommen.

Die Engländer hatten an diesem Tage schwere Verluste, und F. M.

French berichtet, daß es ihm am 14. 9. klar wurde, daß die Deutschen an der Aisne tatsächlich entschlossen Halt gemacht hätten.

Unterdessen war der H. K. K. 1 mit G. und 2. K. D. über St. Erme nach Montaigu in Marsch gesetzt worden, um hier das auf Sissonne durchgebrochene englisch-französische Kavalleriekorps zurückzuwerfen, gegen die Linie Neufchâtel—Sévigny aufzuklären und den Angriff des XV. A. K. am linken Flügel zu begleiten.

Von der Höhe von St. Erme aus wurde das in der Ebene weithin sichtbare feindliche Kavalleriekorps durch die reitenden Batterien beschossen, während die 2. und G. K. D. zum Angriff zu Pferde angesetzt wurden. Die feindliche Kavallerie ging indessen so schnell über Amifontaine nach Süden über die Aisne zurück, daß das Kav. Korps Richthofen infolge des steilen Abstieges zur Ebene auf wenigen schmalen Wegen den zurückgehenden Feind nicht mehr einholen konnte. Die G. K. D. wurde bei Goudelancourt, die 2. K. D. bei Amifontaine bereitgestellt. Am Abend wurde die 2. K. D. nach St. Erme zurückgenommen.

Die Divisionen biwakierten zum größten Teil im Regen auf der Straße.

**15. September.** In der Nacht war eine Weisung der O. H. L. bei General v. Bülow eingegangen, daß die 1. Armee, falls sie den Aisne-Abschnitt nicht halten könne, rechtzeitig in Richtung La Fère zurückgehen solle. 7. und 2. Armee sollten dann die Linie Laon—Reims halten. Hierzu sollte es jedoch nicht kommen.

**Gefecht bei Noyon.** Auf dem äußersten rechten Flügel der 1. Armee war das im Anmarsch befindliche IX. R. K. mit der ihm unterstellten 7. K. D. auf Noyon vorgerückt, wo starke feindliche Kavallerie zurückgeworfen wurde. Feindliche Kavallerie war bei Chaulnes, eine Kolonne aller Waffen von Clermont auf Compiègne im Anmarsch gemeldet. Die 7. K. D. deckte die rechte Flanke des IX. R. K. und erreichte am Abend Ecuvilly.

**Gefecht bei Quierzy.** Die 4. K. D. klärte durch die A. E. Stern, Hus. 16, im Gelände zwischen Oise und Aisne weiter auf, stellte sich auf den Höhen bei Camelin bereit und besetzte Cuts durch Jäg. Btl. 7. Sodann rückte die Division zur Deckung der rechten Flanke nach Brétigny, wohin der feindliche linke Flügel der von Westen her im Anmarsch gemeldeten feindlichen Kräfte vorging. Von 3° Nachm. an besetzte und hielt die Division auf Befehl des IX. A. K. die Oise-Brücke bei Quierzy und blieb hier Nachts gefechtsbereit stehen.

Bei der 7. Armee behauptete das VII. R. K. mit den eingesetzten Teilen der 9. K. D. seine Stellungen, während das XV. A. K. nördlich Craonne zwar Fortschritte machte, aber dem Gegner die Höhen von Craonne nicht zu entreißen vermochte. Die 9. K. D. wurde erst bei Fort Montherault südlich Laon bereitgestellt und dann nach Chaillevois gezogen, wo die Division am 16. und 17. Ruhetage hatte.

Auf dem linken Flügel der 7. Armee gelang es der Abteilung Steinmetz mit Unterstützung des XII. A. K. bis nördlich Berry au Bac vorzudringen, jedoch konnte der Gegner das Waldstück von Ville aux Bois besetzen. Hier unterstützte der H. K. K. 1 mit G. und 2. K. D. den Angriff auf dem linken Flügel des XV. A. K. Die G. K. D. wurde bei Berrieux, die 2. K. D. zur Verbindung mit dem XII. A. K. bei Amifontaine bereitgestellt. Zur Unterstützung des Angriffs der 32. J. D. wurden von der G. K. D. die 2. G. K. Brig., das G. Jäg. Btl. und die reit. Abt. 1. G. Feldart. Regts., von der 2. K. D. die M. G. A. und die reit. Abt. Feldart. Regts. 35 dem XII. A. K. zur Verfügung gestellt. Mit Einbruch der Dunkelheit gingen die G. K. D. bei Goudelancourt, die 2. K. D. bei St. Erme zur Ruhe über.

Vor der Front der 2. Armee waren die feindlichen Angriffe abgewiesen worden.

Zur Unterstützung des rechten Heeresflügels erhielt der H. K. K. 2 den Befehl, mit der 2. und 9. K. D. über Coucy le Château dorthin zu marschieren, um mit dem IX. R. K. und der 7. K. D. der 1. Armee unterstellt zu werden. Die von der 9. K. D. beim VII. R. K. und von der 2. K. D. beim XII. A. K. eingesetzten Teile konnten jedoch bei der gespannten Lage zunächst noch nicht herausgezogen werden.

**16. September.** Auf dem rechten Flügel der 1. Armee ging das IX. R. K. von Noyon aus zu beiden Seiten der Oise weiter nach Süden vor und warf westlich des Flusses Teile des französischen XIII. A. K. zurück. Östlich der Oise nahm die 18. R. D. Carlepont und verfolgte den Feind auf Tracy le Mont. **Gefecht bei Elincourt.** Die 7. K. D. mit III./163 deckte, über Lassigny — wo ein Artilleriefeuerüberfall auf zwei feindliche Kürassier-Eskadrons gelang — vorgehend, die rechte Flanke des IX. R. K. Die Division warf feindliche Kavallerie bei Elincourt und verfolgte den Gegner bis zum Einbruch der Dunkelheit bis Marquéglise. Die Division rastete sodann bei Elincourt.

Die 4. K. D. beim IX. A. K. behielt die Oise-Übergänge besetzt. Die 3. K. Brig. stellte sich bei Coudren, Chauny und Manicamp, die 18. K. Brig. mit einer Kompagnie bei Bourguignon, der Rest der Division bei Quierzy bereit.

**Gefecht bei Bourguignon und bei Quierzy.** Ein feindlicher Angriff auf die 18. K. Brig. wurde von 10° Vorm. bis 2° Nachm. mit dem Karabiner abgewiesen. Als der Gegner bereits im Zurückgehen war, griffen Teile der 10. Landw. Brig. und eine Radfahrer-Kompagnie um 1° Nachm.

in das Gefecht ein. Das Gelände südwestlich Quierzy wurde durch das Jäg. Btl. 7 vom Feinde gesäubert. Nachts blieb die Division bei Quierzy.

An der Aisne-Front behauptete die 1. Armee ihre Stellungen.

Die 7. Armee und der rechte Flügel der 2. Armee gewannen im Angriff langsam Boden. Das XV. A. K. nahm die Höhen von Craonne.

Der H. K. K. 2 konnte den mit 2. und 9. K. D. befohlenen Abmarsch zum rechten Flügel der 1. Armee noch nicht antreten, da weder das VII. R. K. noch das XII. A. K. die eingesetzten Teile schon entbehren konnten. Die O. H. L. befahl erneut deren Ablösung.

Auch das beim II. A. K. bei Chavignon eingesetzte Jäg. Btl. 3 mußte dort zurückbleiben. Ein Beweis für die treue Waffenbrüderschaft der den Kavallerie-Divisionen zugeteilten Jäger-Bataillone ist folgende Stelle aus dem Kriegstagebuch des Jäg. Btls. 3, wo es heißt: „So ehrenvoll es auch für das Bataillon war, vom II. A. K. als unentbehrlich bezeichnet zu werden, so bedauerten wir doch sehr, nicht mehr unserem geliebten H. K. K. Marwitz anzugehören, mit dem wir durch Blut und Eisen, schwere und frohe Stunden, siegreichen Vormarsch und schwierigsten Rückzug verbunden waren."

Beim H. K. K. 1 standen G. und 2. K. D. wiederum bei Berrieux und Amifontaine alarmbereit. Die eingesetzten Teile nahmen weiter am Kampfe des XII. A. K. teil, das mit dem linken Flügel bis östlich Pontavert gelangte.

Mit diesem Tage, an dem auch die Nachricht vom Siege bei Tannenberg eintraf, erreichte die eigentliche Schlacht an der Aisne ihren Abschluß. Die Kämpfe bei Reims dauerten noch bis zum 19. 9. Abds. Dann erstarrte auch hier die Front allmählich zum Stellungskriege. Auf beiden Seiten fing man an, die verfügbaren Teile aus der Front zu ziehen, um die westlichen Heeresflügel nach Norden zu verlängern und den feindlichen Flügel zu umfassen.

Während General v. der Marwitz endlich vom 17. 9. an die 2. und 9. K. D. über Coucy le Château zum rechten Flügel der 1. Armee nach Noyon in Marsch setzen konnte, nahm die G. K. D. nunmehr selbständig weiter bei **Juvincourt und La Ville aux Bois** an den Kämpfen bei Reims bis zum 22. 9. teil. In dieser Zeit zeichnete sich das G. Jäg. Btl. in den schweren Kämpfen bei La Ville aux Bois unter seinem Kommandeur, Major v. Krosigk, der, wie viele seiner Offiziere, Oberjäger und Jäger schwer verwundet wurde, wiederum rühmlichst aus.

Am 23. 9. wurde die G. K. D. auch nach dem rechten Heeresflügel gerufen, um in der Gegend von Péronne mit der 4. K. D. wieder unter Gen. Lt. Frhr. v. Richthofen den rechten Flügel der neuen 6. Armee zu decken.

---

Mit dem Ende der Schlacht an der Aisne setzte hier der Stellungskrieg ein. Der erste Akt des großen Dramas war vollendet.

Die Leistungen der Kavallerie vom Einmarsch in Belgien bis in diese schweren Tage hinein, sind in den Schilderungen Stegemanns und Kolbes, ferner neuerdings durch die Generale v. Kluck, v. Bülow und v. Kuhl, gebührend gewürdigt worden. Der Lieutenant-Colonel Poudret schreibt über die Tätigkeit der deutschen Kavallerie: „Auf deutscher Seite finden wir die beiden Kav. Korps Marwitz und Richthofen, die den Einmarsch in Belgien verschleiern, dem zurückweichenden Gegner auf den Fersen folgen, an der Marne die gefährliche Lücke zwischen Kluck und Bülow ausfüllen und als Arrieregarde den Rückmarsch der deutschen Armeen in so glänzender Weise decken." Die vielen schönen Einzeltaten im Aufklärungs- und Sicherungsdienst können hier nicht alle Erwähnung finden. Sicher ist, daß die Kavallerie-Divisionen mit ihren bedenklich zusammengeschmolzenen Frontstärken ihren Platz voll ausgefüllt haben, und an den errungenen Erfolgen ihren reichen Anteil hatten.

Wer weiß, wie sich die Dinge gestaltet haben würden, wenn wir auf dem äußersten rechten Heeresflügel noch wenigstens eines der beiden Kavalleriekorps gehabt hätten, die sich zwischen Mosel und Maas, sowie in Lothringen auf einem für größere Kavalleriekörper völlig ungeeigneten Kriegsschauplatz vergeblich abmühten, Erfolge zu erringen. Zweifellos hätte eine solche Verwendung der Heereskavallerie der Schlieffenschen Absicht, den rechten Heeresflügel möglichst stark zu machen und hier die Entscheidung zu suchen, besser entsprochen.

Noch standen der Kavallerie bis zum Beginn des allgemeinen Stellungskrieges im Westen ernste Zeiten bevor, die ihre Ausdauer und Kampfkraft auf manche weitere schwere Probe stellen sollten. Es waren dies die Umfassungsversuche von der Aisne bis zur Lys und die Kämpfe in Flandern. An diesen nahm auch der größte Teil der im August und September auf dem linken Heeresflügel befindlich gewesenen Kavallerie teil, deren dortige Tätigkeit seit Kriegsbeginn zunächst in dem nun folgenden Teil V kurz geschildert werden soll.

---

# V. Die Kavallerie bei der 5. und 6. Armee im August und September 1914.

(Vgl. Karte I.)

Der Rahmen dieser Ausführungen läßt eine eingehende Schilderung der Ereignisse bei den Kavallerie-Divisionen des H. K. K. 4 (3. und 6. K. D.) und des H. K. K. 3 (7., 8. und Bayer. K. D.) nicht zu und zwingt zur Beschränkung.

Eingeengt durch die Befestigungen der französischen Ostfront und behindert durch ein für Kavallerie sehr ungünstiges Gelände, fehlte es in dieser Gegend des Drehpunktes der großen Heeresschwenkung der Reiterei an Bewegungsfreiheit. Hieraus ergab sich, nachdem es unserer Kavallerie in den ersten Augusttagen gelungen war, die feindliche Aufklärung zurückzudrängen und zu unterbinden, wenig Gelegenheit zu rein reiterlicher Betätigung.

Nahaufklärung, Sicherung der Schlachtflügel und Ausfüllen von Frontlücken waren trotz großer Anstrengungen infolge vielen Hin- und Herziehens mit Märschen bis zu 70 km sowie mangelhafter Verpflegung und Unterbringung eine wenig dankbare Tätigkeit.

## 1. Höherer Kavalleriekommandeur 4 (Generalleutnant Frhr. v. Hollen mit 3. und 6. Kavallerie-Division und Jäger-Bataillonen 5 und 6) bei der 5. Armee.

In den ersten Augusttagen waren zunächst d i e 3. K. D dem VIII. A. K. (4. Armee) zum Grenzschutz im südlichen Luxemburg, d i e 6. K. D. dem XVI. A. K. (5. Armee) unterstellt. Es standen:

3. K. D. bei Remich mit vorgeschobener 16. K. Brig. bei Dippach,

6. K. D. bei Diedenhofen—Arsweiler.

Am 6. 8. traten die Divisionen unter den Befehl d e s H. K. K. 4 in Diedenhofen. Sein Auftrag lautete: F e r n a u f k l ä r u n g vor der Front der 5. Armee gegen die Maas-Strecke Mézières—Mouzon—Stenay—Verdun—St. Mihiel. V o r g e h e n auf Carignan und Damvillers. F e s t s t e l l e n, ob die Maas unterhalb Verdun stark besetzt ist, oder ob von dort, über Verdun, oder zwischen Verdun und Metz hindurch französische Kräfte gegen die 4. und 5. Armee vorgehen.

Die Ausführung dieses Auftrages führte zunächst zu den **Aufklärungsgefechten gegen den Othain- und Chiers-Abschnitt vom 6.—21. August.**

**2. bis 12. August.** Die ersten Grenzpatrouillen gegen die Linie Longwy—Fléville wurden bei der 3. K. D. von den Trierer Jäg. z. Pf. 7 und 8, bei der 6. K. D. von den Metzer Drag. 9 und 13 geritten.

Schon im Frieden in der altbewährten Haeselerschen Schule wohl vorbereitet für ihre Aufgaben, brachten diese von ihren Kameraden beneideten Patrouillen die ersten Nachrichten über den Feind. Wie 1870 des Obersten v. Pestel Ulanen vor Saarbrücken, täuschte die an der Grenze östlich Briey liegende 1. Esk. Drag. 9 des Rittmeisters v. Bardeleben den Franzosen durch dauernde Hin- und Hermärsche verschiedenartig bekleideter Abteilungen — in Feldgrau, mit Drillichjacken oder Mänteln, mit Helmen mit und ohne Bezüge, oder in Mütze — die Anwesenheit verschiedener Truppengattungen vor.

Zunächst wurden die Divisionen mit Aufklärungs-Eskadrons vor der Front in der allgemeinen Richtung auf Stenay gegen den Chiers-Othain-Abschnitt vorgeführt.

Am 7. 8. überschritten die 3. K. D. (Gen. Lt. v. Unger) bei Esch, die 6. K. D. (Gen. Lt. Graf Schmettow, Egon) nördlich Fentsch die französische Grenze. Die Gefechtsabsicht des H. K. K. 4 für die ersten Operationstage war, mit dem zusammengehaltenen Kavalleriekorps die feindliche Heereskavallerie aus dem Felde zu schlagen und deren Aufklärungstätigkeit zu unterbinden. Die französische Kavallerie ließ sich jedoch auch hier nicht auf einen Kampf zu Pferde ein. **Gefecht bei Landres.** Eine feindliche Kavallerie-Division (4.) wurde am 8. 8. bei Landres unter Artilleriefeuer genommen und ging, ohne die von der 6. K. D. gesuchte Attacke anzunehmen, in westlicher Richtung hinter den Othain-Abschnitt zurück.

In mehreren Ortschaften wurde von Einwohnern auf die Truppen geschossen, so daß scharfe Gegenmaßregeln getroffen werden mußten.

Nachdem die Divisionen am 8. 8. einen Vorstoß in Richtung Longuyon und Spincourt unternommen hatten, blieben sie bis zum 10. Morgens bei Mercy le bas und Xivry. Dann gingen die Divisionen, um die eigene Aufklärung weiter vorzutreiben, am 10. 8. in breiterer Front bei glühender Augusthitze, 3. K. D. auf Longuyon, 6. auf Mangiennes, vor. Der als Parlamentär in die Festung Longwy entsandte Generalstabschef des H. K. K. 4, Oberstlt. Frhr. v. Brandenstein, erreichte zwar die Übergabe nicht, konnte aber starke Besatzung an Infanterie sowie schwere und leichte Artillerie feststellen.

**Gefecht bei Pillon, 10. August.** Der 6. K. D. gelang es, nach Kampf den Ort Pillon zu nehmen. Indessen geriet sie bei weiterem Vorgehen auf Mangiennes in starkes Artilleriefeuer, das erhebliche Verluste verursachte, besonders bei Jäg. Btl. 5 und der reit. Abt. 8, die sich hervorragend auszeichneten. Die Division brach mit Verlust von drei bewegungsunfähig gewordenen Geschützen und mehreren Maschinengewehren der M. G. Komp. das Gefecht ab und ging auf Joppécourt zurück. Der Kommandeur der 13. Drag., Oberstlt. Frhr. v. Broich, sowie Hauptmann Schmidt-Wietersheim von der reit. Abt. waren schwer verwundet worden. Der Führer der reit. Abt., Major Gerstenberg, und zwei Artillerieoffiziere waren gefallen, der 1. Generalstabsoffizier der Division, Hauptmann v. Werner, war verwundet. Einwohner schossen in Pillon aus den Häusern und von der Kirche.

Jäg. Btl. 5 und Jäg. z. Pf. 13 schildern das Gefecht wie folgt:

„Hinter der Höhe, die jenseits des Dorfes Pillon das Vorgelände bis Mangiennes verdeckt, wurde das Bataillon 1[45] Nachm. zum Angriff entwickelt: 1. Komp. links,

2. rechts der Straße nach Mangiennes, 4. hinter der Mitte, 3. und M. G. Komp. rechts gestaffelt folgend.

Kaum war die Höhe überschritten, als plötzlich ein wilder Geschoßhagel feindlicher Artillerie, auch schweren Kalibers, auf das Bataillon niederging und gleich seine Opfer forderte. Einen Augenblick stockte wohl jedem der Pulsschlag bei dieser gewaltigen Feuertaufe, aber dann ging es ran an den Feind, koste es was es wolle. In prachtvoller Ordnung, ruhig wie auf dem Manöverfelde, stürmten die Kompagnien durch die einschlagenden Granaten und das sich verdichtende M. G.- und Infanteriefeuer hindurch gegen Mangiennes vor. Gleich zu Anfang verlor die 2. Komp. ihren tapferen Führer, Hauptm. v. Rautter, der mit schwerem Beinschuß bis zum Abend im feindlichen Artilleriefeuer qualvolle Stunden durchmachen mußte. Die Kompagnie aber stürmte weiter, galt es doch, nicht hinter der 1. zurückzubleiben, die ihrem Führer, dem prächtigen Hauptm. Urff, in die Hölle gefolgt wäre. Da raffte auch diesen eine Kugel hin. »Kinder, vorwärts, ich brauche keine Hilfe, und grüßt mir —«. Weiter kam er nicht; der heldenhafte Führer der 1. hatte ausgelitten. Und wie ein Schwur ging es durch die Kompagnie: »Das sollt Ihr büßen«, und allen voraus, den Tod zu rächen, der treue Kompagniefeldw. Görner und mit ihm der Feldw. Hausknecht, um es dem Vater gleich zu tun, der 1870 bei Weißenburg das erste Geschütz miterobert hatte. Aber auch sie starben den Heldentod, und durchs Herz getroffen brach Görner mit den Worten: »Guter Blattschuß« zusammen. Die eingetretenen Verluste hatten eine breite Lücke in der vorderen Linie geschaffen, aber aus eigenem Entschluß riß unser Bester, der tollkühne Hauptm. Brandenburg, einen Teil seiner Kompagnie vor, die Lücke zu schließen. Ein hohes Haferfeld, das sich bis auf etwa 700 m an Mangiennes heranzog, verhinderte immer noch die eigene Schießtätigkeit und erschwerte Übersicht und Führung. Um sie trotzdem nicht zu verlieren und um bei dieser ersten Feuerprobe des Bataillons seine Jäger im Auge zu behalten, und als Vorbild echt preußischer Pflichterfüllung, war der von seinen Jägern vergötterte Kommandeur, Major Frhr. v. Müllenheim-Rechberg, mit seinem Adjutanten, Oblt. v. Wolff, gegen alle Regeln der Vernunft, solange zu Pferde den Schützenlinien dichtauf gefolgt. Das sich immer mehr auf diese Gruppe zusammenziehende Feuer zwang ihn schließlich, schweren Herzens abzusitzen.

Inzwischen hatte die Kompagnie sich bis auf etwa 700 m an das Dorf vorgearbeitet und hatte endlich Schußfeld, als der Franzose seinerseits mit starken Kräften, die Jäger weit überflügelnd, zum Gegenangriff vorbrach. Der letzte Mann wurde in die vordere Linie geworfen, Kommandeur und Adjutant schossen mit. Jetzt zeigte sich, was die gute Schießausbildung des Friedens wert war. Mit eiserner Ruhe, wie beim Vergleichsschießen, ließen die Jäger den Feind auf die Büchsen auflaufen, unterstützt durch die brave Batterie Schmidt-Wietersheim des 8. Feldart. Regts., die auf der Höhe im Rücken aufgefahren, Schuß auf Schuß abgab, bis auch die letzte Kanone der feindlichen schweren Artillerie zum Opfer fiel. Unter schwersten Verlusten brach der feindliche Angriff kurz vor den Linien der Jäger zusammen. Furchtbar wüteten die geschickt seitlich aufgestellten Maschinengewehre der M. G. Komp. v. Brandt unter den zurückflutenden Rothosen.

Da schweigt unsere Artillerie, und mit neuen Kräften und zäher Energie versucht der Franzose noch einmal, seine Offiziere mit geschwungenem Degen voran, den Sturm. Aber wieder fassen ihn die Jägerbüchsen und die Maschinengewehre und zwingen ihn jetzt zu restloser Flucht ins Dorf. Da kommt Befehl von der Division: »Zurückgehen auf Pillon«. Als Sieger gehen die Jäger zurück. Der Feind wagt nicht zu folgen.

Ein später erhaltener Bericht gibt die Verluste der Franzosen auf 1500 Mann an. Vom Bataillon waren gefallen: Hauptm. Urff, Lt. d. Ref. Kunkel; verwundet: Hauptm.

v. Rautter, Oblt. v. Chappuis, Lt. v. Zernicki, Lt. v. Mosqua, Lts. d. Res. Frosch, Rudorff und Brandt, die Feldw. Görner und Hausknecht, sowie 183 Oberjäger und Jäger tot und verwundet."

Das Jäg. Regt. z. Pf. 13 war vorderstes Regiment des Gros.

„Nach langem Warten erhielten wir Befehl, den linken Flügel zu verlängern und auf Billy vorzugehen. Auf der Höhe lagen wir ausgeschwärmt mit weiten Zwischenräumen, Jäger und Husaren, Front nach dem 800 m vor uns im Tal liegenden Billy, im Kampf gegen dort befindliche Schützen. Gerade als zwei Eskadrons Jäger um die Höhe herumgeschickt wurden, um Billy von der Flanke her anzugreifen, begann das feindliche Artilleriefeuer, das zwar einige Verluste kostete, aber in der Hauptsache in den hinter uns liegenden Wald ging. Plötzlich bemerkten wir mehrere Kompagnien französischer Jäger, die, von Billy kommend, sich in aller Ruhe in verschiedenen Kolonnen im Gänsemarsch eine Höhe hinaufschlängelten. Nach einigen vergeblichen Versuchen, in dem Gefechtslärm das Feuer auf das neue Ziel abzudrehen, gelang es schließlich. Die Alpenjäger hatten anscheinend Verluste und schlugen eine beschleunigte Gangart ein. Nun setzte auch das Feuer französischer schwerer Artillerie ein, deren große Zuckerhüte zwar haarscharf über unsere Höhe hinüberpfiffen, aber auch glücklicherweise meist in den hinter uns liegenden Wald schlugen. Unsere Artillerie, die auf einer Höhe zwischen Pillon und Mangiennes aufgefahren war, antwortete kräftig.

Allmählich schien es klar zu werden, daß wir doch etwas zu kühn in eine planmäßig besetzte, reichlich mit Artillerie versehene französische Stellung hineingestoßen waren, und es kam der Befehl, von den Flügeln aus abzubauen. Die Schützen wurden in kleinen Trupps hinter die Höhe und dann in den Wald zurückgenommen, wo sie sich eskadronsweise sammelten. Dann ging es an die Handpferde, die hinter Pillon zurückgenommen worden waren. Erst spät in der Nacht erreichten wir unser Ortsbiwak bei Mercy le bas und Joppécourt.

Wenn auch der erlebnisreiche Tag nicht mit dem erhofften Erfolge abgeschlossen hatte, so war doch die Tatsache erfreulich, daß unsere Schützen, die hier zum erstenmal in feindlichem Infanterie- und Artilleriefeuer gewesen waren, eine vorzügliche Haltung gezeigt hatten."

Gen. Lt. Frhr. v. Hollen sprach der Division für ihr „über jedes Lob erhabenes Verhalten in schwerem feindlichen Artilleriefeuer" seine vollste Anerkennung aus. Spätere Gefangenenaussagen behaupteten, die Deutschen hätten bei Pillon gesiegt, und die Franzosen hätten über 1000 Mann Verluste gehabt.

Am Abend gingen die Divisionen bei Ville au Montois und Joppécourt zur Ruhe über und blieben am 11. und 12. 8. in der Gegend von Fillières und Xivry.

**13. bis 21. August.** Am 13. 8. erfolgte der Abmarsch der 3. K. D. in nördlicher Richtung, östlich von Longwy vorbei, über Esch, Arlon. Die Division übernahm in der Gegend von Ste. Marie und Habbaye la Neuve vom 14. bis 21. 8. die Aufklärung gegen die Linie Carignan—Montmédy. A. E. Ramdohr, Drag. 23, wurde auf Izel, A. E. Stedmann, Hus. 14 (dann Butler, Drag. 5), auf Geronville entsandt. Diese stellten die französische 9. K. D., sowie deren Abmarsch am 20. über Chiny nach Norden in Richtung Neufchâteau, ferner das VI. A. K., sowie Schanzarbeiten auf den Höhen vorwärts der Linie Carignan—Montmédy fest.

**Gefecht bei Tintigny—Jamoigne. 21. August.** Auf die Meldung von feindlicher Infanterie bei Izel und südlich Tintigny ging die 3. K. D. am 21. 8. auf Jamoigne und Tintigny vor. Es kam bei drückender Hitze zu einem ernsthaften Gefecht, das gegen Abend abgebrochen wurde. Die Division erreichte Habbaye la Neuve, ohne daß der Gegner nachdrängte.

Die 6. K. D. hatte unterdessen aus der Gegend Mercy le Bas, Mercy le Haut und Audun le Roman bis zum 21. 8. weiter in südwestlicher Richtung aufgeklärt, und ein Wiedervorgehen der feindlichen Kavallerie über die Linie Xivry—Landres verhindert. Sie stellte westlich des Othain-Baches westlich Spincourt die französische 7. K. D. fest, die von der Artillerie beschossen in nördlicher Richtung verschwand, ferner das IV. A. K., sowie eine zweite befestigte Linie zwischen Montmédy und Verdun.

Flieger machten sich unangenehm bemerkbar. Sie warfen zahlreiche etwa 12 cm lange Stahlpfeile ab, deren bestrichener Raum sich manchmal über die Ausdehnung eines ganzen Bataillons erstreckte. Trotzdem verursachten sie nur verhältnismäßig geringe Verluste. Während die feindliche Kavallerie sich weiter völlig untätig verhielt, kam es am 21. 8. zu Abwehrkämpfen gegen vorgehende Infanterie südwestlich Audun le Roman, in welchem Orte der Divisionsstab an diesem Tage von Einwohnern beschossen wurde.

Das Gesamtbild der Aufklärung ergab infolge der Untätigkeit der größeren französischen Kavalleriekörper und der Unterlegenheit der kleineren Aufklärungsabteilungen die Beherrschung des Geländes bis zur Bahnlinie Longwy—Longuyon—westlich Fléville durch das Kavalleriekorps*). Außer dem IV. und VI. A. K. schien sich der Abmarsch der drei Kavallerie-Divisionen (4., 7. und 9.) hinter der feindlichen Front nach Norden zu bestätigen.

Am 18. 8. hatte der Vormarsch der 5. Armee begonnen. Am 20. 8. wurde die 3. K. D. dem rechten Flügelkorps (V.), die 6. K. D. dem linken Flügelkorps (XVI.) unterstellt. Die Armee erreichte am 20./21. 8. die Linie Etalle—Longuyon und südlich.

Durch diese Unterstellung war der Stab des H. K. K. 4 bis zum 25. 8. ohne Verwendung und begab sich zum A. O. K. 5 nach Diedenhofen.

**In der Schlacht bei Longwy—Longuyon und am Othain-Abschnitt vom 22. bis 27. August** kämpfte die vom Deutschen Kronprinzen geführte 5. Armee — V., XIII., XVI., V. R., VI. R. K. —, zu beiden Seiten von

*) Egli schreibt, daß die 6 Kav. Divisionen (einschließlich des Kav. Korps Sordet) im Raum Longwy—Givet nirgends auch nur den Versuch gemacht hätten, den feindlichen Schleier zu zerreißen.

Longwy vorgehend, gegen die französische 3. Armee Ruffey, in Stärke von ebenfalls fünf Armeekorps in Linie Audun—Montmédy.

Am 22. 8. begann der deutsche Angriff in Linie Virton—Pierrepont—Anderny und brach den feindlichen Widerstand in Linie Virton—Longuyon—Boulígny, südwestlich Landres, bis schließlich die Maas dem weiteren Nachdrängen ein Ziel setzte.

Auf Ersuchen des H. K. K. 4 wurde die 3. K. D., die bei Ste. Marie die Lücke zwischen der 4. und 5. Armee ausfüllte und den rechten Flügel der 5. Armee deckte, wobei sie am 22. und 23. mehrere hundert Gefangene machte, wieder über Arlon, Esch, Fentsch nach Briey auf den linken Armeeflügel gezogen. Hier wurde dem nun wieder vereinigten Kav. Korps Hollen am 26. 8. der Schutz des linken Flügels der 5. Armee östlich Etain übertragen, den die 6. K. D. seit dem 22. im Raume Landres—Etain—Mance unter täglichen Gefechten bis dahin allein versehen hatte.

**Gefecht bei Domprix. 22. August.** Am 22. 8. hatten Teile der 6. K. D., dabei das Jäg. Regt. z. Pf. 13 bei Domprix eine französische Bagagekolonne mit etwa 100 Mann Infanteriebedeckung überraschend attackiert, Gefangene gemacht und zahlreiche, mit Koffern und Verpflegungsgegenständen beladene Bagagewagen erbeutet.

**Gefecht bei Landres. 22. August.** Am gleichen Tage attackierte Major Moser mit der 1. und 5. Esk. des badischen Leib-Drag. Regts. 20 bei Landres die 2. Esk. des französischen Chasseur-Regts. 12 erfolgreich. Major Moser berichtet:

„Beim Vorgehen auf Landres wurde der Südausgang des Ortes von feindlicher Infanterie besetzt und eine Chasseur-Eskadron, westlich Landres stehend, gemeldet. Ich bog mit beiden Eskadrons von der Straße nach Nordwesten ab und stellte mich hinter einer Höhe, 1 km südlich Landres, in Doppelkolonne bereit. Von dort sah ich die feindliche Eskadron 1 km westlich Landres an der Bahn, mit der Front gegen den Ort, stehen und entschloß mich, anzugreifen. Die Eskadrons trabten an, umgingen die Zeche 800 m südwestlich Landres, drehten die Têten und ritten an. Die 1. Esk. galoppierte sofort gegen die feindliche Eskadron an. Diese machte kehrt, ging zurück und versuchte, wieder Front zu machen. Sie wurde geworfen. Inzwischen war auch die durch einige bei der Eisenbahnüberführung gestürzte Pferde aufgehaltene 5. Esk. herangekommen, und beide Eskadrons verfolgten nun den zurückgehenden Feind. Dieser verlor 2 Offiziere und etwa 30 Mann tot, 1 Offizier und 3 Mann gefangen sowie 3 Pferde. Die 5. Esk. erbeutete außerdem die Kommandoflagge eines Armeekorps. Unsere Verluste waren: 1 Dragoner gefallen, Lt. v. Engelberg, Sergt. Brecht, Unteroff. Gitschier, Tromp. Böhme und 5 Dragoner verwundet."

In Ausführung des Befehls des XVI. A. K., über Conflans in westlicher und südwestlicher Richtung aufzuklären, wurde die 6. K. D. am 26. 8. auf den Höhen nördlich Fléville, die 3. K. D. westlich Ozerailles bereitgestellt. Die Aufklärung ergab, daß die französischen Truppen von Etain und südlich der Bahn Conflans—Etain in westlicher Richtung auf Verdun im Rückzuge seien. Auch am 27. 8. blieb das Kavalleriekorps bei Affléville und Ozerailles stehen.

In neuen schweren Kämpfen erfocht sich die 5. Armee vom

**28. August bis 1. September in der Schlacht um die Maas-Übergänge**

den Übergang über dieses Fronthindernis und gelangte nach erneutem kräftigen Widerstande der Armee Ruffey am

**2. und 3. September durch die Schlacht bei Montfaucon und Varennes**

unter immer notwendiger werdender Flankensicherung gegen Verdun am 3. 9. in den Besitz der Argonnen-Eingänge bei Varennes.

Während dieser Kämpfe wurde das Kav. Korps Hollen vom 28. 8. ab über Mangiennes, Brandeville nach Stenay an der Maas gezogen.

**Gefecht bei Brandeville am 29. August.** Unterwegs gelang es der 3. K. D. am 29. 8. bei Brandeville am Südrande des Waldes von Woëvre mit der Pi. Komp. 13, Drag. 23 und 24 und dem Vortrupp des XIII. A. K. etwa 3700 Mann und den Kommandanten der Besatzung von Montmédy, die den Anschluß nach Verdun gewinnen wollten, aufzureiben und zum größten Teil gefangen zu nehmen. Der Rest fiel der 33. K. Brig., Gen. Major v. Etzel, der 6. K. D., die über Louppy marschierte und den Wald von Woëvre säuberte, in die Hände. Das hessische Garde-Drag. Regt. 23 berichtet:

„Schon bei Morgengrauen wurde es lebendig im Biwak bei Brandeville, die Pferde wurden gefüttert und getränkt. Plötzlich hörten wir Kugeln über unsere Köpfe hinwegpfeifen, und sofort waren die Schützen angetreten. »Feindliche Infanterie im Walde vor uns«. Drei Eskadrons des Regiments gingen zu beiden Seiten der Straße Brandeville—Dun zum Schützengefecht vor. Unser Kommandeur, Major v. Arnim, übernahm die Gefechtsleitung und wurde bald darauf schwer verwundet.

Die 4. Esk. unter Führung ihres bewährten Oblts. v. Werneburg griff nördlich der Straße in ungestümem Vorwärtsdringen trotz mörderischen Feuers den Feind, der den Waldrand besetzt hielt, an. Kleine Teile der Eskadron waren als Flankenschutz nach rechts in den Wald vorgedrungen und sahen sich plötzlich im Dickicht des Woëvre-Waldes einem weit überlegenen Gegner, noch zum Teil in Marschkolonne auf einer Schneise, gegenüber. Ein Zurück gab es nicht. Das Feuer wurde eröffnet, und der Gegner wich zunächst nach Norden aus, um etwas später mit Verstärkungen zu versuchen, das kleine Häuflein der 4. Esk. aus dem Walde zurückzudrängen. Es wäre für den Gegner ein leichtes gewesen, aus dem Walde vorzubrechen und bis zu den Handpferden durchzustoßen. Die kleine mutige Schar gebot ihm jedoch Halt.

Auch südlich der Straße kamen die 2. und 5. Esk. auf den bewaldeten Maasuferhöhen ebenfalls mit starken Kräften des Gegners ins Gefecht. Schußfeld war in dem dichten Gehölz kaum vorhanden, Schützenlinien konnten auch dort nicht gebildet werden. So gingen die tapferen Leute einzeln oder in kleinen Gruppen wagemutig gegen den Feind vor. Hier zeigten sich der Angriffsgeist und die Entschlossenheit der braven Hessen. Trotzdem sie weit an Zahl unterlegen waren, machten sie 20 bis 30 Gefangene.

Wie sich später zeigte, kämpften zuerst, bis zum Eintreffen von Verstärkungen unserer Brigade und Division, kaum 250 Mann gegen die zehnfache Überlegenheit der

Besatzung von Montmédy, die in der Nacht vom 28. zum 29. 8. versuchte, sich durch den Woëvre-Wald nach der Festung Verdun durchzuschlagen, was ihnen indessen nicht gelingen sollte. Gegen 9° Morg. war das Gefecht schon zu unseren Gunsten entschieden. Über 700 Gefangene blieben in unserer Hand, über 200 tote Franzosen bedeckten das Schlachtfeld. Die übrigen waren in den dichten Wald geflohen und wurden später noch als Versprengte aufgegriffen.

In Erinnerung an diesen Ehrentag des Regiments gedenken wir unserer tapferen Kameraden, die dort bei Brandeville den Heldentod erlitten. Seiner Eskadron voran fiel Oblt. v. Werneburg, mit ihm 6 Unteroffiziere und 22 Mann des Regiments. Verwundet waren 8 Offiziere, 6 Unteroffiziere und 29 Mann, darunter Lt. v. Hänisch, der erst nach Monaten schwersten Leidens seiner Verwundung erlag."

Am 30. 8. ging das Kavalleriekorps bei dichtem Nebel auf einer von den Pionierabteilungen notdürftig hergestellten Brücke über die Maas. Die Brückenwagen waren nicht herangekommen.

Jenseits der Maas beim Marsch durch den Wald zwischen Stenay und Beaumont verlor die 3. K. D. auf den tiefen, lehmigen Waldwegen bis zu 60 v. H. ihrer Eisen, so daß der 1. 9. zur Instandsetzung des Beschlages verwendet werden mußte.

Bei der nun folgenden

## Verfolgung westlich Verdun und durch die Argonnen am 4. und 5. September

beteiligte sich der H. K. K. 4 an den Verfolgungskämpfen der 4. und 5. Armee. Das Kavalleriekorps marschierte zwischen dem über Grandpré, Valmy auf Revigny vorgehenden linken Flügel der 4. und dem über Fléville, Varennes, St. Ménehould auf Revigny vorrückenden rechten Flügel der 5. Armee.

Die 3. K. D. ging von Beaumont über Grandpré, Cernay en Dormois auf Valmy, die 6. K. D. von Stenay über Fléville, Binarville auf Valmy vor. Dann erreichten beide Divisionen am 5. 9. die Gegend von Charmont, nordwestlich von Revigny am Rhein—Marne-Kanal.

Unterwegs gelang es dem Lt. Vierkorn und der Pionierabteilung der 6. K. D. am 4. 9. die Eisenbahn St. Ménehould—Revigny, 8 km südlich von St. Ménehould, durch Schienensprengung zu unterbrechen.

Diese Märsche waren, da die Straßen oft von den Marschkolonnen der Flügelkorps der Armeen belegt waren, bei dauernden Marschstockungen, in glühender Hitze, bei mangelhafter Verpflegung und allnächtlichem Biwakieren außerordentlich anstrengend, und führten zu großer Ermüdung von Mann und Pferd. Dabei war der Gegner nicht etwa „fluchtartig" zurückgegangen, wie man bei den A. O. Ks. anzunehmen schien, sondern leistete in ordnungsmäßigem Rückzuge mit geschlossenen Verbänden noch erheblichen Widerstand, den die Kavallerie allein meist nicht zu brechen imstande war.

Bei der 5. Armee, die im weiteren Vormarsch die Festung Verdun durch das V. und VI. R. K. in Linie Azannes—Consenvoye an der Maas—Avocourt—Ippécourt abschließen mußte, kam es vom

## 7. bis 10. September zur Schlacht am Rhein—Marne-Kanal.

Es gelang der 5. Armee mit VI., XIII. und XVI. A. K. und dem Kav. Korps Hollen, den linken Flügel der fünf Armeekorps starken Armee Sarrails vom 6. 9. ab von Revigny bis nördlich Bar le Duc zurückzudrängen. Hier kam es bis zum 10. 9. zu heftigen Kämpfen in der ungefähren Linie Bar le Duc—Seuilly—Verdun.

Der H. K. K. 4 kämpfte in diesen Tagen in der Gegend von Broil—Contrisson und Revigny am Rhein—Marne-Kanal. Am 7. 9. stand die 3. K. D. südlich Revigny der in die Schlachtlinie geworfenen abgesessenen Kavallerie Sarrails gegenüber.

**Gefecht bei Vassincourt vom 7. bis 10. September.** Vom 7. bis 10. 9. wies die 6. K. D. bei Vassincourt südlich des Kanals starke feindliche Angriffe durch Jäg. Btl. 5 und die Schützen der 33. K. Brig. in notdürftig ausgehobener Stellung erfolgreich ab, wobei die 33. K. Brig. erhebliche Verluste durch Bomben feindlicher Flieger hatte (30 Mann, 40 Pferde, 4. Drag. 9).

Jäg. Btl. 5 berichtet über diese Kämpfe wie folgt:

„Am 7. 9. hatte die 6. K. D. den Befehl erhalten, bei Revigny den Kanal zu überschreiten und sich auf den jenseitigen Höhen festzusetzen. Unter dem Befehl des Generals v. Hofacker, des Kommandeurs der 45. Kav. Brig., gewann das Bataillon das südliche Ufer und stieß mit 2., 3. und 4. Komp. weit bis zur Tuillerie-Ferme vor, die stark von Infanterie und Maschinengewehren besetzt war. Wie die Katzen kletterten die kleinen Kerle der 4. Komp. mit ihrem kernigen Führer, dem Oberförster, Hauptm. v. Kotze, und dem prächtigen Lt. v. Choltitz todesmutig die Höhe hinauf. Die Franzosen weichen, aber höherer Befehl hält die Kompagnie fest. Der Angriff auf Vassincourt soll erst am 8. 9. fortgesetzt werden. Die 2. und 4. Komp. werden zurückgenommen, nur die 3. bleibt am Feinde. Sie hat sich mit ihrem zähen Hauptm. Brandenburg und ihren vorbildlichen Oberjägern Rütz und Mirswa, die gleich in den ersten Vormarschtagen ihre gute Strecke an französischen Patrouillen gemacht hatten, so fest verbissen, daß ein Loslösen nicht möglich war.

Der Morgen des 8. findet die tapfere Kompagnie schon wieder in heftigem Kampfe, rechts angeschlossen an das Res. Inf. Regt. 88. Um 6[30] Vorm. wird der Angriff auf Vassincourt befohlen, 1. und 4. Komp. in vorderer Linie, M. G. Komp., 2. und 50 Radfahrer zur Verfügung hinter dem freien linken Flügel. Hauptm. v. Brandt führt das Bataillon.

Trotz heftigen Feuers der feindlichen Artillerie, Infanterie und Maschinengewehre gehen die Kompagnien mit den 88ern unaufhaltsam vorwärts. 9[45] ist die Tuillerie-Ferme von der 3. genommen, kurz darauf auch das in hellen Flammen stehende Vassincourt. Haufen von toten und verwundeten Franzosen bedecken die Dorfstraße. Der dichte Qualm, die einstürzenden Häuser und das unbarmherzig dazwischenschlagende Feuer der feindlichen Artillerie machen ein Weiterkommen fast unmöglich. Da gelingt es dem Lt. v. Rheinbaben mit Teilen seiner 1. Komp., eine Höhe südlich des Dorfes zu stürmen, die ein flankierendes Feuer auf die feindliche Infanterie ermöglicht und der im Dorf hart ringenden 3. und 4. Luft schafft.

Inzwischen waren weiter links dem sich immer weiter östlich verlängernden französischen Flügel die 2. und M. G. Komp. entgegengeworfen worden. Auch sie stürmen vorwärts, dem weit überlegenen Feind entgegen. Immer stärkere Kolonnen verlängern den feindlichen rechten Flügel.

Um nicht umfaßt zu werden, bittet das Bataillon den jetzt führenden General v. Etzel um Unterstützung, und in treuer Waffenbrüderschaft geht die 33. Kav. Brig. mit einem Regiment abgesessener Schützen nördlich, mit einem Regiment südlich des Kanals im Anschluß an die Jäger vor.

In Vassincourt haben sich 168 Franzosen ergeben. Die feindliche Infanterie ist dort geworfen, aber ein weiteres Vordringen auf die Höhe östlich des Dorfes hindert das immer heftiger werdende Artilleriefeuer. So müssen die Kompagnien zurückgenommen werden, um sie nicht der Vernichtung preiszugeben.

Ruhig gehen die Kompagnien nach der befohlenen Sammelstelle zurück mit dem Gefühl eines schönen Sieges und, trotz des Verfolgungsfeuers der Artillerie, mit den Gefangenen. Zwei tapferen Jägern gelingt es, den zwischen den brennenden Trümmern des Dorfes schwerverwundet zurückgebliebenen Lt. Frhrn. v. Dalwig zurückzuschaffen, ebenso den Lt. Frhrn. v. Wrangel. Der schwerverwundete Lt. d. Res. Volkmer starb kurz nach dem Rücktransport. Der durch Beinschuß schwerverwundete Hauptm. Brandenburg ließ sich, da er nicht gehen konnte, seine kitzliche Fuchsstute kommen und begleitete die Kompagnie zu Pferde bis zum Sammelplatz. Dort erst waren seine Kräfte zu Ende. Die Gesamtverluste an Offizieren, Oberjägern und Jägern betrugen 103 Tote und Verwundete."

Unterdessen war die Marne-Schlacht schon am 9. 9. mit dem beginnenden Rückmarsch der 1. und 2. Armee zu Ende gegangen, so daß die Fortsetzung der Angriffe der mit der Front nach Osten kämpfenden Armee des Kronprinzen nicht mehr möglich war. Sie trat daher ebenfalls am **12. September den Rückmarsch zur Maas an.**

Der H. K. K. 4 erreichte bei anhaltendem Regenwetter nach Aufnahmestellungen bei Broil und Possesse (3. K. D.) und bei Nettancourt, wo die 6. K. D. den Abmarsch des XVIII. R. K. der 4. Armee deckte, mit der 3. K. D. über Cernay en Dormois, Grandpré am späten Abend des 13. 9. Verpel, mit der 6. K. D. über St. Ménehould, Binarville Buzancy.

Der Gegner drängte nicht nach, sondern folgte nur vorsichtig mit gemischten Detachements.

Während des nun beginnenden Stellungskrieges blieb der Stab des H. K. K. 4 in Imécourt, die 3. K. D. bei Verpel, die 6. K. D. bei Buzancy bis zu dem Ende September von Arlon aus erfolgenden Abtransport nach Belgien.

Hier nahm das Kav. Korps Hollen, zu dem noch die Bayer. K. D. trat, erfolgreichen Anteil an den Kämpfen am äußersten rechten Heeresflügel in Nordfrankreich und Belgien. (S. Teil VI.)

## 2. Höherer Kavalleriekommandeur 3 (General der Kavallerie Ritter v. Frommel) mit 7., 8. und Bayerischer Kavallerie-Division und Bayerischen Jäger-Bataillonen 1 und 2 bei der 6. Armee.

Das über die Leistungen und die Ereignisse bei der Kavallerie der 5. und 6. Armee bereits allgemein Gesagte gilt ganz besonders für die Tätigkeit der dem H. K. K. 3 unterstellten 7. (Gen. Lt. v. Heydebreck), der Sächs. 8. (Gen. Lt. Graf v. der Schulenburg-Hehlen) und Bayer. K. D. (Gen. Lt. v. Stetten).

Der 6. Armee standen für den Grenz- und Bahnschutz je eine gemischte Brigade bei Remilly, Mörchingen und Saarburg, sowie H. K. K. 3 (Dieuze) mit 8. K. D. bei Mörchingen, Bayer. K. D. bei Dieuze und 7. K. D. bei Saarburg zur Verfügung. Die Bayer. und 7. K. D. waren für den Grenzschutz dem XXI. A. K. unterstellt.

Feindliche Schanzarbeiten wurden an der Grenze von Romény bis Moncel, südwestlich Château Salins, eine Kavallerie-Division in Gegend Moyenvic, eine Infanterie-Division bei Bauzemont und Maixe am Rhein—Marne-Kanal gemeldet.

Der Auftrag für den H. K. K. 3 lautete: Aufklärung auf St. Mihiel und über Pont à Mousson—Luneville—Blâmont—Baccarat.

Aufklärungs-Eskadrons wurden gegen die Linie Thiaucourt—Romény—Champenoux, nordöstlich Nancy—Parroy am Rhein-Marne-Kanal—Badonviller angesetzt.

Hierzu entsandte die 8. K. D. eine halbe Esk. Stralenheim der Gardereiter nach Corny, nördlich Pont à Mousson, um die Verbindung mit der 6. K. D. über Gravelotte aufzunehmen, ferner Esk. Hauenschild, Jäg. zu Pferde 2, gegen die Linie Pont à Mousson—Marbache an der Mosel, und Esk. Schäffer, Ul. 21, gegen Nancy.

Die Bayer. K. D. trieb von Dieuze aus die Esks. Mühlhäuser und Kreß über die Linie Salonnes an der Seille—Lagarde, am Rhein-Marne-Kanal, in den Raum zwischen Nancy und Baccarat vor. Die 7. K. D. klärte auf Blâmont, Baccarat auf.

Bereits am 6. 8. kam es bei der auf Château Salins vorgegangenen Bayer. K. D. zu einem Artilleriegefecht auf den Höhen östlich Vic, bei der 7. K. D. zu Patrouillenzusammenstößen an der Grenze in Richtung Blâmont.

**7. bis 19. August.** Nun folgten

### die Grenzschutzgefechte in Lothringen.

Um die bei Igney und Repaix, nördlich Blâmont gemeldete 2. und 10. französische K. D. anzugreifen und zu schlagen, wurden Bayer. und

7. K. D. am 8. 8. in der Gegend von Avricourt vereinigt. Auch hier nahm der Gegner indessen die Reiterschlachtentscheidung nicht an, sondern zog sich unter den Schutz des Forts Manonviller, östlich Luneville, zurück.

**Gefecht bei St. Martin, am 9. August.** Auch am 9. 8. gelang es nicht, die feindliche Kavallerie zu fassen. Nur die 7. K. D. konnte Teile der bei Vého gemeldeten feindlichen Kavallerie-Division bei St. Martin im Vezouse-Tal mit Artillerie beschießen, worauf der Gegner wieder zurückging.

Am 10. 8. wurde die 8. K. D. in den nun folgenden Tagen auf den äußersten rechten Flügel in die Gegend von Solgne nordöstlich Pont à Mousson gezogen, um hier die weitere Aufklärung zu übernehmen. Vor der Front der Bayer. K. D. hatten die Aufklärungs-Eskadrons nirgends über die Linie Salonnes—Xanrey—Lagarde vordringen können. Der Führer der Bayer. K. D., Gen. Lt. v. Stetten, entschloß sich daher, am 11. 8. durch eine gewaltsame Erkundung Klarheit zu verschaffen, und stieß bei Lagarde auf eine zu gleichem Zweck in östlicher Richtung vorgehende gemischte Brigade der 2. französischen Armee Castelnau.

**Gefecht bei Lagarde am 11. August.** Das Kriegstagebuch der Bayer. K. D. berichtet über die bei dieser Gelegenheit erfolgte Attacke der Ulanen-Brigade wie folgt:

„Als sich am 10. 8. Abends die Franzosen plötzlich Lagardes bemächtigten, wurde dies als ein Zeichen von erwachender Initiative angesichts unserer negativen Aufklärungserfolge angesehen. Mit der in Maizières anwesenden 42. Inf. Div. wurde eine gewaltsame Erkundung größeren Stils verabredet.

Hier sollte die preußische Brig. Kehler, der die beiden Jägerbataillone der B. K. D. unterstellt wurden, aus der Linie Ley—Bourdonnaye gegen die Linie Montcourt—Lagarde, die 5. Kav. Brig. mit reitender Abteilung von Maizières unmittelbar auf Lagarde, zwei preußische Radfahrerabteilungen von Moussey südlich des Kanals auf Lagarde, und schließlich die andere Infanterie-Brigade der 42. Inf. Div. von Igney über Vaucourt vorgehen. Von der B. K. D. standen die Ulanen-Brigade und die reitende Abteilung nördlich Bourdonnaye, die Reiter-Brigade nördlich Marimont 8° Vorm. bereit, wo auch der Divisionsstab eintraf.

Gegen 9° Vorm. begann auf der ganzen Linie der Kampf. Bald nach 10° waren die Höhen südlich Ommeray—Bourdonnaye und das Chanal-Holz in unseren Händen. Um die Division zur Hand zu haben, wurde zunächst die Ulanen-Brigade (6 Eskadrons, da zwei als Aufklärungseskadrons abgängig) zum Chanal-Holz und später zur Höhe 265, 2 km nordwestlich Lagarde, vorgezogen. Der Divisionsstab befand sich bei ihr. Aufgehalten durch sumpfige Wiesen und Drahtzäune, folgte langsam die schwere Reiter-Brigade mit M. G.-Abteilung.

Noch bevor diese zur Stelle war, ging die französische Infanterie zurück. Es erhielt daher 12³⁰ Nachm. die Ulanen-Brigade Befehl, sofort die Verfolgung aufzunehmen. Die Franzosen leisteten keinen erheblichen Widerstand mehr, überholte Infanteristen schossen jedoch, nachdem sie sich ergeben, den Ulanen nach. Das Gelände war für die Attacke infolge von Gräben und Drahtzäunen nicht sehr günstig. Ein Teil der Brigade attackierte in den Ort Lagarde hinein, kam dort in M. G.-Feuer und hatte schwere Verluste.

So verlustreich die Attacke war, so dürfte sie doch von nicht zu unterschätzendem Erfolg gewesen sein. Die Ulanen ritten in eine Batterie zu sechs Geschützen, von der die Bespannungen nicht erschossen waren. In Lagarde trat beim Feinde Panik ein.

Zwischen $12^{30}$ und $1^{00}$ Nachm. sammelten bei Höhe 265 unter dem Kommandeur des 1. Ulanen-Regts. die Trümmer der tapferen Brigade. Ihre Pferde waren bei der furchtbaren Hitze vollkommen erschöpft.

Verluste: Div. Stab: Major Hannemann verwundet. Brig. Stab: Kdr. Gen. Frhr. v. Redwitz schwer verwundet, Adj. Rittm. Schöninger tot. Ul. Brig.: 7 Offiziere, 59 Mann, 49 Pferde tot, 7 Offiziere, 219 Mann, 295 Pferde verwundet und vermißt."

Die französische gemischte Brigade war mit starken Verlusten zurückgeworfen worden. Ein erbeuteter französischer Armeebefehl enthielt wichtige Angaben über die Stärke der gegenüberstehenden Armee.

**Gefecht bei Cirey. Gefecht bei Igny. Gefecht bei Gondrexon.** Sonst kam es nur zu kleineren Gefechten, bei der 7. K. D. am 10. 8. bei Cirey und am 14. 8. bei Igney, bei der Bayer. K. D. zu einer schönen Attacke der 2. Esk. des 1. schw. Reiter-Regts. unter dem Prinzen Heinrich von Bayern am 13. 8. bei Gondrexon, über die folgender lebensfrischer Bericht des Oblts. Graf v. Preysing vorliegt:

„In Avricourt brennt Vormittags schon die heiße Sonne eines lothringischen Augusttages, glühender Staub wirbelt durch die zertrümmerten Fenster in die langen Häuserreihen, vor denen mit stumpfer Gleichgültigkeit Frauen und Kinder dem Hin und Her der deutschen Soldaten zusehen.

Die bayerische Kav. Div. liegt sprungbereit, die französische Kavallerie zum Kampfe zu stellen, hier in Unterkunft, und am Bahnhof die 2. Esk. des 1. schw. Reiter-Regts. Schon scheint auch dieser Tag ohne Ereignis vorübergehen zu wollen, da verändert sich auf der Straße nach Igny mit einem Schlag das Bild. Ein älterer Unteroffizier geht von Haus zu Haus, ruft in Eile den schweren Reitern auf der Straße ein paar Worte zu, und diese wiederum geben den Befehl weiter: ›2. Esk. sofort fertigmachen und am Ausgang nach Gondrexon in Marschkolonne sammeln! Es vergehen 10 Minuten, die Züge sammeln sich bei ihren Führern. Um $10^{0}$ steht die Eskadron abmarschbereit, und wie eben der letzte Zug aufschließt, hebt der Führer der 2. Esk., S. K. H. Prinz Heinrich von Bayern, die Hand und gibt das Zeichen zum Anreiten.

Die Zugführer, die ihren Zügen voraus das Eintreffen derselben melden, hat der Eskadronchef bei sich behalten. Es sind dies Lt. Graf Marogna-Redwitz, Lt. Graf Preysing, Lt. Frhr. v. Dornberg und Vizewachtm. Graf Du Moulin. Oblt. Graf Spretti ist schon am frühen Morgen auf Patrouille abgeritten.

Prinz Heinrich gibt den Auftrag bekannt: 2. Esk hat einen Stab schwerer Artillerie zur Erkundung des Geländes südlich Avricourt für die Beschießung des Forts Manonvillers zu bedecken. Wir reiten zunächst in Richtung von Gondrexon, Lt. Graf Marogna übernimmt die Spitze. — Die Herren galoppieren zu ihren Zügen, der Prinz reitet mit dem Stabe am Anfang.

›Es werd halt auch wieder nix werden. Von die Malefizhund traut si ja do keiner her‹, sagten die Reiter untereinander.

›Trab!‹ Wir nähern uns dem Walde von Amenoncourt, einzelne Schüsse fallen, und im Marsch, Marsch kommt Unteroff. Gabler von der Spitze: ›Ungefähr 2 Züge teils abgesessener Kavallerie halten die Höhen westlich Gondrexon besetzt!‹ Im Weiterreiten werden feindliche Reiter auch in der linken Flanke östlich von Gondrexon in Stärke von etwa einer Eskadron sichtbar, die in Zugkolonne auf uns losrückt. Wir haben den Waldrand soeben passiert.

Prinz Heinrich ist auf die Meldung der Spitze sofort vorausgaloppiert und steht jetzt mit gezogenem Pallasch gegen den Feind, dem Eskadronsanfang die Marschrichtung weisend, auf der Höhe, gibt das Zeichen, und im Galopp marschieren die Züge zur Linie auf. »Marsch, Marsch!« Mit gefällter Lanze fegen die Reiter durch die Kornfelder ihrem Prinzen nach. Der gibt ein scharfes Tempo an auf seinem »Black King«. »Hurrá, Hurra!« Das haben die Dragoner mit dem Roßschweif auf den blinkenden Stahlhelmen bei der sauberen Anlage ihrer Falle nicht in Rechnung gezogen.

»Hurra, Hurra« dröhnt es, »Bravoure et Bavière«, das Wort Napoleons, den Franzosen in die Ohren. Schon haben sie zur Attacke anzusetzen gemeint, aber schneller wie ihr Entschluß war der Prinz mit seinen Reitern gewesen. Sie machen kehrt und jagen in aufgelöster Flucht davon, und ihre erstgenannten zwei Züge, die die Spitze aufgehalten hatten, schließen sich ihnen an.

Das ist nun ein tolles Rennen. Prinz Heinrich ganz allein weit voraus, und nun auch die Reiter sich hinter ihren Zugführern auflösend und vorschießend, jeder bestrebt, als erster an die feigen Hunde heranzukommen. Heut' darf's ja sein, es ist keine Attacke auf Oberwiesenfeld, denken sich die Reiter, der Bernecker, der Kreuzeder, der Unteroff. Jall, der auf seinem guten »Anselm« vorprescht, der Kiermeier vom 3. Zug auf dem Fuchsen, der »Devise« und der Sergt. Jadow auf der »Elektra«. Bergauf, bergab geht die Verfolgung dem Wald von Autrepierre zu. Gleich müssen wir sie haben, den vordersten Reitern spritzt schon Staub und Schmutz ins Gesicht, die Franzosen können nicht mehr. Am Walde holen wir sie ein, denn hier drehen sie links ab und wir fassen sie in der Flanke. Die nachkommenden Reiter schieben sich jetzt in Verfolger und Verfolgte hinein. »Grâce« rufend, lassen sich die Franzosen zu Boden fallen und schießen aus Pistolen.

Zwei Brennpunkte des sich entspinnenden Nahkampfes lassen sich jetzt unterscheiden. Links hatte Prinz Heinrich als erster die vor einer schwer passierbaren sumpfigen Waldenge sich stauenden vordersten Dragoner erreicht und mit geschwungenem Säbel angepackt. Der nächste nach ihm, Unteroff. Wiedemann vom 3. Zug, attackiert rechts davon mit gefällter Lanze auf der »Zigeunerin« die zweite Hälfte der Franzosen.

Prinz Heinrich erhält einen Lanzenstich, und der Übermacht gegenüber ist seine Lage äußerst bedroht. Die Dragoner sehen, daß der Prinz verwundet ist und stürmen auf ihn ein. Aber da werfen sich von beiden Seiten Sergt. Thies auf dem »Gebhardt« und Unteroff. Jall mit dem Pallasch in der Faust, Lanzenstiche und Säbelhiebe parierend, vor ihren Führer und hauen drein und lassen nicht locker, bis der Prinz frei ist. Nun blutet auch Sergt. Thies. Ein Pistolenschuß, der dem Prinzen galt, hat die Finger der rechten Hand zerrissen. Bald ist der Prinz wieder unter seinen Reitern, die um ihn herum dem Rest der Franzosen den Garaus machen.

Schlimmer ist's dem Unteroff. Wiedemann ergangen. Der hat sich seinen Dragoner gleich herausgeholt und ihn mit der Lanze aus dem Sattel geworfen; aber auch er erhält in den Rücken einen sicheren Stoß und fällt. Freilich sind es nur Bruchteile von Sekunden, bis die anderen herankommen, aber hier wird es zu spät, nicht aber für die Rache! Recht gewandt suchen sich die Dragoner im Einzelkampf aus ihrer heiklen Lage zu ziehen, die Vorteile von Pistole, Lanze und Säbel geschickt ausnutzend. Aber dem Draufgehen der schweren Reiter halten sie nicht stand. Wer von ihnen noch zu Pferde sitzt, sucht aus dem Durcheinander seine Rettung in neuer Flucht, andere kriechen in das dichte Gestrüpp.

Während die Reiter um Prinz Heinrich den letzten Dragonern durch die Waldenge nachgejagt sind, dringen die Reiter der rechten Kampfgruppe nun gleichfalls nach, und wie sie den Prinzen, den sie im Kampf und Staub aus den Augen verloren hatten, wieder vor sich sehen, wird mit Hurra ein Dragoner nach dem andern eingeholt.

Bei dieser zweiten Verfolgung zeichnen sich die Unteroffiziere Baumann, Zall und Kleiber, Gefreiter Kreuzeder und Reiter Hohenwiesner besonders aus.

Bis über den Albebach war die Verfolgung fortgesetzt worden und wurde erst eingestellt, als offenbar der Rest des Regiments den Kameraden Luft zu machen suchte. Doch nur einem Offizier und drei Dragonern gelang es, auf schnellen Pferden zu entkommen. Das Pferd des Lts. Frhrn. v. Dornberg erhielt einen Schuß, wie die Pferde dieses schneidigen Offiziers noch öfters. Im Gedränge der Verfolgung stürzte auch Lt. Graf Preysing in einen Sumpf, geriet unter sein Pferd und war in sehr bedrohter Lage, bis die Reiter Haas und Niedermeyer trotz des heftigen Feuers absaßen und ihren Offizier befreiten.

Die Eskadron läßt der Prinz auf den Höhen von Autrepierre sammeln. Er selbst läßt sich noch von Lt. Graf Preysing an die Stelle führen, wo Unteroff. Wiedemann verwundet wurde. Da liegt er tot neben dem Dragoner. Prinz Heinrich sagte: »Er war einer meiner Besten« und war sehr bewegt. Bayerische Jäger haben später dem tapferen und guten Unteroffizier ein ehrenvolles Grab hier gegraben.

In Autrepierre hat inzwischen Lt. Graf Marogna die Eskadron rangiert. (Er hatte mit seiner Spitze die Attacke in der rechten Flanke begleitet und so ein Entkommen der Franzosen nach rechts verhindert, während Wachtm. Ebinger unter den Franzosen aufräumte, die schon beim ersten Galopp sich vom Pferde hatten fallen lassen.) Nun erfuhren die meisten erst, daß der Prinz verwundet ist; er spricht aber kein Wort darüber.

Die Helme der Lunéviller Dragoner am Sattel, geht es nach Avricourt zurück. Auf dem Heimmarsch läßt der Eskadronchef den Sergt. Thies und die Unteroffiziere Baumann und Zall zu sich kommen und läßt sich die Einzelheiten des Reiterkampfes erzählen, dankt und drückt uns die Hand. Der Sergt. Meyer auf dem »Freund« stimmt an: »Hoch Deutschland, hoch in Ehren, du heil'ges Land der Treu'«. — — — Wieder schauen vor ihren Häusern die Einwohner den Reitern zu, aber nicht gleichgültig, sondern mit Schrecken, denn jetzt achten sie auf die weißblauen Lanzenflaggen, auf die Löwen auf den Knöpfen der Waffenröcke und auf die geraden schweren Pallasche. »Ah! — — mais c'est pour cela, ce ne sont pas des cuirassiers ordinaires, ce sont des Bavarois!« — — —

Am Abend brachte Exzellenz v. Stetten, unser Divisionskommandeur, ein dreifaches Hurra auf Seine Königliche Hoheit den Prinzen und seine 2. Esk. aus. Den Sergt. Thies schmückt heute die goldene Tapferkeitsmedaille, und manches Eiserne Kreuz erinnert die schneidigen Reiter der 2. Esk. an den 13. August 1914."

Die 6. Armee ging vor dem nun einsetzenden Vormarsch der Armee Castelnau allmählich in die Linie Mörchingen—Saarburg zurück, um hier den französischen Angriff anzunehmen.

8. und Bayer. K.D. wurden daher am 15. 8. in die Gegend östlich Dieuze, hinter die Linie Linder-Weiher—Stock-Weiher, nach Rohrbach und Freiburg gezogen, während die 7. K.D. Saarburg erreichte.

**Gefechte bei Rodalben—Liedersingen und bei Lautersingen.** Das weitere Vorgehen der Armee Castelnaus führte zu kleineren Vorkämpfen. Die 8. K.D. machte am 18. 8. eine gewaltsame Erkundung auf Bazy, die Bayer. K.D. focht am 19.8. bei Rodalben—Liederfingen, die 7.K.D. am 18.8. bei Lauterfingen.

Es kam dann zur

**Schlacht in Lothringen vom 20. bis 22. August,**

in der des Kronprinzen Rupprecht von Bayern 6. Armee mit III. Bayer., II. Bayer., XXI. und I. Bayer. A. K. in der Front: Sanry—Han an der Nied—Bensdorf—Lauterfingen—Saarburg, mit dem I. Bayer. R. K. im zweiten Treffen dahinter, den aus der Linie Delme—Mörchingen—Saarburg angesetzten Angriff der über vier Armeekorps starken Armee Castelnaus annahm und sodann zum Gegenstoß vorging.

**Gefecht bei Delme.** 8. und Bayer. K. D. wurden in die Gegend des Delmer Rückens in Verbindung mit der Hauptreserve Metz zur Sicherung der rechten Armeeflanke genommen, wo sie am 20. 8. am Gefecht bei Delme teilnahmen.

**Gefecht bei Moussey.** Nach überraschend von Metz bis an die Vogesen einsetzender Artillerievorbereitung warf die 6. Armee die Franzosen in wildem Ansturm vom 20. 8. an und zwang sie zum eiligen Rückzuge.

Am 23. 8. standen die Bayer. K. D. bei Delme, die 8. K. D. bei Chambrey. Unterdessen war die 7. K. D. zwischen der 6. und 7. Armee auf Avricourt vorgegangen und hatte im Gefecht bei Moussey am 21. 8. gegen den Rücken des den rechten Flügel der 7. Armee bedrohenden Gegners eingegriffen.

Am 27. 8. hatte die siegreiche 6. Armee die Linie Moncel—MortagneTal, südwestlich Luneville—Gerbéviller—Domptail, westlich Baccarat erreicht. Die Bayer. K. D. stand bei Bauzemont, nordöstlich Einville, 7. und 8. K. D. auf dem linken Armeeflügel bei Bathimenil, östlich Gerbéviller und Domptail.

Die meist bei glühender Hitze, auf harten bergigen Straßen, bei mangelhafter Verpflegung und Unterkunft ausgeführten Märsche hatten die Pferde außerordentlich angestrengt. Ganz besonders hatte der Hufbeschlag gelitten.

Die drei Divisionen des H. K. K. 3 haben allein im August, schlecht gerechnet, zurückgelegt:

8. K. D. in 21 Tagen 1150 km = 52 km Tagesleistung,
Bayer. K. D. in 19 Tagen 770 km = 40 km Tagesleistung,
7. K. D. in 24 Tagen 800 km = 33 km Tagesleistung, alles nur in dem engen Raum vorwärts der Saar-Linie Saaralben—Saarburg bis zur Mosel—Meurthe-Linie Pont à Mousson—Baccarat.

Eine Einzeichnung dieser Marschwege in die Karte ergibt ein derartiges Durcheinander von Hin- und Hermärschen, daß es nur bei einem ganz großen Maßstabe möglich ist, die einzelnen Marschstraßen auseinanderzuhalten. Auf eine kartographische Darstellung dieser Marschbewegungen muß daher hier verzichtet werden.

Die Folge dieser großen Anstrengungen war, daß am 21. 8. sowohl die 8. wie die Bayer. K. D. dem H. K. K. 3 meldeten, daß sie infolge Überanstrengung der Pferde zur Zeit nicht mehr gefechtsfähig seien. Die 8. K. D. konnte am 21. 8. bei Moncel wegen Überanstrengung der Pferde nur zwei Geschütze in Stellung bringen. Daß auch die französische Kavallerie durch Überanstrengung sehr gelitten hatte, zeigt Egli, der schreibt: „Am 22. 8. mußte die Reiterei der 1. und 2. Armee aus der Front ausscheiden und in Ruhequartiere gelegt werden, da ihre Pferde völlig erschöpft waren." Außerdem waren die Divisionen dauernd anderen Kommandobehörden unterstellt. So hatte der H. K. K. 3 z. B. vom 7. bis 27. 8., also drei Wochen lang, nur 13 Tage über die 8. K. D., 11 Tage über die Bayer. K. D., und nur 5 Tage über die 7. K. D. zu verfügen. Als nun am 29. 8. der Befehl zum Abtransport der 8. K. D. nach dem Osten eintraf, bat General d. Kav. v. Frommel das A. O. K. 6 wegen mangelnder Tätigkeit um Auflösung des H. K. K. Stabes.

Während der

### Schlacht vor Nancy—Epinal vom 23. August bis 6. September

wurden die Divisionen bei wechselnder Unterstellung teils als Flankenschutz, teils zum Ausfüllen von Lücken in der nun vor der Festung Nancy festliegenden Armeefront verwendet.

Eine eingehende Schilderung dieser Einzelkämpfe würde zu weit führen. Auch bieten diese Ereignisse wenig Stoff zu kavalleristischen Erfahrungen.

Am 25. 8. hatten alle drei Divisionen Gelegenheit, wirksam in den Kampf einzugreifen.

**Gefecht bei Luneville.** Die Bayer. K. D., dem III. Bayer. A. K. unterstellt, sicherte dessen linken Flügel im Gefecht bei Luneville bei Vitrimont.

**Gefecht bei Domptail.** Die am 24. 8. von Chambrey westlich Vic in anstrengendem Marsch auf den linken Armeeflügel gezogene 8. K. D. deckte, dem XXI. A. K. unterstellt, den linken Flügel dieses Korps durch das Gefecht bei Domptail.

**Gefechte bei Fontenoy und Domptail.** Die für zwei Tage der 7. Armee unterstellte 7. K. D. focht am 25. 8. bei Fontenoy, am 26. 8. bei Domptail und füllte die Lücke zwischen XXI. und I. Bayer. A. K. aus.

Vom 26. 8. ab wurden die Divisionen wieder auf den rechten Armeeflügel gezogen, wo sie bis zum 8. 9., dem H. K. K. 3 wieder unterstellt, die **Bayer.** K. D. in Gegend von Delme, 7. und 8. K. D. in Gegend von

Thimonville verblieben. Hier übernahmen die 7. und Bayer. K. D. Aufklärung (zum Teil durch gewaltsame Erkundungen), Schutz der rechten Armeeflanke, Artillerieschutz, sowie den Ausbau und die Besetzung der Stellungen auf dem Delmer-Rücken, während die 8. K. D. am 30. 8. nach dem Osten abtransportiert wurde.

Die 7. K. D. wurde am 7. 9. in die Gegend von Hal, südwestlich von Brüssel, transportiert, um bei Deckung der rechten Heeresflanke in der Gegend von Noyon Verwendung zu finden. (S. Teil IV, 3 S. 116.)

Der H. K. K. 3 wurde am 8. 9. nach dem Osten abbefördert, während die Bayer. K. D. am 8. 9. über Cerny auf das linke Mosel-Ufer in die Gegend von Thiaucourt marschierte, wo sie bis Ende September bei der Armeeabteilung Strantz blieb. Hier deckte sie erst in der Gegend südwestlich Thiaucourt den rechten Flügel der in Linie Limey—Dieulouard stehenden Hauptreserve Metz, und ging dann, dem V. A. K. unterstellt, vor der Front aufklärend, am 13. 9. bis Thiaucourt, am 14. 9. in die Gegend nördlich Thiaucourt zurück.

Vom 19. bis 25. 9. stand die Division bei Gorze, vom 26. bis 28. 9. weiter westlich bei La Chaussée, und wurde am 30. 9. von Metz aus nach Valenciennes transportiert, wo sie dem H. K. K. 4 unterstellt wurde und nun unter diesem in Belgien weitere Verwendung fand.

Die vorstehenden Ausführungen zeigen, wie beschränkt das Feld der Tätigkeit für größere Kavallerieverbände auf diesem Heeresflügel bei der 5. und 6. Armee war. Die Aufgaben, für die hier ganze Kavallerie-Divisionen auf engem Raum verwendet wurden, hätten gemischte Detachements mit entsprechender Zuteilung von Kavallerie-Regimentern ebensogut erfüllen können. Es wäre daher entschieden besser gewesen, diese Kavalleriekorps dem beweglichen, schwenkenden Heeresflügel zuzuteilen (vgl. Seite 125). Ihre Verwendung auf dem äußersten rechten Flügel vor und während der Marne-Schlacht hätte unter Umständen die Lage in für uns günstiger Weise beeinflussen können.

---

# VI. Umfassungsversuche von der Aisne bis zur Lys. 17. September bis 18. Oktober 1914.

## 1. Schlacht bei Noyon und Kämpfe zwischen Oise und Somme vom 17. bis 24. September 1914.

### 17. bis 19. September. H. K. K. 2 mit 2. und 9. K. D. auf dem Marsch, 4. und 7. K. D. bei der 1. Armee.

In der richtigen Erkenntnis, daß die Frontalkämpfe an der Aisne zu keinem Erfolg führen würden, verfolgte General Joffre den Plan weiter, den östlich Carlepont stehenden rechten deutschen Heeresflügel zu umfassen.

Während die G. K. D. (bei ihr der H. K. K. 1, Gen. Lt. Frhr. v. Richthofen, zur Zeit ohne Verwendung) bis zum 22. 9. weiter an den Kämpfen der 1. Armee um Reims bei Goudelancourt und La Ville aux Bois teilnahm, konnte der H. K. K. 2, General der Kav. v. der Marwitz, endlich am 17. 9. die bei dem VII. R. K. eingesetzten Teile der 9. K. D. herausziehen, und diese wie die 2. K. D. über Coucy le Château nach Noyon zum rechten Flügel der 1. Armee in Marsch setzen.

Es erreichten (siehe Karte II):

Am 17. 9. die 2. K. D. Borges, die 9. K. D. noch in Chailvet bei Chaillevois; am 18. 9. die 2. K. D. Coucy le Château, die 9. K. D. Château Folembray; am 19. 9. die 2. K. D. Crisolles, die 9. K. D Château Porquéricourt.

**Gefecht bei Margny am 17. September.** Unterdessen hatte sich auf dem rechten Flügel der 1. Armee die dem IX. R. K. unterstellte 7. K. D., die am 16. 9. bei Elincourt, südwestlich Noyon genächtigt hatte, am 17. 9. mit Tagesanbruch bei Margny westlich Elincourt bereitgestellt, wo der Gegner mit Infanterie und Artillerie ohne Erfolg angriff. Zur Unterstützung der 17. R. D. wurde ein gemischtes Detachement — zwei Eskadrons Drag. 25, zwei Batterien und zwei Maschiengewehrzüge — nach Thiescourt entsandt. Die Division blieb Nachts bei Lassigny.

Die 4. K. D. (beim IX. A. K.) wurde bei strömendem Regen bei Manicamp und Quierzy bereitgestellt. Je eine Eskadron hielt die Oise-Brücken bei Coudren und Chauny besetzt. Der 4. K. D. waren unterstellt: Jäg. Btl. 7, 1. Ersatz-Btl. 84 und 86, je eine Kompagnie Regts. 27 und 52, Radfahrer-Kompagnie Res. G. Jäg. Btls., G. M. G. A. 2. Diese traten mit reit. Feldart. 3 unter Führung des Gen. Lts. v. Garnier 9° Vorm. über Brétigny den Vormarsch nach dem vom Feinde besetzt gemeldeten Orte Cuts an.

**Gefecht bei Cuts.** Um 10³⁰ Vorm. begann der Angriff. Es gelang der Infanterie unter Führung des Hauptm. Greiner in Cuts einzudringen und mehrere hundert Gefangene (Zuaven) zu machen. Bei diesem Angriff wurde die Artillerie zum Teil geschützweise in vorderster Linie verwendet. Da Cuts indessen noch unter dem Feuer der schweren Artillerie des IX. A. K. lag, mußte der Ort vorübergehend noch einmal geräumt werden, wurde jedoch gegen 7° Abds. endgültig vom Jäg. Btl. 7, dem der Erfolg in erster Linie zu danken war, genommen. Hierbei zeichneten sich Lt. v. Apell und Vizefeldw. Arnhold besonders aus, sieben Jäger starben den Heldentod, 19 wurden verwundet. Der Gegner war unter Zurücklassung seiner Toten und Verwundeten, sowie einer erheblichen Menge von Waffen und Munition geflohen. Die am Gefecht beteiligten Truppenteile bezogen in Cuts Ortsbiwak, das Gros der 4. K. D. blieb Nachts in seinen Tagesstellungen.

Der umfassende Angriff der Franzosen auf diesem Armeeflügel war durch die Kämpfe dieser Tage abgewiesen und der Gegner bis über die Linie Elincourt—Carlepont zurückgeworfen worden.

**18. September. Gefecht bei Elincourt.** Die 7. K. D. erhielt den Auftrag, mit dem bei Ribécourt stehenden Jäger-Detachement Petersen (Jäg. 4, 9 und 10) zur überholenden Verfolgung über Compiègne vorzugehen. Die Division ging in zwei Kolonnen von Lassigny, mit dem Jäger-Detachement von Ribécourt auf Elincourt vor. Die rechte Flügelkolonne traf westlich Mareuil, die mittlere Kolonne und das Jäger-Detachement bei Elincourt auf starken Widerstand in verstärkter Stellung mit besonders starker Artilleriewirkung. Auf die Meldung, daß starke feindliche Kavallerie von Montdidier her gegen die rechte Flanke der 7. K. D. heranmarschiere, wurde die 7. K. D. bei Gury vereinigt. Als die feindliche Kavallerie indessen bis zum Abend nicht erschien, ging die 7. K. D. bei Dives, das Jäger-Detachement bei Belval zur Ruhe über.

Die 4. K. D. behielt mit ihren an der Oise stehenden Teilen ihren bisherigen Auftrag bei. Ihre im Gefecht bei Cuts eingesetzten Teile wurden ebenso wie die Truppen des IX. A. K. herausgezogen. Die 4. K. D. bezog Abds. Unterkunft in Manicamp, Quierzy und Brétigny.

**Am 19. September** hatte die 7. K. D. bei Dives Ruhe. Einen gegen die vom Feinde verstärkte Matzbach-Linie beabsichtigten Angriff führte das IX. R. K. nicht durch.

Die 4. K. D. erhielt nunmehr den Auftrag, die Etappen- und Eisenbahnlinie Le Cateau—St. Quentin (s. Karte I) gegen Unternehmungen feindlicher Kavallerie, die in der Gegend von Péronne gemeldet worden war, zu decken. Bei andauerndem Regenwetter marschierte die Division 7[00] Vorm. von Quierzy über St. Simon an der Somme, östlich Ham, nach Roupy. Hier wurde die Gegend westlich Quentin, von Vermand bis Matigny von feindlicher Kavallerie mit Radfahrern und Maschinengewehren besetzt gemeldet. Die Division ging östlich der Somme, deren Übergänge besetzt haltend, nach Grugies, wo sie verblieb. Das Jäg. Btl. 7 erreichte St. Simon und sperrte die dortigen Somme-Übergänge.

### 20. bis 24. September. H. K. K. 2 mit 2., 7. und 9. K. D., Kämpfe zwischen Oise und Somme.

Nach dem Eintreffen der 2. und 9. K. D. in der Gegend von Noyon (vgl. Karte II) (bei Crisolles und Château Porquéricourt) übernahm der H. K. K. 2 den Befehl über die 2., 7. und 9. K. D.

**20. September.** Die Ortschaften halbwegs zwischen Roye und Montdidier, sowie in Linie Roye s. Matz—Gury—Mareuil—Elincourt—südwestlich Ribécourt waren vom Feinde besetzt gemeldet. H. K. K. 2 hatte den Auftrag, die rechte Heeresflanke (rechter Flügel des IX. R. K. bei Lassigny—Dives) zu decken, und stellte hierzu das Kavalleriekorps südlich Roye bereit.

**Gefecht bei Montdidier.** Die 2. K. D. ging unter ihrem neuen Führer, Gen. Major Frhr. Thumb v. Neuburg (an Stelle des Gen. Majors Frhr. v. Krane), von Crisolles über Roye bis südwestlich Roye vor. Die Gegend bis Montdidier wurde vom Feinde frei gefunden, worauf die Division, die 8. K. Brig. bei Roye belassend, ihren Vormarsch auf der großen Straße auf Montdidier fortsetzte. Ein von Montdidier nach Roye fahrender Zug wurde durch Artilleriefeuer zum Zurückfahren gezwungen. Die Ortschaften südlich der Straße wurden vom Feinde besetzt gemeldet. Gegen Abend ging die Division auf Befehl des H. K. K. 2 über Roye in den Raum Champien—Margny—Erch eu zurück, wo sie nächtigte.

**Gefecht bei Amy.** Die 9. K. D. marschierte von Porquéricourt nach Verpillières, wo sie sich bereitstellte. 12[30] Nachm. wurde vom H. K. K. 2 der Angriff auf Beuvraignes befohlen. Als jedoch auch Crapeaumesnil vom Feind besetzt und feindlicher Vormarsch auf Amy gemeldet wurde, stellte sich die Division bei Verpillières zur Abwehr bereit. Sie ging dann gegen Abend auf Befehl des H. K. K. 2 im Raume Avricourt—Frénices—Fréto y—Ecuvilly zur Ruhe über.

**Gefecht bei Lassigny.** Die 7. K. D. stellte sich nördlich Lassigny am rechten Flügel des IX. R. K. bereit, wo sie Angriffe vorgehender feindlicher Infanterie erfolgreich abwehrte. Um 3[0] Nachm. wurde die Division vom H. K. K. 2 nach Amy an die 9. K. D. herangezogen und erhielt am Abend den Raum Candor—Lagny—Campagne zugewiesen.

Die südlich St. Quentin stehende 4. K. D. ging, verstärkt durch ein Bataillon 172, eine Batterie Fußart. 51 und eine Eskadron Drag. 14, in zwei Kolonnen von Quentin auf Vendelles vor (vgl. Karte I), wohin auch das Jäg. Btl. 7 nachgezogen wurde, um die bei Péronne gemeldete feindliche Kavallerie anzugreifen. Als diese im Abmarsch in nördlicher Richtung gemeldet wurde, ging die Division über Bellenglise, wo die Kanalbrücke besetzt wurde, nach Levergies, 10 km nördlich Quentin, wo sie verblieb.

**21. September.** Der Auftrag für den H. K. K. 2 blieb bestehen. Hierzu wurde befohlen, daß das Kavalleriekorps die Linie Roye—Verpillières—Amy zu halten habe. Das XXI. A. K. war in der Ausladung begriffen. Bei Lassigny, am rechten Armeeflügel wurde weitergekämpft (vgl. Karte II).

Die 2. K. D. ging über Roye auf Crapeaumesnil vor, das noch vom Feinde besetzt gemeldet worden war. Hierbei zeichnete sich der Sergt. Hornig vom Hus. Regt. 12 ganz besonders aus. Als er an den Ort herankam, erhielt er Feuer. Trotzdem galoppierte er mit drei Husaren hinein und stellte starke Infanteriebesetzung fest. Er selbst und der Gefreite Ostwald wurden hierbei verwundet. Beide kamen zurück, der dritte Mann geriet in Gefangenschaft.

Gegen Abend ging die 2. K. D. auf Befehl des H. K. K. 2 im Raume Roiglise—Balâtre—Erch e u zur Ruhe.

Die 9. K. D. stellte sich nordwestlich Roye bereit. Am Abend erhielt die Division den Raum Crémery—Carrépuis—Billancourt, dicht südlich Nesle, zugewiesen.

**Gefecht bei Amy.** Die 7. K. D. ging über Verpillières auf Amy vor, vertrieb hier durch Artilleriefeuer die feindliche Besetzung und nahm den Ort. Gegen Abend ging die Division um Beaulieu zur Ruhe über.

Die 4. K. D. stellte sich an diesem Tage mit einem zugeteilten Bataillon Inf. Regt. 52 zum Schutz der Bahnlinie Quentin—Bohain auf den Höhen östlich Bellenglise bereit (vgl. Karte 1). Ein feindliches Vorgehen erfolgte indessen nicht, worauf die Division Nachts bei Nauroy blieb.

**22. September.** General Joffre hatte dem General de Castelnau die bei Amiens neu zusammengestellte 2. Armee unterstellt, um die zu beiden Seiten der Oise mißglückte Umfassung des deutschen rechten Heeresflügels nun weiter nördlich fortzusetzen. Das Eisenbahnnetz begünstigte hierbei die Verschiebung der französischen Kräfte außerordentlich, während auf deutscher Seite weite Umwege und ermüdende Fußmärsche die Verstärkung und Verlängerung des rechten Flügels erschwerten.

Zu diesem Zweck wurde hier die neue 6. Armee gebildet, während zunächst das Kav. Korps Marwitz weiter den Aufmarsch zu decken hatte.

Am 22. 9. stellte sich das Kavalleriekorps mit der 9. K. D. südlich Liancourt, westlich Nesle, mit der 2. K. D. bei Carrépuis und Champien, mit der 7. K. D. an die 4. J. D. nördlich anschließend bei Verpillières, Amy und Avricourt zur Abwehr bereit (vgl. Karte II).

Als um 9⁰ Vorm. starke feindliche Kräfte im Anmarsch von Montdidier auf Roye gemeldet wurden, befahl General v. der Marwitz, daß die 9. K. D. Réthonvillers, die 2. K. D. die Höhen bei Balâtre und Champien, die 7. K. D. die Höhen südlich Champien besetzen sollten. Die in Anmarsch befindlichen Jäger-Bataillone wurden nach Ognolles beordert.

**Gefecht bei Balâtre.** Als nach 2⁰ Nachm. feindliche Infanterie von Carrépuis vorging, wurden sie von Schützen der 9. K. D. und der Artillerie der 9. und 2. K. D. unter Feuer genommen.

**Gefecht bei Roye.** Die 7. K. D. hatte mit ihren reit. Batterien von Verpillières aus den auf Roye vorgehenden Gegner beschossen und aus ihrer neuen Stellung südlich Champien das feindliche Vorgehen lange Zeit hindurch aufgehalten.

Die eingehenden Meldungen zeigten die Absicht des Feindes, mit seinen Hauptkräften von Roye aus in nördlicher Richtung weiter auszuholen.

Am Abend gingen die 9. K. D. bei Hombleux, die 2. K. D. bei Ercheu, die 7. K. D. bei Frénicches zur Ruhe über. Der Gegner war nicht über die Linie Gruny—Carrépuis—Roiglise vorgekommen.

Die 4. K. D. hatte unterdessen in ihrer Stellung vom 21. die Bahnlinie Bohain—St. Quentin weiter gesichert und feindliche Kavallerie bei Le Catelet zum Zurückgehen gezwungen. Die Anfänge des I. Bayer. A. K. trafen bei Estrée und Joncourt ein (vgl. Karte I).

Gegen 4⁰ Nachm. befahl A. O. K. 6 das Vorgehen der 4. K. D. in westlicher Richtung. Dies führte zu einem Vorhutgefecht westlich Hargicourt, bei welchem Orte die Division Nachts verblieb, da ein neuer Abends eingehender Befehl sie anwies, nach Cambrai abzurücken, um dort mit den Etappentruppen die Bahnlinie Cambrai—Valenciennes zu schützen.

**23. September.** Die nach dem rechten deutschen Heeresflügel herangeführten Truppen: I. und II. Bayer., XVIII. und XXI. A. K., XIV. R. K. und H. K. K. 1 mit G. und 4. K. D. bildeten mit H. K. K. 2, 2., 7. und 9. K. D., die neue 6. Armee unter dem Befehl des Kronprinzen Rupprecht von Bayern, der sein Hauptquartier nach St. Quentin legte.

Auch am 23. 9. sollte das Kav. Korps Marwitz weiter die feindlichen Umfassungsversuche verhindern. Hierzu wurden in dichtem Nebel um 8⁰ bereitgestellt: die 9. K. D. auf den Höhen nördlich Billancourt, die 2. K. D. beiderseits von Cressy, die Jäger-Bataillone zwischen Cressy und Ognolles, die 7. K. D. bei Ognolles und Ercheu. Zwei gemischte Detachements des XXI. A. K., Neubauer und Maschke, 3 Bataillone, 2 Eskadrons und 3 Batterien, trafen bei Billancourt und Ercheu ein (vgl. Karte II).

**Gefecht bei Nesle und Curchy.** Die Absicht des H. K. K. 2, mit diesen Kräften, den Jägern, der 9. und 2. K. D. über die Straße Roye—Noyon vorzustoßen, mußte aufgegeben werden, da sich der Gegner, besonders bei Billancourt, andauernd verstärkte. Hier mußte die 9. K. D. vor starkem Feind von Billancourt bis auf die Höhen östlich Nesle ausweichen und ging sodann gegen 2⁰ Nachm. über Mesnil, nördlich von Nesle, gegen Curchy und Manicourt vor, welche Orte bereits von feindlicher Infanterie besetzt waren. Feindliche Kavallerie in der rechten Flanke bei Pertain nördlich von Curchy wurde unter Feuer genommen. Die 9. K. D. berichtet: „Wir hofften endlich auf eine Attacke, aber es wurde wieder nichts. Zum Teil saß die französische Kavallerie zum Gefecht zu Fuß ab, zum Teil verschwand sie."

Auf die 4³⁰ Nachm. eingehende Nachricht, daß das Detachement Neubauer ebenfalls vor starkem Gegner aus der Gegend östlich Billancourt auf Voyennes an der Somme zurückgegangen sei, ging die 9. K. D. bei Bethencourt über die Somme bis in die Gegend von „Y", nordwestlich Matigny, wo sie verblieb.

**Gefecht bei Billancourt.** Nach dem Zurückgehen des Detachements Neubauer mußte auch die 2. K. D., die am Morgen den Angriff des Detachements Neubauer aus Billancourt von Cressy her unterstützt hatte, am Nachmittage in eine Aufnahmestellung bei Hombleux zurückgenommen werden und blieb Nachts bei Eppeville.

**Gefecht bei Beaulieu.** Auf dem linken Flügel hatten die Franzosen im Morgengrauen überraschend den Ort Avricourt genommen. Die 7. K. D. mußte daher zur Unterstützung des westlich Beaulieu stehenden rechten Flügels der 4. Bayer. J. D. nach den Höhen nordwestlich von Beaulieu vorgezogen werden, wo sie feindliche Angriffe aus Richtung Roiglise abwies. Am Abend ging sie im Raume Frenches—Campagne—Muiraumont zur Ruhe über.

Die Jäger-Bataillone blieben Nachts in der Gegend von Grécourt südlich Hombleux.

Weiter nördlich warf das bei Péronne eingetroffene I. Bayer. A. K. den linken Flügel der Armee Castelnau über die Somme zurück, deren Überflügelungsversuche somit zum Stehen gebracht wurden.

Die 4. K. D. erreichte am 23. 9. Cambrai, wo sie Verbindung mit der Etappe und der Landw. Brig. Schulenburg in Denain aufnahm und gegen die Linie Douai—Arras—Bapaume aufklärte.

H. K. K. 1, der mit der G. K. D. noch bei Goudelancourt (Château Belval) lag, erhielt an diesem Tage den Befehl der O. H. L., daß er mit der G. K. D. am 24. 9. die Gegend von La Fère erreichen und unter den Befehl der 6. Armee treten solle. Gen. Lt. Frhr. v. Richthofen erreichte daher mit dem Stabe der G. K. D. noch am 23. 9. Missy.

**24. September.** Vom XXI. A. K. ging die 31. J. D. um 8⁰⁰ Morg. aus der Linie Nesle—Breuil zum Angriff gegen Billancourt und Cressy, das Detachement Maschke über Ercheu gegen Ognolles vor.

Zwischen diesen beiden Gruppen hatte der am frühen Morgen bei Moyencourt befindliche General v. der Marwitz den Durchbruch des Kavalleriekorps auf schmaler, nur 3 km breiter Front zwischen Cressy und Ercheu befohlen. Es sollten um 8⁰⁰ Morg. vorgehen:

9. K. D. mit Jäg. Btl. 4 von Breuil aus hart südlich Cressy vorbei auf Balâtre, 2. K. D. mit Jäg. Btl. 9 von Moyencourt auf dem Wege nach Solente, Jäg. Btl. 10 nach dem Wegekreuz zwischen Cressy und Ognolles, 7. K. D. um 8³⁰ Morg. von Ercheu auf Roye.

**Gefecht bei Cressy und Libermont.** Die Angriffe der Infanterie wurden durch die reit. Abteilungen der Kavallerie-Divisionen und Schützen unterstützt. Sie kamen indessen den ganzen Tag über gegen die stark besetzte Linie Billancourt—Cressy—Ognolles nicht vorwärts. Am Abend rückten die 9. K. D. nach Hombleux, die 2. nach Esmery—Hallon, die 7. K. D. in den Raum Fréniches—Campagne—Muiraucourt.

Die 4. K. D. marschierte von Cambrai aus auf die Meldung, daß feindliche Infanterie und Kavallerie bei Douai stehe, um 10° Vorm. dorthin. Sie entsandte die 3. K. Brig. nach Denain, von wo drei Kompagnien der Landw. Brig. Schulenburg ebenfalls auf Douai vorgingen.

**Gefecht bei Douai.** Nachdem bei Cantin Spahi-Abteilungen vertrieben worden waren, wurden die Häusergruppen am Bahndamm dicht südlich von Douai von Schützen besetzt gefunden. Jäg. Btl. 7 und das Landwehr-Bataillon griffen frontal an. Das Gros der Division deckte die rechte Flanke, während mehrere Eskadrons in der linken Flanke feindliche Umfassungsversuche durch Fußgefecht abwiesen.

Es gelang, den Gegner in die Stadt zurückzuwerfen, doch wurde von einem weiteren Vorgehen in die Stadt Abstand genommen, da die Dunkelheit hereinbrach und außerdem die Stärke der festgestellten feindlichen Infanterie und Kavallerie für eine ernstliche Bedrohung des Etappenortes Cambrai oder der Bahnlinie Valenciennes—Cambrai nicht ausreichend erschien. Die Division marschierte daher unbelästigt vom Feinde wieder nach Cambrai zurück.

Die am Morgen entsandten A. Es. Brockdorff, Drag. 17, im Raume Cambrai—Douai—Arras, und Lattorf, Hus. 16, im Raume Cambrai—Arras—Bapaume, meldeten die Bahnlinie Douai—Arras besetzt und schwache Kräfte bei Bapaume.

Der H. K. K. 1 mit der G. K. D. erreichte am 24. 9. Vendeuil. Gen. Major v. Etzel übernahm an Stelle des erkrankten Gen. Lts. v. Storch die Führung der G. K. D.

## 2. Schlacht an der Somme vom 25. September bis 1. Oktober 1914.

### H. K. K. 2 mit 2., 7. und 9. K. D., H. K. K. 1 mit G. und 4. K. D.

(Skizze 6.)

**25. September.** Auf Befehl des H. K. K. 2 marschierte das Kavalleriekorps aus der Gegend südwestlich Ham nach Norden bis in den Somme-Bogen westlich Péronne, um hier den rechten Flügel des I. Bayer. A. K. zu unterstützen.

**Gefecht bei Chaulnes.** Die 9. K. D. marschierte um 5⁰⁰ Morg. mit Jäg. Btl. 4, 9 und 10 von Hombleux über Nesle nach dem Wegekreuz südöstlich Chaulnes, wo sie gegen feindliche Infanterie in Puzeaux und

Omiécourt kämpfte, die geworfen und zum Teil gefangen genommen wurde und im weiteren Verlauf des Gefechtes auch Chaulnes räumen mußte.

**Gefecht bei Cappy.** Um 10³⁰ Vorm. wurde der Marsch nach Norden fortgesetzt, und 1⁰⁰ Nachm. die Gegend zwischen Herbécourt und Cappy an der Somme erreicht, wo die Division nördlich Dompierre gegen feindliche Infanterie und Artillerie in das Gefecht eingriff, während der rechte Flügel des I. Bayer. A. K. über Dompierre auf Chuignes vorging. Da der Angriff des I. Bayr. A. K. jedoch nicht mehr zur Durchführung gelangte, ging die 9. K. D. Abends bei Villers Carbonnel zur Ruhe über.

Hinter der 9. K. D. marschierte die 2. K. D. bis Curchy, von hier über Barleux nach Herbécourt, wo sie 2⁰⁰ Nachm. bereitgestellt wurde. Die Übergänge bei Péronne wurden vom Ul. Regt. 3 besetzt. Am Abend rückte die Division nach Brie auf dem östlichen Somme-Ufer, wo sie verblieb.

Der 2. K. D. folgte die 7. K. D. und stellte sich östlich Flaucourt bereit. Die gegen 6³⁰ Abds. auf Dompierre vorgezogene 42. K. Brig. mit reit. Abteilung und M. G. A. 3 kam nicht mehr zum Eingreifen. Die Division erreichte spät in der Nacht Cartigny, südöstlich Péronne, wo sie ruhte.

Die 4. K. D. blieb an diesem Tage in Cambrai. A. E. Brockdorff wurde eingezogen. Der Aufklärungsraum der um 50 Pferde verstärkten A. E. Lattorf wurde von Linie Arras—Bapaume bis zur Linie Doullens—Albert vergrößert.

Der H. K. K. 1 (s. S. 148 u. 149) hatte in St. Quentin Verbindung mit dem A. O. K. 6 aufgenommen, und erreichte mit der G. K. D. die Höhen nördlich Péronne. Durch zwei Aufklärungs-Eskadrons klärte die Division in dem Raume Péronne—Arras—Doullens auf.

**Gefecht bei Péronne.** 3⁰⁰ Nachm. stand die G. K. D. in einer Mulde nordwestlich Mont St. Quentin, nördlich Péronne bereit, mit den reit. Batterien in Feuerstellung und beschoß feindliche Kavallerie, als diese bei Cléry über die Somme gegen die rechte Flanke des Kav. Korps Marwitz vorzugehen versuchte, mit Artillerie und Maschinengewehren, worauf der Gegner verschwand. Vor starker feindlicher Infanterie (mehrere Bataillone) mit Artillerie ging die Division gegen 5⁰⁰ Abds. auf die Höhen östlich Mont St. Quentin zurück. Der Gegner folgte nicht. Beim letzten feindlichen Artillerieschuß verlor die reit. Abteilung zwei Offiziere, Oblt. Frhr. Schenk zu Tautenburg und Lt. v. Hymmen.

Das von Osten heranmarschierende II. Bayer. A. K. erreichte Moislains und Allaines. Die G. K. D. ging Abends bei Doingt und nördlich zur Ruhe über.

**26. September.** Beim H. K. K. 2 wurde die 9. K. D. dem I. Bayer. A. K. unterstellt, dessen bei Assevillers stehenden rechten Flügel sie sichern sollte. Hierzu stand die Division von 5³⁰ Morg. an bei Villers Carbonel bereit. Die Jäger-Bataillone gingen mit einem bayerischen Flügel-Detachement über Dompierre vor.

**Gefecht bei Flaucourt.** Die 9° Vorm. westlich Flaucourt befindliche Division begleitete gegen Mittag den Angriff des Detachements in seiner rechten Flanke, zwischen Feuillères und Herbécourt vorgehend. Feindliche Infanterie im Walde südlich Feuillères wurde mit Schützen und Artillerie angegriffen und zum Zurückgehen gezwungen, ebenso mehrere feindliche Bataillone, die auf dem Nordufer der Somme von Maricourt nach Osten vorzugehen versuchten. Erst gegen Abend gelang es, den ganzen Wald südlich Feuillères zu nehmen und zu säubern. Nach 7° Abds. ging die Division in der Gegend von Biaches zur Ruhe über.

Während nach dem Scheitern der Umfassungsangriffe der Armee Castelnaus die französische Kampffront südlich der Somme in der Linie Bray—Chaulnes—Roye—Lassigny im Anschluß an die Aisne-Front zum Stellungskrieg erstarrte, ging nördlich der Somme der Bewegungskrieg in Gestalt der gegenseitigen Flügelumfassungsversuche weiter.

General v. der Marwitz war mit der 2. und 7. K. D. über Péronne, Moislains nach Manancourt vorgegangen, um die dort gemeldete feindliche Kavallerie zu schlagen und die rechte Armeeflanke zu decken. Die Bayer. 4. I. D. stand hier in Linie Sailly Saillisel—Morval im Kampf gegen eine französische Territorial-Division.

**Gefecht bei Bus und Rocquigny.** Bei Manancourt war die G. K. D. — bei ihr der H. K. K. 1 — bereits gegen 11° eingetroffen. Die Gegend östlich der großen Straße Péronne—Bapaume war bis dahin vom Feinde frei gemeldet worden. Gegen Mittag wurden jedoch Rocquigny und Le Mesnil von feindlicher Infanterie besetzt gemeldet. Hierauf ging die 2. K. D. auf Ytres, die 7. K. D. auf Bus vor, während die G. K. D. Le Mesnil angriff. Zwei auf Rocquigny zurückgehende Territorial-Kompagnien wurden von drei Eskadrons des 3. G. Ul. Regts. erfolgreich attackiert, wie nachfolgende Schilderung zeigt:

„Als der Feind den Rückzug auf Rocquigny antrat, führte Oberstlt. v. Tschirschky das 3. G. Ul. Regt. in weitem Bogen durch Mulden um das Dorf herum und ließ erst die 5., dann die 1. und 4. Esk. — gering an Reiterzahl, aber erprobt an Zähigkeit und Schneid — zur Attacke gegen die feindliche Nachhut, zwei Kompagnien mit begleitenden Reitern, anreiten. Mann und Pferd hatten im Augenblick erfaßt, daß es diesmal wirklich zum Einhauen kam. Aufmarschieren zu einem Gliede, Lanzen gefällt und Angaloppieren mit lautem Hurra war eins! Eine Hälfte der 5. Esk. stürzte sich auf eine zurückgehende Schützenlinie, machte im Einzelgefecht viele Franzosen nieder und schickte Gefangene zurück. Die andere Hälfte unter dem verdienstvollen Eskadronsführer, dem später gefallenen Oblt. Frhr. v. Geuder, wandte sich nach links auf den Weg nach

Rocquigny, überritt unter Verlusten in ungünstigem Gelände eine zurückgehende Kolonne und erledigte im Nahkampf, z. T. schnell abgesessen mit dem Karabiner, eine ganze Anzahl Feinde. Unterdessen hatte die 4. Esk. unter Rittm. v. Tiedemann weiter rechts ausgeholt und griff unweit Rocquigny die eilig zurückgehenden Reste der feindlichen Nachhut mit großem Schneid an, wobei auch hier im Einzelgefecht zahlreiche Franzosen mit der Lanze getötet wurden. Bald war das Gelände zwischen den beiden Dörfern gesäubert.

Der Gegner hatte sich tapfer gewehrt. Der verdienstvolle Wachtmeister der 4. Esk. war mit 6 Ulanen geblieben, zwei Unteroffiziere starben an ihren Wunden, mehrere Ulanen waren verwundet, drei Offizieren, darunter zwei Eskadronsführern, waren die Pferde unter dem Leibe erschossen worden. Die feindlichen Kompagnien hatten dafür schwere Verluste erlitten. Über 50 gefallene Franzosen bedeckten das Gefechtsfeld und eine große Zahl von Gefangenen war eingebracht worden. Bei sinkender Sonne wurden unsere Toten der Erde übergeben, während aus der Ferne der Kanonendonner und das Hurra der stürmenden Bayern herüberschallte. Das Regiment hatte einen siegreichen, echten Reiterkampf bestanden und neuen Lorbeer um seine Standarte gewunden."

Das vom Feinde besetzte Rocquigny wurde von der Artillerie beschossen, worauf der Gegner um $4^{30}$ Nachm. in nordwestlicher Richtung zurückging, wobei ihn die Artillerie der bei Bus stehenden 2. und 7. K. D. noch einmal empfindlich fassen konnte.

Die 2. K. D. ging um Equancourt, die 7. K. D. im Raume Bertincourt — Bus — Ytres, die G. K. D. bei Le Mesnil, Manancourt und Nurlu zur Ruhe über.

**Gefecht bei Beugny.** Die dem H. K. K. 1 vom nächsten Tage ab zugewiesene 4. K. D. war mit Jäg. Btl. 7 von Cambrai auf Bapaume vorgegangen, um die vom Feinde besetzt gemeldete Linie Mory—Bapaume—Haplincourt zu durchbrechen. $12^{0}$ Mittags hatte die Division Beugny erreicht, wo die westlich gelegenen Höhen von starker Infanterie und Artillerie besetzt gefunden wurden. Starke Infanterieschützenlinien, die aus der Linie Vaulx-Vraucourt—Beugnâtre vorgingen, wurden durch die reit. Abteilung der 4. K. D. niedergehalten. Die 7. Jäg. hielten Beugny gegen starke Übermacht bis zum Abend und gingen erst auf Befehl zurück, als die 26. R. D. (vom XIV. R. K.) bei Beugny eintraf. Die 4. K. D. ruhte Nachts bei Beaumetz, Doignies und Boursies.

**Am 27. September** fand die Heereskavallerie in drei getrennten Gruppen Verwendung: der H. K. K. 1, der den Befehl über die G. K. D. und 4. K. D. übernommen hatte, Deckung der rechten Flanke des XIV. R. K. nördlich der großen Straße Cambrai—Bapaume, der H. K. K. 2 mit 7. und 2. K. D. Deckung der rechten Flanke des II. Bayer. A. K. südlich der Straße, die 9. K. D. noch südlich der Somme beim I. Bayer. A. K.

Das XIV. R. K. sollte rechts (nördlich) vom II. Bayer. A. K. auf der Straße auf Bapaume, wohin der Gegner zurückgegangen war, dann in Richtung Albert vorgehen.

Der H. K. K. 1 mußte, um sich auf den rechten Flügel des XIV. R. K. zu setzen, seine Divisionen, die bei Beaumetz und Manancourt genächtigt hatten, durch die Marschkolonnen des XIV. R. K. über die große Straße nach Norden durchziehen, was viel Zeit in Anspruch nahm.

Die 4. K. D. wurde, über Quéant, Noreuil ausholend, über Braucourt auf Ervillers, die G. K. D. über Beaumetz, Vaulx, Mory auf Achiet le Grand angesetzt.

Dem Vorschlage des Führers der G. K. D., Gen. Major v. Etzel, die Divisionen weiter nach Norden abzusetzen, konnte nicht entsprochen werden. Durch das Durchziehen des Kavalleriekorps durch die Marschkolonnen des XIV. R. K. war bereits so viel Zeit verloren worden, daß alle unnötigen Umwege vermieden werden mußten. Auch sollte das XIV. R. K. laut Armeebefehl von Bapaume aus in südwestlicher Richtung auf Albert abgedreht werden, so daß das Kavalleriekorps dann viel zu weit von dem zu deckenden Flügel abgekommen wäre.

**Gefecht bei Ervillers und Mory.** Die reit. Batterien beider Divisionen beschossen von St. Leger (4. K. D.) und Mory (G. K. D.) aus Feind bei Ervillers, der auf Courcelles zurückging, welcher Ort von starken feindlichen Kräften besetzt gefunden wurde.

Die G. K. D. ging dann 5[00] Nachm. weiter über Béhagnies, mit der Vorhut nach Achiet le Grand vor und zwang den Feind, auch Gomiécourt und Achiet le Grand zu räumen. Ein Detachement des XIV. R. K. nahm Bihucourt, wurde aber dann, als Achiet le Grand und Bihucourt unter starkes feindliches Artilleriefeuer genommen wurden, wieder nach Süden, nach Grévillers an das Armeekorps herangezogen.

Auf dem rechten Flügel wurde die Straße Cambrai—Arras bis westlich Bis en Artois vom Feinde frei gemeldet. Patrouille Henckel unterbrach die Bahn Bapaume—Arras bei Boisleux.

Nachts ruhten die 4. K. D. bei St. Leger, die G. K. D. im Raume Mory — Sapignies — Vaulx-Braucourt.

**Gefecht bei Longueval.** Unterdessen hatte der H. K. K. 2 zur Deckung der rechten Flanke des II. Bayr. A. K. die 7. K. D. über Le Transloy bis südlich Flers vorgezogen. Warlencourt, Martinpuich und Bazentin waren vom Feinde besetzt. Die Division stand den ganzen Tag über im Kampfe gegen starke feindliche Kräfte nordwestlich Longueval und ging in der Dunkelheit bei Morval zur Ruhe über.

**Gefecht bei Bazentin.** Die 2. K. D. war über Morval, Longueval auf Bazentin vorgegangen, welcher Ort am Abend vom Jäg. Btl. 7 genommen wurde. Die Division ging zur Nacht nach Sailly Saillisel.

**Gefecht bei Flaucourt.** Südlich der Somme deckte die dem I. Bayer. A. K. noch unterstellte 9. K. D. bei Flaucourt weiter die rechte Flanke dieses Korps gegen den im Walde südlich Feuillères stehenden linken feindlichen Flügel und hielt hier ihre Stellungen mit Teilen der Division auch während der Nacht. Der Rest der Division ruhte Nachts bei Biaches und La Maisonette.

**28. September.** Auf dem äußersten rechten Flügel gab der H. K. K. 1, um bei der von Bapaume aus beabsichtigten Halblinksschwenkung des XIV. R. K., dessen rechte Flanke weiter decken zu können und womöglich eine Vorwärtsstaffelung zum rechten Heeresflügel zu gewinnen, die Vormarschrichtung über die Linie Ablainzevelle—Achiet le Petit in Richtung Bucquoy—Miraumont an. Die große Straße Arras—Bapaume sollte $6^{30}$ Morg. überschritten werden.

Beim Vorgehen zeigte sich, daß die Orte Moyenville, Courcelles, Ablainzevelle, der Wald südöstlich dieses Ortes und Puisieux au Mont vom Feinde besetzt waren.

**Gefecht bei Courcelles.** Die 4. K. D. beschoß $7^{0}$ Vorm. Courcelles und nahm den Ort gegen $10^{0}$ Vorm. mit Jäg. Btl. 7 und M. G. A. 2. Die Bahn Arras—Albert wurde unterbrochen. Infolge des Vorgehens sich dauernd verstärkender feindlicher Kräfte von Ayette auf Courcelles sowie über Moyenville und Hamelincourt und überlegen starker Artilleriewirkung, auch aus der rechten Flanke, mußte die Division, trotz Unterstützung durch eine Brigade und eine Batterie der G. K. D., auf Ervillers zurückgehen. Als nun auch feindlicher von Norden her umfassender Vormarsch über St. Leger gemeldet wurde, ging die Division bis Mory zurück, und biwakierte Nachts bei Vaulx Vraucourt.

**Gefecht bei Achiet le Grand.** Die G. K. D. hatte $6^{30}$ Morg. über Sapignies vorgehend, Achiet le Grand und Achiet le Petit genommen, mußte jedoch, nachdem sie gegen Mittag die 1. G. K. Brig. und eine reit. Batterie an die 4. K. D. zur Unterstützung nach Ervillers abgegeben hatte, auf die Meldung vom Zurückgehen der 4. K. D. ebenfalls mit dem Gros bis Sapignies, mit der Vorhut bis Bihucourt zurückgehen und besetzte mit dem G. Jäg. Btl. und der 3. G. K. Brig. die Höhen zwischen diesen beiden Orten. Der Gegner besetzte Gomiécourt und Achiet le Grand.

Die Division blieb Nachts in ihren Stellungen und grub sich ein. Die Dorfeingänge von Sapignies, wo sich auch der H. K. K. 1 befand, wurden gesperrt, Reserven zu Fuß mit Karabiner und Lanze wurden bereitgestellt, um etwa eindringenden Feind wieder herauszuwerfen. Jäger- und Pionierpatrouillen mit Handgranaten beunruhigten den Gegner Nachts derartig, daß er es vorzog, die Orte Ervillers, Gomiécourt und Achiet le Grand wieder zu räumen. Hierbei zeichneten sich Feldw. Manz und die Gefreiten Peters und Meder von der Pionier-Abteilung besonders aus.

**Gefecht bei Miraumont.** Unterdessen hatte der H. K. K. 2 die 7. K. D. von Morval über Le Sars vorgehen lassen. Die Division nahm Pys und ging 11° Vorm. zum Angriff auf Miraumont vor. Mit Hilfe eines Bataillons Res. Inf. Regts. 99 und des Radfahrer-Bataillons des H. K. K. 2 wurde Miraumont trotz starken feindlichen Artilleriefeuers gegen Abend genommen und gegen feindliche Vorstöße gehalten. Die Division blieb Nachts hier und bei Warlencourt und La Barque.

**Gefecht bei Courcelette und Grandcourt.** Die 2. K. D. ging hinter der 7. K. D. über Le Sars vor und besetzte im Anschluß an die 27. R. D. die Höhen westlich Courcelette. 5° Nachm. nahm Drag. Regt. 2 mit M. G. A. 4 Grandcourt und verhinderte feindliches Vorgehen über den Ancre-Bach. Nachts übernahm hier die 27. R. D. die Sicherung, während die 2. K. D. bei Courcelette verblieb. Major v. Dommes wurde an Stelle des Hauptm. v. der Osten-Sacken Generalstabsoffizier der 2. K. D.

Die 9. K. D. erhielt bei Flaucourt um 12° Mittags den Befehl, sich wieder zum H. K. K. 2 heranzuziehen, und erreichte über Combles mit der Vorhut Longueval. Das Gros blieb Nachts bei Combles.

**29. September.** Die Lage beim H. K. K. 1 (4. und G. K. D.) bei Vaulx-Vraucourt und Sapignies war durch die Umfassung des rechten Flügels eine so bedrohliche geworden, daß General v. der Marwitz die bei Combles stehende 9. K. D. noch in der Nacht alarmieren ließ, um zur Unterstützung der G. K. D. abzumarschieren. Die Division erreichte, um 2³⁰ Morg. aufbrechend, über Villers au Flos, Beugny und nahm 8³⁰ Vorm. eine Bereitstellung bei Lagnicourt und auf den Höhen nordwestlich Morchies, wo sie dem H. K. K. 1 unterstellt wurde. Die 4. K. D. hatte sich auf den Höhen nordwestlich Vaulx-Vraucourt eingegraben. Die G. K. D. hielt ihre Stellungen in Linie Mory—Béhagnies—Sapignies. Ihr wurde ein vom A. O. K. 6 zugewiesenes Pionier-Regiment (neun Kompagnien), das gegen Mittag eintraf, zur Verfügung gestellt.

H. K. K. 1 befahl nun den allgemeinen Angriff gegen die vom Gegner besetzte Linie Croisilles (9. K. D.)—St. Leger (4. K. D.)—Ervillers—Gomiécourt (G. K. D.), unter Überschreitung der Linie Ecoust St. Mein—Mory—Béhagnies um 2° Nachm.

Der H. K. K. 2 sollte durch Vorgehen über Grévillers—Bihucourt und Miraumont diesen Angriff unterstützen. Das XIV. R. K. stand im Kampfe östlich Albert.

**Gefecht bei Achiet le Grand und Miraumont.** Die 7. K. D. erreichte Bihucourt und griff das vom Gegner besetzte Achiet le Grand an. Als jedoch 10° Vorm. der H. K. K. 2 der 7. K. D. befahl, die Bedrohung der rechten Flanke des XIV. R. K. durch Artilleriefeuer auf Miraumont abzuwehren, mußte das vom Drag. Regt. 15 und einer Radfahrer-Kompagnie bereits besetzte Achiet le Grand, wie nachstehend geschildert, wieder geräumt und der Angriff eingestellt werden.

„Die 4. Esk. erreichte den Bahnknotenpunkt Achiet le Grand. Der Führer, Rittm. Blume, wollte dieses Dorf, dessen Besitz die Straße nach Bapaume beherrschte, unter allen Umständen halten. Starke feindliche Kavallerie war im Norden gemeldet auf der Höhe von Gomiécourt und Courcelles, feindliche Infanterie entwickelte sich, 2 Btle. stark, von Ablainzeville her. Rittm. Blume wurde durch die 5. Esk. und eine kombinierte Radf. Komp., Jäger 4 und 7, verstärkt. Bis zum Mittag halten die braven Dragoner, denen feindliche Artillerie hart zugesetzt hatte, den Nordrand des Dorfes. Die Handpferde müssen wiederholt in Sicherheit gebracht werden. Immer faßt sie die feindliche Artillerie. Eben kommt der Rittm. Blume auf den Marktplatz, um den Kirchturm zu besteigen, wo sich ein junger Offizier als Beobachter befindet. Ihm ist es gelungen, die feindlichen Batterien genau festzustellen, trotzdem die feindlichen Geschosse den Kirchturm umkrachen. Da meldet sich Lt. Neufang von Patrouille zurück. Im gleichen Augenblick schlägt ein feindliches Artilleriegeschoß nur zu gut ein. Beide Offiziere sind tot, der jüngere feierte gerade seinen Geburtstag, einen Tag war er Offizier — Soldatenlos! — Auch in die Handpferde schlugen erneut die Granaten ein, 10 Pferde wälzen sich todwund, 20 sind verwundet. Nun greifen, während das feindliche Artilleriefeuer aufhört, die Franzosen an. Der vielfachen Übermacht müssen die Dragoner und Jäger langsam weichen, der Ort wird geräumt. Da wird entdeckt, daß die Leichen der Offiziere noch nicht geborgen sind. Der Feldunterarzt Dr. Steinborn fährt kurzerhand mit dem Sanitätswagen im Galopp mutig in das vom Feinde schon teilweise besetzte Dorf und holt trotz heftigen französischen Infanteriefeuers die Leiche des Rittmeisters heraus, während Lt. Neufang den Franzosen überlassen werden muß."

Die Division ruhte Nachts bei Villers au Flos. Auf diese Weise wurde der linke Flügel des Angriffs des Kav. Korps Richthofen bei Sapignies seines dort dringend erforderlichen Flankenschutzes beraubt.

**Gefecht bei Miraumont.** Die 2. K. D. war bis auf die Höhen südlich Irles vorgegangen, und wehrte hier auf Befehl des H. K. K. 2 ebenfalls die vom Feinde über Miraumont versuchte Bedrohung der rechten Flanke des XIV. R. K. ab. Zur Nacht ging die Division nach Ligny Tilloy.

**Gefecht bei St. Leger.** Beim H. K. K. 1 war der Angriff zunächst überall gut vorwärts gekommen, als eine — wie sich später herausstellte „falsche" — Meldung durch den Nachrichtenoffizier der 7. K. D. eintraf, daß das XIV. R. K. vor überlegenem Gegner mit starken Verlusten nach Osten zurückgehe, die 7. K. D. auf Bapaume.

Da somit der linke Flügel des Kavalleriekorps nun völlig in der Luft hing und jeder Umfassung preisgegeben war, erschien es unter diesen Umständen nicht möglich, den Angriff weiter durchzuführen. Die Divisionen erhielten daher Befehl, in die Linie Höhen nordwestlich Quéant—Noreuil—Höhen nordwestlich Vaulx-Vraucourt—Beugnâtre zurückzugehen. Die Nacht wurde zum größten Teil gefechtsbereit verbracht: 9. K. D. bei Quéant und Pronville, 4. K. D. bei Lagnicourt, G. K. D. bei Vaulx-Vraucourt, hier auch der H. K. K. 1.

Zur 4. K. D. trat die Kav. Brig. Schrott: Chev. 8, Regt. Flotow mit je zwei Eskadrons Drag. 7 und Ul. 7, Regt. Kaufmann mit je zwei Eskadrons Drag. 6 und Ul. 6.

**30. September.** Der Mangel an einheitlicher Leitung hatte sich an diesem Tage unangenehm fühlbar gemacht, weshalb General v. der Marwitz am 30. 9. den Befehl über die gesamte Heereskavallerie des I. und II. Kav. Korps übernahm, mit Ausnahme der 2. K. D., die dem XIV. R. K. weiter zum unmittelbaren Flankenschutz bei Courcelette belassen wurde.

Es wurden bereitgestellt: Von den Divisionen des H. K. K. 1 die 9. K. D. auf den Höhen östlich Bullecourt und westlich Noreuil, die 4. K. D. auf den Höhen westlich Vaulx-Vraucourt, die G. K. D. bei Beugnâtre, das Pionier-Regiment bei Favreuil, ferner die 7. K. D. bei Biefvillers, um den in Linie Croisilles — St. Leger — Ervillers — Gomiécourt — Achiet le Grand gemeldeten Feind anzugreifen. Hinter den genannten Orten hatte die vorzüglich arbeitende Nahaufklärung Infanterie und Kavallerie in verstärkter Stellung in der Linie Boyelle—Hamelincourt—Courcelles—Achiet le Grand festgestellt.

**Gefecht bei Croisilles, St. Leger und Ervillers.** Auf Befehl des Generals v. der Marwitz gingen gegen Mittag zum Angriff vor: 9. K. D. auf Croisilles, 4. K. D. auf St. Leger, G. K. D. über Mory mit linkem Flügel auf Ervillers, das Pionier-Regiment über Ervillers auf Hamelincourt. Der Angriff kam gut vorwärts. Die 9. K. D. nahm Croisilles, konnte aber infolge starken flankierenden Artilleriefeuers von Norden her und Bedrohung durch eine feindliche Kavallerie-Division bei Chérizy nicht weiter vorkommen. Die 4. K. D. nahm St. Leger, die G. K. D. die Judas-Ferme 1 km westlich des Ortes. Das Pionier-Regiment setzte sich in den Besitz von Hamelincourt. Auf dem linken Flügel sicherte die 7. K. D. gegen Achiet le Grand, griff Gomiécourt an und nahm den Ort gegen Abend.

Auf Befehl des H. K. K. 2 wurde wegen der dauernden Bedrohung der rechten Flanke um 6° Abds. der Angriff eingestellt. Die Divisionen gingen zur Nacht: Die 9. und 4. K. D., unter Festhaltung des Abschnittes von Croisilles und St. Leger, im Raume Bullecourt—Pronville sowie im Raume Ecoust St. Mein — Noreuil — Lagnicourt. Die 4. K. D. erhielt noch die Kav. Brig. Koch, Drag. 14 und Jäg. z. Pf. 3 zugeteilt. Die G. K. D. ruhte bei Mory und Vaulx-Vraucourt, das Pionier-Regiment bei Behagnies und Sapignies, die 7. K. D. bei Morchies.

Die noch südlich Bapaume befindliche 2. K. D. ging bei Ligny Tilloy zur Ruhe über.

**1. Oktober.** Auch an diesem Tage sollte der Angriff weiter getragen werden, um den Marsch des IV. A. K. von Beugny nach Norden in die

Gegend westlich Bis en Artois an der großen Straße Cambrai—Arras zu decken. Von hier aus sollte dieses Armeekorps mit dem I. Bayer. R. K., das Cantin südlich Douai erreichte, auf Arras vorgehen.

**Gefecht bei Croisilles, St. Leger und Ervillers.** Es gelang der Heereskavallerie nicht, weiter über die Linie Croisilles—St. Leger—Ervillers vorzukommen. Das Pionier-Regiment schied wieder aus dem Verbande des H. K. K. 1 aus.

Neue große Verschiebungen nach der Gegend nördlich Arras zur Verlängerung des rechten Heeresflügels gegen die dort erscheinende neue französische 10. Armee unter General de Maudhuy standen bevor.

Die Kavallerie-Divisionen blieben Nachts: 9. K. D. bei Hendecourt, 4. K. D. bei Croisilles, Ecoust St. Mein, Noreuil, die G. K. D., die an diesem Tage erhebliche Verluste durch Fliegerbomben hatte, bei St. Leger — Mory — Ervillers, 7. K. D., zu der das Kav. Regt. Krosigk, mit drei Eskadrons Ul. 16 und zwei Eskadrons Hus. 17, trat, bei Frémicourt. Die 2. K. D. hatte zur weiteren Deckung der rechten Flanke des XIV. R. K. von 6° Morg. an bei Le Sars bereitgestanden, war um 10° Vorm. auf Grévillers vorgegangen, hatte Achiet le Petit unter Artilleriefeuer genommen, und war Abends bei Ligny Tilloy zur Ruhe übergegangen.

## 3. Schlacht bei Arras vom 2. bis 18. Oktober 1914.

(Vgl. Skizze 7.)

**2. Oktober.** Zur Abwehr der gegen die Linie Arras—Lens—Bethune vorgehenden 10. französischen Armee wurden von der 6. Armee das Gardekorps, IV., I. Bayer. R. K., XIV. und VII. A. K. herangeführt.

Der Armeebefehl wies den beiden Kavalleriekorps folgende Aufgaben zu: H. K. K. 1 sollte mit den beiden nördlichsten Divisionen, weit nach Norden ausholend, in Richtung Doullens gegen die Übergänge der unteren Somme unterhalb Amiens vorgehen, während H. K. K. 2 mit den beiden südlichen Divisionen in engem Anschluß an die rechte Heeresflanke diese unmittelbar decken sollte.

H. K. K. 2 teilte indessen bei Übermittlung des Armeebefehls dem H. K. K. 1 mit, daß er über die 9. und 7. K. D. (bei Hendecourt und Frémicourt) verfügt habe, und diese bei Tagesanbruch bei Bis en Artois bereitstehen würden. Ein rechtzeitiges Durchziehen der dem H. K. K. 1 verbleibenden 4. und G. K. D. auf den durch die Marschkolonnen der 9. und 7. K. D. und des IV. A. K. belegten Straßen war daher nicht möglich, zumal das von der Armee befohlene Überschreiten der Bahnlinie Arras—Achiet le Grand um 7° Morg. wegen des feindlichen Widerstandes in Linie

Monchy—Henin—Hamelincourt für das IV. A. K. sich als nicht ausführbar erwies.

H. K. K. 2 ließ die 9. K. D. von Hendecourt über Vis en Artois, Pelves auf Biaches an der Scarpe (um 1° Nachm.) marschieren. Die 7. K. D. folgte und erreichte gegen 5° Nachm. die Gegend von Quiéry la Motte, westlich Douai. Hier deckte die 7. K. D. den bei Izel westlich Douai kämpfenden rechten Flügel, die 9. K. D. den linken Flügel des I. Bayer. R. K. an der Scarpe im **Gefecht bei Roeux.** Abends ging die 9. K. D. bei Corbehem, die 7. K. D. bei Brébières zur Ruhe über. Zur 9. K. D. trat ein kombiniertes Kavallerie-Regiment mit drei Eskadrons Drag. 16 und zwei Eskadrons Gren. z. Pf. 3.

H. K. K. 1 hatte erst gegen 3° Nachm. mit 4. und G. K. D. von Croisilles und St. Leger aus den Abmarsch über Vis en Artois antreten können und erreichte nach vielen Marschkreuzungen mit anderen Truppen am späten Abend mit der 4. K. D. den Raum Sailly en Ostrevent—Etaing—Bellonne, mit der G. K. D. den Raum Hamblain—Boiry Notre Dame—Haucourt—Etrépigny (vgl. Skizze 6).

Südlich Bapaume deckte die 2. K. D. wie bisher die rechte Flanke des XIV. R. K. bei Le Sars. Zur Division trat die kombinierte Garde-Kav. Brig. Maltzahn mit zwei Eskadrons 2. G. Ul., zwei Eskadrons Leib-G. Hus. und drei Eskadrons Hus. 3.

## H. K. K. 2 und 1 bei Lens vom 3. bis 8. Oktober.

(Vgl. Skizze 7 und 8.)

Wieder hatte die Heereskavallerie einen Sprung nach Norden gemacht, um unter der einheitlichen Führung des Generals v. der Marwitz ihre nächste Tätigkeit in dem Industriebezirk und Kohlengrubengelände bei Lens zu finden. Auch hier mußte sie die Sicherung des Aufmarsches der eigenen Armeekorps übernehmen und in schweren, verlustreichen Fußgefechten den feindlichen Anprall so lange aufhalten, bis die eigene Infanterie in die von der Kavallerie erkämpften und gehaltenen Stellungen einrücken konnte. Auch hier traf, wie Stegemann schreibt, „die 10. französische Armee auf die opfermutige deutsche Kavallerie".

**3. Oktober. Gefecht bei Courrières und Harnes.** Auf dem rechten Flügel ging der H. K. K. 1 über Douai mit der 4. K. D. über Courcelles lez Lens bis Courrières, mit der G. K. D. über Henin-Liétard bis Harnes vor. Beide Orte und Übergänge über den Deule-Kanal wurden nach Kampf genommen. Die Orte Oignies, Carvin, Estevelles und Annay waren vom Feinde besetzt. Der Artilleriekampf dauerte bis zum späten Abend, worauf die Divisionen unter Festhaltung der zahlreichen Kanalübergänge zur Ruhe übergingen, 4. K. D. bei Courrières, Dourges und Courcelles lez Lens, G. K. D. bei Harnes und Henin-Liétard.

**Gefecht bei Billy Montigny.** Die zuerst bei Beaumont bereitgestellte 9. K. D. ging, mit einer verstärkten Brigade als Flankenschutz über Henin-Liétard, mit dem Gros gegen Billy Montigny und Fouquières vor. In stundenlangen Straßenkämpfen um die von Marokkanern und bewaffneten Grubenarbeitern verteidigten Häuser und die zahlreichen Förderschächte, wo auch die Artillerie mitwirkte, wurden die Orte vom Feinde gesäubert und besetzt. Sallaumines war Abends noch in Feindeshand. Die Division blieb Nachts bei Henin-Liétard und westlich.

**Gefecht bei Rouvroy.** Die 7. K. D. marschierte über Beaumont nach Rouvroy, wo sie die rechte Flanke des I. Bayer. R. K. deckte, und ruhte Nachts bei Beaumont.

**4. Oktober.** Die beim A. O. K. bestehende Ansicht, daß der linke feindliche Heeresflügel nun endlich gefunden sei, und daß die Heereskavallerie jetzt nach raschem Brechen des Widerstandes nördlich Lens mit allen Kräften um den feindlichen Flügel herum in dessen Rücken vorstoßen könne, erwies sich als nicht zutreffend und als unausführbar. Erstens verlängerte der Gegner seinen Nordflügel jetzt immer noch in Richtung auf La Bassée zu. Dann war ein rasches Vorgehen durch dieses Gelände mit seinen Eisenbahndämmen, Förderbahnen, Zechen, Schächten, Schutthalden und Arbeiterhäuserstraßen, das einer zusammenhängenden Fabrikstadt glich, und dessen Bebauung die Karten auch nicht annähernd erschöpfend wiedergaben, eine Unmöglichkeit. Vor allem war jeder Kampf zu Pferde, wie er von der Armee und der O. H. L. besonders an diesem Tage immer wieder verlangt wurde, einfach ausgeschlossen. Schrittweise mußten sich die Jäger und Kavallerieschützen den Ortsbesitz mit der Schußwaffe Haus für Haus, Schacht um Schacht erkämpfen. Dabei hatte die Kavallerie noch immer kein aufpflanzbares Seitengewehr. Außerdem konnte der gegen die massiven Fabrikmauern erforderliche starke Munitionsverbrauch nicht schnell genug ersetzt werden.

**Gefecht bei Pont à Vendin.** In hartem, den ganzen Tag über andauerndem Feuerkampf gelang es der 4. K. D. Carvin, Estevelles, Meurchin und Pont à Vendin zu nehmen. Nachts blieb die Division um Pont à Vendin.

**Gefecht bei Pont à Vendin und Wingles.** Die G. K. D. nahm Annay und Vendin le Vieil trotz starken feindlichen Artilleriefeuers in Besitz. Starke feindliche Kavallerie bei Benifontaine wurde von der reit. Abteilung erfolgreich beschossen. Die Linie Wingles—Benifontaine—Loos wurde vom Feinde stark besetzt gemeldet. Der Angriff auf Wingles mußte der hereinbrechenden Dunkelheit wegen aufgegeben werden. Nachts blieb die Division bei Vendin le Vieil, Annay und Harnes.

**Gefecht bei Hulluch.** Die 9. K. D. ging nach Loison vor, zwang den

Gegner den Fabrikkomplex St. Auguste zu räumen, und eröffnete 3° Nachm. von der Waldecke 1 km nördlich St. Auguste aus ihr Artilleriefeuer auf feindliche Kavallerie bei Benifontaine. Ein Versuch, diese zu attackieren, mußte des starken feindlichen Artilleriefeuers wegen, und weil der Gegner rasch verschwand, aufgegeben werden. Die weiter befohlene Verfolgung über Loos mußte, da es dunkel wurde, unterbleiben. Nachts blieb die Division bei St. Auguste, Loison und Noyelles.

**Gefecht bei Lens.** Die 7. K. D. deckte am Vormittage noch den rechten Flügel des I. Bayer. R. K. bei Méricourt, und rückte dann auf Befehl des H. K. K. 2 nach Loison zur 9. K. D. Von hier aus ging die Division 3° Nachm. über die Höhen zwischen Loison und St. Auguste über die Straße Lens—Hulluch vor und erlitt in längerem Artilleriekampf ziemliche Verluste. Bei Dunkelheit ging die Division bei Billy Montigny in Unterkunft.

**5. Oktober. Gefecht bei Grenay.** Da der Durchbruch nach Nordwesten sich als unmöglich erwiesen hatte, wurde das Vorgehen in westlicher und südwestlicher Richtung nördlich an Lens vorbei auf Aix Noulette und Angres befohlen. General v. der Marwitz ließ die bei St. Auguste stehende 9. K. D. 8° Vorm. nördlich der Bahn Lens—Grenay auf Aix Noulette vorgehen. Feindliche Versuche, den Vormarsch durch Einwirkung von Radfahrern und Kavallerie in der rechten Flanke aufzuhalten, wurden abgewiesen, und Aix gegen 11° Vorm. erreicht. Aix Noulette wurde besetzt und feindliche Kavallerie und Kolonnen bei Bouvigny durch die südöstlich von Aix aufgefahrene Artillerie beschossen. Eine Attacke einer feindlichen Eskadron auf die Artillerie wurde gegen 4° Nachm. durch die Kavalleriebedeckung und zwei gerade eingetroffene Radfahrer-Kompagnien mit schweren Feindverlusten abgewiesen.

Der gegen Bouvigny angesetzte Angriff der Division kam in dem starken Artilleriefeuer und in dem schwierigen Gelände nicht weiter vorwärts. Die durch feindliches Vorgehen gegen den rechten Flügel der Division eintretende Bedrohung wurde durch das rechtzeitige Eintreffen des G. K. D. vereitelt. Mit Einbruch der Dunkelheit ging die 9. K. D. nach Angres und Givenchy.

**Gefecht bei Souchez.** Die 7. K. D. war 8° Vorm. von Sallaumines über Lens bis Angres vorgegangen, und unterstützte den rechten Flügel des bei Souchez gegen starke Infanterie und Artillerie bei Carency kämpfenden I. Bayer. R. K. durch Artilleriewirkung von südöstlich Notre Dame de Lorette aus. Da die Erkundungen ergaben, daß ein Durchkommen durch das Bois de Bouvigny, um wie befohlen Gouy en Gohelle zu erreichen, nicht möglich war, ging die Division auf Befehl des H. K. K. 2 am späten Abend südlich Angres zur Ruhe über.

Der H. K. K. 1 hatte den Auftrag, mit seinen bei Pont à Vendin und Vendin le Vieil stehenden Divisionen den Linksabmarsch der 9. und 7. K. D. zu decken und dann über Mazingarbe und Grenay nach Südwesten vorzugehen.

Ein von Wingles aus einsetzender feindlicher Angriff wurde durch das 7. Jäg. Btl. (bei Pont à Vendin) und das G. Jäg. Btl. (bei Vendin le Vieil) mit großen Verlusten abgewiesen. Etwa 150 Tote wurden gezählt und viele Gefangene gemacht, die zum Teil ganz betrunken waren. Der Gegner räumte daraufhin Wingles.

**Gefecht bei Loos und Grenay. Gefecht bei Liévin.** Die 4. K. D. ließ die 39. K. Brig. hier zum Flankenschutz zurück, und folgte der G. K. D., die nach Loos marschierte und diesen Ort um 2° Nachm. nahm. Von Höhe 70 östlich Loos aus beschoß die reit. Abteilung der G. K. D. starke feindliche Kavallerie, sowie vorgehende Infanterie bei Hulluch mit gutem Erfolg. Gegen 4° Nachm. erreichte die G. K. D. die Höhe südöstlich Grenay. Da ein Angriff auf die festungsartig ausgebauten Fabrikmassive von Fosse 5 und Grenay aussichtslos erschienen, drehte die Division nach Süden über Liévin auf Angres ab, wo sie in einer Stellung westlich Liévin den rechten Flügel der 9. K. D. verlängerte, und dessen Umfassung durch den dort vorgehenden Feind verhinderte. Das G. Jäg. Btl. besetzte die Stellung Château Noulette—Notre Dame de Lorette (die später berühmt gewordene Loretto-Höhe). Die Division blieb Nachts in der Stellung bei Liévin.

**Gefecht bei Loos und Grenay.** Die 4. K. D. war der G. K. D. über Loos gefolgt, deckte auf der Höhe westlich Loos den Abmarsch der G. K. D. nach Süden gegen feindliche von Vermelles aus vorgehende Infanterie und starke Artillerie, und ging am Abend in eine Stellung auf den Höhen nordwestlich von Lens, die sie durch Schützengräben befestigte. Das Gros bezog Ortsbiwak in den Ausbauten nordwestlich von Lens.

**6. Oktober.** Der H. K. K. 1 erhielt den Auftrag, die rechte Armeeflanke gegen feindliche Angriffe von La Bassée und Bethune aus, wo das französische XXI. A. K. ausgeladen worden war, zu sichern, während H. K. K. 2 in Richtung Bouvigny durchstoßen sollte.

Die 4. K. D. wurde angewiesen, die Höhen nördlich Loison und Lens bis St. Auguste, die G. K. D. hier anschließend bis Liévin zu halten und die Stellungen mit allen Mitteln zu verstärken. Größere feindliche Truppenbewegungen wurden bei Vermelles und Hulluch gemeldet.

**Gefecht bei Lens.** Gleichzeitig teilte das A. O. K. mit, daß eine gemischte Brigade, Trotta v. Treyden, vom XIV. A. K. zur Verstärkung des H. K. K. 1 im Anmarsch sei. Diese Brigade verlängerte den rechten Flügel der 4. K. D. gegen Mittag durch Besetzung von Courrières, Pont Maudit und der Höhen bei Mon Idée. Der linke Flügel der 4. K. D. lag am Nachmittage unter starkem Artilleriefeuer. Vorgehende Infanterie wurde abgewiesen. Die Division blieb auch Nachts in ihren Stellungen.

Die G. K. D. besetzte und verstärkte wie befohlen die Höhen nördlich Lens von St. Auguste bis Liévin. Vermelles, Mazingarbe und Grenay waren vom Feinde besetzt, der sich bei Hulluch und Mazingarbe durch von La Bassée und Bethune her neueintreffende Kräfte, besonders auch an Artillerie, erheblich verstärkte. Lt. Ritter v. Longchamps-Berier (2. Garde-Drag.) zeichnete sich als Spähoffizier auf einem hohen Schornstein durch Aushalten auf diesem, in feindlichem Artilleriefeuer liegenden Beobachtungspunkt und vortreffliche Meldungen besonders aus.

Das G. Jäg. Btl. wurde rittlings der Straße Lens—Bethune in die Linie der Kavallerieschützen eingeschoben.

**Gefecht bei Lens.** Mehrere gegen 12° Mittags, wie auch am Nachmittage gegen die Nordfront erfolgende starke feindliche Angriffe mehrerer Bataillone und der Schützen einer Kavallerie-Division wurden mit großen Verlusten für den Gegner, der in Unordnung nach Norden zurückflutete, abgeschlagen.

Hierbei zeichnete sich die reit. Abteilung des 1. G. Feldart. Regts., wie folgende Schilderung zeigt, besonders aus:

„Die Reit. Abt. unter Major v. Heydebreck wurde im Trabe durch Lens vorgezogen, wo die Batterien am Nordausgang nach Loos, 2., Oberlt. Graf Roedern, 3., Hauptm. v. Briesen, 1. unter Hauptm. v. Pressentin in Stellung gebracht wurden.

Dichte, sich vorarbeitende Schützenschwärme des Gegners waren das erste Ziel. Auf den in der Nähe befindlichen Fördertürmen saßen in schwindelnder Höhe Beobachter, die vortreffliche Dienste leisteten. Besonders zeichnete sich der Lt. d. R. v. Caprivi bei dieser Aufgabe aus. Ihm ist in erster Linie der Erfolg des Tages zu verdanken.

Wirksames, sofort einsetzendes Feuer brachte das Vorgehen der feindlichen Infanterie zum Stehen. Französische Artillerie fuhr auf und streute bis weit nach Lens hinein die Gegend und die Stadt ab.

Vorgehende Alpenjäger, an ihren Tellermützen und M. G. Tragetieren kenntlich, wurden durch Feuer zerstreut. Eine zugweise gestaffelte Batterie konnte zum Stellungswechsel, eine andere zum Schweigen gebracht werden. In bunter, rascher Folge wechselten die Ziele. Kaum wurde eine bei Grenay marschierende Kolonne mit einem Feuerüberfall bedacht, als sich auch schon wieder weiter östlich aus den Häusern von Loos starke feindliche Kräfte vorpirschten, um die weiter auf uns zuliegenden zahlreichen Strohmieten als Bereitstellung zu gewinnen. Trotz des feindlichen Artilleriefeuers sahen die braven Garde-Kanoniere über ihre Schilde hinweg in aller Ruhe nach den infolge unseres Feuers von Miete zu Miete zurückspringenden Franzosen.

Einer Bitte der famosen Garde-Jäger, ihnen ein Geschütz in ihre Stellung vorzubringen, wurde mit Freuden entsprochen, und das Geschütz auf der Straße Lens-Loos eingegraben.

Die 3. R. Batt. war den Tag über in heftigen Kampf mit überlegener Artillerie verwickelt, als plötzlich französische Infanterie vorbrach, um unseren Frontschutz zu überrennen. Auf 900 m war sie vorgedrungen, als die Batt. den ersten Hagel von Schrapnells auf sie entsandte. Doch immer näher drang der Gegner heran. Die wackeren Kanoniere jagten eine Gruppe nach der anderen heraus. Endlich 700 m vor der Feuerstellung beginnt die Wucht des feindlichen Angriffs zu erlahmen. Zwei Geschütze müssen das Feuer einstellen, da sie der vorliegende Höhenrand am Schießen hindert. Doch die heißen Rohre der anderen schleudern ein Geschoß um das andere in die feindlichen Reihen. Näher als 600 m sind die Franzosen heran, als sie der Wirkung unserer Schrapnells nicht mehr standhalten können. Nur 200 m sind sie von der Beobachtungsstelle entfernt, da muß alles weichen, was nicht tot oder verwundet liegen blieb. Erst nachdem der Angriff von der Batterie allein vollständig abgewiesen war, trafen Jäger zur Verstärkung ein.

Die 1. R. Batt. mußte sich während dieser Zeit in mühseligem Kampfe der erdrückenden Übermacht der feindlichen Kavallerie in ihrer rechten Flanke erwehren.

Stolz, und in dem Gefühl der Überlegenheit auch gegen eine große Übermacht hatten Truppe und Führer ihre Pflicht getan."

Auf dem linken Flügel der G. K. D. hatte die G. Drag. Brig. die Fabrikmassive und Zechen nördlich und bei Liévin besetzt und zu hartnäckiger Verteidigung eingerichtet. Hier schloß sich die 9. K. D. auf den Höhen von Angres an, welche Stellung die Division gegen Mittag vor einem starken feindlichen Angriff zwar hatte räumen müssen, dann aber wieder besetzen konnte.

Die G. K. D. hatte alle ihre Kräfte in der 4½ km langen Front eingesetzt und nur eine Eskadron als Reserve zurückbehalten. Die Stellungen wurden weiter verstärkt, alles blieb Nachts in der Stellung. Eigene Patrouillen sorgten an Stelle von Leuchtpistolen durch Abbrennen von Strohmieten für Beleuchtung des Vorfeldes.

**Gefecht bei Aix Noulette.** H. K. K. 2 stellte die 9. K. D. um 6° Morg. in ihren Stellungen südöstlich von Aix Noulette bereit. Sie sollte 9° Vorm. über Aix auf Bouvigny angreifen. Infolge eines starken feindlichen Infanterievorstoßes von Bully her, mußte der Angriff jedoch eingestellt und die Division sogar bis nach Givenchy zurückgenommen werden. Gegen 4° ging die Division zur Unterstützung des linken Flügels der G. K. D. bei Liévin wieder vor, nahm bei Angres Anschluß an die G. Drag. Brig. und blieb hier Nachts mit Schützen, mit dem Rest der Division bei Avion.

Auch hier leistete die reit. Abteilung Feldart. Regts. 10, wie aus nachstehendem Bericht ersichtlich, hervorragendes:

„In den Morgenstunden wurden die Batt. Budde, 1., und die Batt. v. Uslar, 2., vom Abt. Kdr. Major v. Wangenheim nordwestlich von Liévin bei Fosse 16 in Stellung gebracht. Die Batt. Mentz, 3., kämpfte an diesem Tage weiter südlich beim B. R. K.

Zunächst war es bei Fosse 16 ziemlich ruhig. Man sah im Vorgelände nur wenige Franzosen, die sich geschickt und vorsichtig jede Deckung ausnutzend bewegten. Ab und zu schickte auch schon die französische Artillerie einen eisernen Gruß in die hochragenden Gebäude der Fosse. Unsere Batterien schossen daher auch nur wenig.

Am frühen Nachmittag wurde es plötzlich lebhaft. Überall tauchten Schützenlinien auf, die sich in schnellen Sprüngen vorarbeiteten, und fast gleichzeitig setzte auf die Fosse und die beiden Batterien ein Artilleriefeuer ein, wie wir es bis dahin noch nicht erlebt hatten. In das Knallen der Schrapnells und das Bersten der Granaten mischte sich das Getöse von splitternden Eisen- und Glasteilen und fallendem Mauerwerk. Es gab Tote und Verwundete. Aber dessen ungeachtet nahmen die Batterien mit aller Kraft das Feuer gegen die feindlichen Schützen auf. Trotzdem kam der weitüberlegene Feind an einzelnen Stellen vor. Die aus Garde-Dragonern und Radfahrern bestehende Besatzung der Fosse griff in den Feuerkampf ein, und es gelang zunächst im Abschnitt der 2. R. Batt. den Ansturm zum Stehen zu bringen. Weiter westlich gegenüber der 1. R. Batt. kamen die Franzosen, begünstigt durch das Gelände, jedoch noch weiter vor. Diese Batterie hatte ihr Feuer auf starke feindliche Angriffswellen, die aus der Gegend von Aix Noulette nach Osten vorgingen, gerichtet. Im stärksten Art.- und M. G. Feuer hatte die Batterie eine Frontveränderung vorgenommen und konnte nun den französischen Angriff vollständig flankieren. Trotz sofort eintretender Verluste stürmten die ersten Wellen weiter. Dann kam erst der Rückschlag. Erst gab's ein Stutzen, und dann ein Fliehen, daß die Rockschöße flogen.

Währenddessen waren die gegen den Südteil der Fosse 16 vorgehenden Franzosen immer näher an die Batterie herangekommen. Die Gefahr wurde erst erkannt, als die auf etwa 300 m vor der Batterie liegenden wenigen Radfahrer der Übermacht weichen mußten. Nun hieß es wieder Frontveränderung, und mit kürzester Brennzünderentfernung wurde das Feuer gegen die auf der vorliegenden Höhenwelle erscheinenden Rothosen aufgenommen. In diesem kritischen Augenblick trat Munitionsmangel ein, da die Mun. Wagen der leichten Kolonne nicht zu den Geschützen herankommen konnten. Nun mußten alle verfügbaren Leute, Kanoniere und Fahrer, in prasselndem Schrapnellfeuer die Munition aus den etwa 200 m seitwärts der Batterie hinter einem großen Fabrikgebäude stehenden Protzen heranschleppen. Es wurde fieberhaft gearbeitet, keuchend kamen die Leute einzeln mit den schweren Körben heran. Die Lage war äußerst schwierig, aber es gelang das Feuer so weit zu nähren, daß den Franzosen die Lust am weiteren Vorgehen verging, und bald fluteten sie wieder hinter die Höhe zurück. So war auch hier der Ansturm, dank der prachtvollen Haltung, der braven Niedersachsen, gebrochen.

Die 3. R. Batt. war bei den Bayern ebenfalls zu hervorragender Tätigkeit gekommen. Mit vernichtender Wirkung hatte sie mehrere feindliche Angriffe zum Scheitern gebracht.

Als die Batterien Abends zurückgingen, hatten sie das stolze Bewußtsein, einen schweren, aber ehrenvollen Tag hinter sich zu haben."

**Gefecht bei Souchez.** Die 7. K. D. wehrte nördlich Souchez in ihren Stellungen vom Tage vorher, auf dem rechten Flügel des I. Bayer. R. K. durch erfolgreichen Artilleriekampf die feindlichen Infanterievorstöße ab. Nachts blieb die Division wie am 5. 9. südlich Angres.

**7. Oktober.** Auch im Laufe dieses Tages und in der darauffolgenden Nacht wurden die Stellungen der Heereskavallerie gegen zahlreiche feindliche Einzelvorstöße und besonders starkes Artilleriefeuer überall gehalten. Zum Teil hatten die Schützen an Stelle der fehlenden Seitengewehre die Lanzen zur Abwehr von Nahangriffen mit in die Stellung genommen.

**8. Oktober.** Im Laufe des Vormittags traf die Infanterie des XIV. A. K. bei Harnes und Lens ein, um die Kavallerie in ihren Stellungen von Pont à Vendin bis Angres abzulösen. Die Heereskavallerie sollte sodann zwischen Lille und dem rechten Heeresflügel gegen Flanke und Rücken des Feindes durchstoßen.

**Gefecht bei Lens.** Zunächst sollten nach einem 3⁰ Nachm. ausgegebenen Befehl die Divisionen des H. K. K. 1 die Gegend von Carvin erreichen, die 9. und 7. K. D. sollten folgen. Das Herausziehen verzögerte sich indessen infolge weiterer feindlicher Vorstöße, so daß nur die 4. K. D. gegen Abend Carvin, der größere Teil der G. K. D. Courrières erreichen konnten.

Drei Tage und drei Nächte hindurch hatte die Kavallerie ihre Stellungen gegen dauernde feindliche Angriffe gehalten. Die Verpflegung war ohne Küchenwagen sehr schwierig und mangelhaft gewesen, ebenso der Munitionsersatz. Die Pferde hatten die ganze Zeit hindurch zum großen Teil ohne Unterkunft in den Straßen zwischen den Bergarbeiterhäusern gestanden. Das Wetter war zwar am Tage meist gut, die Nächte jedoch schon empfindlich kalt gewesen.

**Gefecht bei Liévin.** Beim H. K. K. 2 hielt die 9. K. D. ihre Stellungen bei Liévin weiter gegen starke feindliche Angriffe, wurde gegen Mittag durch Infanterie abgelöst und blieb Nachts bei Avion.

Die 7. K. D. ging nach ihrer Ablösung bei Méricourt zur Ruhe über.

Allenthalben wurde die Munition ergänzt und alles für den Vormarsch am 9. 10. vorbereitet. H. K. K. 4 hatte mitgeteilt, daß er bei Bailleul stehe und auf Merville vorgehe.

### H. K. K. 2 und 1 zwischen Estaires und La Bassée vom 9. bis 18. Oktober.

Wieder wurde die Heereskavallerie nach Norden verschoben, um mit den Kav. Korps Hollen (IV.), Marwitz (II.) und Richthofen (I) zwischen Ypern und La Bassée jene neue großzügige Bewegung nach Westen auszuführen, durch welche Aufmarschzeit und Kampfgelände für die zur weiteren Flügelverlängerung des Heeres neu herangeführten Kräfte erkämpft und sichergestellt wurden. Die Kavallerie stieß hier in Linie Hazebrouck—La Bassée auf den linken Flügel der Armee des Generals de Maudhuy, das XXI. A. K. und das II. britische A. K. sowie zwei Kavallerie-Divisionen Frenchs.

**Am 9. Oktober** konnte General v. der Marwitz nach erfolgter Ablösung bei Lens die Bewegung antreten.

Zunächst wurden die vier Kavallerie-Divisionen im Raume Oignies—Carvin—Courrières zusammengezogen. Dies benutzten feindliche Flieger, um bei dem klaren, sonnigen Wetter etwa 20 Bomben auf die großen Reitermassen abzuwerfen, die besonders bei der 4. und G. K. D. erhebliche Verluste verursachten.

Gegen Mittag wurde der Vormarsch zur Besetzung der Übergänge des Deule-Kanals angetreten.

Die 7. K. D. marschierte zur Deckung der rechten Flanke über Wahagnies, Gondecourt nach dem Übergang östlich Wavrin, erreichte Mulet bei Wavrin, beschoß hier einen von Lille nach Wavrin fahrenden Eisenbahnzug und ging am Abend bei Mulet und Gondecourt zur Ruhe über.

Die 9. K. D. ging über Oignies und Carnin vor, überschritt den Kanal bei Château du Bois und besetzte Wavrin. Ein 5[30] von Lille ankommender Zug mit 200 Reservisten wurde genommen. Die Division ruhte Nachts bei Wavrin und Château du Bois.

**Gefecht bei Don und Sainghin.** Die Divisionen des H. K. K. 1 wurden über Allennes (4. K. D.) und Annoeullin (G. K. D.) zum Angriff auf Don angesetzt, wo die Brücke Nachmittags besetzt wurde. Hierauf ging die Vorhut der G. K. D. bis Sainghin vor, wo feindliche, aus nordwestlicher Richtung angreifende Infanterie abgewiesen wurde. Die G. K. D. ging bei Sainghin, Don und Annoeullin zur Ruhe über.

Die 4. K. D. war mit Teilen ebenfalls bei Don über den Kanal gegangen, ruhte Nachts im Raume Carnin—Annoeullin—Provin, und ließ durch die Pioniere eine zweite Brücke bei Don herstellen.

Weiter westlich hatten Teile der 28. J. D. schon Vormittags die Brücke bei Bauvin genommen, die Nachts von einer Eskadron der 4. K. D. besetzt gehalten wurde.

**10. Oktober.** Die eintreffende Nachricht vom Fall von Antwerpen wurde freudig begrüßt und trug zur Erhaltung der guten Stimmung der Truppe bei.

Während auf dem rechten Flügel der H. K. K. 4 an diesem Tage mit 3. K. D. bis Sailly, mit Bayer. K. D. bis Laventie, mit 6. K. D. bis Fleurbaix gelangte, erreichte der H. K. K. 2 mit dem H. K. K. 1 die Linie Neuve Chapelle—La Bassée, und sollte über die Linie Bethune—La Bassée den nördlichen Flügel des Feindes angreifen.

Bei starkem Morgennebel ging der H. K. K. 2 zunächst mit der 9. K. D., dahinter die 7. K. D. von Wavrin auf Fournes vor.

**Gefecht bei Beaucamps.** Die 7. K. D. bog nach dem besetzt gemeldeten Orte Ligny ab und setzte das Hus. Regt. 9 mit einem Geschütz und zwei Maschinengewehren zur Umfassung auf Sante an. Feindliche Kavallerie wurde bei Beaucamps durch die 7. K. D. von Süden und die bei Radinghem eintreffende 6. K. D. (H. K. K. 4) von Norden her gefaßt und zum fluchtartigen Zurückgehen in östlicher Richtung gezwungen (vgl. Seite 186). Während die Division über 1000 ausgehobene Zivilisten, die sich zum Teil am Kampfe beteiligt hatten, gefangen nahm, ritt das Hus. Regt. 9 unter seinem Kommandeur, Major Graf Klinckowström, eine erfolgreiche Attacke gegen zwei Kompagnien Infanterie und Spahis, die 250 Gefangene, 30 Bagagewagen und zwei Autos einbrachte. Das Hus. Regt. 9 berichtet hierüber:

„Bei Erquinghem und östlich wurden zahlreiche Kav. Patrouillen, auch Spahis erkannt, eine Marschkolonne mit Fahrzeugen verschwand gerade im Dorfe Erquinghem. Das Geschütz und die M. Gs. wurden vorwärts Sante in Stellung gebracht und beschossen Schützen, die am Südostrand von Erquinghem in einem Chausseegraben erkannt wurden.

Als das feindliche Feuer aufhörte, ging das Regt. längs des Bahndammes auf Erquinghem vor und durch das Dorf durch. Gleich hartwestlich wurde eine Wagenkolonne mit Infanteriebedeckung erkannt, etwa 800 m entfernt auf dem Wege Le Maisnil—Erquinghem. Die vorderste Eskadron erhielt sofort Befehl zur Attacke, die anderen drei folgten in Linie. Gleich bei Beginn der Attacke flüchteten die bei der Kolonne befindlichen Spahis. Die französische Infanterie (2 Komp.) kamen nicht zur Entwicklung und wurden durch ihre eigenen Wagen am Feuern behindert. Das Regiment nahm 250 unverwundete Gefangene, etwa 40 Mann wurden verwundet, etwa 30 getötet, 30 Wagen wurden erbeutet. 3 Wagen gelang es zu entkommen, die den 15. Ulanen in die Hände fielen. Zwei Autos waren auch dabei. Verluste: 2 Off. verwundet (Lt. Meyer, Lt. d. Res. Ritgen, dieser schwer), 3 Mann tot, 12 Mann, dabei 5 Unteroff. verwundet."

Die Division sammelte sich $4^{30}$ Nachm. bei Le Maisnil und ging Abends bei Fromelles zur Ruhe über.

**Gefecht bei Aubers.** Die 9. K. D. ging über Fromelles vor. Schwache Besetzungen der Häuser und Versprengte wurden verjagt und etwa 2000 Zivilisten unter schwacher militärischer Bedeckung gefangen genommen, anscheinend Reservisten aus Lille. Bei Fauquissart gemeldete starke Kavallerie wich westlich aus, ebenso eine Kavallerie-Brigade mit Radfahrern bei Rouge Croix, welchen Ort die 19. K. Brig. $5^{0}$ Nachm. erreichte. Die Division blieb Nachts im Raume Rouge Croix—Fauquissart—Aubers. Das kombinierte Kavallerie-Regiment wurde zum Abtransport der auf über 4000 angewachsenen Zahl von Gefangenen bestimmt.

Der H. K. K. 1 sollte mit seiner rechten Division über Herlies, Neuve Chapelle Bethune erreichen und links Anschluß an die aus der Linie Hantay—Wingles vorgehende 28. J. D. halten.

**Gefecht bei Herlies und Neuve Chapelle.** Hierzu ging die 4. K. D. über die bei Don hergestellte Pontonbrücke über Sainghin, Herlies vor, und erkämpfte sich den weiteren Vormarsch bis Neuve Chapelle durch Artilleriefeuer und Fußgefecht. Nachts ruhte die Division östlich Neuve Chapelle, bei Herlies und Wicres.

**Gefecht bei Illies.** Die G. K. D. rückte $7^{0}$ Vorm. bei dichtem Nebel von Sainghin über Marquillies nach Illies vor. La Bassée wurde besetzt gemeldet. Die Vorhut erhielt erst bei Illies, dann beim Bois de Biez und Ligny le Petit Maschinengewehr- und Infanteriefeuer, aus Richtung Richebourg l'Avoué schoß feindliche Artillerie. Die besetzte feindliche Linie wurde vom Bois de Biez über Lorgies bis La Bassée festgestellt. Das Bois de Biez wurde von der 1. G. K. Brig. und Teilen der G. Jäg. genommen, ebenso Lorgies, nachdem ein feindlicher, durch starkes Artilleriefeuer unterstützter Infanterievorstoß von dort auf Illies durch die Schützen der 2. und 3. G. K. Brig. abgewiesen worden war. Die Division ging Nachts bei Ligny, Lorgies, Illies und Marquillies mit Sicherung gegen Westen und gegen La Bassée zur Ruhe über.

**11. Oktober.** Das XIV. A. K., das über Noeux les Mines, südlich Bethune, angreifen sollte, kämpfte noch immer um Vermelles. Der H. K. K. 2 sollte weiter in Richtung Lillers—Bethune gegen Flanke und Rücken des Feindes vorstoßen.

Das Vorgehen erwies sich infolge der beim Gegner eingetroffenen englischen Verstärkungen und der Ungunst des Geländes als äußerst schwierig. In der ganzen dortigen Gegend befanden sich außerhalb der mit festen Steinhäusern und einzelnen Fabrikanlagen versehenen Ortschaften viele Einzelgehöfte. Das dazwischenliegende Gelände war von zahlreichen meist mit Wasser gefüllten Gräben, verdrahteten Hecken, Zäunen, Knicks und Wällen durchzogen, wodurch die Übersicht erschwert und ein Aufhalten unserer Angriffe durch den Gegner außerordentlich begünstigt wurde. Trotzdem griff die Heereskavallerie auf der ganzen Front an.

**Gefecht bei La Fosse und Vieille Chapelle.** Die 9. K. D. ging in breiter Front gegen La Fosse, Vieille Chapelle und Lacouture zum Angriff vor. Die 14. K. Brig. mit Radfahrern nahm nach langem heftigem Kampf und stundenlangem Ausharren in heftigstem feindlichem Artilleriefeuer den Übergang über den Lawe-Kanal bei La Fosse. Hierbei zeichnete sich das Hus. Regt. 11 unter Major Ewald mit den Eskadrons der Rittm. v. der Lippe, Böcking und Lipken besonders aus. Am Abend übernahm die Eskadron des Rittm. v. Steiger die Vorposten und sicherte durch Patrouillen unter Lt. d. Res. Osthoff bei Pont Riqueul die rechte Flanke. Starke feindliche Angriffe südlich Vieille Chapelle wurden von der 13. K. Brig. abgewiesen. Ul. Regt. 5 hatte erhebliche Verluste durch Fliegerbomben. Nachts ruhte die Division bei Laventie und westlich.

Die 7. K. D. griff mit der 30. K. Brig. Richebourg St. Vaast, mit der 26. K. Brig. Richebourg l'Avoué an.

**Gefecht bei Neuve Chapelle.** Oberstlt. Hotop, Kommandeur des Drag. Regts. 15, übernahm bei der 30. Brig. die Führung der Schützen, Rittm. Loß die der 15. Dragoner. Es gelang über die deckungslose Ebene bis an den Ort Richebourg St. Vaast heranzukommen, bis starkes Artillerie- und Maschinengewehrfeuer ein weiteres Vordringen unmöglich machte. Ein bespanntes Geschütz der reit. Abt. 15 ging bis in die Schützenlinie vor und half die gewonnene Stellung trotz starken feindlichen Feuers bis zur Dunkelheit zu halten. Bei der 26. Brig. wurde Richebourg l'Avoué genommen, mußte aber am Abend wieder geräumt werden.

Nachts blieben Vorposten und Schützen am Feinde. Das Gros der Division ruhte bei Fauquissart, Aubers und Fromelles.

**Gefecht bei Festubert.** Beim H. K. K. 1 ging die 4. K. D. mit Jäg. Btl. 7 und den Schützen der 39. K. Brig. zum Angriff auf Festubert vor. Es gelang den Angriff bis La Quinque Rue vorzutragen, wo das überlegen starke feindliche Artilleriefeuer Halt gebot. Die erreichten Stellungen wurden Nachts gehalten. Das Gros der Division blieb bei Lorgies und Herlies.

Die G. K. D. ging 7° Vorm. im Nebel auf Lorgies vor, um La Bassée mit den G. Jäg. und der 1. G. K. Brig. von Norden anzugreifen, während die 3. G. K. Brig. mit dem Radfahrer-Bataillon und einer Batterie unter Oberstlt. Frhr. v. Holzing-Berstett südlich des Kanals von Hantay aus gegen den Südteil von La Bassée vorging. Rue de Marais, Violaines und La Bassée waren vom Feind besetzt gemeldet.

**Gefecht bei La Bassée.** Die 2. G. K. Brig. übernahm den Schutz der rechten Flanke, wobei das 1. G. Ul. Regt. das Dorf Violaines nach längerem Feuergefecht stürmte und den Westrand des Dorfes besetzte.

Unterdessen gingen östlich der großen Straße nach La Bassée das G. Jäg. Btl., G. Kür. Regt. und das Regt. der Gardedukorps zum Angriff auf La Bassée vor. Nach langem, heftigem Gefecht gelang es gegen Mittag eine starke Barrikade am Nordrande der Stadt zu erstürmen, während im Süden das Detachement Holzing den Südrand von La Bassée erreicht hatte. Hier fiel der Oblt. Frhr. v. Buddenbrock vom 1. G. Drag. Regt.

Nachdem schwere Artillerie des XIV. A. K. die Stadt von 5° bis 5³⁰ Nachm. beschossen hatte, traten die Schützen zum Sturm an. Um 6° Abds. war La Bassée in der Hand der G. K. D., deren Angriff der Divisionskommandeur, Gen. Major v. Etzel, selbst begleitet hatte. Die verbarrikadierten Straßen der Stadt wurden vom Feinde gesäubert. Teile des französischen Inf. Regts. 158, eines Jäger-Bataillons, Turkos und Kavallerieschützen hatten die Besatzung gebildet mit dem Befehl, sich bis zum letzten Mann zu halten. Der Gegner, der einige hundert Tote und gegen 200 Gefangene verloren hatte, war auf Bethune abgezogen, verfolgt von dem Feuer der Radfahrer-Abteilung.

Der 11. Oktober war ein Ehrentag für die G. K. D. und hatte gezeigt, was die Kavallerie auch im Kampfe zu Fuß trotz ihrer damals noch völlig ungenügenden Ausrüstung und Bewaffnung leisten konnte.

Die G. K. D. ging bei Violaines, La Bassée und Salomé, der Stab in Marquillies zur Ruhe über.

Der H. K. K. 4 stand in Linie Bailleul—Estaires.

Nach dem Bericht des General French stand von Vermelles bis Vieille Chapelle das französische Kav. Korps Conneau, von hier bis Estaires das französische Kav. Korps de Mitry. Englische Verstärkungen trafen ein.

**12. Oktober.** Die Aufgabe der Heereskavallerie blieb bestehen. Der wiederum auf der ganzen Front befohlene Angriff stieß auf verstärkten Widerstand.

**Gefecht bei La Fosse.** Bei der 9. K. D. erkämpfte sich die 19. K. Brig. in dichtem Nebel die Orte Pont Riqueul und Lestrem. Die 14. K. Brig. nahm und hielt La Fosse trotz starken Artilleriefeuers auch gegen einen 5° Nachm. einsetzenden starken englischen Gegenangriff, der zum Stehen gebracht wurde. Hierbei zeichneten sich Unteroff. Kirschner, Sergt. Mohns und der Gefreite Brüggemann vom Hus. Regt. 11 besonders aus. Nachts ruhte die Division hinter starken Sicherungen wie am 11. 10.

**Gefecht bei Lacouture.** Die 7. K. D. war 11° Vorm. durch zwei bei Neuve Chapelle eintreffende Bataillone 112 verstärkt worden. Die Division ging mit 26. K. Brig. (Drag. 25 und 26) auf Lacouture, mit 30. K. Brig. (Hus. 9 und Drag. 15) und den beiden Bataillonen 112 gegen Richebourg St. Vaast zum Angriff vor. Drag. Regt. 26 griff Lacouture an:

„Der Regts. Führer, Major Frhr. v. Gültlingen, ließ 2 Esks. in vorderster Linie antreten, die 3. Esk. mit M. G. folgte zunächst rechts gestaffelt. Eine Eskadron war noch beim Gefangenentransport. Vor der Schützenlinie gingen sprungweise Leute mit Drahtscheren und Beilen vor, um die zahlreichen Drahtzäune und Hecken zu öffnen.

Die vorgehenden Eskadrons erhielten heftiges Gewehr-, M. G.- und Art.-Feuer aus der rechten Flanke. Major Frhr. v. Gültlingen, der an der Spitze des Regiments vorging, wurde durch einen Granatsplitter verwundet. Der tapfere Führer der 3. Esk., Rittm. v. Grävenitz, fiel.

400 m vor Lacouture erhielt das Regiment den Befehl, zunächst nicht weiter vorzugehen, bis die Anschlußtruppe links in gleiche Höhe gekommen wäre. Auch sollte auf Befehl der 26. K. Brig. die Einwirkung der beiden Infanterie-Bataillone abgewartet werden. Rittm. v. Neubronner, der die Führung des Regiments übernahm, ließ einen Sumpfgraben besetzen, vor dem sich ein Weidengebüsch hinzog. Bald richtete sich aber das feindliche Feuer mit so großer Heftigkeit gegen den Graben, daß er die Mannschaften volle Deckung nehmen lassen mußte. Er selbst mit seinen Zug- und Gruppenführern beobachtete weiter.

Nach und nach wurde das feindliche Feuer schwächer. Die Wirkung der eigenen Artillerie zwang den Engländer sich zu decken. Nun gingen die Schützen gruppenweise aus dem Graben vor und arbeiteten sich allmählich an Lacouture heran, wo sie den feindlichen Schützengraben östlich des Ortes im Sturm nahmen.

Manch braver Reiter war auf dem Felde der Ehre geblieben, aber wir hatten den Engländern gezeigt, daß ein schwäbischer Dragoner nicht nur mit der Lanze zu attackieren, sondern auch mit dem Karabiner zu stürmen weiß."

**Gefecht bei Richebourg St. Vaast.** Der Angriff auf Richebourg St. Vaast, sowie der hier um $5^{30}$ Nachm. erfolgende englische Gegenangriff wird vom Drag.-Regt. 15 wie folgt geschildert:

„Wieder ging es über Rübenäcker in Schützenlinien vor unter heftiger Gegenwirkung des Feindes, der als französische Kavallerie und Alpenjäger erkannt war.

In stetem Vorgehen kommen die Dragoner in das Dorf Richebourg. Hier entwickeln sich heftige Straßenkämpfe. Der Franzose hatte sich Gräben ausgeworfen, Schießscharten in die Häuserwände gebrochen und die Straßen mit mehreren Barrikaden hintereinander gesperrt. Jetzt lernt der Dragoner den Karabiner umdrehen und mit dem Kolben auf den Feind einhauen, und das Taschenmesser muß im Nahkampf das der Kavallerie damals noch fehlende Bajonett ersetzen. Von Barrikade zu Barrikade geht es langsam vorwärts. Die Verstärkungen, die von hinten aus den Pferdehaltern vorgezogen werden, müssen das feindliche Artilleriefeuer durchlaufen. Auch unsere Artillerie schickt ihre eisernen Grüße in den vom Feinde noch gehaltenen Westrand des Dorfes.

Endlich, kurz nach Mittag, hat das Regiment den Gegner zum Dorfe hinausgedrängt und kann sich am Westrand in einem Straßengraben zur Verteidigung einrichten. 5 Alpenjäger, die sich in einer kleinen Kapelle noch hielten, wurden von Lt. Winter gefangen genommen.

Nur kurze Zeit konnten die Schützen sich in ihrer neuen Stellung verschnaufen. Schon $5^{30}$ Nachm. setzte ein heftiger Gegenangriff ein. Englische Verstärkungen waren herbeigeeilt zur Entlastung des französischen Verbündeten. In dichtgeschlossenen Reihen kamen die braunen Schützenketten aus den Pappeln hervor und stürmten gegen unsere Linien an.

Ruhigem, wohlgezieltem Feuer der Dragoner und der tüchtigen M. G. Unterstützung der Infanterie links neben uns gelang es, die englischen Reihen zu lichten und den Vorstoß zum Stehen zu bringen. Auf 150 — 200 m lagen sich nun die Schützenlinien gegenüber, notdürftig in natürlichen, flachen Straßengräben Deckung suchend. Das fehlende Schanzzeug wurde durch die Arbeit der Hände ersetzt und eine notdürftige Verteidigungslinie geschaffen.

Bis gegen 11 Uhr Nachts dauerte das Feuergefecht, dann wurde das Gros der Schützen zu den Handpferden gesammelt, um dort endlich Verpflegung zu erhalten. Oblt. Lotz blieb Nachts mit Postierungen am Feinde."

Auch von der reit. Abt. 15 wurde der Angriff in gewohnter treuer Waffenbrüderschaft unterstützt:

„Als der Ostrand des Dorfes genommen war, warf der Engländer seine Infanterie in dichten Linien zum Gegenangriff vor, gerade als die Batterie im Stellungswechsel nach vorwärts begriffen war und nicht in den Kampf eingreifen konnte. Das mit Hecken und Baumreihen durchsetzte Gelände machte eine Beobachtung nur aus der vordersten Linie möglich. Der Batt. Chef, Hauptm. Scheffel, dem durch den Verbindungsoffizier Nachricht von der kritischen Lage unserer Schützen, die sich des feindlichen Ansturmes kaum noch erwehren konnten, gebracht worden war, ließ die Batt. in verdeckter Stellung, wo sie gerade war, abprotzen und allgemeine Richtung nach dem Feinde nehmen. Er selbst galoppierte nach vorn bis in die Schützenlinie und verschaffte sich Klarheit über die Lage. Da der Fernsprechtrupp nicht so rasch folgen konnte, eilte er ihm entgegen und ließ sofort ohne Beobachtung das Feuer eröffnen. Schon die ersten Schüssen lagen im Ziel, der Feind stutzte und ging zurück, verfolgt von dem Feuer der Batterie."

Die 7. K. D. ließ Sicherungen in der gewonnenen Stellung und ruhte mit dem Gros wiederum bei Aubers und Fromelles.

**Gefecht bei Richebourg l'Avoué.** Beim H. K. K. 1 ging die 4. K. D. zu beiden Seiten des Weges Neuve Chapelle—Richebourg l'Avoué zum Angriff vor. Wegen des starken Nebels konnte der Angriff des Jäg. Btls. 7 und der Brigaden Printz und Goltz erst um 10" Vorm. beginnen. Starkes Artilleriefeuer verlangsamte das Vorgehen, doch gelang es am Nachmittage Richebourg l'Avoué bis zur Mitte des Ortes zu nehmen. Die erreichte Linie wurde ausgebaut und mit Hilfe der Pioniere verdrahtet. Es wurde Anschluß nach rechts an die 7. K. D. bei Richebourg St. Vaast, nach links an die G. K. D. bei La Quinque Rue genommen.

Die Stellungen wurden auch Nachts gehalten, während das Gros der Division bei Herlies, Illies und westlich blieb.

Die G. K. D. sollte im Anschluß an die 4. K. D. Festubert angreifen. Es wurden angesetzt: 2. G. K. Brig. mit einer Batterie von Lorgies über Rue du Marais auf Festubert, die 1. G. K. Brig. mit G. Jäg. Btl., G. M. G. A. und einer Batterie von La Bassée über Givenchy auf Festubert, die 3. G. K. Brig. südlich des Kanals von La Bassée von Haisnes in westlicher Richtung.

**Gefecht bei Festubert und Givenchy.** Die 2. und 1. Brig. stießen in Linie Rue du Marais — 1 km östlich Givenchy — auf starken Feind (Engländer). Der Angriff kam nicht weiter, die Schützen gruben sich ein. Givenchy wurde besonders stark besetzt gefunden. Bei Rue du Marais stieß das 1. G. Ul. Regt. im dichten Nebel auf die von Festubert aus vorgehenden Engländer. Das Regiment berichtet hierüber:

„Sofort ließ der Führer der 3. Esk., Rittm. v. Wiedebach, zum Gefecht zu Fuß absitzen und ging unter heftigem Feuer gegen den Feind vor, der gut in Wiesengräben und Hecken gedeckt kaum zu sehen war. Um sich zu orientieren, richtete sich Rittm. v. Wiedebach auf und sah durch sein Glas. Da ereilte ihn die tödliche Kugel, und schwerverwundet brach er zusammen. Oberlt. v. Tresckow übernahm die Führung der sich langsam vorarbeitenden Schützen. Auch er wurde nach wenigen Augenblicken schwerverwundet. Die Engländer schossen zum Teil von Bäumen auf die vorgehenden Schützen. Nach erbittertem Kampf, bei dem stellenweise nur auf wenige Schritt Entfernung geschossen wurde, wurde der Feind geworfen, und die gewonnene Stellung verstärkt und gehalten.

Die Verluste des Regiments in diesen Tagen betrugen: 2 Offiziere tot, dabei Lt. Frhr. Knigge, 1 Off. schwer verwundet, 4 Unteroff. und Ul. tot, 20 verwundet, 9 Pferde tot."

Auch die 1. G. Brig. mit dem G. Jäg. Btl. konnte sich nur bis auf 300 m an Givenchy heranarbeiten, wo sich die Schützen eingruben.

Die nicht eingesetzten Teile der Division blieben Nachts in Lorgies, Violaines, La Bassée, der Stab in Château du Coisne östlich La Bassée.

Die 28. J. D. hatte Vermelles und Mazingarbe genommen. Lille war in der Hand des XIX. A. K., das dort 4000 Gefangene gemacht hatte.

**13. Oktober.** Die Heereskavallerie sollte das Vorgehen des XIII. und XIX. A. K. aus der Gegend von Lille, mit dem linken Flügel auf Bethune, verschleiern, und nach Möglichkeit weiter Boden nach Westen hin gewinnen. Im Anschluß an H. K. K. 4 — Bayer. K. D. bei La Gorgue südwestlich Estaires — sollte die allgemeine Linie Pont Riqueul—Richebourg—Cuinchy westlich von La Bassée gehalten werden. Südlich kämpfte das XIV. A. K. noch bei Noyelles und les Vermelles.

**Gefecht bei Bout Deville.** Bei der 9. K. D. gelang es der 14. K. Brig. das von den Engländern (bei denen auch Inder festgestellt wurden) zäh verteidigte Bout Deville gegen Mittag zu stürmen, wobei vom Hus. Regt. 11 Rittm. Lipken schwer verwundet wurde, und die Vizewachtm. Tiedemann und Fißmer sich besonders auszeichneten. Der Ort mußte zwar später vor dem sich bedeutend verstärkenden Gegner wieder geräumt werden, doch gelang es, eine Stellung 300 m östlich des Dorfes, sowie bei Pont du Hem (Ul. 5) zu halten. Die Stellung der Division wurde so gut es ging verstärkt, da der Befehl eintraf, sie unter allen Umständen bis zum Eintreffen der Infanterie zu halten. Die Division blieb Nachts in ihren Stellungen, mit dem Gros bei und westlich Laventie.

**Gefecht bei Croix Barbée.** Die 7. K. D. hatte Nachts Croix Barbée und Richebourg St. Vaast vor einem überlegenen starken Nebelangriff aufgeben müssen. Das sodann am Tage vorübergehend wieder genommene Croix Barbée mußte wieder geräumt werden. Ul. Regt. 15 erlitt in diesen Kämpfen schwere Verluste und berichtet:

„Es herrschte dichter Nebel, der die Aufklärung fast unmöglich machte. So kam es, daß die Vorhut-Eskadron ganz überraschend bei Croix Barbée auf englische Infanterie stieß. So schnell es ging wurde zum Gefecht zu Fuß abgesessen, und in heftigem Feuer die Straße Croix Barbée—Lacouture besetzt. Unterstützt von Artillerie und M. Gs. griffen die Engländer mit überlegenen Kräften unsere Schützen an. Bald stellten sich ernste Verluste ein. Neben vielen Ulanen wurden 7 Offiziere verwundet, dabei in vorderster Linie Major Deetjen, Rittm. Müller und Rittm. Sinkel, der gerade auf einen Engländer schoß. Die Kugel durchschlug ihm den Karabinerschaft und den Oberarm.

Vor dem heftigen Angriff des Feindes wurden die Schützen zunächst bis Croix Rouge zurückgenommen, neu eingeteilt, und später zum Gegenangriff angesetzt, der glänzend gelang. Croix Barbée wurde zurückgewonnen und den Engländern im Vorgehen 18 Gefangene abgenommen."

Die neue Verteidigungslinie der Division verlief zwischen Rouge Croix und Croix Barbée bis 1 km östlich Richebourg St. Vaast, und wurde von der 26. und 30. K. Brig. mit den beiden Bataillonen 112 Nachts gehalten. Das Gros der Division blieb bei Aubers, Divisionsstab in Fromelles.

**Gefecht bei Richebourg l'Avoué.** Beim H. K. K. 1 wurden von der 4. K. D. — Jäg. Btl. 7 mit den Kav. Brig. Printz und Goltz — starke feindliche Angriffe abgeschlagen und die Stellungen bei Richebourg l'Avoué und La Quinque Rue überall gehalten und weiter ausgebaut. Die Division blieb auch Nachts in ihren Stellungen.

**Gefecht bei Festubert und Givenchy.** Die G. K. D. sollte mit der 2. G. K. Brig. Anschluß an die 4. K. D. bei La Quinque Rue behalten, und das von englischer Infanterie stark besetzte Givenchy, sowie ein nordöstlich von Givenchy liegendes einzelnes Gehöft mit dem G. Jäg. Btl. und der 1. G. K. Brig. nehmen. Starke englische Angriffe von Festubert und Givenchy aus wurden abgewiesen, wobei die 3. G. K. Brig. südlich von La Bassée am Kanal entlang zur Flankierung vorging.

Gegen Mittag trafen zehn Kompagnien Inf. Regts. 114 und eine leichte Feldhaubitz-Batterie des XIV. A. K. unter Gen. Major Trotta von Treyden bei La Bassée zur Verstärkung der G. K. D. ein. Der Angriff auf Givenchy begann, und es gelang den Ort gegen 6° Abds. zu nehmen. Außer schweren blutigen Verlusten verlor der Gegner 200 Gefangene der englischen Regimenter Dorset und Bedford. Das Regt. 114 erbeutete zwei Geschütze, der Zug des Erbprinzen Fürstenberg von der Eskadron v. Kröcher der Gardedukorps nahm zwei Maschinengewehre.

Die große Ferme nordöstlich von Givenchy wurde durch die 3. Esk. G. Kür. Regts. unter Rittm. v. Gagern (der bei den letzten ruhmreichen Abwehrkämpfen der G. Kav. Schützen-Div. bei St. Fergeux, bei Soissons, Ende Oktober 1918 fiel) und Pioniere der Pi. Abt. mit Handgranaten nach Einbruch der Dunkelheit genommen. Nach äußerst zähem Widerstand wurde der überlebende Teil der Besatzung: 1 Oberst (Regimentskommandeur), 1 Major, 1 Hauptmann, 1 Leutnant und 57 Mann des Cheshire-Regiments gefangen genommen.

Die nicht eingesetzten Teile der Division und die Handpferde blieben in Lorgies, Violaines und La Bassée, der Divisionsstab in Château du Coisne.

**14. Oktober.** Auf Befehl der 6. Armee sollten das XIX. und XIII. A. K. die Linie Menin—Wervicq—Warneton—Houplines, nordöstlich von Armentières—Beaucamps erreichen zur Verschleierung eines neuen Aufmarsches nördlich und nordwestlich von Lille. Hieran anschließend sollte durch das VII. A. K. (14. J. D.) eine Verteidigungslinie über Fournes—Marquillies—La Bassée ausgebaut werden, nach deren Besetzung die Heereskavallerie als Armeereserve in die Gegend südlich Lille zurückgenommen werden sollte.

Auch an diesem Tage wurden die Stellungen der Heereskavallerie weiter gegen mehrfache feindliche Angriffe gehalten.

**Gefecht bei Pont Deville.** Auf dem rechten Flügel mußte die 9. K. D., nachdem sie mehrere Angriffe abgewiesen hatte, gegen Abend ihre Stellung infolge starken Flankenfeuers bis an die große Straße Estaires—Pont du Hem zurückverlegen.

**Gefecht bei Croix Barbée.** Bei der 7. K. D. lagen sich die beiderseitigen Schützen in ihren Stellungen ganz nahe gegenüber, doch erfolgte weder Nachts noch den Tag über ein Angriff. Erst gegen 7° Abds. setzte ein neuer englischer Angriff ein, über den Drag. Regt. 15 berichtet:

„Von 7 Uhr Abends bis 1 Uhr Morgens rast das Inf. und M. G. Feuer. Auch Revolverkanonen und schwere Artillerie läßt der Gegner in den Kampf eingreifen. Deutlich hören die Dragoner das Auffahren der vorgezogenen englischen Geschütze und die ermunternden Zurufe der Bedienungsmannschaften. Die Nacht ist pechrabenschwarz, keiner kann den Nachbar mehr unterscheiden. Plötzlich, vom rechten Flügel anfangend, wird die „Wacht am Rhein" aus jungen Reiterkehlen gesungen. So erhalten die Dragoner, die nun wieder seit mehreren Tagen ohne jede Deckung den Unbilden der Witterung ausgesetzt, ohne warme Verpflegung in heftigem Kampfe liegen, die Verbindung unter den gelockerten Verbänden."

**Gefecht bei Richebourg l'Avoué.** Beim H. K. K. 1 mußte die 4. K. D. gegen mehrere feindliche Vorstöße ihre letzten Reserven einsetzen, so daß nun Jäg. Btl. 7 und die Schützen von elf Kavallerie-Regimentern in der Stellung lagen. Ein Nachts beiderseits Richebourg l'Avoué einsetzendes heftiges Feuergefecht dauerte bis zum Morgen. Hierbei fiel auch der bekannte Rennreiter Dr. Riese vom Drag. Regt. 14. Die nunmehr gut ausgebauten Stellungen wurden überall gehalten.

**Gefecht bei Givenchy.** Bei der G. K. D. erfolgte um 8³⁰ Abds. ein heftiger Angriff, besonders gegen Givenchy und gegen die 3. G. K. Brig., der bis 10° Abds. abgeschlagen war.

**15. Oktober.** Auch an diesem Tage wurden die Stellungen der Heereskavallerie noch gehalten. Das Zurückgehen erfolgte in der Nacht vom 15. zum 16. 10.

Der H. K. K. 4 ging in die Gegend von Wasquehal und Annapes östlich Lille zurück.

Beim H. K. K. 2 hatte die 9. K. D. am 15. noch heftige Angriffe auszuhalten, und mußte ihre Stellungen hinter die Straße Estaires—La Bassée zurückverlegen, wo sie bis zur Dunkelheit gehalten wurden. Dann wurden die Schützen zurückgezogen und die Handpferde erreicht, worauf die Division bei Le Maisnil, Beaucamps und Ligny zur Ruhe überging.

Auch die 7. K. D. mußte ihren rechten Flügel bis an die große Straße zurücknehmen, löste sich Nachts ohne Verluste vom Gegner und rückte, nach Abgabe der beiden Bataillone 112 in die Gegend von Gondecourt.

Der H. K. K. 1 hatte als Rückmarschstraßen zugewiesen: Der 4. K. D. die Straße Westrand Herlies—Wicres—Sainghin—Don—Annoeullin—Carnin—Camphin, der G. K. D. die Straße Hantay—Bauvin—Carvin.

Die Loslösung vom Feinde erfolgte auch hier ungestört. Die 4. K. D. erreichte den Raum Annoeullin—Carvin, die G. K. D. den Raum Salomé—Hantay—Bauvin—Provin, der Divisionsstab blieb noch in Château du Coisne.

**16. bis 18. Oktober.** Von hier aus wurden die Divisionen am 16. in die ihnen zugewiesenen Unterkunftsräume geführt: Die 7. K. D. südöstlich Lille, Stab in Château Luchin, westlich **Camphin en Pevelée**, die 9. K. D. südlich Lille, Stab in Loos, die 4. K. D. im Raume Annoeullin—Seclin—Carvin, die G. K. D., südlich der Linie Pont à Marcq—Carvin, Stab in Château Teuremonde, östlich Attiches.

Der Stab des Generals d. Kav. v. der Marwitz (H. K. K. 2) ging nach Avelin Château, der des Gen. Lts. Frhrn. v. Richthofen (H. K. K. 1) nach Château Attiches.

Am 17. 10. trat die 2. K. D. wieder unter den Befehl des H. K. K. 2 und erreichte die Gegend von Bersée, südlich Pont à Marcq.

Nach langen Wochen ununterbrochenen Kampfes hatten die Divisionen endlich hier einige wohlverdiente Ruhetage. Diese wurden zum Ordnen der Verbände und der Bagagen, dem Instandsetzen der Ausrüstung und zur Munitionsergänzung benutzt, denn lange sollte diese Ruhe nicht dauern, und bald ging es wieder zu neuen Kämpfen.

### Die 2. K. D. beim G. und IV. A. K. vom 3. bis 18. Oktober.

(Vgl. Skizze 6.)

**3. Oktober.** Die 2. K. D. war zunächst am 3. 10. bei Ligny—Tilloy in ihrer Unterkunft geblieben und wurde durch einen Mittags eintreffenden Befehl dem Gardekorps, Gen. Lt. v. Plettenberg, unterstellt, um dessen rechte Flanke zu decken. Die Division nahm bei St. Leger und Ervillers eine Bereitstellung ein und ruhte Nachts bei Vaulx-Vraucourt.

**Gefecht bei Boyelles und Hamelincourt. Am 4. Oktober** nahm die 5. K. Brig. — Drag. 2 und Ul. 3 — Boyelles, das 1. Leib-Hus. Regt. mit einer Batterie und zwei Maschinengewehren Hamelincourt, worauf die Division auf dem linken Flügel des IV. A. K. bei Boyelles bereitgestellt wurde. Bei Dunkelheit ging die Division bei Gomiécourt zur Ruhe über.

**Gefecht bei Ayette am 5. Oktober.** Die 2. G. Div. griff, über Ayette—Douchy nach Norden eindrehend, den dem linken Flügel des IV. A. K. gegenüberstehenden Feind an, 2. K. D. über Linie Ervillers—Courcelles.

Nördlich Boyelles wurden zurückgehende Infanterie und feindliche Schützengräben östlich der Bahn Arras—Bapaume unter Artilleriefeuer genommen. Hierauf wurde die Division auf Befehl des Gardekorps nach Ayette gezogen, um von hier aus auf Arras vorzugehen. Dies erwies sich bei dem starken feindlichen Artilleriefeuer und der Besetzung aller Ortschaften um Arras als unausführbar, worauf die Division Nachts wieder nach Gomiécourt ging.

**Gefecht bei Monchy. Am 6. Oktober** stand die Division um 6h Morg. wieder bei Ayette zum Vorgehen in nordwestlicher Richtung bereit und wies am Nachmittag einen starken feindlichen Vorstoß aus der Linie Ransart—Monchy—Hannescamps ab, während die 2. G. Div. den Gegner über Agny—Blairville zurückwarf, und so dem IV. A. K. Luft machte. Nachts blieb die 2. K. D. wieder bei Gomiécourt.

**Gefecht bei Andiser. Am 7. Oktober** wurde die Division zwischen dem südlich von Wailly stehenden linken Flügel der 2. G. Div. und dem rechten Flügel der 1. G. Div. nordwestlich Boucquoy bei und südwestlich Andiser eingesetzt. Die Division wurde sodann dem IV. A. K. unterstellt, auf dessen Befehl die 5. K. Brig. mit der M. G. A. und der Radf. Abt. nach der Höhe nördlich von Essarts entsandt wurde. Die Division blieb Nachts in ihren Stellungen.

Vom Drag. Regt. 2 wurde der Kommandeur, Major v. Arnim, und 10 Dragoner verwundet, Radfahrer-Abteilung 1 Mann tot, 5 Mann verwundet, M. G. A. 1 Mann tot, 3 Mann verwundet.

**8. bis 14. Oktober.** Am 8. 10. wurde die Division nach Wancourt, südöstlich von Arras, verschoben, wo sie mit Teilen des IV. A. K., eine Einschließungsgruppe östlich Arras bildete, deren Stellung von Feuchy an der Scarpe über Tilloy bis Beaurains verlief. Es wurden eingesetzt: drei Bataillone Inf. Regts. 27, die Schützen der Division, die Radf. Abt., die M. G. A., ferner eine fahrende Batterie und eine Pionier-Kompagnie des IV. A. K. Die Handpferde der Division wurden im Raume Wancourt—Héninel—Fontaine les Croisilles—Vis en Artois, der Divisionsstab in St. Rohart bei Vis en Artois untergebracht.

In dieser Stellung blieb die Division bis zum 14. 10. und konnte mehrere feindliche Angriffe abweisen. Dem sich auch hier wieder empfindlich fühlbar machenden Mangel an Bajonetten wurde durch Ausgabe von Seitengewehren verwundeter Infanteristen teilweise abgeholfen.

**Am 15. und 16. Oktober** wurde die Division in die Gegend von Eterpigny als Reserve zurückgenommen.

**Am 17. Oktober** wurde die Division wieder dem H. K. K. 2 unterstellt und erreichte die Gegend von Bersée, 15 km südlich Lille, wo sie am 18. 10. Ruhetag hatte.

## 4. Höherer Kavalleriekommandeur 4 mit 3., 6. und Bayerischer Kavalleriedivision, Aufklärungs- und Verschleierungskämpfe westlich Lille vom 3. bis 18. Oktober 1914.

Während H. K. K. 2 und 1 bei Lens kämpften, war der H. K. K. 4 Gen. Lt. Frhr. v. Hollen, Ende September mit 3., 6. und Bayer. K. D. (vgl. Teil V, S. 135 u. 143) in die Gegend von Valenciennes und Mons transportiert worden. Zu dem in Valenciennes liegenden H. K. K. Stabe trat Oberst v. Dommes als Nachrichtenoffizier der O. H. L.

Das Kavalleriekorps sollte über Lille vorgehen, um gegen Flanke und Rücken des feindlichen linken Heeresflügels zu wirken, und den Aufmarsch neuer deutscher Kräfte nördlich Lille zu decken.

Der zur Verfügung stehende Raum dieser Ausführungen zwingt auch für die Schilderung dieser Ereignisse zur Beschränkung. Besonders können die vorliegenden umfangreichen Einzelberichte nur teilweise aufgenommen werden. Es soll jedoch versucht werden, wenigstens die kavalleristisch interessantesten Begebenheiten zu bringen.

Für die Aufklärung war die zunächst wichtigste Frage, wie sich das Kavalleriekorps mit der noch in Feindeshand befindlichen Stadt Lille abfinden sollte, und ob Lille bei den kommenden Operationen als Festung oder als offene Stadt eine Rolle spielen werde.

Es wurde deshalb zunächst der Rittm. Fürst Wrede, Ordonnanzoffizier der Bayer. K. D., schon am 3. 10. als Parlamentär nach Lille hinein entsandt. Er stellte auf diesem mit großem Geschick durchgeführten Ritt fest, daß Lille als offene Stadt betrachtet würde, und daß sich dort nur schwächere Kräfte befanden*).

Die Meldung des Rittm. Fürst Wrede wurde bestätigt und ergänzt durch die A. E. des Rittm. Frhrn. v. Hirschberg, 4. Esk. 1. Bayer. Ul. Regts., die am 3. und 4. 10. über Marchiennes, Bersée bis Tache, südlich Lille vorging. Es gelang der Eskadron nördlich Bersée eine feindliche Husaren-Eskadron zu attackieren, worüber Rittm. Graf Ingelheim vom 1. Bayer. Ul. Regt. berichtet:

„Vom Kirchturm von Bersée aus wurde eine von Lille her kommende französische Hus.-Esk. beobachtet. Der alte deutsche Reitergeist siegte über die ruhigere Überlegung eines Feuerüberfalles. Geschickt die Deckung der Ortschaften und Gehöfte benutzend, pirschte sich die Eskadron, unter Führung ihres Rittm. Frhr. v. Hirschberg, zu Pferde an das willkommene Objekt heran, das in ahnungsloser Sicherheit die pappelumsäumte Straße Pont a Marcq—Bersée herunterzog.

Bei Malpas wurde der Feind auf 2 km Entfernung angenommen. Über Gräben und Koppeln durch die Felder auf die Straße zu ging die wilde Jagd, der die Husaren

*) Mein Ritt nach Lille. Von Rittmeister Fürst Karl Wrede.

nicht standzuhalten wagten. Ohne den Angriff anzunehmen fluteten die feindlichen Reiter, erst auf der Straße, dann im Felde weiter, in regelloser Flucht in Richtung auf Lille zurück. Die Ulanen verfolgten mehrere Kilometer weit, bis der Führer den Jagdeifer seiner Ulanen wegen der vermutlichen Anwesenheit größerer Truppenkörper zügeln mußte. Eine Anzahl Husaren deckte den Boden, mehrere Pferde und zahlreiche Beutestücke waren der Lohn für das frische Reiterstückchen, das ein guter Auftakt war für die flandrischen Unternehmungen. Ohne einen Mann verloren zu haben — eine unbedeutende Fleischwunde eines Unteroffiziers durch einen Lanzenstich in den Arm war das einzige Opfergeld für diesen Erfolg — konnte die Eskadron vor den Toren von Lille in der Ferme La Sauvagerie bei braven Landleuten und bester Verpflegung Ruhe und Erholung zu neuen Taten finden."

Eine weitere A. E. des Majors Gonnermann vom 1. schwer. Reiter-Regt. sollte westlich der Linie Armentières—Carvin bis zur Linie Wormhoudt—Hazebrouck—Bethune aufklären. Die Eskadron legte vom 4. bis 11. 10. den Weg über Douai—Courrières—Don bis in die Gegend von Estaires zurück. Sie nahm bei Courrières und Carvin, dann bei Don den Kanal überschreitend, bei Fournes Verbindung mit dem H. K. K. 2 auf, und traf am 11. 10. wieder bei der Bayer. K. D. ein.

Von der 6. K. D. war eine Eskadron Jäger zu Pferde unter Oblt. v. Mosch zur Aufklärung der von Lille auf Bethune und Lens führenden Straßen entsandt worden.

Vom Generalgouvernement Brüssel wurde das Detachement Wahnschaffe zur Verfügung gestellt und von Leuze aus, ebenso wie die Landw. Brig. Schulenburg (vgl. S. 150) von Douai aus zur Besetzung von Lille in Marsch gesetzt.

**Gefecht bei Lezennes am 4. Oktober.** Auf Befehl des H. K. K. 4 ging die 6. K. D. über Tournai auf Lille vor, griff bei Lezennes in das Gefecht der Bayer. K. D. ein, und blieb Nachts bei Forest, östlich Lille.

**Gefecht bei Lille.** Die Bayer. K. D. war von Valenciennes über Amand auf Lille vorgegangen. Die Division hatte bei Merchin, südöstlich Lille Nachmittags ein längeres Gefecht gegen eine Brigade des französischen XXI. Korps, während das 1. schwer. Reiter-Regt. mit der Landw. Brig. Schulenburg zusammen weiter westlich bei Lesquin und Faches kämpfte. Der Gegner ging gegen Abend nach Lille zurück, worauf die Bayer. K. D., bei ihr der H. K. K. 4, bei Bouvines, östlich Lille, zur Ruhe überging.

Die 3. K. D. erreichte von Condé aus Orchies südöstlich Lille.

Detachement Wahnschaffe war nach Lille hinein vorgestoßen. Es fand jedoch in der Stadt noch heftigen Widerstand feindlicher Nachzügler und auch stellenweise der Einwohner, und erhielt Befehl, nördlich Lille herumgehend, die Zitadelle der Stadt zu besetzen.

**5. Oktober.** Der H. K. K. 4 ließ am 5. 10. die 6. und Bayer. K. D. östlich an Roubaix und Tourcoing vorbei nach Norden marschieren, und von hier aus über Linselles gegen die Deûle-Kanallinie Deûlemont—Wambrechies vorgehen. Von hier aus sollte das Kavalleriekorps gegen die Flanke der bei Armentières in der Ausladung gemeldeten feindlichen Truppen wirken.

**Gefecht bei Deûlemont.** Die 6. K. D. erreichte Comines, während die Vorhut am Abend den vom Gegner besetzten Übergang bei Deûlemont mit Artillerie beschoß.

**Gefecht bei Quesnoy.** Die Bayer. K. D. marschierte über Templeuve, Mouscrou bis in die Gegend von Linselles. Ihre Vorhut fand den Kanalübergang bei Quesnoy in Feindeshand.

**Gefecht bei Sainghin.** Die 3. K. D. erhielt Befehl, im Verein mit den Detachements Wahnschaffe und Schulenburg ein Vordringen des Gegners aus Lille heraus zu verhindern. Es kam zu einem längeren Gefecht bei Sainghin, südöstlich Lille, gegen den von Lille her angreifenden Feind. Die Division blieb Nachts bei Sainghin.

**6. Oktober.** Die Absicht, sich in den Besitz der Kanalübergänge bei Deûlemont und Quesnoy zu setzen, wurde nicht ausgeführt, da nach Mitteilung der O. H. L. mit der Heranführung belgischer Truppen von Gent auf Tournai und Courtrai zu rechnen war. Westlich des Deûle-Kanals wurde die französische 7. K. D. festgestellt. Bei Ypern wurden Ausladungen von Truppen aus Ostende gemeldet.

Hierauf wurde das Kavalleriekorps, nach Zerstörung der Brücken von Wervicq bis Deûlemont, südlich der Linie Courtrai—Menin, zusammengezogen.

Die 6. K. D. klärte gegen die Linie Roulers—Ypern auf, fand Ypern vom Feinde frei, zerstörte die Bahn Menin—Roulers und erreichte Lauwe.

Die Bayer. K. D. entsandte den Major v. Tannstein mit dem 1. schwer. Reiter-Regt., zwei Geschützen, einer Radfahrer-Kompagnie und einer leichten Funkenstation auf Thielt zur Aufklärung gegen die Linie Deynze—Thourhout, und zur Zerstörung der Bahnlinien von Gent nach Courtrai und Audenarde. Die Sprengung gelang Nachts am Kreuzungspunkt bei Wareghem. Die Division erreichte Aelbeke.

Die 3. K. D., deren letzte Teile erst heute eintrafen, marschierte nach Belleghem, südöstlich Courtrai. Oberstlt. Meister mit dem Drag. Regt. 24, 80 Radfahrern, einer Batterie und der Pionierabteilung, sprengte die Eisenbahnbrücke bei Orroir an der Schelde an der Strecke Audenarde—Tournai.

**7. Oktober.** Auf Befehl der O. H. L. sollte der H. K. K. 4 seinen ursprünglichen Auftrag wieder aufnehmen (vgl. Karte I). Das Kavalleriekorps ging daher in zwei Kolonnen auf Bailleul vor. Rechte Kolonne:

Bayer. K. D., dahinter 3. K. D. über Menin auf Ypern. Die Bayer. K. D. erreichte, gegen die Linie Aire—Bethune aufklärend, Voormezeele. Die Abteilung Tannstein gelangte an diesem Tage auf den mit hohen, die Umsicht verhindernden Hecken eingefaßten Straßen mit dem Anfang bis Edemolen, südlich Deynze. Während das Ende der Kolonne bei Ouweghem durch ein feindliches Maschinengewehr-Auto angegriffen wurde, erhielt die Vorhut aus Edemolen starkes Feuer.

**Gefecht bei Edemolen.** Dieses Gefecht schildert Oblt. Graf v. Preysing vom 1. schwer. Reiter-Regt., und gibt ein anschauliches Bild der Kämpfe in Flandern:

„Heute hat Prinz Heinrich mit seiner Eskadron und 20 Radf. die Vorhut. Kaum trabt sie in eine Ortschaft hinein, verläßt ein Radfahrer auf der anderen Seite das Dorf. Heute ist es schon ungemütlicher wie gestern. Kein Zweifel: Wir werden signalisiert mittels Windmühlen und Rauchzeichen, Fabriksirenen, wahrscheinlich auch durch Telegraph und Telephon.

Die Spitze hat Oberlt. Graf Spreti. Plötzlich hören wir M. G. Feuer und das Fahren von Panzerautos. Die Spitze ist auf der Straße Deynze—Gavere bei Edemolen angeschossen worden, und tack, tack, tack, auch die Nachspitze wird von einem Auto angegriffen. Herunter von der Straße. Aber alles ist von Gärten und Zäunen versperrt. Gleichzeitig wird aus allen Häusern geschossen. Also im Galopp zurück und auf einem Seitenweg wieder vor. Prinz Heinrich läßt hinter einem Hofe gedeckt sofort zum Gefecht zu Fuß absitzen. Auf der Straße wird eine Barrikade errichtet. Bei der Nachspitze hat das Feuer inzwischen aufgehört, und wir hören das Auto fortfahren.

Der Eskadronchef gibt sofort den Angriffsbefehl. Die Radfahrer packen längs der Straße frontal an, und rechts umfassend die 2. Eskadron, Zug Graf Marogna und Zug v. Dornberg sperrt die Straße nach Gavere, Oberlt. Graf Spreti und Graf Preysing schließen mit ihren Zügen rechts an die Radfahrer an. Bei ihnen der Führer der Vorhut, Prinz Heinrich. Durch diese verdammten Hecken und Gärten ist das ebene Gelände völlig unübersichtlich. Die Artillerie hat keine Beobachtung. Mittlerweile scheinen die Belgier die ersten Häuser geräumt und sich an die Höhe bei der Windmühle und an der Straße nach Gavere zurückgezogen zu haben. Dagegen wird die Umgehung von ihnen frühzeitig erkannt, und das Panzerauto fährt an, bevor die Straße erreicht ist, und hält wieder etwa 600 m östlich der Ortschaft, so daß die Eskadron M. G. Feuer im Rücken und in der Flanke erhält. Zug Dornberg wird daher als Rückendeckung an der Straße belassen.

Jetzt wird das Feuer immer lebhafter, Prinz Heinrich stürmt voraus, die Reiter ihm nach. Aus Fenstern, Dachluken und besonders aus der Windmühle erhalten die Angreifer dauernd Feuer. Prinz Heinrich erfaßt den Augenblick und dringt mit einem letzten Stoß unter Hurra seiner Reiter in die Häusergruppe bei der Windmühle ein. Bald ist dieser letzte Widerstand durch Reiter und Jäger mit vorgehaltenem Bajonett gebrochen. Dann herrscht vollkommene Ruhe. Aber die Luft ist noch nicht rein. Noch müssen sich Belgier in den Häusern befinden. Der 3. Zug unter Lt. Graf Preysing mit Sergt. Zadow und Untffz. Jall holen die letzten, die sich z. T. schon Zivil angezogen haben, aus den Häusern.

Nun ist aber das Panzerauto noch nicht erledigt, das vom Zug Dornberg in Schach gehalten wird. Da erscheint ein zweites Auto und bestreicht wie mit Peitschenhieben die Straße, die Eskadron und das besetzte Edemolen. Prinz Heinrich mit den Reitern nördlich der Straße ist zunächst abgeschnitten. Die Radfahrer wenden sich beiderseits der Straße gegen das neue Auto. Mit der Meldung an das Regiment wird Verstärkung erbeten, um hinter dem zweiten Auto die Straße sperren zu können.

Rittm. Jung wird mit der 4. Esk. damit beauftragt. Schon hatten die Jäger durch wohlgezieltes Feuer die Maschine bewegungsunfähig gemacht und den Lenker erschossen, da traf Befehl ein, das Gefecht sofort abzubrechen, da zwei feindliche Komp. bei Huis—Gavere gemeldet waren. Nun hieß es mit den Gefangenen über die Straße zurückkommen. Wie in alter Zeit, wo man während des Gefechts parlamentierte, ließen wir durch den belgischen Feldwebel, dem die Gewehrläufe unserer Reiter folgten, dem Führer des Autos sagen, er solle das Schießen einstellen, damit wir über die Straße hinüberkönnten, worauf er auch einging. Von links nach rechts abbauend, erreichten wir unsere Handpferde.

Nur Zug Dornberg wird während des Zurückgehens plötzlich von 50 belgischen Radf. angegriffen. Dadurch verzögert sich sein Abmarsch. Es gelingt ihm bis zum Abrücken der Eskadron seine Stellung zu halten. Bei der Eskadron wird dieser unvermutete Angriff nicht mehr bemerkt, und während sie dem Regiment folgt, reitet Oblt. Graf Spreti noch einmal im Marsch Marsch in das von den Belgiern wieder besetzte Edemolen zurück, bringt dem Zug Dornberg die Handpferde, und führt ihn, der die Verbindung verloren hatte, im Galopp dem Regiment nach.

Ein weiteres M. G. Auto wurde durch die 5. Esk. abgewiesen, wobei der tapfere Führer der Eskadron, Rittm. v. Kobell, schwer verwundet wurde."

Die Abteilung Tannstein ruhte Nachts östlich Courtrai.

Die 3. K. D. erreichte über Gheluvelt 5° Nachm. Ypern. Eine A. E. klärte gegen die Linie St. Omer—Aire auf. Die Gegend bis Poelcapelle—Poperinghe—Kemmel wurde bis zum Abend vom Feinde frei gemeldet.

Die 6. K. D. ging als linke Kolonne über Wervicq bis Wytschaete vor. Der Vormarsch wurde zeitweise durch belgische Radfahrer, Gendarmen und bewaffnete Einwohner aufgehalten. Die Division klärte gegen Armentières und Deûlemont auf.

**8. Oktober.** Hazebrouck war besetzt, Bailleul vom Feinde frei gemeldet worden. Das Kavalleriekorps wurde auf Bailleul vorgeführt.

**Gefecht bei Merris.** Die Bayer. K. D. erreichte über Bailleul Meteren, erkämpfte mit der Vorhut den Besitz von Merris und ruhte Nachts bei Meteren.

Die 3. K. D. ging über Jans Cappel vor. Die Bahnlinie Cassel—Hazebrouck wurde stark besetzt gemeldet. Oblt. Graf Stolberg-Roßla vom Drag. Regt. 23 wurde auf Dünkirchen entsandt. Die Patrouille erreichte mit der A. E. des Rittm. v. Butler, Drag. Regt. 5, in der Nacht den Yser-übergang bei Rousbrügge, 20 km von Dünkirchen entfernt. Die Eskadron konnte zwar einer feindlichen Eskadron schwere Verluste durch Feuer beibringen, bei den starken Sperrungen und Besetzungen der Yser-Übergänge war es jedoch nicht möglich weiter vorzudringen (vgl. Skizze 8).

**Gefecht bei Strazeele.** Die Division vertrieb feindliche Besetzungen bei Strazeele und westlich, fand Hazebrouck stark besetzt und ging Nachts bei Strazeele zur Ruhe über.

**Gefecht bei Doulieu.** Die 6. K. D. marschierte von Wytschaete über Kemmel, Dranoutre, Neuve Eglise, erkämpfte sich das weitere Vorgehen durch Gefecht bei Noote Boom, und griff das von Radfahrern und Kavallerie stark besetzte Doulieu mit dem 45. K. Brig. (Hus. Regt. 13 und Jäg. z. Pf. 13) an.

Es gelang Doulieu zu nehmen, doch ging die Division auf Befehl des H. K. K. 4 wieder bis Bailleul zurück.

Vor der Front des Kavalleriekorps war die französische 5. und 6. K. D. festgestellt, bei Frélinghien die 7. K. D. bestätigt worden.

Die Abteilung Tannstein der Bayer. K. D. deckte den Rücken des Kavalleriekorps und klärte auf Deynze—Thourhout auf. Die Abteilung erfocht sich auf diesem Raid gegen feindliche Radfahrer und Maschinengewehr-Autos ihren Weg vom 8. bis 10. 10. über Lendelede, Morslede, Wervicq, und traf am 12. 10. bei Estaires wieder bei der Bayer. K. D. ein.

**9. Oktober.** Auf Befehl des Gen. Lts. v. Hollen sollten die 3. K. D. gegen das besetzt gemeldete Kloster westlich Berthem, die Bayer. K. D. gegen Caestre, die 6. K. D. gegen Strazeele vorgehen, um dann weiter gegen die Linie Ecke—Hazebrouck vorzustoßen.

Die 3. K. D. setzte sich 6° Morg. mit dem I. Btl. 1. Bayer. R. Regts. in den Besitz des Klosters, die Bayer. K. D. stand auf der Straße westlich Meteren zum Vorgehen auf Caestre bereit, die 6. K. D. hatte im Vorgehen auf Hazebrouck Pradelles erreicht.

**Gefecht bei Sailly.** Auf die Meldung, daß der Gegner in südlicher Richtung abmarschiere, wurde das weitere Vorgehen nach Süden befohlen, um das Kavalleriekorps an den nördlichen eigenen Heeresflügel heranzuführen. Die 3. K. D. sollte wieder nach Bailleul zurückgehen, die Bayer. K. D. Hazebrouck angreifen, die 6. K. D. Front nach Vieux Berquin nehmen.

Die 3. K. D. ging hierauf über Bailleul, Doulieu und Steenwerk zum Angriff gegen den Lys-Übergang bei Sailly vor. Es gelang bis an die Lys-Brücke heranzukommen, doch konnte sie wegen starker Besetzung auf dem südlichen Ufer nicht gehalten werden. Nachts blieb die Division bei Steenwerk.

**Gefecht bei Hazebrouck.** Die Bayer. K. D. griff Hazebrouck an, mußte aber auf die Meldung vom Anmarsch feindlicher Truppen von Cassel her auf Befehl des H. K. K. 4 eine Brigade zur Deckung der rechten Flanke abgeben, und den in gutem Fortschreiten befindlichen Angriff abbrechen. Die Division hatte 10 Mann tot, 5 Offiziere und 33 Mann verwundet, 8 Mann vermißt, und rückte zur Nacht wieder nach Meteren.

**Gefecht bei Vieux Berquin.** Die 6. K. D. ging auf Vieux Berquin vor, griff die dortige Besetzung an, und erhielt Befehl, gegen den Lys-Übergang bei Estaires vorzugehen. Die Division blieb Nachts bei Bailleul.

Es regnete in Strömen. Die Divisionen futterten auf der Straße ab und hatten so gut wie gar keine Nachtruhe.

Es bestand die Absicht, mit dem Kavalleriekorps die Lys Nachts beiderseits von Armentières zu überschreiten, 3. K. D. über Erquinghem, 6. und Bayer. K. D. über Frelinghien und Deûlemont.

**10. Oktober.** Das Kavalleriekorps überschritt die Lys wie befohlen.

Die 3. K. D. ging bei Armentières und Houplines über, und erreichte, unter Sicherung von Armentières, über Fleurbaix Nachmittags Sailly, konnte indessen am Abend nicht mehr Estaires, wie befohlen, in Besitz nehmen.

Eine Patrouille des Lts. v. Scharfenberg vom Jäg. Regt. z. Pf. 8 ritt nach Lille hinein und fand die Stadt von schwacher feindlicher Kavallerie besetzt. Ein deutsches Detachement sollte noch an diesem Tage die Zitadelle besetzen.

Die Bayer. K. D. ging bei Frelinghien über die Lys, und erreichte Abends Laventie, das erst von feindlicher Kavallerie und Territorialtruppen gesäubert werden mußte.

Die 6. K. D. überschritt die Lys bei Deûlemont, und marschierte über Perenchies nach Premesques. Hier wurde der Divisionsstab von einer feindlichen von Lille kommenden Chasseur-Eskadron überfallen, kurz nachdem die Patrouille Scharfenberg der 3. K. D. bei ihm eingetroffen war. Dieser und einer zu Hilfe heraneilenden Eskadron Jäg. z. Pf. 13 gelang es, die feindliche Eskadron mit blutigen Köpfen heimzusenden.

Etwa 3000 eingezogene belgische Reservisten wurden gefangen genommen.

Die Division ging dann über Radinghem bis Fleurbaix vor. Bei Radinghem kam die Division zu gemeinsamer Tätigkeit mit der 7. K. D. des H. K. K. 2 gegen feindliche Truppen. Vgl. S. 168. Somit war der Anschluß des Kav. Korps Hollen an die Kav. Korps Marwitz und Richthofen gewonnen. Die rechten Flügeldivisionen des Kav. Korps Marwitz lagen bei Rouge Croix, Tanquissart und Aubers (9. K. D.) und bei Fromelles (7. K. D.).

Mit Recht sagt Stegemann, daß sich die nun folgenden Operationen in Flandern „im Spiel und Widerspiel zu unauflöslichem Gespinst verflochten". Hier kann in den nachfolgenden Schilderungen, dem Zweck dieser Ausführungen gemäß, nur die Tätigkeit der Kavallerie in großen Zügen wiedergegeben werden.

**11. Oktober.** Nachdem Gen. Lt. v. Hollen mit General v. der Marwitz in Fournes Verbindung aufgenommen hatte, erfuhr er, daß die Kav. Korps Marwitz und Richthofen mit dem rechten Flügel (9. K. D.) auf Lillers vorgehen sollten. Das Kav. Korps Hollen hatte daher zum weiteren Vorgehen auf Aire, südlich der Lys, keinen Platz, und mußte wieder auf das nördliche Ufer zurückgeführt werden.

Die 3. und 6. K. D. gingen bei Sailly über, die 3. K. D. erreichte über Doulieu Bailleul, die 6. K. D. Steenwerck.

**Gefecht bei Estaires.** Die Bayer. K. D. erkämpfte sich im Laufe des Tages den Besitz von Estaires, das vom Gegner zäh verteidigt wurde.

Ypern und Poperinghe waren vom Feinde frei, Caestre, Hazebrouck und Merville besetzt.

**12. Oktober.** Die Aufklärung ergab bei Steenvorde französische Kavallerie, bei Caestre Engländer und Franzosen, bei Hazebrouck und Strazeele Engländer.

Nach dem Bericht des General French stand die englische Kavallerie, jetzt aus zwei Kavallerie-Divisionen unter den Generalen de Lisle und Gough bestehend, als Kav. Korps Allenby von Merville bis Wallen Cappel, westlich Hazebrouck.

Da der rechte Flügel des H. K. K. 2 (9. K. D.) bei Laventie im Kampfe stand, und ein Vorgehen auf Lillers zunächst ausgeschlossen erschien, beschloß der H. K. K. 4 die Linie Bailleul—Estaires zu halten.

Die 3. K. D. stellte sich bei bis 10⁰ Vorm. herrschendem dichten Nebel hinter dem Meteren-Abschnitt nördlich der Bahnlinie Hazebrouck—Bailleul bereit. Die 6. K. D. stand südlich anschließend. Vorgesandte Eskadrons fanden die Linie Berthem—Caestre besetzt und meldeten feindliche Truppenverschiebungen — anscheinend Verstärkungen aus Dünkirchen und Ostende — in nördlicher Richtung auf Poperinghe zu.

**Gefecht bei Meteren.** Es kam zu einem heftigen Gefecht gegen eine längs der Straße Caestre—Meteren angreifende Infanterie-Brigade, wo die 16. K. Brig. mit dem zugeteilten Bayer. Infanterie-Bataillon stand. Das Jäg. Regt. z. Pf. 7 berichtet hierüber:

„Dem Jäg. Regt. z. Pf. 7, unter Oberstlt. Frhr. v. Tettau, fällt die Verteidigung des linken Flügels der Stellung zu. Das bald überwältigend einsetzende feindliche Art. Feuer kann durch unsere eigene schwache Artillerie unmöglich bekämpft werden. Der Gegner entwickelt sich zum Angriff, die schwachen Kräfte der 16. K. Brig. weit überflügelnd.

Auf der Chaussee von Fletre gegen den Westausgang von Meteren vordringenden feindlichen Kräften gelingt es, die dort stehenden dünnen Schützenlinien des Bayer. Btls. zurückzudrängen. Der Gegner stößt in den Ort nach, seine Schrapnells und Infanteriegeschosse fegen die Straße entlang. Schnell zusammengeraffte Schützen des Jäg. Regts. 7 und ein auf der Straße aufgestelltes Geschütz nehmen die Weichenden auf. Der Feind wird im Straßenkampf wieder aus dem Ort herausgeworfen, der Ausgang wieder besetzt. Die sehr schwachen Schützen-Esks. der Jäger sind inzwischen schutzlos dem heftigen feindlichen Art. Feuer ausgesetzt, während der Feind sich immer näher heranarbeitet. Unaufhörlich sausen seine Granaten und Schrapnells, hämmern seine M. Gs. Meteren brennt an verschiedenen Stellen.

Unser linker Flügel hängt frei in der Luft, denn zwischen uns und der südlich von uns in schwerem Gefecht liegenden 22. K. Brig. ist eine breite Lücke. Dreimal versuchen die auf nächste Entfernung herangekommenen Engländer den Sturm. Jedesmal scheitert er an dem unerschütterlichen Aushalten der Schützen, die keinen Fuß breit weichen und ruhig ihr Feuer abgeben. Die Lage wird immer kritischer, denn auch nördlich wird jetzt die 16. K. Brig. von dem weit stärkeren Feind überflügelt. Da kommt der Befehl zum Abbrechen des Gefechts und Rückzug auf Bailleul. Aber in gemeinsamer Übereinkunft zwischen den Führern des Bayer. Btls. und des Jäg. Regts. wird die Stellung weiter gehalten, denn Rückzug in diesem Moment wäre gleichbedeutend mit Vernichtung. Erst bei Dunkelheit wird die Stellung aufgegeben, die fast einen ganzen Tag lang gegen eine feindliche J. Brig., den größten Teil einer K. D. und weit überlegene Artillerie, also fast sechsfache Übermacht, mit Erfolg verteidigt worden war. Der Tag von Meteren war ein Ehrentag in der Geschichte des jungen Jäg. Regts z. Pf. 7 geworden."

Die Division blieb Nachts in ihren Stellungen bei Meteren und Bailleul.

**Gefecht bei Vieux Berquin.** Die 6. K. D. stand in Linie Bahnübergang 1 km östlich Merris bis halbwegs Doulieu—Vieux Berquin. Auch hier griff der Gegner aus Richtung Strazeele und südlich an. Die Stellungen wurden gehalten und blieben auch Nachts besetzt. Divisionsstab und H. K. K. 4 in Berrier.

**Gefecht bei Estaires und Neuf Berquin.** Die Bayer. K. D. war mit ihrem rechten Flügel bis Neuf Berquin vorgegangen, und stand von hier bis Estaires im Kampf gegen Feind, der von Merville aus vorging, sich immer mehr verstärkte und vor allem den vorspringenden rechten Flügel bei Neuf Berquin mit starken Kräften angriff. Es gelang die Stellungen zu behaupten und auch Nachts zu halten. Der Feind ging auf Merville zurück. Die Division blieb Nachts bei Estaires.

**13. Oktober.** Die Divisionen sollten auch an diesem Tage ihre Stellungen halten. Die hauptsächlichsten feindlichen Angriffe erfolgten gegen Merris und Estaires. Es wurde deshalb von der 6. K. D. eine Kavallerie-Brigade und die reit. Abteilung der 3. K. D. der Bayer. K. D. zur Unterstützung zugewiesen. Lille war in deutscher Hand. Das XIX. A. K. stand nordwestlich der Stadt.

**Gefecht bei Meteren.** Ein feindlicher Angriff auf die 3. K. D. bei Meteren wurde abgewiesen. Der vorübergehend in Feindeshand gefallene Ort wurde wieder genommen, worauf der Gegner zurückging.

Als die Meldung vom Anmarsch feindlicher Kräfte von Poperinghe in südöstlicher Richtung einging, ließ der H. K. K. 4 die Division über Bailleul auf Nieppe und Armentières zurückgehen.

**Gefecht bei Doulieu.** Die 6. K. D. wies in ihren Stellungen feindliche Angriffe ab und wurde Abends bis Sailly zurückgenommen.

**Gefecht bei Doulieu.** Auch die Bayer. K. D. wurde erneut angegriffen und hielt ihre Stellungen. Am Abend ging die Division auf Befehl des H. K. K. 4 bis an die Straße Steenwerck—Estaires zurück und verblieb hier und in Estaires.

**14. Oktober.** Das Kavalleriekorps hielt die ungefähre Linie Steenwerck—Estaires, mit vorgeschobenen Postierungen bei Bailleul, Berrier und Doulieu. Bei Ypern wurden Truppenausladungen gemeldet. Feindlicher Vormarsch (Engländer) wurde über Bailleul auf Nieppe und von Ypern auf Messines festgestellt.

Wegen dieser von Norden drohenden Umfassung wurde die 3. K. D. am Abend hinter die Lys-Linie Houplines—Armentières zurückgenommen, die 6. K. D. hinter die Linie Armentières—Erquinghem, Divisionsstab nach Fleurbaix.

**Gefecht bei Estaires.** Die Stellungen der Bayer. K. D. lagen unter feindlichem Artilleriefeuer. Vor La Gorgue erfolgte ein vereinzelter feindlicher Angriff, der abgeschlagen wurde. Zwischen Sailly und Estaires wurden mit dem Brückengerät zwei Behelfsbrücken gebaut. Abends ruhte die Masse der Division bei Sailly und östlich.

**15. Oktober.** Die Stellungen in Linie Armentières—Sailly blieben besetzt. Ein Angriff des Gegners, der Estaires besetzt hatte, erfolgte außer bei Sailly, wo er zeitweise sogar auf das südliche Lys-Ufer gelangen konnte, nicht.

Bei der 6. K. D. ritt der Oblt. Graf Holck vom Drag. Regt. 9 (der bekannte Rennreiter, der ein ebenso guter Patrouillenreiter war, und später als Flieger im Luftkampf fiel) eine der letzten Patrouillen im Westen. Er brachte feindlichen Patrouillen erhebliche Verluste bei und stellte die englische 4. I. D. und 13. Rifle-Brig. fest.

Die Aufgabe des Kavalleriekorps, den Aufmarsch des XIX. und XIII. A. K. in Linie Menin—Wervick—Warneton—Houplines zu decken, war erfüllt. Während der Nacht erfolgte im Regen der Abmarsch der Divisionen in den ihnen vom A. O. K. zugewiesenen Raum zwischen Annappes und Wasquehal. 3. K. D. bei Wasquehal, 6. K. D. bei Mons en Barveul, Bayer. K. D. bei Annappes.

In dieser Unterkunft hatten die Divisionen des H. K. K. 4 bis zum 18. Abds. nach der anstrengenden Tätigkeit der letzten Zeit willkommene Ruhetage, die zur Erholung von Mann und Pferd, und Instandsetzung der Bekleidung und Ausrüstung dringend erforderlich waren.

Auch in diesen schweren Kampfwochen der Schlacht bei Arras, die die höchsten Anforderungen an die Ausdauer und Hingabe der Truppe stellten, hat die deutsche Kavallerie bei Lens, zwischen Estaires und La Bassée und westlich Lille ihre Schuldigkeit in vollstem Maße getan.

Stegemann hebt hervor, daß die deutsche Kavallerie „alles getan habe, die Entwicklung des Feldzuges sicherzustellen. Sie hatte die Bedrohung und die Umfassung des rechten deutschen Flügels vereitelt, diesem Zeit erkämpft, sich anzugliedern und heranzuschieben, und den Gegner verhindert, eine einheitliche Vorrückung über die Linie Lille—Ypern auszuführen". Infolge der „glänzenden Tätigkeit der deutschen Heereskavallerie, durch die die Verlängerung und Verstärkung des deutschen Nordflügels möglich war, wurde eine Schlacht bei Lille notwendig".

Der französische Marschall Pétain erkennt in einem Tagesbefehl vom 1. 1. 1919*), bei Gelegenheit der Auflösung der Kavalleriekorps an, daß diese sich mit Stolz ihrer Tätigkeit im Kriege erinnern könnten. Besonders wertvolle Dienste hätten sie während der „course à la mer" geleistet. „Sie wurden abwechselnd auf unseren linken Flügel geworfen, verlängerten diesen dauernd von der Aisne bis zu den Dünen, indem sie dem Feinde zuvorkamen und der Infanterie ermöglichten, stets zur Zeit anzukommen."

Diese Anerkennung kann Wort für Wort auch für die deutschen Kav. Korps Marwitz, Richthofen und Hollen Anwendung finden.

So hat die Kavallerie durch ihren immer wieder erfolgenden Einsatz zur Verlängerung des rechten Heeresflügels bei Noyon, an der Somme, bei Bapaume und Arras, bei Lens, La Bassée, Estaires und westlich Lille mit das Hauptverdienst an dem sich ergebenden Verlauf der Westfront von Noyon bis Ypern gehabt.

---

# VII. Stellungskämpfe in Flandern vom 19. Oktober bis 14. November 1914.

## 1. Schlacht bei Lille vom 19. bis 28. Oktober 1914.

(Vgl. Skizze 9.)

Die Tätigkeit der deutschen Heereskavallerie hatte das Vorgehen der Engländer gegen die Linie La Bassée—Armentières—Warneton—Zonnebecke erfolgreich aufgehalten, so daß der Angriff Frenchs sich mit dem Eintreffen des XIII., XIX. und VII. A. K. endgültig festgefahren hatte. Trotzdem setzten die Engländer alles daran, den vorspringenden Lys-Bogen bei Warneton in ihren Besitz zu bekommen. Kronprinz Rupprecht von Bayern entschloß sich daher, die seit dem 16. 10. südlich Lille als Armeereserve in Ruhe liegende Heereskavallerie zur Verstärkung des XIX. A. K. an der gefährdeten Stelle einzusetzen.

*) Belgique militaire vom 10. Januar 1921.

**18. und 19. Oktober.** Der H. K. K. 4 mit der 3., 6., Bayer. und der zugeteilten 9. K. D. löste das XIII. A. K. in seinen Stellungen von Menin bis Warneton ab.

Die 3. K. D. mit I./Bayer. 1. R. Inf. Regts. bildete durch Besetzung einer Stellung von der Straße nach Roulers über Gheluve bis zur Lys einen Brückenkopf bei Menin. Divisionsstabs-Quartier Halluin. Weiter standen:

6. K. D. links anschließend bis Bousbeque. Divisionsstab in Roncq.

Bayer. K. D. mit 1. Bayer. Jäg. Btl. von Wervicq bis Comines. Divisionsstab in Linselles,

9. K. D. von Comines bis Warneton. Divisionsstab in Ste. Marguerite Fe.

Weiter nördlich erreichte der linke Flügel der unter Herzog Albrecht von Württemberg neugebildeten 4. Armee — XXVII. R. K. — am 19. 10. Ledeghem, nördlich Menin.

Während H. K. K. 2 mit der 2. und 7. K. D. zunächst bis zum 21. 10. als Armeereserve südlich Lille verblieb, traf der Armeebefehl ein, der auch die anderen Kavallerie-Divisionen wieder zu neuem Kampfe rief.

H. K. K. 1 mit G. und 4. K. D. marschierte über Lille nach Bondues zur Unterstützung des H. K. K. 4 oder des XIX. A. K. Die G. K. D. kam bei strömendem Regen im Raume Linselles—Tourcoing—Mouveaux, die 4. K. D. westlich davon im Raume Linselles—Bondues—Wambrechies—Quesnoy unter.

**20. Oktober.** Die Befehlsverhältnisse der Heereskavallerie wurden für die Zeit bis zum 22. 10. wie folgt geregelt:

Der H. K. K. 4, Gen. Lt. Frhr. v. Hollen, erhielt die 6. und 9. K. D. zugeteilt. Außerdem wurde ihm der H. K. K. 1 mit G. und 4. K. D. unterstellt.

Dem neugebildeten H. K. K. 5, Gen. Lt. v. Stetten, Kommandeur der Bayer. K. D., wurden die 3. und Bayer. K. D. zugeteilt.

Der Armeebefehl hatte für den 20. 10. den allgemeinen Angriff des XIX., XIII., VII. und XIV. A. K. angeordnet. H. K. K. 4 sollte den bei Ypern gemeldeten Feind festhalten, und mit allen verfügbaren Teilen gegen den Rücken des vor dem XIX. A. K. stehenden Gegners vorgehen.

Gen. Lt. Frhr. v. Hollen setzte die Gruppe Stetten, 3. und Bayer. K. D., in Richtung Ypern an. Gruppe Schmettow, 6. und 9. K. D. wurde südöstlich Warneton, Gruppe Richthofen, G. und 4. K. D., westlich des Weges La Tache—Warneton zum Vorgehen über die Lys bereitgestellt. Der Angriff begann 8[00] Vorm.

**Bei Gruppe Stetten** ging die 3. K. D. bei regnerischem Wetter mit dem I./1. Bayer. Res. Regts. und den Schützen der 16. K. Brig. zu beiden Seiten der Straße nach Ypern zum Angriff gegen die Linie Koelberg—Amerika vor. Es gelang 4° Nachm. die feindliche Stellung bei Koelberg zu nehmen. Der Gegner ging auf Vieux Chien zurück. Die erreichte Stellung wurde verstärkt und gehalten. Nördlich stand das XXVII. R. K. im Kampfe gegen Becelare.

Der Bayer. K. D. lag der Feind in Linie Amerika—Tenbrielen eingegraben gegenüber. Die Absicht, ihn durch Vorgehen auf Houthem zum Verlassen seiner Stellungen zu bringen, mußte aufgegeben werden, da erhebliche Verstärkungen im Anmarsch auf die Linie Amerika—Tenbrielen gemeldet wurden, die einen größeren Angriff auf Wervicq erwarten ließen. Es gelang bis zur Linie Klytmolen—Korentje vorzukommen.

**Bei Gruppe Schmettow** stellten sich bereit:

6. K. D. mit Res. Jäg. Btl. 1 südlich von Bas Warneton, 9. K. D. östlich Warneton.

Um 9° begann der Angriff in Richtung Messines zu beiden Seiten des Douve-Baches gegen die ungefähre Linie Gapaard—1 km nordöstlich St. Yves.

Es gelang der 6. K. D. bis zum Nachmittag etwa einen Kilometer über Warneton hinaus vorzukommen, dann blieb der Angriff in dem immer stärker werdenden Artilleriefeuer, das zum Teil flankierte, liegen.

Die 9. K. D. mit Bayer. Res. Jäg. Btl. ging südlich des Douve-Baches vor, konnte aber ebenfalls nicht über die Ferme de la Croix hinaus vorkommen.

**Gruppe Richthofen** sollte westlich des Weges La Tache—Warneton über Deûlemont, mit dem rechten Flügel in Richtung Messines, mit dem linken auf St. Yves, angreifen und links Anschluß an das XIX. A. K. halten. Die mit dem G. Jäg. Btl. anschließend an die 9. K. D. angreifende G. K. D. nahm die Ferme de la Croix. Hier blieb der Angriff in Höhe der 9. K. D. liegen.

Die 4. K. D. überschritt die Lys bei Deûlemont und Pont Rouge, deckte die linke Flanke der G. K. D. und hielt Verbindung mit dem XIX. A. K. Dieses, wie das südlich anschließende XIII. A. K. kamen an diesem Tage ebenfalls nicht weiter vorwärts.

**Am 21. Oktober** sollte der Angriff auf der ganzen Linie der Heereskavallerie fortgesetzt werden. Auch die 4. K. D. sollte gegen den Wald von Ploegsteert angreifen.

**Bei Gruppe Stetten** griff die 3. K. D. im Einklang mit dem linken Flügel des XVII. R. K. südlich der Straße gegen die Linie Vieux Chien—Amerika an. Vieux Chien wurde 5° Nachm. genommen, auch Amerika wurde vom Gegner geräumt. Die Stellungen blieben Nachts besetzt. Ein 11° Abds. erfolgender englischer Angriff an der Straße drückte die Gefechtslinie des rechten Flügels an einigen Stellen etwas zurück. Vieux Chien mußte wieder aufgegeben werden.

Die Bayer. K. D. griff aus der Linie Wervicq—Comines gegen Tenbrielen—Houthem an, überschritt diese Linie 9° Vorm. und besetzte Kortewilde, traf dann aber auf eine stark ausgebaute Stellung in Linie 500 m nördlich Amerika—Zandvoorde. Zur Nacht mußte der linke Flügel wieder nach Houthem zurückgenommen werden. Die Stellung Tenbrielen —Houthem wurde gehalten.

**Bei Gruppe Schmettow** erreichte die 6. K. D., über Garde Dieu—Gapaard vorgehend, die Linie Partinje Ferme, westlich Houthem—Brücke nördlich Gapaard. Es gelang Wambeke zu nehmen.

Die 9. K. D. erkämpfte sich im Angriff in Richtung Messines den Besitz der von einem breiten Wassergraben umgebenen Ferme de la Croix, dann der Chapelle Ferme und arbeitete sich in starkem feindlichen Artillerie- und Infanteriefeuer bis auf 1 km an Messines heran. Hier stand der Gegner in stark ausgebauter, überhöhender Stellung.

**Gruppe Richthofen** sollte mit der G. K. D. den Angriff in Richtung Messines fortsetzen, mit der 4. K. D. in Verbindung mit dem XIX. A. K. gegen den Wald von Ploegsteert vorgehen.

Es gelang der G. K. D. mit dem Regiment der Garde du Corps und zwei Zügen der Maschinengewehr-Abteilung die Potterie Ferme zu nehmen und ein englisches Maschinengewehr zu erbeuten. Ein weiteres Vordringen über die Höhe der 9. K. D. hinaus war nicht möglich.

Die 4. K. D. kämpfte, mit ihrem rechten Flügel in Richtung St. Yves vorgehend, gegen starken Feind im Walde von Ploegsteert, konnte aber ebensowenig wie die Infanterie des XIX. A. K. über ihre Stellung hinaus Boden gewinnen.

Die Divisionen blieben auch hier Nachts in ihren Stellungen, die mit dem geringen vorhandenen Schanzzeug notdürftig verstärkt wurden. Die Verpflegung gestaltete sich ohne Feldküchen äußerst schwierig. Das Essen mußte hinten gekocht und Nachts in die Stellungen vorgebracht werden. Die Unterkunft der vielen Pferde der acht Kavallerie-Divisionen war in diesen Tagen bei oft regnerischem Wetter und kalten Nächten eine denkbar ungünstige.

Bezeichnend für die Schwierigkeiten und Entbehrungen der Truppe infolge der mangelhaften Ausrüstung ist folgende Schilderung des Jäg. Regts. z. Pf. 8, unter Oberstlt. v. Baumbach, bei der 3. K. D.:

„Der Abend fand uns stolz und froh und hungrig in den Hecken an der Straße nach Ypern, schon recht müde, aber es half nichts, wir mußten uns eingraben. Spaten hatten wir nicht. Seitengewehre, Taschenmesser, Hände, alles scharrte und grub und riß und schnitt Rasenstücke ab und türmte sie zu einem Wall auf, hinter dem man sich deckte. Die Engländer schanzten dicht vor uns mit richtigen Spaten. Wie haben wir sie beneidet! Die Erde flog nur so aus ihren Gräben. Ab und zu schoß man auf einen, der allzu frech wurde. Allmählich wurde es dunkel. Man mußte mit der Munition sparen. Die Schüsse wurden immer seltener. Der Abend war neblig und windstill, bloß unterbrochen durch Klopfen, Hacken, Schippen, einzelne Worte hüben und drüben. Schließlich war es ganz still. Wir warteten, daß es 10° werden sollte. Für diese Zeit war uns eine Überraschung in Aussicht gestellt. Bohnensuppe sollte auf einem Wagen von Gheluve kommen. Ob nun der Engländer die Suppe gerochen hatte, oder der Wagen, der sie brachte, geklappert hatte, oder die hungrige Unruhe bei uns ihm aufgefallen war, just im unrichtigen Moment begann er mit einem tollen Geschieße aus seinem Graben. Auch die Artillerie griff ein, Leuchtkugeln stiegen auf, es war ein Höllenlärm. Unsere Suppenpferde gingen durch, querfeldein. Der große Kessel fiel vom Wagen. Wir fanden ihn am anderen Morgen. Wir blieben hungrig, kalt und naß. Gut, daß wir müde waren. Wir schliefen die Nacht wenigstens zeitweise, wohl mehr als wir durften. Schuld an allem hatten die Engländer. Am anderen Vormittag wurden wir entschädigt. Die Engländer merkten nichts von unserem Frühstück."

Vom **22. Oktober** an wurde die gesamte Heereskavallerie an der Lys — acht Kavallerie-Divisionen — dem General d. Kav. v. der Marwitz unterstellt, der vier Gruppen bildete:

Der H. K. K. 5 mit 3., 7. und Bayer. K. D. und dem Jäg. Det. Petersen Jäg. 4, 9 und 10,

Der H. K. K. 4 mit 6. und 9. K. D.,

Der H. K. K. 1 mit G. und 4. K. D. und dem G. Jäg. Btl.,

Zur Verfügung die 2. K. D. bei Lille und die Radfahrer bei La Tache.

Das Quartier des Generals v. der Marwitz war Le Cocquinage bei Bondues, der Gefechtsstand bei der französischen Station Comines.

**Beim H. K. K. 5** ordnete die 3. K. D. zunächst in Linie Vieux Chien—Amerika ihre Verbände. Ein Angriff erfolgte nicht. Die Division erhielt 2° Nachm. Befehl, den weiteren Angriff gegen die Linie Gheluvelt—Zandvoorde zu führen. Dieser konnte angesichts der starken feindlichen Stellung mit festen Eindeckungen ohne Unterstützung schwerer Artillerie an diesem Tage nicht durchgeführt werden.

Im Anschluß an die 3. K. D. sollte das Jäg. Det. Petersen aus der Linie Amerika—Tenbrielen mit linkem Flügel auf Zandvoorde vorgehen.

Hieran anschließend wurde die 7. K. D. aus der Linie Tenbrielen—Kortewilde bis Château Hollebeke, dann die Bayer. K. D. westlich des Kanals und der Straße Comines—Ypern angesetzt. Die Bayer. K. D. nahm Pillegrems Ferme, nordöstlich Wambeke. In der Front blieb sie im allgemeinen in ihrer Stellung, mit dem rechten Flügel bei Kortewilde.

**Beim H. K. K. 4** erwies sich ein weiterer Angriff auf Messines ohne schwere Artillerie als aussichtslos.

Die 6. K. D. hatte Nachts zwei feindliche Angriffe abgewiesen. Ihrer Bitte um Schutz ihres rechten Flügels entsprach die Bayer. K. D. durch die Wegnahme von Pillegrems Ferme. Die 6. K. D. erreichte im Laufe des Tages die Linie Pillegrems Ferme—Wambeke—1 km westlich Gapaard.

Die 9. K. D. lag anschließend in einer über Capelle Ferme bis zum Douve-Bach reichenden Linie.

**Beim H. K. K. 1** kämpfte die G. K. D. südlich des Douve-Baches über La Potterie Ferme hinaus. Es gelang gegen Abend die Damier Ferme zu nehmen. Sonst wurden die bisherigen Stellungen gehalten.

Die 4. K. D. schloß sich südlich der Damier Ferme an, und lag gegen die Linie St. Yves—Le Gheer im Kampfe. Ein Vorwärtskommen gegen die verschanzten und verdrahteten Stellungen des Gegners am Walde von Ploegsteert war der Division ebenso unmöglich wie der südlich anschließenden Infanterie des XIX. A. K.

**Vom 23. bis 28. Oktober** wurde auf der ganzen Linie der Heereskavallerie in den bisherigen Stellungen in Angriff und Gegenangriff mit wechselndem Erfolge gekämpft. Die feindlichen Stellungen in Linie Vieux Chien—Kruseik—Zandvoorde—Hollebeke—Oostaverne—Messines war gut ausgebaut und mit starken Drahthindernissen versehen worden. Verschiedentlich begann es an Artilleriemunition zu fehlen.

Am **24. Oktober** gelang es bei der 3. K. D. den Schützen des Hus. Regts. 14 unter Führung der Rittm. Frhr. v. Borke und Frhr. v. Münchhausen und Vizewachtm. v. Knoop ein feindliches Grabenstück von 200 m Breite zu stürmen und den Engländern 1 Oberst und 99 Mann als Gefangene abzunehmen.

Die 2. K. D. löste an diesem Tage die Bayer. K. D. in ihrem Abschnitt ab. Die Bayer. K. D. wurde bei Wervicq zur Verfügung des H. K. K. 2 gestellt.

Am **25. Oktober** wurde die 11. Landw. Brig. Schulenburg, fünf Bataillone, zwischen der 3. K. D. und dem Jäg. Det. Petersen in etwa 1 km Breite mit rechtem Flügel bei Amerika eingesetzt.

Am **26. Oktober** stürmte bei der 3. K. D. die 25. K. Brig., Oberst v. Glasenapp, mit den Drag. Regtrn. 23 und 24, zusammen mit dem rechten Flügel der Brig. Schulenburg die stark ausgebauten, mit Eindeckungen versehenen Stellungen der Engländer bei Kruseik, wobei 9 Offiziere und 300 Mann der 1. Scots Guards gefangen genommen wurden.

Das Drag. Regt. 24 berichtet über die Kämpfe dieser Tage wie folgt:

„Die Schützen hatten am 21. 10. ihre Pferde verlassen, wie es in den Gefechten jener Zeit üblich war, ohne Schanzzeug, ohne Mantel, ohne Rucksack oder Brotbeutel. Erst nach neun harten Kampftagen sollten sie ihre Pferde wiedersehen.

In wechselnden Kämpfen bei Tage und bei Nacht griffen die weißen Dragoner zwischen den Dragoner-Regtrn. 23 und 5, zeitweise unter erheblichen Verlusten, mehrfach an und hielten vielen Gegenangriffen stand. Der Feind in seinen tiefen, engen Schützengräben spottete des Feuers der Dragoner und der Feldartillerie, und gebot den Angriffswellen mit seinen Maschinengewehren immer wieder Halt. Erst das Feuer einer Mörserbatterie, das am 25. 10. einsetzte, brachte die Erlösung.

Am 26. 10., gegen 11° Vorm., liefen die ersten Engländer aus ihren Vorstellungen heraus. Als die Schützen des Regiments dies sahen, stürzten sie unter Führung des Rittm. Riedesel Frhr. zu Eisenbach ohne besonderen Befehl aus ihren notdürftigen Gräben, um endlich Rache an dem Feinde zu nehmen, der ihnen schon so Schweres zugefügt hatte. Zeitweise durch das M. G. Feuer gehemmt, gelangten die ersten Wellen, vor ihnen Rittm. v. Riedesel, nach kurzer Zeit in die englischen Gräben. Die Engländer, durch den raschen Ansturm verdutzt, dachten zunächst gar nicht daran, Widerstand zu leisten. Als einige beherzte Leute sich zur Wehr setzten, belehrte sie Feuer und Kolben bald von der Nutzlosigkeit weiteren Widerstandes. Von dem Erfolg begeistert, sprangen die Dragoner in die engen feindlichen Gräben und holten über 100 Gefangene heraus. Die Royal Scotch Guards waren höchst erstaunt, als sie unsere Sporen sahen. Ein Offizier wollte sich das Leben nehmen, als er erfuhr, daß Kavallerie ohne Bajonett seine Stellung gestürmt habe. Über die Gräben hinweg ging der Sturm durch Kruseik, wo noch eine große Anzahl Gefangene gemacht wurde, bis an den jenseitigen Dorfrand. Hier gebot Befehl dem weiteren Vordringen Halt. Der Dorfrand wurde befestigt, und die Dragoner stärkten sich nach getaner Arbeit mit vielem Behagen an erbeuteten englischen Konserven und Zigaretten. Unser hochverehrter Regimentskommandeur, Oberst Meister, der wie immer, wenn es heiß herging, dicht bei seinen Dragonern gewesen war, beglückwünschte Offiziere und Mannschaften zu ihrem Erfolge. Aber die Ruhe währte nicht lange. Bis zum späten Abend des 29. 10. mußten die Dragoner Kruseik unter schwerstem Artilleriefeuer gegen Angriffe der Engländer halten. Kein Fußbreit Erde ging verloren."

Wie ernst die Kämpfe bei Kruseik für die Engländer waren, geht aus einem dort eroberten englischen Tagebuch hervor, in dem stand: „Aushalten bei Kruseik hat Armee gerettet, hoffentlich gelingt es am Sonntag nochmals."

Nördlich der 3. K. D. war das XXVII. R. K. bis zum 28. 10. nicht über Vieux Chien hinaus vorgekommen.

Die opfermutige erfolgreiche Tätigkeit der Heereskavallerie in diesen schweren Kampftagen wurde durch einen Armeebefehl des Führers der 6. Armee, des Kronprinzen Rupprecht von Bayern, anerkannt, in dem es heißt: „Die Kavallerie hat gezeigt, daß sie im Kampfe mit dem Karabiner auch vor befestigten feindlichen Stellungen nicht zurückschreckt und hat in diesem ihrer Natur fernliegenden Kampfe eine Reihe von Erfolgen errungen. Sie hat dadurch auf einem Teile des Schlachtfeldes höchst wertvolle Dienste geleistet. Ich spreche den Truppen für ihre vortreffliche Haltung und ihre ganz ungewöhnliche Ausdauer meinen wärmsten Dank und meine höchste Anerkennung aus."

## 2. Die Schlacht bei Ypern vom 29. Oktober bis 14. November 1914.

(Vgl. Skizze 9.)

**29. Oktober.** Um dem seit dem 23. 10. festliegenden deutschen Angriff auf Ypern neuen Schwung zu geben, wurde vom 29. 10. an die neue Armeegruppe Fabeck — XV., II. Bayer. A. K., 26. I. D. und 6. Bayer. R. D. — der 6. Armee unterstellt, mit dem Auftrage, aus der Linie Wervicq—Deûlemont anzugreifen. Ihr Aufmarsch wurde am 29. 10. durch die Heereskavallerie gedeckt und verschleiert.

Die Unterstellung der gesamten Heereskavallerie unter General v. der Marwitz hörte auf.

Der H. K. K. 1 mit G. und 4. K. D. und dem G. Jäg. Btl., verstärkt durch zwei Bataillone des sächs. Inf. Regts. 134 vom XIX. A. K., ferner auch die Jäg. Btle. 4, 9 und 10, blieben bei der A. Gr. Fabeck. Nördlich des rechten Flügels der G. K. D. bei Warneton schob sich die 26. I. D. zum Angriff auf Messines in die Gefechtslinie ein.

Der H. K. K. 2 mit 2., 7. und 9. K. D., sowie der H. K. K. 4 mit 3., 6. und Bayer. K. D. (letztere wieder unter ihrem Kommandeur Gen. Lt. v. Stetten) wurden in der Nacht vom 29. zum 30. 10. durch die Infanterie abgelöst und als Armeereserve bereit gestellt, H. K. K. 4 im Raume Courtrai—Aelbeke—Menin, H. K. K. 2 bei und nördlich Tourcoing.

Der linke Flügel der 4. Armee — XXVII. A. K. — hatte am 29. 10. das Chausseekreuz nördlich von Kruseik und den östlichen Teil von Gheluvelt genommen und 400 englische Gefangene und fünf Maschinengewehre erbeutet. Unter der englischen Munition wurden, wie bereits mehrfach, Dum-Dum-Geschosse gefunden, eine Geschoßart, deren wir uns im Kriege nicht bedient haben! Ein Beweis dafür, daß unsere Gegner keine Veranlassung haben, uns einer völkerrechtswidrigen Kriegführung zu beschuldigen.

Am **30. Oktober** sollte der Angriff auf der ganzen Front der 4. und 6. Armee erfolgen.

General v. Fabeck hatte für 7° Morg. den Angriff mit dem rechten Flügel an der Straße Gheluvelt—Ypern, mit dem linken von Warneton in Richtung Wulverghem befohlen.

Der H. K. K. 1 sollte, unterstützt durch Artilleriewirkung, aus dem Gefechtsstreifen der Messines angreifenden 26. I. D., südlich des Douve-Baches gegen St. Yves vorgehen.

Hierzu wies Gen. Lt. v. Richthofen der G. K. D. im Anschluß an die 26. I. D. den Gefechtsstreifen zwischen dem Douve-Bach und der Linie Au Chasseur Cab—St. Yves, einschließlich an. Die G. K. D. bildete drei Gruppen: Gruppe Holzing mit 2. und 3. G. K. Brig., einer Kompagnie und der Maschinengewehr-Kompagnie des G. Jäg. Btls., Gruppe Fabeck mit drei Kompagnien G. Jäg. und einer Radfahrer-Kompagnie, Gruppe Bärensprung mit 1. G. K. Brig., einem Bataillon Inf. Regt. 134 und M. G. A. 9.

Die 4. K. D. sollte anschließend bis zum Wege Halte, südlich Basse Ville—Le Gheer, also gegen die vor dem Walde von Ploegsteert liegenden feindlichen Stellungen angreifen. Südlich des Waldes ging das XIX. A. K. vor.

Im Laufe des Tages gelang es dem XV. und II. Bayer. A. K. und der 26. J. D. Zandvoorde, Hollebeke, Wambeke und eine Ferme dicht-östlich von Messines zu nehmen. Wie kritisch die Lage der Engländer in diesen Tagen war, zeigen die Berichte Frenchs.

Der Angriff des H. K. K. 1 südlich des Douve-Baches kam zwar bis dicht an die stark ausgebauten feindlichen Stellungen heran, blieb aber hier in dem starken feindlichen Feuer liegen. Das Btl. 134 konnte St. Yves vorübergehend besetzen, mußte den Ort jedoch vor starken feindlichen Verstärkungen Abends wieder räumen.

Die 4. Armee und das XIX. A. K. konnten keinen Boden gewinnen.

Am **31. Oktober** wurde der Angriff erneut aufgenommen. Nach gründlicher Artillerievorbereitung traten die Truppen 5° Nachm. zum Sturm an.

Die 26. J. D. drang in Messines ein.

Beim H. K. K. 1 kam bei der G. K. D. der Angriff der Gruppe Holzing vor der Douve Ferme mit schweren Verlusten zum Stehen. Alle Offiziere und Unteroffiziere, die den Sturm mitgemacht hatten, waren tot oder verwundet, von den Dragonern etwa die Hälfte. Lt. v. Witzleben war gefallen, Rittm. v. Zingler, Oblt. Frhr. v. Steinäcker und Lt. v. Glasow waren verwundet.

Die Gruppe Fabeck (Kommandeur des G. Jäg. Btls.) konnte einige englische Gräben nehmen, wie nachstehende, die Kämpfe dieser Tage kennzeichnende Schilderung des G. Jäg. Btls. zeigt:

„Beim ersten Sprung über das flache, mit Rüben bewachsene Feld empfängt der Feind die Jäger mit einem Hagel von Infanteriegeschossen. Was hilft's, es gilt den bedrängten Kameraden zu Hilfe zu kommen. Weiter geht der Sturmlauf, der Komp. Führer Graf Solms an der Spitze, neben ihm die beiden Fähnriche Frhr. v. Heintze und v. Lattdorf. Einige Schritte weiter, und beide Fähnriche sinken, fast gleichzeitig tödlich getroffen, zu Boden. Lt. v. Winterfeld von der M. G. Komp. bringt seine Gewehre in den Fenstern eines Hauses in Stellung, bricht jedoch, ein Gewehr selbst bedienend, nach wenigen Schüssen zu Tode verwundet zusammen. Der hartnäckige Engländer läßt sich nicht herauswerfen. Aber mit gleicher Zähigkeit arbeiten sich die Gardejäger vorwärts, ohne der schweren Verluste zu achten. Mit Hilfe einiger beigegebener Pioniere gelingt es nach und nach, das Drahthindernis vor dem feindlichen Graben zu zerschneiden und zu sprengen. Durch die Lücken oder unter dem Draht durchkriechend, erreichen die spärlichen Reste der beiden Kompagnien den feindlichen Graben. Doch der Gegner ist zum Äußersten entschlossen. Aus den Schießscharten seines mit dicken Bohlen belegten Grabens schießt und sticht er auf die eindringenden Jäger, die Gleiches mit Gleichem vergelten, und Mann gegen Mann wird im Nahkampf gerungen, bis der Widerstand gebrochen ist. 8° Abds. ist es geworden, und der Vollmond beleuchtet fast taghell die Kampfstätte.

Im feindlichen Graben, zwischen den Leichen der Engländer und in den tiefen Granattrichtern gehen nun die Jäger in Stellung und nehmen den Feind, der aus weiter rückwärts gelegenen Gräben lebhaft schießt, unter Feuer.

So geht es die ganze Nacht hindurch. Durch den tagelangen Kampf ermüdet, drohen die Jäger einzuschlafen, doch immer wieder gelingt es dem einzigen noch vorhandenen Offizier, Lt. v. Willich, und einigen widerstandsfähigen Leuten, ihre Kameraden wachzuhalten. Als Zurufe nichts mehr nützen, werden gemeinsam Volkslieder gesungen. Und Aufmerksamkeit tut not. Gegen 5° Morg. schreckt plötzlich von der linken Flanke her lautes Hurra die ermüdeten Jäger hoch. Von einem der 4. Komp. gegenüberliegenden Graben sind die Engländer gegen die Flanke der 2. und 3. Komp. im Vorgehen. Mit dem Rest der Patronen gelingt es dem Häuflein — noch etwa 20 Mann — den Angriff abzuschlagen. Die Schneidigsten, unter ihnen Oberjäger Wolff der 2. Komp., schießen sogar noch stehend freihändig, wie auf dem Schießstande, mit größter Ruhe auf den Feind. Schließlich werden, bevor der Morgen graut, die Reste der Kompagnie zurückgenommen, um den weiteren Angriff artilleristisch vorbereiten zu können.

Einen schweren Kampftag hat das Bataillon hinter sich. Große Verluste sind zu beklagen. Von der Tilleul-Ferme aus sieht man 70 Gefallene auf den Rübenfeldern zerstreut, 175 sind verwundet, darunter 4 Offiziere; 2 Offiziere sind gefallen.

Aber der Engländer hat Achtung bekommen vor der Tapferkeit der Jäger, er wagt keinen Gegenangriff mehr, sondern räumt sogar tags darauf einen großen Teil der dem Bataillon gegenüberliegenden Gräben."

Bei der Gruppe Bärensprung kam das Btl. 134 bis auf 200 m an die feindliche Stellung heran. Ein letzter Vorstoß der Schützen des G. Kür. Regts. unter Oblt. Graf v. der Recke-Volmerstein verlief in nachstehend beschriebener Weise:

„Rechts von uns bei der Tilleul-Ferme griffen die Gardejäger, links die Sachsen an. Die bereits tiefstehende Nachmittagssonne, die hinter der englischen Stellung sich mehr und mehr dem Horizont näherte, erleichterte dem Feind die Beobachtung, während wir so geblendet waren, daß zunächst kaum etwas vom Feinde zu sehen war. Dieser hatte inzwischen sein Feuer erheblich verstärkt. Sowie der letzte Mann aus dem Annäherungsgraben heraus war, lief ich nach vorn, um die Führung der Schützen zu übernehmen. Das feindliche Gewehr- und Maschinengewehrfeuer war inzwischen immer stärker geworden und hatte bereits erhebliche Verluste unter meinen Leuten verursacht. Der Zugführer, Vizewachtm. Mangelsdorf, war gefallen, nach weiteren 30 Schritten wurde Lt. Graf Lehndorff tödlich getroffen. Unbeirrt durch den Ausfall ihrer Zugführer gingen die braven Garde-Kürassiere weiter vor. Wie auf dem Exerzierplatz übernahmen die Unteroffiziere einer nach dem anderen die Führung ihrer Züge.

Die Sonne war inzwischen untergegangen, aber die erhoffte Dämmerung trat nicht ein. Klar und schön ging hinter uns im Osten der Vollmond auf und zeichnete jede Bewegung meiner Leute scharf gegen den Horizont ab. Unterdessen waren wir auf etwa 200 m an die englische Stellung herangekommen. Das Feuer unserer Batterien machte sich leider wenig bemerkbar. Der Gegner saß in gut ausgebauten Gräben, deren Schießscharten wir schon deutlich erkennen konnten, aber ein wirksames Schießen unserer Leute fast unmöglich machten. Da ertönt von rechts das Hurra der Gardejäger zu uns herüber. Mit Hurra ging es vorwärts, und wieder waren wir etwa 80 m weiter. Da fällt neben mir ein weiterer Zugführer, der Vizewachtm. v. Gersdorff, mit Kopfschuß. Ein neuer schwerer Verlust, aber wir lassen uns nicht aufhalten. Wir sind bis auf 40 Schritt an den englischen Graben heran. Ich lasse herumfragen, wer noch da ist. Einmal, zweimal, stets das gleiche Resultat: 1 Unteroffizier und 8 Mann! Damit war ein Einbruch in die feindliche Stellung ausgeschlossen. Ein Zurückgehen war bei der Nähe des Feindes, bei dem hellen Mondschein auf offenem Feld ebenso unmöglich. Es hieß also abwarten. Schweren Herzens gebe ich, als schließlich der Mond durch Wolken verdeckt wurde, den Befehl, langsam zurückzukriechen und die letzten Gräben zu besetzen.

Spät in der Nacht wurden wir dann abgelöst. Die Stellung des Feindes war zwar nicht genommen, aber einen Gegenangriff wagte er nicht mehr. Es gelang sogar noch, alle Verwundeten zu bergen, die dicht vor der englischen Stellung lagen."

Auch der 4. K. D. gelang es, zum Teil in die vordersten englischen Gräben einzudringen, doch mußten die Schützen ebenso wie die des Inf. Regts. 134 mit schweren Verlusten wieder in ihre Ausgangsstellungen zurückgehen.

Die erreichten Stellungen wurden allenthalben auch Nachts gehalten. Das XV. A. K. hatte Gheluvelt, das II. B. A. K. den Park westlich Hollebeke genommen, die 26. J. D. war in Messines eingedrungen.

Am **1. November** begrüßte Seine Majestät der Kaiser Teile der Kavallerie-Divisionen der H. K. K. 1, 2 und 4 in Courtrai, Aelbeke und bei Bondues, und sprach der Kavallerie seine volle Anerkennung für ihre bisherigen Leistungen aus. Die Kavallerie habe sich glänzend bewährt. Wenn es ihr auch nicht möglich gewesen sei, im Divisionsverbande mit der Lanze in der Hand zu attackieren, so habe sie sich doch rasch der Lage angepaßt, und im Fußgefecht durch Besetzen und Halten wichtiger Geländeabschnitte sich den Dank der Infanterie erworben. Er hoffe, es werde der Kavallerie auch einmal wieder vergönnt sein, zu Pferde und mit der blanken Waffe zu kämpfen.

Am **1. und 2. November** wurde der Angriff auf der ganzen Linie fortgesetzt.

Der H. K. K. 1, dem eine F. A. Abt. der 6. Bayer. R. D. zugeteilt wurde, sollte sich, den Wald von Ploegsteert nördlich umgehend, in den Besitz der Höhen bei Rossignol und Haubourdin setzen.

Angesichts der vor der Front befindlichen stark ausgebauten feindlichen Stellungen und der starken Artillerie bei Rossignol — acht schwere Geschütze waren erkannt —, war hier ein Vordringen zunächst ohne ausgiebige eigene Artilleriewirkung nicht möglich.

Die G. und 4. K. D. wurden angewiesen, jede Gelegenheit zum Vorarbeiten, auch Nachts, zu benutzen, und mit Hilfe der zugeteilten Pionier-Abteilungen (G. K. D. die Pi. Abt. der 2., 3. und Bayer. K. D., 4. K. D. die Pi. Abt. der 6., 7. und 9. K. D.) die Zerstörung der feindlichen Hindernisse zu bewirken. Diese Aufgabe konnte trotz hervorragenden Verhaltens und bei starken Verlusten der Pioniere in den mondhellen Nächten nur zum geringen Teil gelöst werden.

Bei der G. K. D. gelang es der Gruppe Holzing am 2. 11. gegen 3° Nachm. die Douve Ferme zu stürmen, und der Gruppe Fabeck bis an das Wegekreuz nordwestlich der Damier Ferme vorzudringen.

Die 4. K. D. und 40. J. D. lagen weiter in schwerem Kampf gegen den Wald von Ploegsteert.

Beim XV. A. K. wurde die Bayer. K. D. wieder bei Gheluvelt eingesetzt. Westlich und südlich von Messines löste die Landw. Brig. Schulenburg die 26. J. D. ab.

**Am 3. und 4. November** wurde weiter angegriffen. Der H. K. K. 1 hatte den ihm gegenüberliegenden Feind fernerhin durch Angriffe zu fesseln.

Bei der G. K. D. nahm die Gruppe Holzing am 3. 11. die Petite Douve Ferme, die, weil außerhalb des Gefechtsabschnittes liegend, am 4. 11. der Landw. Brig. Schulenburg übergeben wurde.

Im übrigen wurden die Verbindungsgräben zu den Stellungen weiter ausgebaut und Laufgräben nach vorwärts vorgetrieben.

Die 6. K. D. wurde vom 3. 11. ab nach Rußland abtransportiert, wohin die 5. K. D. bereits seit dem 30. 10. von Arlon aus unterwegs war.

Vom 5. **November** an begann die Ablösung der Heereskavallerie und der weitere allmähliche Abtransport der 9., 4. und 2. K. D., sowie der H. K. K.'s 1 und 4 nach dem Osten.

In der Nacht vom 4. zum 5. 11. löste der H. K. K. 2 mit 3. und 7. K. D. die G. und 4. K. D. des H. K. K. 1 ab.

Der H. K. K. 2 mit der 3. und 7. K. D. lag in der nächsten Zeit in den Stellungen bei Warneton, wo der Stellungskrieg begonnen hatte.

Die 7. K. D. wurde am 14. 11. durch die Bayer. K. D. abgelöst, und marschierte sodann nach Lothringen.

Die 3. K. D. blieb bis Ende November in ihren Stellungen, wurde dann durch das XIX. A. K. abgelöst, und trat zum Generalgouvernement Belgien als Grenzschutz im Nordosten Belgiens. Der Stab des H. K. K. 2 befand sich von Anfang Dezember ab in Brüssel.

Der H. K. K. 1 rückte am 5. 11. mit der G. K. D. in den Raum südöstlich von Courtrai, mit der 4. K. D. in die Gegend östlich von Tourcoing.

Die Divisionen hatten zum Teil zwölf Tage hintereinander bei mangelhafter Verpflegung und ständig dem regnerischen Wetter ausgesetzt, in den

Kampfstellungen zugebracht. Als Folge zeigte sich eine zunehmende Zahl von Typhuserkrankungen bei den Regimentern.

Gen. Lt. Frhr. v. Richthofen wurde mit dem H. K. K. 1-Stabe am 7. 11. nach Rußland abtransportiert.

Die G. K. D. wurde vom 8. 11. ab bei der 4. Armee — dem XXII. R. K. bei Nieuport — eingesetzt, und im Dezember als Besatzungstruppe des Generalgouvernements in Nordwest-Belgien bei Brügge und Gent verwendet.

Die 4. K. D. wurde am 7. 11. in der Gegend südöstlich von Courtrai untergebracht und vom 13. 11. ab nach Rußland abbefördert.

Die 9. K. D. hatte bereits am 5. 11. mit ihrem Abtransport nach Rußland begonnen.

Die 2. K. D. wurde am 3. 11. bei Hollebeke eingesetzt, wo sie bei abwechselndem brigadeweisem Einsatz der Schützen in schweren Kämpfen bis zum 12. 11. starke feindliche Angriffe abwies. Hierbei zeichneten sich am 5. 11. die zusammengefaßten Schützen der 2. K. D. durch hartnäckige Verteidigung des Tores des Parks von Hollebeke rühmlichst aus. Das 2. Leib-Hus. Regt. berichtet über diesen Kampf wie folgt:

„Durch das dichte Unterholz gedeckt, war es den Franzosen gelungen, an das Parktor heranzukommen und sogar mit Teilen einzudringen. Feldw. Lt. Meyer wirft sich mit wenigen Leuten dem Feind entgegen. Sie werden jedoch niedergestochen oder aus nächster Nähe erschossen. Ein rasendes Feuer setzt auf der ganzen Linie ein. Etwa acht bis zehn in den Park eingedrungene Franzosen werden von den herzueilenden Schützen teils gefangengenommen, teils niedergemacht. Rittm. v. Kalckreuth ruft, den Ernst der Lage erkennend, alle verfügbaren Kräfte zur Unterstützung an das Parktor. Unter Führung des Lts. d. Res. Richter kam es zu einem erbitterten Nahkampf zwischen den Schützen der 1. und 2. Esk. und dem stark nachdrängenden Gegner. Unter schweren eigenen und Feindverlusten kommt der Durchbruch zum Stehen, und der Gegner zieht sich auf seine Ausgangsstellung zurück."

Das Kür. Regt. 7 schreibt:

„In der Gegend des Parkeinganges, wo besonders empfindliche Verluste durch das vorangegangene Artilleriefeuer eingetreten waren, und die Franzosen ihre Hauptkräfte zum Angriff angesetzt hatten, schien es fraglich, ob das Tor würde gehalten werden können. Während vor der Front der Kürassiere die Angriffswellen regellos zurückfluteten, war es den Franzosen gelungen, weiter links vorzukommen. Der Kampf tobte bereits in unmittelbarer Nähe des Tores. Die Franzosen waren eben dabei, das Tor aufzureißen, da sprang Unteroffizier Reisse mit drei Mann der 4. Esk. zu, stach die schon eingedrungenen Alpenjäger nieder, drängte die Nachfolgenden zurück und vermochte so das Tor zu halten. Verstärkungen konnten den Erfolg weiter ausbauen und die Franzosen in ihre Ausgangsstellung zurücktreiben.

Nur dem entschlossenen Eingreifen des Unteroffiz. Reisse, der keine Gefahr kannte — er hat später auf seiner 100. Patrouille seinen Heldenmut mit dem Tode besiegelt — war es zu danken, daß der Park und somit die ganze Stellung gehalten werden konnte."

Die 2. K. D. wurde am 13. 11. mit dem Stabe des H. K. K. 4 nach dem Osten abbefördert.

Die Bayer. K.D. blieb nach Ablösung der 7. K.D. vom 14.11. an in den Stellungen bei Warneton, und wurde Ende November dem Generalgouvernement Belgien als Besatzungstruppe für Südwest-Belgien unterstellt.

---

So fand die Tätigkeit der Kavallerie auf dem westlichen Kriegsschauplatz ihr Ende.

Es blieben zurück: in Belgien der H.K.K. 2 mit G., 3. und Bayer. K.D., in Lothringen die 7. K.D.

Im Osten fanden die übrigen Kavallerie-Divisionen ein reiches Feld erfolgreicher Tätigkeit. Diese führte im November und Dezember 1914 den H.K.K. 1 mit 6. und 9. K.D. und den H.K.K. 3 (vgl. S. 143) mit 5., 8. und der 7. österreichischen K.T.D. zur Schlacht bei Lodz, wobei Gen. Lt. Frhr. v. Richthofen mit 6. und 9. K.D. mit dem Korps Scheffer (XXV. R.K.) den Durchbruch von Brzeziny mitmachte.

Der H.K.K. 4 mit 2. und 4. K.D. kämpfte Ende 1914 an der Weichsel.

Die auf dem westlichen Kriegsschauplatz gemachten Erfahrungen, die im nächsten Abschnitt zusammengefaßt werden sollen, kamen der Kavallerie im Osten zustatten. Ihre in den folgenden Kriegsjahren dort errungenen Erfolge zeigen, ebenso wie die hier vorstehend geschilderten Taten im Westen, daß die Kavallerie auch fernerhin berufen sein wird, in heutigen Kriegen eine wichtige Rolle zu spielen.

---

# VIII. Betrachtungen und Erfahrungen.

Das Lebenselement der Kavallerie ist die Bewegungsmöglichkeit in weitem Raume, freie Bahn nach vorwärts und Ellenbogenfreiheit nach den Seiten. Wird ihr diese Lebensbedingung genommen und wird sie zum Stillstande verdammt, so hat die Kavallerie als berittene Waffe ihre Rolle ausgespielt.

Die sich immer mehr steigernde Vervollkommnung der Technik ergab eine in früheren Kriegen ungeahnte Stärke der Verteidigung. An Stelle des immer schwieriger werdenden Frontangriffs trat das Streben des Angreifers nach Umfassung und zwang den Verteidiger wiederum zur Frontverlängerung, die so lange fortgesetzt wurde, bis schließlich die Landesgrenze oder die Meeresküste erreicht war. Hiermit war dann die ganze Heeresfront zum Stellungskriege erstarrt, und die Tätigkeit der Kavallerie als Reiterwaffe ausgeschaltet.

Ein gegenseitiges Abringen im reinen Stellungskriege konnte indessen niemals eine Entscheidung herbeiführen. Diese kann nach den ewigen Urgesetzen des Krieges nur der Angriff bringen. Trotz aller Schwierigkeiten mußte daher der Frontangriff wieder versucht werden. Erst nachdem die neuesten Kriegserfahrungen und Fortschritte der Technik auch für den Angriff nutzbar gemacht worden waren, hatte auch dieser wieder Erfolge, die allmählich an einzelnen Stellen neues Leben in den starren Abwehrkrieg brachten. Neue Flanken bildeten sich, und nun konnte die Kavallerie, wenn auch nur in beschränktem Maße, wieder in Tätigkeit treten.

Aber der Krieg hatte für unsere Kräfte schon zu lange gedauert. Pferde- und Menschenmangel hatten uns gezwungen, fast die ganze Kavallerie als Fußtruppe zu verwenden und einzusetzen. Unsere Feinde dagegen, deren Ersatz- und Verpflegungsmöglichkeiten durch keine Blockade abgeschnürt waren, konnten es sich gestatten, einen großen Teil ihrer Kavallerie für die letzten Entscheidungskämpfe aufzusparen. Tatsächlich hat die Kavallerie der Entente denn auch bei unserm Zurückgehen 1918 mehrfach zu Pferde eingegriffen.

Die Hauptgelegenheiten für Verwendung unserer Kavallerie zu Pferde in diesem Kriege waren: Die geschilderten Zeiten zu Beginn des Krieges 1914 im Westen sowie im Osten, dann der Einmarsch nach Litauen und Kurland 1915 und das Vorgehen über Wilna, ferner der Feldzug gegen Rumänien und der Vorstoß gegen Riga 1917, sowie beim Zurückgehen der 1. und 2. Armee auf die Siegfried-Stellung.

Wenn sich somit selbst in einem Kriege, der sich vorzugsweise als Stellungskrieg abgespielt hat, noch Gelegenheiten genug für reiterliche Tätigkeit der Kavallerie ergeben haben, so wird dies zweifellos auch fernerhin der Fall sein. Es muß daher auch für die Zukunft trotz hier und da geäußerten gegenteiliger Ansichten, mit Bestimmtheit mit der Notwendigkeit der Verwendung von Kavallerie zu Pferde gerechnet werden.

Während des Stellungskrieges wurden manchmal Ansichten laut, daß spätere Kriege mit einem Grenzwall-Stellungskrieg beginnen würden. Das wird sicherlich nicht der Fall sein. Viel eher dürfte sich der Ausspruch des Marschalls Foch bewahrheiten, „daß der nächste Krieg so anfangen werde wie der letzte geendet hat", d. h. als B e w e g u n g s k r i e g. Auch General v. Kuhl ist dieser Ansicht, und Marschall Haig meint: „Nichts rechtfertigt die Behauptung, daß in allen zukünftigen Kriegen die Flanken der gegenüberstehenden Kräfte sich an neutrale Staaten oder an unüberschreitbare Hindernisse anlehnen werden. Überall da, wo dies nicht der Fall sein wird, wird sich die Notwendigkeit für Kavallerieverwendung häufig ergeben."

Wir werden daher gut tun, bei Berücksichtigung der Kriegserfahrungen nicht nur an den Stellungskrieg zu denken, sondern uns in erster Linie der scheinbar teilweise in Vergessenheit geratenen Erfahrungen des Bewegungskrieges zu erinnern.

Im allgemeinen kann man sagen, daß die deutsche Kavallerie gut ausgebildet in den Weltkrieg gegangen ist. Die Felddienstordnung von 1908, das Exerzierreglement von 1909 und die Reitvorschrift von 1912 waren durchaus zeitgemäße, die neuesten Erfahrungen berücksichtigende Ausbildungsvorschriften. Der Einfluß der Generalinspekteure v. der Planitz, v. Kleist, v. Windheim und v. der Marwitz, sowie des Generals v. Bernhardi, die alljährlichen großen Aufklärungsübungen und Übungsreisen, die Gefechtsübungen der Kavallerie-Divisionen auf den Truppenübungsplätzen und ihre Verwendung bei den großen Manövern, boten Gelegenheit zu gründlicher, einheitlicher Vorbereitung von Führer und Truppe für den Krieg. Nur die Ausbildung im Gefecht zu Fuß in größeren Verbänden war nicht überall genügend gewürdigt worden.

So erlebte die Kavallerie, ebenso wie alle anderen Waffengattungen, mancherlei Überraschungen und sah sich genötigt, dementsprechend in verschiedener Hinsicht umzulernen.

Gewarnt waren wir. So z. B. durch die Generale v. Bülow und v. Bernhardi, von denen letzterer schon vor 20 Jahren mahnte: „Jeder Krieg zeigt sich uns in immer wechselnder Erscheinung und bildet seine eigenen Bedingungen und Verhältnisse, und wir sowohl, wie unsere Gegner werden in Zukunft nicht nur mit allseitig gesteigerten Verhältnissen, sondern auch mit ganz neuen Faktoren und Elementen des Krieges zu rechnen haben." Ferner stellte er schon damals fest, daß zahlreiche Aufgaben der Kavallerie nur durch Feuerkampf zu lösen seien; deshalb müsse die Kavallerie zu Fuß genau ebenso angreifen können wie die Infanterie.

Auch sonst ist schon im Frieden des öfteren darauf hingewiesen worden, daß dem Karabiner in Zukunft eine weit wichtigere Rolle als bisher beschieden sein werde, besonders auch im Angriff, weshalb die Schieß- und Gefechtsausbildung unbedingt verbessert werden müsse*).

Als Haupterfahrung ergab sich die Erkenntnis der verringerten Möglichkeit des Massenangriffs zu Pferde und der außerordentlich gesteigerten Bedeutung des Fußgefechts, ferner die Notwendigkeit, die Wirkung der Feuerwaffen der Kavallerie zu verstärken und ihre Ausrüstung zu vervollkommnen.

Im Gegensatz zu früheren Kriegen mußte die Kavallerie mit immer ungünstigeren Kampfbedingungen rechnen, in erster Linie mit den Schwierigkeiten der vielen künstlichen Geländehindernisse der heutigen Kultur-

*) Löbellsche Jahresberichte 1899 und 1900, „Taktik der Kavallerie".

länder. Ferner bildet die Kavallerie gegen früher nur noch einen verschwindend kleinen Teil des Heeres, während die Ausdehnungen der Operationsräume und Fronten ganz unverhältnismäßig gewachsen sind. Dies erschwert besonders die Aufklärung und Verschleierung außerordentlich. Bei ihrer zu Beginn des Krieges geringen Gefechtskraft stieß die Kavallerie außerdem meist auf einen stärkeren, besser bewaffneten Gegner. Erfolge der Kavallerie zogen nur einen verhältnismäßig geringeren Teil der feindlichen Streitkräfte in Mitleidenschaft als in früheren Kriegen. Ein örtlich vielleicht bedeutsamer Erfolg fiel für die Gesamtentscheidung weniger ins Gewicht, erschien im großen Rahmen nur klein und wurde dementsprechend oft nur gering bewertet.

Alles das erschwerte die Führung der Kavallerie gegen früher, wird bei Berücksichtigung ihrer Leistungen nur selten in Betracht gezogen, und führt deshalb oft zu ungerechter Beurteilung der Reiterwaffe.

Trotz alledem hat es die Kavallerie verstanden, in raschem, vielseitigem Anpassungsvermögen den neuen Kampfbedingungen Rechnung zu tragen. Sie hat im Bewegungs- wie im Stellungskriege, zu Pferde und zu Fuß, auf den verschiedensten Kriegsschauplätzen ihren redlichen Anteil an den erkämpften Erfolgen gehabt.

Nachfolgende kurze Betrachtung der 1914 im Westen gemachten Erfahrungen soll den Abschluß dieser Ausführungen bilden:

**Persönlichkeit des Führers.** Zunächst zeigte sich der Einfluß der Persönlichkeit des Führers allenthalben in seiner vollen Bedeutung. Jugendfrische, körperliche Leistungsfähigkeit, und die Gabe, große operative Lagen richtig zu beurteilen, um bei möglichster Schonung der Truppe, nach ruhiger Überlegung im richtigen Augenblick alle Kräfte mit frischem Entschluß rücksichtslos und verantwortungsfreudig einzusetzen, sind die für einen Reiterführer erforderlichen Eigenschaften. Nie darf er auf Befehle warten. Sein größter Fehler ist „Untätigkeit".

**Gliederung und Organisation der Kavallerie-Divisionen.** Die Stärke und Zusammensetzung der Kavallerie-Divisionen hat sich im allgemeinen bewährt.

Diejenigen, die lediglich sogenannte „leichte Divisionen" zu nur drei Kavallerie-Regimentern mit drei Infanterie-, drei Radfahrer-Bataillonen und drei gemischten Artillerie-Abteilungen, und allen sonstigen Hilfswaffen gelten lassen wollen, vergessen anscheinend die Erfahrungen des Bewegungskrieges, das rasche Zusammenschmelzen der Frontstärken der Kavallerie infolge der vielen Entsendungen für Aufklärungs- und Sicherungszwecke zumal bei den jetzt erforderlichen stärkeren Aufklärungsabteilungen, und der, besonders zu Beginn eines jeden Krieges sehr erheblichen Pferdeverluste.

Das Wesen der Aufklärungstätigkeit der Heereskavallerie besteht darin, daß die berittenen Teile der Kavallerie-Divisionen — die Kavallerie-Brigaden, die Maschinengewehr-Eskadrons und die reitenden Abteilungen — in gewissen Momenten ihre Infanterie zurücklassend, eine vorrollende Welle bilden, die die feindlichen großen Aufklärungskörper zurückdrückt und die eigenen Aufklärungsorgane vorträgt. Dies wird sich mit „leichten Divisionen" nicht erreichen lassen. Von drei Kavallerie-Regimentern würde bei den vielen Abgängen bald nicht mehr viel übrig sein.

Ferner würde bei der strategischen Aufklärungstätigkeit der Heereskavallerie unter einheitlicher Oberleitung, also unter H. K. Ks., die zum Nachteil der Befehlserteilung anwachsende Zahl der Befehlsstellen mehrerer Kavallerie-Brigaden schließlich doch ein Zusammenfassen zu „Divisionen" erforderlich machen.

Die zweckmäßigste Organisation werden daher doch meist Kavallerie-Divisionen sein zu drei, mit allen Hilfswaffen — Jäger-Bataillonen, Radfahrern, Maschinengewehr-Abteilungen, Artillerie, auch schwere, Flaks, Pionier-Abteilungen, Funkenstationen, Fliegern, Panzerautos, unter Umständen auch Tanks — ausgestatteten Brigaden zu mindestens zwei, besser sogar drei Kavallerie-Regimentern, um die zahlreichen Abgänge, besonders im Aufklärungsdienst, ersetzen zu können. Diese Brigaden können als kampfkräftige Einheiten dann im Bedarfsfalle auch jederzeit selbständig verwendet werden.

Die Zuteilung von Jäger- oder Infanterie-Bataillonen zu den Kavallerie-Divisionen hat sich in jeder Hinsicht bewährt, zumal im Anfang des Krieges, als die Feuerkraft der Kavallerie noch eine sehr geringe war. Sie haben wertvolle Dienste geleistet, den Vormarsch nirgends aufgehalten, und waren doch meist zum Gefecht, wenn auch oft nicht zu Beginn, so doch rechtzeitig zur Stelle. Ihre Beförderung auf Lastkraft- oder anderen Fahrzeugen erhöhte die Möglichkeit rechtzeitiger Mitwirkung. Ebenso sind die Radfahrer, besonders bei den Aufklärungs-Eskadrons, außer bei den schlechten Wegen im Osten, mit großem Nutzen verwendet worden.

In treuer Waffenbrüderschaft hat auch die reitende Artillerie allen Anforderungen entsprochen. Der Wunsch nach mehr Artillerie, auch schwerer, und nach Flugzeugabwehrkanonen war allgemein. Auch soll die Würdigung der großen Verdienste der Pionier-, der Nachrichtenabteilungen und der Funkenstationen nicht vergessen werden.

Auf die Gliederung der Bagagen, des Trosses, der Verpflegungs- und Munitionskolonnen wird hier nicht näher eingegangen. Die Erfahrungen in dieser Hinsicht sind bereits an anderer

Stelle niedergelegt worden*). Es sei nur erwähnt, daß die große Zahl der Handpferde, die den Regimentern zu Beginn des Krieges bei der Gefechtsbagage unmittelbar folgten, oft störend wirkten.

Auch die französische Kavallerie hat während des Krieges in bezug auf ihre Gliederung und Zusammensetzung eine ähnliche Entwicklung durchgemacht. Jede Kavallerie-Division erhielt zuerst etwa 1200 Mann Infanterie mit 12 schweren Maschinengewehren, dann ein Regiment zu drei Bataillonen von je 1000 Mann mit 24 schweren Maschinengewehren und einer 37-mm-Schnellfeuerkanone unter einem Oberst, der Kavallerist war. Die Beförderung erfolgte auf Kraftwagen.

Man hat also auch in Frankreich die „Kavallerie"-Divisionen beibehalten, und in der französischen Vorschrift von 1918 heißt es: „Die Kavallerie-Divisionen haben den Vorteil, daß sie aus rasch beweglichen Teilen zusammengesetzt sind, daß sie beim Eintreffen auf dem Gefechtsfelde vollzählig mit ihren Geschützen, ihren automatischen Waffen und ihrer Munition eingreifen können. Darin liegt der Wert und die Daseinsberechtigung der Kavallerie-Divisionen."

**Kavalleriekorps.** Die Zusammenfassung mehrerer Kavallerie-Divisionen unter einem H. K. K., bei gelegentlicher Verwendung einzelner selbständiger Divisionen, hat sich ebenfalls als richtige Maßnahme gezeigt. Schon Moltke, der ältere, ist nach seinen Erfahrungen von 1866 hierfür eingetreten. Ebenso haben die Generale v. Bernhardi und v. Bissing einheitliche Leitung großer Kavalleriemassen verlangt. Nur diese gewährleistet einheitliche strategische Aufklärung und richtige operative Verwendung der Heereskavallerie.

Als Nachteile der Zusammenfassung mehrerer Kavallerie-Divisionen unter einen Oberbefehl wurde oft angeführt, daß die Divisionen möglichste Freiheit des Handelns haben müßten, und daß der H. K. K. bei Übermittlung der Aufklärungsergebnisse an die O. H. L. oder das A. O. K. nur eine zeitraubende Durchgangsstelle mehr sei. Demgegenüber sind indessen die Vorteile einer einheitlichen Führung, sowohl beim strategischen Ansatz der Heereskavallerie, wie auch bei der Fernaufklärung vor der Heeresfront unzweifelhaft. Für die Befehlsübermittlung ist der H. K. K. leichter und schneller erreichbar als mehrere Divisionen. Ferner ist das Sichten der Meldungen beim H. K. K. zwar mit einem gewissen Zeitverlust verbunden, dafür kann aber das Gesamtbild der Aufklärungsergebnisse in einem größeren Geländestreifen und im Sinne der höheren Weisungen besser geklärt werden.

---

*) Vgl. „Technik und Wehrmacht" 1919, Heft 9/10: „Die technische Ausrüstung der Kavallerie im Felde", von Generalmajor v. Poseck.

Auch braucht die Selbständigkeit der Divisionsführer nicht wesentlich beschränkt zu werden, wenn der H. K. K. nur Aufträge und Weisungen erteilt, sonst aber den Divisionen möglichste Freiheit des Handelns läßt. Allerdings hat es sich meist als notwendig erwiesen, gewisse gleichzeitig zu überschreitende Abschnitte anzugeben und den Divisionen ihre Vormarschstraßen zuzuweisen, um die Überlastung einzelner Straßen sowie Marschkreuzungen zu vermeiden.

Durch zeitweise Unterstellung der H. K. K.s unter ein A. O. K. wurde die Kavallerie bisweilen in einer Richtung angesetzt, die zwar für die betreffende Armee nützlich erschien, der allgemeinen strategischen Lage aber nicht entsprach. Durch das sodann erfolgende Eindrehen in eine der O. H. L. erwünschtere Vormarschrichtung ging oft wertvolle Zeit und der bis dahin gehabte Vorsprung vor den Anfängen der Infanterie verloren.

So wurde z. B. der H. K. K. 2 am 21. 8. 14. auf Befehl der 2. Armee erst von Marbais in südlicher Richtung auf Charleroi angesetzt (s. S. 35), dann, nachdem schon die Aufklärung dorthin eingeleitet war, nach Nordwesten bis an die Schelde gezogen, um von hier aus, nun der 1. Armee unterstellt, am 24. 8. wieder nach Süden auf Tournai abgedreht zu werden. Ohne diesen Zeitverlust wäre es dem General v. der Marwitz möglich gewesen, sich mit seinen drei Kavallerie-Divisionen und seinen Jäger-Bataillonen der englischen Armee bei ihrem Rückzuge im Sinne des Schlieffenschen Cannä-Gedankens in ihrem Rücken vorzulegen.

**Befehls- und Nachrichtenübermittlung.** Die Übermittlung der Nachrichten und Befehle erfolgte durch Generalstabs- und Ordonnanzoffiziere im Kraftwagen und zu Pferde, durch Meldereiter, Kraft- und Fahrräder, Draht-, optische und Funkenverbindung, sowie durch Flugzeuge.

Die den Aufklärungs-Eskadrons mitgegebenen leichten Funkenstationen leisteten vorzügliche Dienste, ebenso die schweren Stationen, die oft das einzige Verbindungsmittel der Kavalleriekorps und Divisionen nach rückwärts bildeten. Die Notwendigkeit, alle Funksprüche zu chiffrieren, um das Mithören durch den Gegner zu verhindern, beeinträchtigte die Schnelligkeit dieser Nachrichtenübermittlung. Auch mußte der Schlüsseltext, wenn er auf irgendeine Art in Feindeshand gefallen war, jedesmal wieder geändert werden.

Von besonderer Wichtigkeit war bei dem raschen Vorgehen der Kavallerie 1914 in Belgien und Frankreich die rechtzeitige und planmäßige Zerstörung der feindlichen Telegraphen- und Telephonleitungen, die feindwärts führten, sowie aller feindlicher Zeichen oder Maßnahmen, die den eigenen Vormarsch verraten konnten.

**Ausrüstung.** Die Ausrüstung der Kavallerie*) genügte nicht. Der Mangel an Maschinengewehren, Seitengewehren, Schanzzeug, Spaten, Steigeisen, Drahtscheren und Zeltbahnen wurde besonders in den schweren Kampftagen an der Marne, bei Lens, La Bassée und an der Lys, wo die Kavallerie, wie gezeigt worden ist, oft mehrere Tage und Nächte in ihren Stellungen aushalten mußte, schmerzlich empfunden, desgleichen die geringe Munitionsausrüstung und das Fehlen von Feldküchen.

Mit Kochgeschirrdeckeln, Löffeln, Taschenmessern, ja mit den Händen haben unsere meist deckungslos im stärksten, oft flankierenden Artilleriefeuer liegenden Kavallerieschützen in den ersten drei Monaten des Krieges sich eingegraben, oder doch wenigstens versucht sich eine notdürftige Deckung zu schaffen und einfache Schützenlöcher herzustellen.

Die Brückenwagen wurden, weil zu schwer, vielfach zurückgelassen. Außerdem konnten die Stahlboote bei den tief eingeschnittenen, meist kanalisierten Flußläufen des Westens nur selten Verwendung finden (3. K. Brig. am 12. 8. bei Haelen, 4. K. D. am 10. 10. bei Don, Bayer. K. D. am 14. 10. bei Sailly).

Eigene Munitions- und Verpflegungskolonnen erwiesen sich als unbedingt erforderlich.

**Aufmarsch der Heereskavallerie.** Der Aufmarsch der Heereskavallerie hat dem ursprünglichen Schlieffenschen Kriegsplan („Macht mir nur den rechten Flügel stark")**) ebensowenig entsprochen, wie im großen die Verstärkung des linken Heeresflügels, der 6. und 7. Armee, auf fast ein Viertel der ganzen Heeresstärke.

In seinem Operationsplan von 1905 für den Aufmarsch gegen die Westmächte hatte Graf Schlieffen für den schwenkenden Heeresflügel acht, für Lothringen drei Kavallerie-Divisionen vorgesehen. Bei dem 1914 bestehenden Moltkeschen Aufmarschplan zum Zweifrontenkrieg wurde die 1. K. D. für den Osten bestimmt. Es blieben mithin noch zehn Kavallerie-Divisionen für den westlichen Kriegsschauplatz übrig. Logischerweise hätten nun, selbst wenn man mit einer französischen Offensive gegen die Reichslande rechnete, dort nicht fünf, sondern höchstens zwei Kavallerie-Divisionen verwendet werden sollen. Auf diese Weise wäre, außer den fünf Kavallerie-Divisionen der H. K. K.s 2 und 1, ein weiteres Kavalleriekorps von drei Kavallerie-Divisionen für den rechten schwenkenden Heeresflügel verfügbar gewesen, wo die „Entscheidungsschlacht" zu erwarten war***). Dies würde auch dem Gedanken des Grafen Schlieffen in seiner Studie von 1912 besser

*) Siehe „Technik und Wehrmacht", 1919, Heft 9 bis 12: Die technische Ausrüstung der Kavallerie im Felde. Von Generalmajor v. Poseck.

**) Foerster: „Graf Schlieffen und der Weltkrieg", Heft 1 S. 24.

***) Foerster: „Graf Schlieffen und der Weltkrieg", Heft 1 S. 18, 20.

entsprochen haben, wonach „die ganze Heeresmasse des rechten Flügels, überragend und tief gestaffelt, mit starker Kavallerie auf den Flügeln, vorgehen sollte, mit der Absicht, einen möglichst großen Teil der feindlichen Armeen vollständig einzuschließen".

Es ist vorstehend gezeigt worden, wie sehr die Kavallerie-Divisionen der H. K. K. 4 und 3 auf dem linken Heeresflügel unter der Ungunst der Verhältnisse zu leiden hatten, während die H. K. K. 2 und 1 auf dem schwenkenden rechten Heeresflügel Bewegungsraum zu großzügiger Betätigung fanden.

Hier wäre daher auch der richtige Platz für den größten Teil der fünf Divisionen der Kav. Korps Hollen und Frommel gewesen, deren Aufgaben auf dem linken Flügel sehr wohl durch schwächere Kavallerieverbände mit gemischten Detachements hätten erfüllt werden können.

Auf diese Weise wäre auch bei dem tatsächlichen Verlauf der Ereignisse bei der 1. Armee, statt der schließlich nur einen Kavallerie-Division — der 4. — auf ihrem äußersten rechten Flügel, dort ein Kavalleriekorps von drei bis vier Divisionen gewesen. Dies hätte sowohl beim Vormarsch, wie auch bei der Schlacht am Ourcq wertvolle Dienste leisten können.

**Einfluß der Lage der Festungen.** Von welch entscheidendem Einfluß die Lage der Festungen im Operationsgebiet auf die Bewegungen der großen Kavalleriemassen gewesen ist, zeigen die Vormarschrichtungen der Kavalleriekorps in deutlicher Weise (vgl. Karte I).

So mußte sich der H. K. K. 2 erst nördlich und südlich von Lüttich durchzwängen, ehe er freie Bahn zum weiteren Vormarsch hatte. Die nördlich Brüssel allein vorgehende 2. K. D. mußte sich beim Durchmarsch zwischen Brüssel und Antwerpen in respektvoller Entfernung von den Südforts der Festung Antwerpen halten. Später, vom 24. 8. ab, beim Abdrehen von der Schelde nach Süden, mußte der H. K. K. 2 zwischen Lille und Condé hindurchmarschieren.

Der H. K. K. 1 war nach der gewaltsamen Erkundung gegen Dinant genötigt, die Maas östlich Namur zu überschreiten, und die Festung in einem nach Süden geöffneten Bogen in zeitraubenden Märschen zu umgehen. Während des Abdrehens von Binche aus nach Süden gewann der H. K. K. 1 das südliche Sambre-Ufer, indem er die Festung Maubeuge östlich und südlich umging. Beim weiteren Vormarsch über St. Quentin, Noyon, Soissons, ging das Kavalleriekorps dann an den Befestigungen von La Fère—Laon—Condé westlich vorbei.

Alle diese Umgehungen nahmen die Kräfte der Truppe sehr mit und kosteten viel wertvolle Zeit.

Auf dem linken Heeresflügel verhinderten schließlich die französischen Ostbefestigungen das Vorgehen der Heereskavallerie, und der H. K. K. 4

mußte sich beim Vorgehen der 5. Armee mit dieser durch die Lücke zwischen Montmédy und Verdun durchwinden.

**Schwierigkeiten des Geländes.** Dem Vormarsch der Kavallerie stellten sich die Schwierigkeiten der infolge der zunehmenden landwirtschaftlichen und industriellen Kultur immer mehr fortschreitenden Bebauung des Geländes entgegen.

Drahtzäune, Drainageanlagen, Schutthalden, Förderschächte, Fabrikmauern, Bahndämme, Kanäle und sonstige Kunstbauten erschwerten das Vorwärtskommen und machten den geschlossenen Einsatz größerer Massen zu Pferde oft unmöglich. Dies zeigte sich besonders in den belgischen Industriezentren, sowie in der Gegend von Lens.

Das gut ausgebaute Straßennetz in Belgien und Frankreich erleichterte zwar den Vormarsch der Kavallerie; anderseits gaben die vielen Eisenbahnen mit Dämmen, Über- und Unterführungen, sowie die weitverzweigten Kanal- und Bewässerungssysteme mit gemauerten oder steil geböschten Ufern dem Feinde vielfach Gelegenheit, unsern Vormarsch aufzuhalten.

Vorausschauende Anordnungen für genaue Geländeerkundung bei Vor- und Rückmärschen sind daher heutzutage besonders wichtig.

Die Tätigkeit der „Aufklärer" war durch diese Geländeschwierigkeiten und die heutige Waffenwirkung meist ausgeschlossen. Dies ist mit der Hauptgrund zu den großen Verlusten bei den wenigen Angriffen zu Pferde großer Kavalleriekörper, wie z. B. bei Haelen am 12. 8. 14.

**Ausnutzung des Geländes.** Die immer größer werdende Wirkung der Feuerwaffen zwang besonders die weithin sichtbare Kavallerie zu vermehrter Ausnutzung des Geländes zur Deckung.

Die Entwicklung der Exerziervorschriften hatte bereits das Bestreben gezeigt, die früheren breiten, starren Formationen durch schmalere, tiefere Formen zu ersetzen, die sich dem Gelände besser anschmiegen konnten. So mußte die Brigadekolonne (215 Schritt breit), der Brigade in Regimentskolonnen (100 Schritt), und diese wiederum der Doppelkolonne (32 Schritt) und der Zugkolonne (13 Schritt) weichen. Die Doppelkolonne mit veränderlichem Zwischenraum und Abstand erwies sich schließlich als die geeignetste Formation zur besten Geländeausnutzung, wie auch zur schnellsten Entwicklung nach Front und Flanke. Auch die „lichten Formationen" und der Fortfall einengender bestimmter Formen für die Division ermöglichten bessere Ausnutzung des Geländes zur Deckung gegen Sicht und Feuer. Erstere fanden bereits in den ersten Feldzugstagen an der Brückenstelle bei Lixhé, nördlich Visée, bei der 2. und 4. K. D. Anwendung zum Schutz gegen das Artilleriefeuer aus Lüttich.

Die späteren Fliegerverluste lehrten bald die Aufstellung der Kavallerie in regellosen, der vorhandenen Fliegerdeckung angepaßten Gruppen. Auch die dem Einfluß des Generals v. Bernhardi zu dankende „flügelweise Verwendung“ der Kavallerie an Stelle der alten starren Dreitreffentaktik erleichterte die Ausnutzung des Geländes.

**Marsch.** Für den Marsch erwies sich die Kolonne zu Zweien als die einzig mögliche Marschkolonne.

Besondere Rücksicht mußte die Kavallerie beim Marsch schon 1914 auf die feindliche Luftaufklärung nehmen.

In der Zeit, als man noch mit der Möglichkeit des schnell verlaufenden Reiterkampfes rechnete, mußte der Kavallerie-Divisionsführer beim Vorgehen in breiter Front befürchten, seine getrennten Brigaden nicht rechtzeitig zur gemeinsamen Attacke zusammen zu bekommen. Der Vormarsch einer Kavallerie-Division auf einer Straße erschien daher damals am sichersten. Der französische Generalinspekteur der Kavallerie Sordet hat noch im Jahre 1913 hervorgehoben, daß die rechtzeitige Unterstützung der einzelnen Marschkolonnen einer Kavallerie-Division nur dann gewährleistet sei, wenn der Zwischenraum von 5 km nicht überschritten werde.

Als die größeren Kämpfe zu Pferde aufhörten, und an ihre Stelle das langsamer verlaufende Fußgefecht trat, konnte man eine genügend feuerkräftige Kavallerie-Brigade ruhig für einige Zeit sich selbst überlassen. Die Vereinigung auf dem Schlachtfelde, unter Einsatz der nicht auf Feind gestoßenen Brigaden aus günstiger Richtung gegen Flanke oder Rücken des Feindes war jetzt eher möglich.

Somit fordern die heutigen Kampfbedingungen zu einem Vorgehen der Kavallerie-Division in breiter Front auf. Da indessen das Straßennetz dies nur selten gestattete, mußte es in der Praxis oft doch beim Vormarsch der Division auf nur einer Straße bleiben.

Daß im übrigen nicht nur die Aufklärungsorgane, sondern auch die Kavallerie-Divisionen selbst sich im Bewegungskriege oft auch abseits der Straßen quer durch das Gelände bewegen mußten, spricht für die Notwendigkeit guter Reitausbildung für diesen Zweck.

Wenn die Kavallerie-Divisionen in einzelnen Fällen nicht viel schneller vorwärts gekommen sind wie die Infanterie, so hatte dies seinen Grund darin, daß die Gefechtskraft der Kavallerie zu Beginn des Krieges manchmal nicht ausreichte, um feindlichen Widerstand rasch zu brechen. Allmählich lernte man dann starke, mit Artillerie ausgerüstete Vorhuten zu bilden, die hierzu eher in der Lage waren.

Die Errungenschaften der Technik werden die Gefechtskraft der Kavallerie ebenso steigern wie die der anderen Waffen. Bei der jetzt bedeutend verstärkten Feuerkraft der Kavallerie-Divisionen durch bessere Ausbildung im Feuerkampf, erhöhte Zahl von Maschinengewehren und verstärkte Artillerie, wird die Kavallerie in Zukunft eher in der Lage sein, feindliche Widerstände zu überwinden und so die Schnelligkeit ihrer Pferdebeine noch mehr ausnutzen können.

Der Kavallerieführer muß mit den Kräften der Truppe haushalten und ihr jeden unnötigen Umweg ersparen, damit sie nicht abgehetzt wird und in möglichster Frische an den Feind kommt.

**Pferdematerial. Ausbildung.** Unser Pferdematerial, besonders das ostpreußische und hannoversche Pferd, hat sich hervorragend bewährt, desgleichen der Dressurstand und die Reiterausbildung.

Die zur Erhaltung der Marschfähigkeit erforderliche Schonung der Pferde mußte zeitweise der gespannten Kriegslage wegen außer acht gelassen werden. Die Futter- und Tränkpausen waren oft nicht lang genug, auch stellenweise nicht genügend gesichert. Die große Ermüdung der Pferde in den ersten Wochen des Krieges war die Ursache, daß öfters feindliche Feuerüberfälle gelangen, weil die Meldereiter ihre Meldungen nicht schnell genug zur Truppe bringen konnten.

**Beschlag.** Der Beschlag war zum Teil infolge der harten Straßen des Westens in mangelhafter Verfassung, da er bei den dauernden Märschen und täglichen Gefechten nicht rechtzeitig erneuert werden konnte (s. S. 80, 133 und 141).

**Aufklärung, Sicherung, Verschleierung.** Im Aufklärungs- und Sicherungsdienst hat die Kavallerie während des ganzen Krieges, besonders 1914, bis zum Beginn des Stellungskrieges Vorzügliches geleistet. Das System der Fernaufklärung durch Aufklärungs-Eskadrons mit leichten Funkenstationen in dem ihnen zugewiesenen Geländestreifen, die bei sprungweisem Vorgehen in steter Verbindung mit ihren nicht zu weit vorgesandten Patrouillen blieben, hat sich in jeder Weise bewährt.

Als Erfahrung der ersten Feldzugsperiode zeigte sich die Notwendigkeit der Entsendung stärkerer Aufklärungsabteilungen mit einzelnen Geschützen, Maschinengewehren und Radfahrern an Stelle einzelner Aufklärungs-Eskadrons.

Von der im Frieden üblichen Entsendung weiter Offizierpatrouillen kam man bald ab. Auch mahnten die zu Kriegsbeginn häufigen Verluste von Patrouillen und Aufklärungs-Eskadrons, die in vom Gegner mit Hilfe des Einwohnernachrichtendienstes und mit Unterstützung bewaffneter Einwohner in Dörfern und Wäldern gelegte Hinterhalte fielen, zur Vorsicht.

Die großen Schwierigkeiten, die bei plötzlicher Änderung der Richtung einer bereits angesetzten Aufklärung entstehen, traten am deutlichsten beim H. K. K. 2 am 21. 8. hervor.

Die vielen vorliegenden Berichte über die Tätigkeit der Aufklärungsorgane zeigen, mit wieviel Passion die Kavallerie sich in diesem, ihrem

Hauptdienstzweige betätigt hat. Der weitaus größte Teil der hervorragend opferwilligen Taten, die von Aufklärungs-Eskadrons, Patrouillen und einzelnen Meldereitern auf abenteuerlichen, gefahrvollen, einsamen Ritten ausgeführt worden sind, ist nicht an die Öffentlichkeit, ja oft nicht einmal zur Kenntnis der nachfolgenden Truppen gekommen. Leider konnte auch hier nur ein kleiner Teil der Berichte über derartige Leistungen aufgenommen werden.

Das zuverlässigste Organ zur Überbringung von Befehlen und Meldungen war und blieb, trotz aller technischen Erfindungen, der brave Meldereiter, dessen erfolgreiche Tätigkeit besondere Würdigung verdient. Allein auf sich und sein Pferd angewiesen, ohne Karte in fremdem Lande, oft aus dem Hinterhalt von der feindlichen Bevölkerung beschossen, brachte er seine Meldung fast immer zurück, selbst wenn alle anderen Verbindungsmittel versagten. So konnte der Generalstabsoffizier der 9. K. D. Mitte September 1914 berichten: „Unsere Aufklärung ist glänzend. Die Patrouillenführer und namentlich die Meldereiter leisten Wunderbares."

Die feindlichen, mit Maschinengewehren ausgerüsteten Panzerautos erschwerten die Aufklärung erheblich. Sie zeigten, daß ihre Anwendung auch für uns nachahmenswert ist.

Es hat sich manchmal bitter gerächt, wenn die Kavallerie-Divisionen beim Vormarsch den Aufklärungsorganen nicht den nötigen Vorsprung ließen, und ohne das Aufklärungsergebnis abzuwarten, gewissermaßen selbst Patrouille ritten, wobei sie dann zeitweise in überraschende, unangenehme Feuerüberfälle gerieten.

Die Fliegeraufklärung ergänzte die Aufklärung der Kavallerie in wertvoller Weise, zumal im Gebiet hinter der feindlichen Front. Ein voller Ersatz kann sie jedoch, außer im Stellungskrieg, nie sein, denn Nacht und Nebel, schlechtes Wetter und gute Fliegerdeckung des Gegners machen die Luftaufklärung zeitweise unmöglich. Auch wird die Bodenaufklärung zur Erkundung wichtiger Einzelheiten, wie Besetzung von Ortschaften, Wäldern und Flußübergängen, sowie zum Einbringen von Gefangenen, immer unentbehrlich sein und bleiben. Ferner sind nur größere Kavalleriekörper imstande, den Aufklärungsorganen den nötigen Rückhalt und Nachdruck zu verleihen, und durch eigenes Vorgehen die feindlichen Aufklärungskörper zurückzudrängen, deren Tätigkeit zu unterbinden und so die Überlegenheit im Vorgelände zu erringen. Einheitliches, sich gegenseitig ergänzendes Zusammenwirken der Luft- und Bodenaufklärung ist daher dringend erforderlich. Erstere wird im großen Rahmen nach den Weisungen der obersten Führung, letztere in den begrenzten Aufklärungsstreifen der H. K. K.s und Kavallerie-Divisionen erfolgen müssen.

Die feindliche Aufklärungstätigkeit war nach den Berichten der meisten Kriegstagebücher auffallend passiv*), so daß unserer Aufklärungs-Eskadrons und Patrouillen das Gelände vor der Front fast überall beherrschten.

Die Sicherung der Marschkolonnen durch tiefgegliederte Vorhuten, der Marschflanken, sowie der im Gefecht der Kavallerie meist nicht angelehnten Flügel durch Gefechtspatrouillen, war stets erforderlich. In der Unterkunft sicherten sich die einzelnen belegten Orte selbständig.

Die Verschleierung ergab sich meist durch das in der Aufklärung gewonnene Übergewicht. Erleichtert wurde sie da, wo der Vormarsch in breiter Front erfolgen konnte. Mit der allmählich zunehmenden feindlichen Fliegertätigkeit wurde die Verschleierung erheblich erschwert.

**Gefechtstätigkeit. Kampf zu Pferde.** In bezug auf die Gefechtstätigkeit der Kavallerie legte man bei uns vor dem Kriege das Hauptgewicht auf das geschickte Gruppieren der Kräfte zum Reiterkampf, und noch zu Beginn des Feldzuges rechneten wir mit der vorzugsweisen Gefechtsführung zu Pferde. Wir hofften mit unseren in dreijähriger Dienstzeit sorgsam ausgebildeten Mannschaften und gut zugerittenen Pferden, die sichere Lanzenführung und geschlossenes Reiten in jedem Gelände gestatteten, den Sieg in der Reiterschlacht erringen zu können.

Wenn auch in der Ausbildung im Gefecht zu Fuß teilweise erhebliche Fortschritte gemacht worden waren, so fehlte es doch an Schulung im Feuergefecht in größeren Verbänden. Die von General v. Bernhardi in dieser Beziehung schon lange vor dem Kriege gestellten Forderungen, hatten leider nicht genügend Beachtung gefunden. Erst in der blutigen Praxis des Krieges gewannen wir allmählich Erfahrung in dieser uns bald zur täglichen Gewohnheit werdenden Kampfesart. Es ist der Kavallerie indessen in schneller Anpassungsfähigkeit gelungen, sich auch in dieser neuen Fechtweise erfolgreich zu betätigen.

Bei unseren Gegnern bestanden verschiedene Auffassungen. In Frankreich wurde noch 1913 auf Anregung der Generale Sordet (General-Inspekteur der Kavallerie) und Buisson großer Wert auf die taktische Ausbildung zu Pferde gelegt, während gegen das Gefecht zu Fuß in der französischen Kavallerie eine entschiedene Abneigung vorhanden war.

In England hatte Lord Roberts das Fußgefecht als die Regel, die Attacke als die Ausnahme, und Oberst Pilcher eine im Feuergefecht gut ausgebildete Kavallerie als das Ideal bezeichnet. Dagegen hat General French aus erzieherischen Gründen und für die Aufklärung in erster Linie,

*) Lieut. Col. Carrère spricht in „Cavalerie 1914—1918" von: „Peu de résultats des investigations premières dans l'exploration".

die Ausbildung des Kavalleristen für die Attacke und den Gebrauch der blanken Waffe gefordert, während General Haig gleich gute Ausbildung im Gefecht zu Fuß wie für die Attacke verlangte. In ihrem letzten Manöver vor dem Kriege, im Herbst 1913, haben die Engländer auffallend viel zu Fuß gefochten, während die Attacke kaum oder gar nicht vorgekommen sein soll.

Im Kriege zerschellte infolge der bereits erwähnten Schwierigkeiten und der hierdurch behinderten Gefechtsaufklärung bei der heutigen Waffenwirkung mancher kühne Reiterangriff. Schweren Herzens mußten wir erkennen, daß die Zeiten der großen Reiterschlachten vorbei sind.

Dazu kam, daß unsere Gegner in der Erkenntnis unserer offenbaren Überlegenheit im Gefecht zu Pferde dem Reiterkampfe fast überall auswichen, und uns durch Feuergefecht an günstigen Geländeabschnitten zwangen, nun ebenfalls zu Fuß mit der Schußwaffe zu kämpfen. Oft genug waren, wie vorstehend geschildert worden ist, unsere Kavallerie-Divisionen auf die Meldung vom Herannahen feindlicher Kavallerie zum Gefecht zu Pferde entfaltet in froher Erwartung eines frischen Reiterkampfes. Aber immer wieder schlug den Aufklärern aus besetzten Gehöften oder Waldrändern das feindliche Karabiner- und Maschinengewehrfeuer entgegen, und es kam statt der erhofften Attacke zum Feuergefecht. Die große Zahl der angeführten Beispiele zeigt die Unhaltbarkeit der Behauptung unserer Gegner, w i r wären dem Kampfe zu Pferde ausgewichen.

Immerhin konnte sich unsere Kavallerie, weil sie ihrerseits den Reiterkampf nicht scheuen brauchte, dreister im Gelände bewegen als unsere Gegner, die, meist zu Fuß kämpfend, mehr vom Gelände abhängig waren, ein Umstand, der unserer Aufklärung zugute kam. Für uns bedeutete dieses Verfahren oft einen gewissen Geländegewinn, weil der Feind hierbei fast immer erst in rückwärtige Stellungen zurückgehen mußte. Sicher hätte die feindliche Kavallerie auch oft lieber attackiert, aber die Klugheit riet zum Feuerkampf. Überraschungserfolge kleinerer Verbände zu Pferde, von Eskadrons, Regimentern, ja auch von Brigaden, haben sich, wie gezeigt wurde, auch jetzt noch als möglich erwiesen. Unsere bisherige gute Ausbildung für den Reiterkampf hat sich also trotz allem doch bezahlt gemacht.

Schon beim Einmarsch in Belgien haben wir gesehen, wie die Kavallerie zunächst meist Kämpfe um von Truppen und Einwohnern verteidigte Ortschaften, Waldeingänge oder Sperren an Fluß- und Kanalübergängen zu führen hatte. Hierbei lernten wir bald, daß Artillerie in die Vorhut gehört, und daß die Kavallerie sich im Fußgefecht unter Umständen so weit von ihren Handpferden trennen muß, wie wir es im Frieden nicht für möglich gehalten hätten.

**Der Feuerkampf.** Somit ist auch für die Kavallerie d e r F e u e rkampf die Hauptfechtweise geworden, den wir genau wie die Infanterie beherrschen lernen müssen. Trotzdem weisen die Kavalleriefußgefechte, neben dem meist beiderseits angelehnten normalen Infanteriekampfe, mancherlei im Wesen einer berittenen Waffe begründete Eigenheiten auf. Als solche Eigenheiten des Kavalleriefußgefechts haben sich ergeben:

- sprungweises Vorgehen von Abschnitt zu Abschnitt,
- Ausnutzung der Beweglichkeit für die Überraschung, um schon von weither günstige Angriffsrichtungen, womöglich gegen Flanke oder gar den Rücken des Feindes zu gewinnen, oder um einen auch überlegenen Gegner in hinhaltendem Gefecht zu fesseln,
- gruppenweise Gefechtsführung mit häufigem Verzicht auf Anlehnung, weshalb Flügelschutz durch Patrouillen und Staffelung von besonderer Wichtigkeit sind,
- Besetzung und Halten ausgedehnter Abschnitte vermittels schnell verschiebbarer Reserven,
- Aufstellung der Handpferde und Ausscheiden einer Reserve zu Pferde,
- die Eigenart des raschen Abbrechens des Gefechts und das rechtzeitige Erreichen der Handpferde,
- richtige Ausnutzung der Pferdekräfte bei der Verfolgung, beim Rückzuge und bei plötzlichen Feuerüberfällen.

Trotz der erhöhten Bedeutung des Feuerkampfes wäre es jedoch grundfalsch, nun etwa aus der Kavallerie „berittene Infanterie" machen zu wollen. Der berittene Infanterist ist ein „schlecht reitender Schütze", der heutige Kavallerist soll dagegen ein „gut schießender Reiter" sein!

Man würde der Kavallerie nicht nur ihre Eigenart nehmen, sondern auch ihre Aufklärungs- und Kampftätigkeit erheblich beeintr ichtigen. Berittene Infanterie wird infolge mangelnder Reiter- und Pferdeausbildung stets mehr an die Straßen gebunden sein.

„Die Möglichkeit, mit starken Feuerkampfmitteln schnell und über jedes Gelände vorwärts zu kommen, verbunden mit großer Manövrierfähigkeit, sind die ausgesprochenen Eigenschaften der Kavallerie", sagt eine Weisung der französischen O. H. L. im Kriege.

Zum schnellen Vorwärtskommen in jedem Gelände sind aber sorgfältig ausgebildete Reiter und gut gerittene und gepflegte Pferde die Hauptbedingung. Die großen Pferdeverluste der berittenen Infanterie der Engländer im Burenkriege sprechen in dieser Frage ein ernstes Mahnwort.

So sagt das neue französische Kavallerie-Reglement sehr richtig: „Wenn der heutige Kavallerist die gleichen reiterlichen Eigenschaften und den gleichen Schneid zu Pferde besitzen muß wie seine Vorgänger, so muß er im Gefecht zu Fuß mit dem besten Infanteristen wetteifern."

**Die verschiedenen Arten der Gefechtstätigkeit.** Die Gefechtstätigkeit der Kavallerie 1914 im Westen bestand:

im Brechen feindlichen Widerstandes bei der Aufklärungstätigkeit (während des Vormarsches durch Belgien und Frankreich),

in der Umfassung (bei Soissons),

in der Besetzung und dem Halten ausgedehnter Geländeabschnitte (Marne-Schlacht, bei der Flügelverlängerung von der Aisne bis zur Lys, später aber auch besonders im Osten),

in der Ausfüllung von Lücken der Heeresfront (in Lothringen, während der Marne-Schlacht, an der Aisne, bei Warneton, sowie im Schützengraben während des Stellungskrieges),

in der Verlängerung des Heeresflügels (an der Oise und Somme, bei Lens, La Bassée, Hazebrouck und Warneton),

bei Feuerüberfällen (bei Cattenières, Branges, Autheuil en Valois u. a. Gelegenheiten).

in der Verfolgung (in Belgien und Nordfrankreich während des Vormarsches),

in der Deckung des Rückzuges (nach der Marne-Schlacht).

**Verfolgung.** Besonders die Verfolgungstätigkeit stieß wegen der großen Stärke der Verteidigung auf ungeahnt große Schwierigkeiten, da selbst schwache Kräfte imstande sind, mit wenigen Maschinengewehren und Geschützen dem Verfolger langen Aufenthalt zu bereiten.

Trotzdem waren unserer Kavallerie schöne Erfolge bei der Verfolgung beschieden. So z. B. am 25. 8. H. K. K. 2 bei St. Hilaire, H. K. K. 1 bei Ramousies, am 26. 8. H. K. K. 2 bei Cattenières, Caudry und Bethencourt, H. K. K. 1 bei Zorées. Ferner am 1. 9. die 4. K. D. bei Néry und H. K. K. 1 am 1. 9. bei Soissons, am 2. 9. bei Branges und am 3. 9. bei Mont St. Père.

Die Erfolge hätten noch größer sein können, wenn nicht, wie gezeigt worden ist, infolge der wechselnden Unterstellung der Heereskavallerie viel Zeit verloren gegangen wäre, und die Pferdekräfte durch unnötige Umwege vorzeitig am Rande ihrer Leistungsfähigkeit angelangt gewesen wären.

Daß auch unsere Gegner die Bedeutung kavalleristischer Verfolgungstätigkeit gebührend würdigten, zeigt eine Äußerung des Generals Cherfils, der 1915 im „Echo de Paris" schrieb: „Eins steht fest, wenn wir nach dem Rückzuge der Deutschen von der Marne disponible Kavallerie gehabt hätten, so hätten wir Chance gehabt, diesen Rückzug zur Deroute auszugestalten, und die Schlacht an der Aisne, die nun (1915) kein Ende nehmen will, hätte keinen Anfang genommen."

Auch die Pferde der französischen und englischen Kavallerie konnten nicht mehr. So sagt General Fonville: „Wenn unsere Kavallerie nicht durch ihre völlig nutzlosen Raids in Belgien erschöpft gewesen wäre, welche unermeßlichen Erfolge wären uns dann beschieden gewesen." Und ein Amerikaner meint im Army und Navy Journal: „Die Franzosen konnten die Niederlage der Deutschen in der Marne-Schlacht nicht ausnutzen, weil die französische Kavallerie durch den Ritt nach Belgien und zurück abgenutzt war."

**Deckung des Rückzuges.** Die erwähnten, die Verfolgung erschwerenden Umstände erleichterten anderseits wiederum die Tätigkeit der Kavallerie bei der Deckung des Rückzuges. So konnten die Kavallerie-Divisionen der H. K. K.s 2 und 1 während der Marne-Schlacht den Rücken der 1. Armee und den Rückmarsch des rechten Flügels der 2. Armee am Grand Morin bei Coulommiers und La Ferté Gaucher, an der Marne bei La Ferté sous Jouarre, sowie nördlich von Rebais und beim weiteren Rückmarsch zur Aisne in opfermutiger Abwehr decken (vgl. S. 95 bis 115). Hierbei hatten die braven Jäger-Bataillone und die Artillerie bei der damals noch geringen Feuerkraft der Kavallerie die Hauptlast des Kampfes zu tragen.

Die gute Ausbildung der deutschen Kavallerie in Nachhutgefechten hat French, wie bereits auf S. 110 erwähnt, selbst anerkannt.

**Verluste.** Die Verluste der Kavallerie in ihren etwa 260 größeren Gefechten allein im Westen waren zum Teil erheblich. Da eine vollständige Verlustliste hier nicht gegeben werden kann, sei nur beispielsweise erwähnt, daß bis Ende Oktober 1914 die Verluste der 3. K. D. 77 Offiziere, 1520 Mann und 1278 Pferde, die der 4. K. D. 83 Offiziere, 1575 Mann und 1578 Pferde betrugen. Die Bayer. K. D. verlor allein im Oktober 1914 31 Offiziere, 717 Mann und 242 Pferde.

---

**Die Zusammenfassung der Kriegserfahrungen** ergibt, daß die Kavallerie trotz der großen Schwierigkeiten, die sie durch die ungeahnte Bedeutung des Feuerkampfes, sowie ihre mangelhafte Ausrüstung zu überwinden hatte, sich bald in ihre Rolle gefunden hat.

Marschall Haig sagt: „Die Gesamterfahrungen des Krieges haben klar und deutlich die Beibehaltung größerer Kavalleriekörper gerechtfertigt. Sie haben gezeigt, daß die unter günstigen Bedingungen eingesetzte Kavallerie sowohl als Stoßwaffe, wie als bewegliche Infanterie noch eine unersetzbare Rolle im modernen Kriege zu spielen hat."

Bei Verwendung der Kavallerie muß die höhere Führung allerdings stets der Eigenart der Waffe Rechnung tragen. So heißt es in der französischen Kavallerievorschrift von 1918 mit Recht: „Die Kavallerie ist eine empfindliche Waffe. Ihr Wiederaufbau ist langwierig und nicht leicht. Sie darf daher nicht der Ungeduld eines Führers geopfert werden unter Bedingungen, in denen ihre besonderen Eigenschaften nicht ausgenutzt werden können."

Aus den vorher geschilderten Ereignissen gewinnen wir die feste Überzeugung, daß der Kavallerie auch fernerhin Erfolge als Aufklärungs- und Kampftruppe, in operativer wie in taktischer Verwendung beschieden sein werden.

Voraussetzung hierfür ist, daß die Kavallerie ihre Kriegserfahrungen, besonders auch aus dem Bewegungskriege, nicht vergißt, und sich alle heutigen Kampfmittel zu eigen macht, wodurch ihr taktischer Wert weit größer ist als früher.

In ihrer Hauptkampfesart, dem Gefecht zu Fuß, darf sie hinter der besten Infanterie nicht zurückstehen, und muß den Feuerkampf unter möglichster Ausnutzung ihrer Beweglichkeit führen. Trotzdem muß sich die Kavallerie ihren alten offensiven Reitergeist unbedingt erhalten, und wo es die Lage gestattet, zumal in kleineren Verbänden, greift sie auch heute noch zu Pferde an.

Beherzigen wir also die Worte des Generals v. Bernhardi aus seinem schon lange vor dem Kriege geschriebenen „Reiterdienst": „Die Zeiten eines Seydlitz sind in gewissem Sinne unwiderruflich vorüber. So wie durch ihn wird keine Schlacht mehr gewonnen werden. Seinem Geiste aber bleiben wir treu, wenn wir unter den Bedingungen und mit den Mitteln unserer Zeit das Höchste zu erreichen streben."

Anlage 1.

# Quellenverzeichnis.

Gen. d. Kav. von Bernhardi, Unsere Kavallerie im nächsten Kriege, 2. Aufl., Berlin 1903, E. S. Mittler & Sohn.

Gen. d. Kav. von Bernhardi, Vom Kriege der Zukunft, Berlin 1920, E. S. Mittler & Sohn.

G. F. M. von Bülow, Mein Bericht zur Marneschlacht, Berlin 1920, Aug. Scherl.

Bulletin Belge des sciences militaires, Brüssel, Librairie Albert Devit, Rue Royal 53.

Lt. Col. Carrère, Cavalerie 1914—1918, Paris 1916, Lavauzelle.

von Cramm, Patrouillenritte, Champagne-Kriegszeitung.

Oberst Egli, Der Aufmarsch und die Bewegungen der Heere Frankreichs, Belgiens und Englands, Berlin 1918, E. S. Mittler & Sohn.

Einzelschrift des Gr. Generalstabs, Lüttich—Namur, Oldenburg 1918, Gerhard Stalling.

Einzelschrift des Gr. Generalstabs, Die Schlacht bei Mons, Oldenburg 1919, Gerhard Stalling.

W. Foerster, Graf Schlieffen und der Weltkrieg, Berlin 1921, E. S. Mittler & Sohn.

F. M. French, Bericht, Naval and Military Despatches u. Daily Telegraph 1919, 29. 4. ff.

Frhr. Gayling von Altheim, Das 1. Garde-Dragoner-Regiment im Kriege 1914—1918, Berlin 1920, Kyffhäuser Verlag.

Generalstäbler, Kritik des Weltkrieges, Leipzig 1920, K. F. Koehler.

Lord Hamilton, The first seven divisions.

Hanotaux, Histoire de la guerre 1914, Bordeaux 1914, Gennouilhou.

J. Héthay, Le rôle de la cavalerie française à l'aile gauche de la première bataille de la Marne, Paris 1920, Perrin & Co.

Gen. Oberst von Kluck, Der Marsch auf Paris und die Marneschlacht 1914, Berlin 1920, E. S. Mittler & Sohn.

Gen. d. Inf. von Kraewel, Die Brigade Kraewel am 8. u. 9. 9. 1914, Mil. Woch. Bl. 1919, Nr. 73.

Kriegstagebücher der Kav. Divisionen und der H. K. Ks.

Gen. d. Inf. von Kuhl, Der Marnefeldzug, Berlin 1920, E. S. Mittler & Sohn.

Oberstlt. Müller-Loebnitz, Der Wendepunkt des Weltkrieges, Berlin 1921, E. S. Mittler & Sohn.

H. Stegemann, Geschichte des Weltkrieges, Stuttgart, Berlin 1917, Deutsche Verlagsanstalt.

O. von Stülpnagel, Die Wahrheit über die deutschen Kriegsverbrechen, Berlin 1920, Staatspolitischer Verlag.

Vogel, 3000 km mit der Garde-Kav. Division, Bielefeld, Leipzig 1916, Velhagen & Klasing.

Frhr. von Welck, Über Kavallerie, Jahrbücher für Armee und Marine.

Gen. der Inf. von Zwehl, Die Operationen des F. M. French gegen die 1. Armee und das VII. R. K. im Sommer 1914, Mil. Woch. Bl. 1919 Nr. 35.

**Anlage 2.**

# Ranglisten und Kriegsgliederungen.

## Höherer Kavalleriekommandeur 2: Gen. d. Kav. v. d. Marwitz.

Chef des Genstb.: Major Hoffmann v. Waldau.
Genstb.: Hptm. v. Bülow. Adjutant: Rittm. v. Restorff.

Jäger-Btle. 3, 4, 7, 9, 10.

### 2. Kavalleriedivision.

**Gen. Maj. Frhr. v. Krane.** — Vom 20. 9. 1914 an: **Gen. Maj. Frhr. Thumb v. Neuburg.**
1. Genstbs. Off.: Hptm. Frhr. v. d. Osten-Sacken. — Vom 28. 9. 1914 an: Major v. Dommes.
2. Genstbs. Off.: Hptm. Janssen.
Adj.: Rittm. Sander (Hus. 11).

5. Kav. Brigade: Oberst v. Arnim. — Vom 24. 9. 1914 an: Oberst Frhr. v. Baumbach.
Drag. 2: Oberst v. Poseck. — Vom 11. 9. 1914 an: Major v. Arnim. — Schwedt.
Ulan. 3: Oberstlt. v. Linsingen. — Fürstenwalde.

8. Kav. Brigade: Gen. Maj. Frhr. Thumb v. Neuburg. — Vom 20. 9. 1914 an: Oberst Heydemann.
Kür. 7: Oberst Heydemann, dann Major v. Günther. — Halberstadt.
Hus. 12: Oberst Frhr. v. Ledebur. — Torgau.

Leib-Hus. Brigade: Oberst v. Frankenberg und Ludwigsdorf.
Leib-Hus. 1: Oberstlt. v. Eicke und Polwitz. — Langfuhr.
Leib-Hus. 2: Oberstlt. Edler Herr und Frhr. v. Plotho. — Langfuhr.

Reit. Abt. Feldart. 35: Major Le Tanneux v. Saint-Paul. — Deutsch-Eylau.

M. G. Abt. 4: Hptm. Ulbrich. — Thorn.

Nachr. Abt. mit schw. Fu. St. 1 und l. Fu. St. 5 und 6.

Pi. Abt.

Kav. Kraftw. Kolonne.

Jäger-Btle. wurden von den dem H. K. K. 2 unterstellten Btln. wechselnd zugeteilt.

Dazu vom 2. 10. 1914 an: Zusammenges. Garde-Kav. Brigade: Oberstlt. Frhr. v. Maltzahn mit 2 Esks. 2. G. Ul., 2 Esks. L. G. Hus. und 3 Esks. Hus. 3.

### 4. Kavalleriedivision.

**Gen. Lt. v. Garnier.**
1. Genstbs. Off.: Major Brüggemann-Ferno. — Vom 6. 8. 14 bis 16. 10. 14 krank, vertreten durch Hptm. Blankenhorn.
2. Genstbs. Off.: Hptm. Blankenhorn.
1. Adj.: Rittm. v. Brustellin, 2. Adj.: Rittm. Frhr. v. Wilmowski.

3. Kav. Brigade: Oberst Graf v. der Goltz.
Kür. 2: Oberstlt. v. Knobelsdorff. — Pasewalk.
Ulan. 9: Oberstlt. Graf v. Schmettow. — Demmin.

17. Kav. Brigade: Gen. Maj. Graf v. Schimmelmann.
Drag. 17: Oberstlt. Frhr. v. der Heyden-Rynsch. — Ludwigslust.
Drag. 18: Major Baron Digeon von Monteton. (Gefallen am 12. 8. 14 bei Haelen.) — Parchim.

18. Kav. Brigade: Oberst v. Printz.
Hus. 15: Major v. Zieten. — Wandsbeck.
Hus. 16: Oberstlt. Ludendorff. — Schleswig.

Reit. Abt. Feldart. 3: Major Wagner (gefallen am 26. 8. 14 bei Bethencourt), dann Hptm. Winkler (gefallen am 6. 9. bei Brégy-Bouillancy), dann Major Schönberg. — Brandenburg.

Garde-M. G. Abt. 2: Hptm. v. Schierstädt. — Berlin.

Nachr. Abt. mit schw. Fu. St. 18 und l. Fu. St. 10.

Pi. Abt.

Jäger-Btle. wurden von den dem H. K. K. 2 unterstellten Jäg.-Btln. 3, 4, 7, 9, 10 wechselnd zugeteilt. Vom 4. 9. 14 ab ist Jäg. Btl. 7 ständig bei der Division.

Zur Division traten ferner:

Am 29. 9. Brigade Schrott: Chev. Rgt. 8.
Rgt. Flotow (je 2 Esks. Drag. 7 und Ulan. 7).
Rgt. Kaufmann (je 2 Esks. Drag. 6 und Ulan. 6).

Am 30. 9. 39. Kav. Brigade, Oberst Koch.
Drag. 14 und Jäg. zu Pferde 3.

Daher vom 11. 10. ab neue Kriegsgliederung: (11 Kav. Regtr.).

Brig. Goltz: Kür. 2, Ulan. 9, Regt. Flotow (je 2 Esks. Drag. 7 und Ulan. 7), (später Regt. Günther).

Brig. Prinz: Drag. 17 und 18, Hus. 15 und 16.

Brig. Koch: Drag. 14, Jäg. zu Pferde 3, Chev. 8, Regt. Kaufmann (Drag. 6 und Ul. 6), (später Regt. Bettendorff).

### 9. Kavalleriedivision.

**Gen. Maj. v. Bülow.** Vom 12. 8. 14 an **Gen. Maj. Graf v. Schmettow (Eberhard).**
1. Genstbs. Off.: Hptm. Herwarth v. Bittenfeld.
2. Genstbs. Off.: Hptm. Braemer.

13. Kav. Brigade: Oberst Seiffert.
Kür. 4: Oberstlt. v. Albedyll. — Münster i. W.
Hus. 8: Oberstlt. v. Bodelschwingh. — Paderborn.

14. Kav. Brigade: Oberst v. Heuduck.
Hus. 11: Oberstlt. v. Gillhausen bis 5. 10. (mit dem Pferde gestürzt), dann Major Ewald. — Crefeld.
Ulan. 5: Oberstlt. v. Normann-Loshausen bis 5. 10. (mit dem Pferde gestürzt), dann Major v. Carnap. — Düsseldorf.

19. Kav. Brigade: Oberstlt. v. Preinitzer bis 25. 10., dann Oberst Graf v. der Goltz.
Drag. 19: Major v. Kaehne bis 26. 8. (verw.), dann Major Frhr. Reichlin v. Meldegg bis 24. 10., dann Oberstlt. v. Preinitzer. — Oldenburg.
Ulan. 13: Oberstlt. Ritter und Edler v. Loeßl. — Hannover.

Reit. Abt. Feldart. 10: Major Frhr. v. Wangenheim. — Hannover.

M. G. Abt. 7: Hptm. Graf v. Plettenberg. — Cöln.

Nachr. Abt. mit schw. Fu. St. 21 und l. Fu. St. 8 und 17.

Pi. Abt.

Jäger-Btle. wurden von den dem H. K. K. 2 unterstellten Btln. wechselnd zugeteilt.

Zur Division traten ferner:

Am 2. 10. 14 ein komb. Kav. Rgt. mit 3 Esks. Drag. 16 und 2 Esks. Gren. z. Pf.

## Höherer Kavalleriekommandeur 1: Gen. Lt. Frhr. v. Richthofen.

Chef des Genstb.: Oberst v. Raumer (gefallen am 26. 8. 14 bei Marbaix), dann vom 12. 9. 14 an: Oberst v. Poseck.
Genstb.: Major Simon.
1. Adj.: Rittm. Heyl.
2. Adj.: Oblt. Barthels.

Jäger-Btle.: G. Jäg. Btl., G. Schützen-Btl., ferner bis zum 20. 8. 14 die Jäg. Btle. 11, 12 und 13.

### Garde-Kavalleriedivision.

**Gen. Lt. v. Storch** (am 24. 9. erkrankt), dann **Gen. Maj. v. Etzel.**
1. Genstbs. Off.: Major Riemann.
2. Genstbs. Off.: Hptm. Graf Wolffskeel v. Reichenberg.
1. Adj.: Major v. Bredow.

1. G. Kav. Brigade: Oberst v. Bärensprung.
Rgt. Gardedukorps: Oberstlt. v. Kleist. — Potsdam.
G. Kür. Rgt.: Oberstlt. Graf v. Spee. — Berlin.

2. G. Kav. Brigade: Oberst Graf v. Rothkirch.
1. G. Ulan.: Oberstlt. v. Arnim. — Potsdam.
3. G. Ulan.: Oberstlt. v. Tschirschky und Bögendorff. — Potsdam.

3. G. Kav. Brigade: Oberst Frhr. v. Senden.
1. G. Drag.: Oberstlt. Frhr. v. Holzing-Berstett. — Berlin.
2. G. Drag.: Oberst Frhr. v. Zedlitz und Leipe. — Berlin.

Reit. Abt. 1. G. Feldart. Rgts.: Major v. Heydebreck. — Berlin.

G. M. G. Abt. 1: Hptm. Frhr. v. Münchhausen bis 2. 10., dann Oblt. v. Bodungen. — Potsdam.

Nachr. Abt. mit schw. Fu. St. 2 und l. Fu. St. 1 und 2.

Pi. Abt.

G. Jäger-Btl.: Major v. Krosigk (am 20. 9. bei Ville aux Bois verwundet), dann bis 28. 9. Hptm. Graf zu Solms-Laubach, dann Major v. Fabeck Kommandeur. — Potsdam.

G. Schützen-Btl.: Oberstlt. v. Gélieu. — Berlin-Lichterfelde.

Ferner zeitweise Zuteilung der dem H. K. K. 1 bis zum 20. 8. angehörenden Jäg. Btle. 11, 12, 13.

**5. Kavalleriedivision.**

**Gen. Maj. v. Ilsemann.**
1. Genstbs. Off.: Major Buchfinck.
2. Genstbs. Off.: Hptm. Henning.
1. Adj.: Major v. Harnier, 2. Adj.: Rittm. Hesterberg.

9. Kav. Brigade: Gen. Maj. Rusche.
Drag. 4: Oberstlt. v. Alt-Stutterheim. — Lüben.
Ulan. 10: Oberstlt. Graf v. Bredow. — Züllichau.

11. Kav. Brigade: Oberst v. Wentzky und Petersheyde.
Leib-Kür. 1: Major v. Giese. — Breslau.
Drag. 8: Oberstlt. v. Maltzahn, später Major v. Schultz. — Oels, Kreuzburg, Bernstadt, Namslau.

12. Kav. Brigade: Gen. Maj. Graf v. Pfeil und Klein Ellguth (Anfang September verwundet gefangen). Dann Oberst v. Lepel.
Hus. 4: Oberstlt. Frhr. Henn v. Henneberg. — Ohlau.
Hus. 6: Oberst v. Lepel bis Anfang September, dann Maj. v. Manstein. — Ratibor, Leobschütz.

Reit. Abt. Feldart. 5: Major Hoffmann-Scholtz bis Mitte September, dann Hptm. Lewald. — Sagan.

M. G. Abt. 1: Hptm. v. Merkatz. — Breslau.

Nachr. Abt.: Rittm. v. Mücke. Mit schw. Fu. St. 3 und l. Fu. St. 3.

Pi. Abt. 5.

Jäger-Btle. wurden zeitweise wechselnd von den dem H. K. K. 1 unterstellten Btln. zugewiesen.

## Höherer Kavalleriekommandeur 4: Gen. Lt. Frhr. v. Hollen.

Chef des Genstbs.: Oberstlt. Frhr. v. Brandenstein.
Genstb.: Hptm. v. Willisen.
Adj.: Rittm. Ziegler, vom 3. 9. ab Rittm. v. Haeseler.

Jäger-Btle. 5 und 6.

**3. Kavalleriedivision.**

**Gen. Lt. v. Unger.**
1. Genstbs. Off.: Major Lamotte (am 24. 10. zum III. R. K.), dann Hptm. Prausnitzer.
2. Genstbs. Off.: Hptm. Prausnitzer. Vom 24. 10. 14 ab: Hptm. Graf v. Brandenstein-Zeppelin.
Adj.: Major v. Schwartzkopf.

16. Kav. Brigade: Oberst Kleemann.
Jäg. z. Pf. 7: Oberstlt. Frhr. v. Tettau. — Trier.
Jäg. z. Pf. 8: Oberstlt. v. Baumbach. — Trier.

22. Kav. Brigade: Oberst v. Wurmb.
Drag. 5: Major v. Riesewand.— Hofgeismar.
Hus. 14: Adolf Fürst zu Schaumburg-Lippe. — Cassel.

25. Kav. Brigade: Oberst v. Glasenapp.
Drag. 23: Major v. Arnim bis 29. 8. (verwundet), dann Major Frhr. v. Bellersheim. — Darmstadt.
Drag. 24: Oberst Zierold bis 24. 9., dann Major v. Loßberg bis 4. 10., dann Oberstlt. Meister. — Darmstadt.

Reit. Abt. Feldart. 11: Major Graf v. Hopfgarten bis 1. 10., dann Hptm. Dürr (gefallen am 28. 10. 14), dann Hptm. Zapf. — Fritzlar.

M. G. Abt. 2: Hptm. Bartels. — Trier.

Nachr. Abt. mit schw. Fu. St. 11 und l. Fu. St. 18.

Pi. Abt.

Jäger-Btl. 6.

**6. Kavalleriedivision.**

**Gen. Lt. Graf v. Schmettow (Egon).**
1. Genstbs. Off.: Hptm. v. Werner (am 10. 8. bei Pillon verwundet), dann Hptm. Klewitz.
2. Genstbs. Off.: Hptm. Klewitz bis 10. 8., dann Rittm. Gaedeke bis 4. 10., dann Hptm. v. Berghes.
Adj.: Major Frhr. v. Wrangel.

28. Kav. Brigade: Gen. Maj. v. Selchow.
Drag. 20: Oberstlt. Graf v. Geßler. — Karlsruhe.
Drag. 21: Oberstlt. Eschborn. — Bruchsal.

33. Kav. Brigade: Gen. Maj. v. Etzel bis 24. 9., dann Oberst Zierold.
Drag. 9: Oberstlt. Blecken v. Schmeling. — Metz.
Drag. 13: Oberst v. Broich (am 10. 8. bei Pillon verwundet), dann Major v. Loßberg bis 24. 9., dann Major v. Mumm. — Metz.

45. Kav. Brigade: Gen. Maj. v. Hofacker bis 25. 9. (erkrankt), dann Gen. Maj. Saenger bis 14. 10., dann Oberst Hugo.
Hus. 13: Oberstlt. Frhr. v. dem Bussche-Haddenhausen. — Diedenhofen.
Jäg. z. Pf. 13: Oberstlt. v. Sobbe. — Saarlouis.

Reit. Abt. Feldart. 8: Major Gerstenberg (gefallen am 10. 8. bei Pillon), dann Hptm. Möller. — Saarbrücken.

M. G. Abt. 6: Hptm. v. Pläncker bis 28. 9. (krank), dann Oblt. Haken. — Metz.

Nachr. Abt. mit schw. Fu. St. 4 und l. Fu. St. 9.

Pi. Abt.

Jäger-Btl. 5.

## Höherer Kavalleriekommandeur 3: Bayer. Gen. d. Kav. Ritter v. Frommel.

Chef des Genstbs.: Major v. Meiß.
Genstb.: Bayer. Major Graf v. Podewils-Dürnitz.
Zugeteilt: Bayer. 1. und 2. Jäger-Btl.

**7. Kavalleriedivision.**

**Gen. Lt. v. Heydebreck.**
1. Genstbs. Off.: Major Frhr. v. Rotberg.
2. Genstbs. Off.: Hptm. Prausnitzer. (Am 24. 10. 14 zur 3. K. D. versetzt.)
1. Adj.: Major v. Oertzen, 2. Adj.: Rittm. Metzger.

26. Kav. Brigade: Gen. Maj. Herzog Robert von Württemberg, K. H.
Drag. 25: Oberstlt. v. Gleich. — Ludwigsburg.
Drag. 26: Oberstlt. Wehl. — Stuttgart (Cannstatt).

30. Kav. Brigade: Oberst v. Graevenitz bis 23. 10., dann Gen. Maj. Saenger.
Drag. 15: Major Hotop (am 23. 10. verwundet), dann Major Runge. — Hagenau.
Hus. 9: Oberst Hugo bis 2. 10. (Kdr. d. 45. K. Br.), dann Major Graf v. Klinkowström. — Straßburg.

42. Kav. Brigade: Gen. Maj. v. Koszielski.
Ulan. 11: Oberstlt. Epner. — Saarburg.
Ulan. 15: Oberstlt. Ritter und Edler v. Rogister. — Saarburg.

Reit. Abt. Feldart. 15: Major Seeger. — Saarburg.

M. G. Abt. 3: Hptm. v. Pagrell. — Saarburg.

Nachr. Abt. mit schw. Fu. St. 26 und l. Fu. St. 13.

Pi. Abt.

Zur Division traten ferner:
Am 1. 10. 14 das Kav. Rgt. Krosigk, 3 Eskr. Ul. 16, 2 Esks. Hus. 17.

## 8. (Sächs.) Kavalleriedivision.

**Gen. Lt. Graf v. der Schulenburg-Heßlen** bis 2. 11. 14, dann **Gen. Maj. Frhr. v. Kapherr.**
1. Genstbs. Off.: Major Tillmanns.
2. Genstbs. Off.: Hptm. v. Schwerdtner.
1. Adj.: Rittm. Stengel, 2. Adj.: Rittm. v. Hoffmann.

23. S. Kav. Brigade: Gen. Maj. v. der Decken.
G. Reiter-Rgt.: Oberstlt. Frhr. v. Friesen. — Dresden.
Ulan. 17: Major v. Mangoldt-Gaudlitz. — Oschatz.

38. Kav. Brigade: Gen. Maj. Weinschenk.
Jäg. z. Pf. 2: Oberstlt. v. Müller. — Langensalza.
Jäg. z. Pf. 6: Oberstlt. v. Wilms. — Erfurt.

40. S. Kav. Brigade: Gen. Maj. Frhr. v. Luttitz.
Karab. Rgt.: Oberstlt. Jahn. — Borna.
Ulan. 21: Major v. der Wense. — Chemnitz.

Reit. Abt. Feldart. 12: Major Buchheim. — Königsbrück.

M. G. Abt. 8 (19): Hptm. Steinbeck. — Leipzig.

Nachr. Abt. mit schw. Fu. St. 25 und l. Fu. St. 16 und 20.

Pi. Abt.

## Bayerische Kavalleriedivision.

**Gen. Lt. v. Stetten** bis 4. 11. 14, dann **Gen. Lt. v. Wenninger.**
1. Genstbs. Off.: Major Graf Tattenbach.
2. Genstbs. Off.: Hptm. Jahreiß.
1. Adj.: Rittm. Jung.

1. Bayer. Kav. Brigade: Gen. Maj. v. Staudt.
1. Schw. Reiter-Rgt.: Major v. Tannstein gen. Fleischmann. — München.
2. Schw. Reiter-Rgt.: Major Frhr. v. Eyb (Otto). — Landshut.

4. Bayer. Kav. Brigade: Gen. Maj. Frhr. v. Redwitz bis 11. 8. 14 (bei Lagarde verwundet), dann bis 21. 8. Oberst Frhr. v. Crailsheim, dann bis 31. 8. Gen. Maj. Schrott, dann Gen. Maj. Frhr. v. u. zu Egloffstein.
1. Ulan. Rgt.: Oberst Frhr. v. Crailsheim. — Bamberg.
2. Ulan. Rgt.: Major v. Faber du Faur. — Ansbach.

5. Bayer. Kav. Brigade: Gen. Maj. v. Hößlin.
1. Chev. Rgt.: Major Cnopf. — Nürnberg.
6. Chev. Rgt.: Major Bresselau v. Bressensdorf (Ralf). — Bayreuth.

Reit. Abt. B. Feldart. Rgts. 5: Maj. Raila. — Landau.

B. M. G. Abt. Nr. 1: Hptm. Conrad. — Landau.

Nachr. Abt. mit B. schw. Fu. St. 3 und 4 und l. Fu. St. 1 und 2.

Pi. Abt.

B. 1. und 2. Jäger-Btl.

Anlage 3.

# Gefechtskalender.

| Datum | Gefecht | Teilnehmer |
|---|---|---|

## II. Vormarsch durch Belgien vom 4. bis 24. August 1914.

| Datum | Gefecht | Teilnehmer |
|---|---|---|
| 4.—24. 8. 14. | **Vormarschgefechte des H. K. K. 2 in Belgien** | H. K. K. 2 (2., 4. u. 9. K. D.) |
| | 4.—6. 8. Kämpfe bei Lüttich und Visée | 2. Armee, H.K.K.2 |
| | 9. 8. Gefecht bei St. Trond | 2. u. 4. K. D. |
| | 10. 8. „ „ Orsmael—Gussenhofen | 2. K. D. |
| | 10. 8. „ „ Linsmeau und Orphey—Lissem | 4. „ |
| | 12. 8. „ „ Haelen | 4. u. 2. K. D. |
| | 14. 8. Maasübergang | 9. K. D. |
| | 16. 8. Gefecht bei Incourt | 4. „ |
| | 16. 8. „ „ Chaumont—Gistoux | 9. „ |
| | 18. 8. „ „ Perwez (Hedenge) | 4. „ |
| | 18. 8. „ „ Perwez (Ramilliers—Offus) | 9. „ |
| | 19. 8. „ „ Hoogdonck | 2. „ |
| | 19. 8. „ „ Orbais | 9. „ |
| 23.—24. 8. | **Schlacht bei Mons** | 1. Armee, H.K.K.2 |
| | 24. 8. Gefechte bei Tournai | H. K. K. 2 (2., 4. u. 9. K. D.) |
| 6.—20. 8. | **Grenzschutz- und Aufklärungskämpfe des H. K. K. 1 in Belgien** | H. K. K. 1 (G. u. 5. K. D.) |
| 14.—20. 8. | **Gewaltsame Erkundung bei Dinant** | H. K. K. 1 (G. u. 5. K. D.) |
| | 14. 8. Gefecht bei Assesse | G. K. D. |
| | 14. 8. „ „ Custinne | 5. „ |
| | 15.—18. 8. Gefecht bei Dinant | G. u. 5. K. D. |
| 23.—24. 8. | **Schlacht bei Namur—Charleroi** | 2. Armee, H.K.K.1 |
| | 24. 8. Gefecht bei Merbes Ste. Marie | G. u. 5. K. D. |

## III. Vormarsch durch Frankreich bis über den Grand Morin vom 25. August bis 5. September 1914.

| Datum | Gefecht | Teilnehmer |
|---|---|---|
| 25.—27. 8. | **Schlacht bei Solesmes und le Cateau** | 1. Armee, H.K.K.2 (2., 4. u. 9. K.D.) |
| | 25. 8. Gefechte bei Iwuy, Avesnes lez Aubert und St. Hilaire | 2. K.D. (unter H.K.K. 2) |
| | 25. 8. Gefecht bei St. Aubert | 4. „ (unter H.K.K. 2) |
| | 25. 8. „ „ Haspres | 9. „ (unter H.K.K. 2) |
| | 26. 8. „ „ Cattenières | 2. „ (unter H.K.K. 2) |
| | 26. 8. „ „ Caudry | 9. „ (unter H.K.K. 2) |
| | 26. 8. „ „ Bethencourt | 4. „ (unter H.K.K. 2) |
| | 27. 8. Gefechte bei Beugny, Haplincourt und Bus | H. K. K. 2 |
| 28. 8. | **Verfolgung bis zur Somme** | 1. Armee, H.K.K.2 (2., 4. u. 9. K.D.) |
| | 28. 8. Gefecht bei Moislains | 2. K. D. |
| 29. u. 30. 8. | **Kämpfe zwischen Somme und Avre** | 1. Armee, H.K.K.2 |
| | 29. 8. Gefecht bei Rosières | IV. A. K. u. 9. K. D. |
| | 29. 8. „ „ Méharicourt | 7. J. D. u. 4. K. D. |

| Datum | Gefecht | Teilnehmer |
|---|---|---|
| 25.—27. 8. | **Verfolgungskämpfe bei St. Quentin** | **2. Armee**, H.K.K. 1 (G. u. 5. K. D.) |
| | 25. 8. Gefecht bei Ramousies | 5. K. D. |
| | 26. 8. Gefechte bei Avesnes und Marbaix | G. „ |
| | 26. 8. Gefecht bei Zorées | 5. „ |
| | 27. 8. „ „ Fesmy | 5. „ |
| | 28. 8. „ „ Thenelles | 5. „ |
| | 28. 8. Gefechte bei St. Quentin | H. K. K. 1 mit G. u. 5. K. D. |
| 29.—30. 8. | **Schlacht bei St. Quentin** | **2. Armee**, H.K.K. 1 (G. u. 5. K. D.) |
| | 29. 8. Gefecht bei Golancourt | G. K. D. |
| 31. 8.—5. 9. | **Vormarsch des H. K. K. 2 bis über den Grand Morin** | **1. Armee**, H.K.K. 2 (2., 4. u. 9. K.D.) |
| | 1. 9. Gefechte bei Verberie und St. Sauveur | 2. u. 9. K. D. |
| | 1. 9. Gefecht bei Néry | 4. K. D. |
| | 2. 9. „ „ Senlis | 9. „ |
| | 5. 9. „ „ Beton Bazoches | 9. „ |
| | 5. 9. „ „ St. Souplets | 4. „ |
| 31. 8.—5. 9. | **Vormarsch des H. K. K. 1 bis über den Grand Morin** | **2. Armee**, H.K.K. 1 (G. u. 5. K. D.) |
| | 31. 8. Gefecht bei Morsain | 5. K. D. |
| | 31. 8. „ „ Crécy au Mont | G. „ |
| | 1. 9. „ „ Soissons | G. „ |
| | 1. 9. „ „ Terny Sorny und Crécy au Mont | 5. „ |
| | 2. 9. „ „ Grand Rozoy | 5. „ |
| | 2. 9. „ „ Branges | G. „ |
| | 3. 9. „ „ Mont St. Père und Jaulgonne | 5. „ |
| | 3. 9. „ „ Fère en Tardenois und Jaulgonne | G. „ |
| | 4. 9. „ „ Fontenelle | 5. „ |
| | 5. 9. „ „ La Ferté Gaucher | G. „ |

## IV. Marneschlacht, Rückmarsch und Schlacht an der Aisne vom 6. bis 16. September 1914.

| Datum | Gefecht | Teilnehmer |
|---|---|---|
| 5.—9. 9. | **Schlacht am Ourcq und am Petit Morin** | **1. Armee**, 4. K. D., H. K. K. 2 (2. u. 9. K. D.), **2. Armee**, H.K.K. 1 (G. u. 5. K. D.) |
| | 6. 9. Gefecht bei Brégy—Bouillancy | 4. K. D. |
| | 6. 9. „ „ Touquin und Rozoy | 9. u. 2. K. D. |
| | 6. 9. „ „ Courtacon | G. K. D. |
| | 6. 9. „ „ Monceaux | 5. „ |
| | 7. 9. „ „ Thury en Valois und Autheuil en Valois | 4. „ |
| | 7. 9. „ „ Boissins | 9. „ |
| | 7. 9. „ „ Frétoy und Courtacon | G. „ |
| | 8. 9. „ „ Cuvergnon | 4. „ |
| | 8. 9. „ „ le Plessis Placy | 9. „ |
| | 8. 9. „ „ La Ferté sous Jouarre | 2. „ |
| | 8. 9. „ „ am Petit Morin | G. „ |
| | 8. 9. „ „ Orly | 5. „ |
| | 9. 9. „ „ Baumoise | 4. „ |
| | 9. 9. „ „ Montreuil | 9. „ |
| | 9. 9. „ „ Etrépilly | 5. „ |

| Datum | Gefecht | Teilnehmer |
|---|---|---|
| 10. u. 11. 9. | **Rückmarsch zur Aisne** | **1. u. 2. Armee** mit H.K.K. 2 u. 1 |
| | 10. 9. Gefechte bei Latilly und Breny | 9. K. D. |
| | 10. 9. Gefecht bei St. Gengoulph und St. Remy | 2. „ |
| | 10. 9. „ „ Jaulgonne | 5. „ |
| | 11. 9. „ „ Chéry | 5. „ |
| | 11. 9. „ „ Braisne | G. „ |
| 12.—16. 9. | **Schlacht an der Aisne** | **1. Armee**, 4. u. 7. K. D., **2. u. 7. Armee**, H.K.K. 2 u. 1 (2., 9. u. G. K. D.) |
| | 12. 9. Gefecht bei Bailly | G. K. D. |
| | 13. 9. „ „ Nampcel | 4. „ |
| | 13. 9. „ „ Bailly | G. „ |
| | 13. 9. „ „ Cerny | 2. u. 9. K. D. |
| | 14. 9. „ „ Roiglise | 7. K. D. |
| | 14. 9. „ „ Cerny | 9. „ |
| | 14.—16. 9. Gefechte bei St. Erme, Juvincourt und La Ville aux Bois | G. u. 2. K. D. |
| | 15. 9. Gefecht bei Noyon | 7. K. D. |
| | 15. 9. „ „ Quierzy | 4. „ |
| | 16. 9. Gefechte bei Ellincourt und Bourguignon | 7. „ |
| | 16. 9. Gefecht bei Quierzy | 4. „ |
| | 17.—22. 9. Gefechte bei Juvincourt und La Ville aux Bois | G. „ |

## V. Die Kavallerie bei der 5. und 6. Armee im August und September 1914.

| Datum | Gefecht | Teilnehmer |
|---|---|---|
| 6.—21. 8. | **Aufklärungsgefechte gegen den Othain- und Chiers-Abschnitt** | **5. Armee**, H.K.K. 4 (3. u. 6. K. D.) |
| | 8. 8. Gefecht bei Landres | 6. K. D. |
| | 10. 8. „ „ Pillon | 6. „ |
| | 21. 8. „ „ Tintigny—Jamoigne | 3. „ |
| 22.—27. 8. | **Schlacht bei Longwy—Longuyon und am Othain-Abschnitt** | **5. Armee**, H.K.K. 4 |
| | 22. 8. Gefechte bei Domprix und Landres | 6. K. D. |
| 28. 8.—1. 9. | **Schlacht um die Maasübergänge** | **5. Armee**, H.K.K. 4 |
| | 29. 8. Gefecht bei Brandeville | 3. K. D. |
| 2.—3. 9. | **Schlacht bei Varennes—Montfaucon** | **5. Armee**, H.K.K. 4 |
| 4.—5. 9. | **Verfolgung westlich Verdun und durch die Argonnen** | „ „ |
| 7.—10. 9. | **Schlacht am Rhein—Marne-Kanal** | „ „ |
| | 7.—10. 9. Gefechte bei Bassincourt | H. K. K. 4 (3. u. 6. K. D.) |
| vom 12. 9. an | **Rückmarsch zur Maas** | **5. Armee**, H.K.K. 4 |
| 7.—19. 8. | **Grenzschutzgefechte in Lothringen** | **6. Armee**, H.K.K. 3 (7., 8. u. B. K. D.) |
| | 9. 8. Gefecht bei St. Martin | 7. K. D. |
| | 10. 8. „ „ Cirey | 7. „ |
| | 11. 8. „ „ La Garde | B. „ |
| | 13. 8. „ „ Gondrexon | B. „ |
| | 14. 8. „ „ Igney | 7. „ |
| | 18. 8. „ „ Lauterfingen | 7. „ |
| | 19. 8. „ „ Rodalben—Liedersingen | B. „ |

| Datum | Gefecht | Teilnehmer |
|---|---|---|
| 20.—22. 8. | **Schlacht in Lothringen** | **6. Armee**, H.K.K. 3 (7., 8. u. B.K.D.) |
| | 20. 8. Gefecht bei Delme | 8. u. B. K. D. |
| | 21. 8. „ „ Moussey | 7. K. D. |
| 22. 8.—7. 9. | **Schlacht vor Nancy—Epinal** | **6. Armee**, H.K.K. 3 mit 7. u. B.K.D. (bis 7. 9.) u. 8. K. D. (bis 30. 8.) |
| | 25. 8. Gefecht bei Luneville | B.K.D. |
| | 25. 8. „ „ Domptail | 8. „ |
| | 25. 8. „ „ Fontenoy | **7. Armee** m. 7. K.D. |
| | 26. 8. „ „ Domptail | 7. K. D. |

## VI. Umfassungsversuche von der Aisne bis zur Lys vom 17. September bis 18. Oktober 1914.

| Datum | Gefecht | Teilnehmer |
|---|---|---|
| 17.—24. 9. | **Schlacht bei Noyon und Kämpfe zwischen Oise und Somme** | **1. Armee**, IX. R.K. mit 4. u. 7. K.D. bis 19. 9., H.K.K. 2 (2., 7. u. 9. K.D.) bis 24. 9. |
| | 17. 9. Gefecht bei Margny | 7. K. D. |
| | 17. 9. „ „ Cuts | 4. „ |
| | 18. 9. „ „ Elincourt | 7. „ |
| | 20. 9. „ „ Montdidier | 2. „ |
| | 20. 9. „ „ Amy | 9. „ |
| | 20. 9. „ „ Lassigny | 7. „ |
| | 21. 9. „ „ Amy | 7. „ |
| | 22. 9. „ „ Balâtre | 9. u. 2. K. D. |
| | 22. 9. „ „ Roye | 7. K. D. |
| | 23. 9. „ „ Nesle und Curchy | 9. „ |
| | 23. 9. „ „ Billancourt | 2. „ |
| | 23. 9. „ „ Beaulieu | 7. „ |
| | 24. 9. „ „ Cressy und Libermont | 9., 2. u. 7. K. D. |
| | 24. 9. „ „ Douai | 4. K. D. |
| 25. 9.—1. 10. | **Schlacht an der Somme** | **6. Armee**, H.K.K. 2 (2., 7. u. 9. K.D.), H.K.K. 1 (G. u. 4. K. D.) |
| | 25. 9. Gefechte bei Chaulnes und Cappy | 9. K. D. |
| | 25. 9. Gefecht „ Péronne | G. „ |
| | 26. 9. „ „ Flaucourt | 9. „ |
| | 26. 9. „ „ Bus | 7. „ |
| | 26. 9. „ „ Rocquigny | G. „ |
| | 26. 9. „ „ Beugny | 4. „ |
| | 27. 9. „ „ Ervillers | 4. „ |
| | 27. 9. „ „ Mory | G. „ |
| | 27. 9. „ „ Longueval | 7. „ |
| | 27. 9. „ „ Bazentin | 2. „ |
| | 27. 9. „ „ Flaucourt | 9. „ |
| | 28. 9. „ „ Courcelles | 4. „ |
| | 28. 9. „ „ Achiet le Grand | G. „ |
| | 28. 9. „ „ Miraumont | 7. „ |
| | 28. 9. „ „ Courcelette und Grandcourt | 2. u. 7. K. D. |
| | 29. 9. „ „ Achiet le Grand und Miraumont | 7. u. 2. „ |
| | 29. 9.—1. 10. Gefechte bei Croisilles, St. Leger, Ervillers und Achiet le Grand | 9., 7., 4. u. G. K. D. |

| Datum | Gefecht | Teilnehmer |
|---|---|---|
| 2.–18. 10. | **Schlacht bei Arras** | **6. Armee**, H.K.K. 2 (2., 7. u. 9. K.D.), H.K.K. 1 (G. u. 4. K.D.) |
| | 2. 10. Gefecht bei Roeux | 9. K.D. |
| 3.–8. 10. | **Gefechte bei Lens** | H.K.K. 2 u. 1 |
| | 3. 10. Gefecht bei Courrières | 4. K.D. |
| | 3. 10. „ „ Harnes | G. „ |
| | 3. 10. „ „ Billy Montigny | 9. „ |
| | 3. 10. „ „ Rouvroy | 7. „ |
| | 4. 10. „ „ Pont à Vendin | 4. „ |
| | 4. 10. „ „ Pont à Vendin und Wingles | G. „ |
| | 4. 10. „ „ Hulluch | 9. „ |
| | 4. 10. „ „ Lens | 7. „ |
| | 5. 10. „ „ Grenay | 9. „ |
| | 5. 10. „ „ Souchez | 7. „ |
| | 5. 10. „ „ Loos und Grenay | 4. u. G. K.D. |
| | 5. 10. „ „ Liévin | 9. K.D. |
| | 6.–8. 10. Gefechte bei Lens und Liévin | 4. u. G. K.D. |
| | 6.–8. 10. Gefecht bei Aix Noulette und Liévin | 9. K.D. |
| | 6.–8. 10. „ „ Souchez | 7. „ |
| 9.–18. 10. | **Gefechte zwischen Estaires und La Bassée** | H.K.K. 2 u. 1 |
| | 9. 10. Gefecht bei Don und Sainghin | H.K.K. 2 u. 1 |
| | 10. 10. „ „ Beaucamps | 7. K.D. |
| | 10. 10. „ „ Aubers | 9. „ |
| | 10. 10. „ „ Herlies und Neuve Chapelle | 4. „ |
| | 10. 10. „ „ Illies | G. „ |
| | 11. 10. „ „ La Fosse und Vieille Chapelle | 9. „ |
| | 11. 10. „ „ Neuve Chapelle | 7. „ |
| | 11. 10. „ „ Festubert | 4. „ |
| | 11. 10. Erstürmung von La Bassée | G. „ |
| | 12. 10. Gefecht bei La Fosse | 9. „ |
| | 12. 10. Gefechte bei Lacouture u. Richebourg St. Vaast | 7. „ |
| | 12.–14. 10. Gefecht bei Richebourg l'Avoué | 4. „ |
| | 12.–14. 10. „ „ Festubert und Givenchy | G. „ |
| | 13. u. 14. 10. „ „ Bout Deville | 9. „ |
| | 13. u. 14. 10. „ „ Croix Barbée | 7. „ |
| 5.–18. 10. | **Beim Garde- und IV. Armeekorps** | 2. „ |
| | 4. 10. Gefecht bei Boyelles und Hamelincourt | 2. „ |
| | 5. 10. „ „ Ayette | 2. „ |
| | 6. 10. „ „ Monchy | 2. „ |
| | 7. 10. „ „ Andifer | 2. „ |
| | 8.–16. 10. Gefechte vor Arras | 2. „ |
| 3.–18. 10. | **Aufklärungs- und Verschleierungskämpfe des H.K.K. 4 westlich Lille** | H.K.K. 4 mit 3., 6. u. B. K.D. |
| | 4. 10. Gefecht bei Lezennes | 6. K.D. |
| | 4. 10. „ „ Lille | B. „ |
| | 5. 10. „ „ Deûlemont | 6. „ |
| | 5. 10. „ „ Quesnoy | B. „ |
| | 5. 10. „ „ Sainghin | 3. „ |
| | 7. 10. „ „ Edemolen | B. „ |
| | 8. 10. „ „ Merris | B. „ |
| | 8. 10. „ „ Strazeele | 3. „ |
| | 8. 10. „ „ Doulieu | 6. „ |
| | 9. 10. „ „ Sailly | 3. „ |

| Datum | Gefecht | Teilnehmer |
|---|---|---|
| | 9. 10. Gefecht bei Hazebrouck | B. K. D. |
| | 9. 10. „ „ Vieux Berquin | 6. K. D. |
| | 11.—14. 10. Gefechte bei Estaires und Neuf Berquin | B. „ |
| | 12. u. 13. 10. Gefecht bei Meteren | 3. „ |
| | 12. 10. Gefecht bei Vieux Berquin | 6. „ |
| | 13. u. 14. 10. Gefecht bei Doulieu | 6. „ |

## VII. Stellungskämpfe in Flandern vom 19. Oktober bis 14. November 1914.

| Datum | Gefecht | Teilnehmer |
|---|---|---|
| 19.—28. 10. | **Schlacht bei Lille** | **6. Armee**, H. K. K. 2 1, 4 u. 5 mit G., 2., 3., 4., 6., 7., 9. u. B. K. D. |
| | 20. u. 21. 10. Angriff über die Linie Vieux Chien—Houthem in Richtung Ypern | H. K. K. 5 (3. u. B. K. D.) |
| | 20. u. 21. 10. Angriff von Warneton in Richtung Messines | H. K. K. 4 (6. u. 9. K. D.) |
| | 20. u. 21. 10. Angriff südlich des Douvebaches gegen St. Yves und den Wald von Ploegsteert | H. K. K. 1 (G. u. 4. K. D.) |
| | 21. 10. Erstürmung der Potterie Ferme | G. K. D. |
| 22.—28. 10. | **Kampf gegen die feindlichen Stellungen in Linie Kruseik—Hollebeke—Messines—St. Yves—Wald von Ploegsteert** | 3., 6., 9., 7., 2., G. u. 4. K. D. |
| | 22. 10. Erstürmung der Damier Ferme | G. K. D. |
| | 26. 10. Erstürmung von Kruseik | 3. „ |
| 29. 10.—14. 11. | **Schlacht bei Ypern** | **6. Armee** mit Gr. Fabeck u. H. K. K. 1 (G. u. 4. K. D.) |
| 30. 10.—4. 11. | Angriff der 4. und 6. Armee | H. K. K. 1 (G. u. 4. K. D.) |
| | 2. 11. Erstürmung der Douve Ferme | G. K. D. |
| | 3. 11. Erstürmung der Petite Douve Ferme | G. „ |
| | 4.—7. 11. Kampf um Hollebeke | 2. „ |
| | Vom 5. November 1914 an erfolgt die Ablösung der Kavallerie. | |

Anlage 4.

# Verzeichnis der vorkommenden Personennamen.

# Berichtigungen und Ergänzungen.

Auf Seite 12 Zeile 7 von oben lies statt: „5. Drag. 18" = 5. Drag. 17.

„ „ 12 „ 8 „ „ „ „ „2. Drag. 17" = 2. Drag. 18.

„ „ 12 „ 7 „ „ „ „ „Rittm. v. Boehn" = Rittm. v. Boehm-Bezing.

„ „ 12 „ 8 „ „ „ „ „letztere zum Teil erst am 6. 8." = ein Teil der Aufklärungs-Eskadrons erst am 6. 8.

„ „ 23 „ 17 „ unten „ „ „Utffz. Haller, Gefr. Thal, Andau und andere" = Utffz. Haller, Gefr. Trost I, Anders und andere.

„ „ 165 „ 16 ergänze nach „eingerichtet": In heftigem Feuerkampf wehrten die beiden Garde-Dragoner-Regtr. unter ihren bewährten Kommandeuren, den Oberstlts. Frhr. v. Holzing und Graf von Geßler, starke feindliche Angriffe ab.

„ „ 225 „ 9 von oben lies statt: „Oberst Frhr. v. Zedlitz und Leipe" = Oberstlt. Graf v. Geßler.

„ „ 234 Spalte 1 Zeile 6 von oben lies statt: „Andau" = Anders.

„ „ 234 „ 2 „ 11 „ „ „ „ „v. Boehm" = v. Boehm-Bezing.

„ „ 235 „ 3 „ 8 „ „ „ „ „Haller, Untfz. 23" = Haller, Untfz. 23.

„ „ 235 „ 2 nach Zeile 23 ergänze: v. Geßler, Graf, Oberstlt. 225.

„ „ 236 „ 1 Zeile 8 von oben ergänze: 165.

„ „ 239 „ 1 „ 21 „ unten: „Thal, Gefr. 23" fällt fort.

„ „ 239 „ 1 unter Zeile 10 von unten ergänze: Trost I, Gefr. 23.

„ „ 239 „ 3 Zeile 13 von unten: „v. Zedlitz u. Leipe, Frhr., Ob. 225" fällt fort.

---

Auf Seite 138 nach Zeile 9 von oben ist einzufügen:

**Folgende auf Grund von Angaben von Augenzeugen und Mitkämpfern entstandene Schilderung dieser schönen Reiterattacke der Bayer. Ulanen-Brigade zeigt deren Verlauf in noch anschaulicherer Weise:**

Die Bayer. Kav. Div. stand Anfang August im Grenzschutz in Lothringen. Ihren Eskadrons und Patrouillen gelang es nicht, den französischen Schleier zu zerreißen. Die am 10. 8. mit der preuß. 42. Inf. Div. um Maizières liegende Bayer. Kav. Div. beabsichtigte deshalb am 11. 8. durch Angriff auf Moncourt Klarheit zu schaffen. Ganz unerwartet kam am Abend des 10. die Nachricht, daß der Feind mit starken Kräften den Ort Lagarde besetzt habe.

Bei den Führern der Bayer. Kav. Div. und der 42. Inf. Div. stand von vornherein der Entschluß fest, durch Angriff Lagarde wieder in die Hand zu nehmen und die beabsichtigte weitere Offensive des Feindes zu hemmen. Laut Angriffsbefehl hatten vorzugehen: Die beiden Jäger-Btle. der Bayer. Kav. Div. zusammen mit 2 Grenzschutz-Btln. der Inf. Regtr. 17 und 131 aus Linie Ley—Bourdonnaye gegen Forst Kreuzberg—Lagarde, die Bayer. 5. Kav. Brig. mit der Ref. 5. Bayer. Feldart. Regts. durch den Wald von Bourdonnaye, 2 preuß. Radf. Komp. durch den Forst Dieuze westlich Moussey, die 59. Inf. Brig. von Avricourt über Remoncourt.

Der Morgen des 11. August sah die Bayer. Ul. Brig. und die Schw. Reit. Brig. in Versammlung nördlich Bourdonnaye. Die Chev. Brig. war an den Wald von Bourdonnaye gezogen als Bedeckung der westlich des Waldes in Stellung gegangenen Reiterabteilung.

Der befohlene Angriff entwickelte sich planmäßig und gewann Boden gegen Lagarde. Gegen 11 Uhr Vorm. wurde daher von der Bayer. Kav. Div. die Ul. Brig., die schon vorher wegen feindlichen Artilleriefeuers einen Stellungswechsel hatte vornehmen müssen, an das Chanalholz (zwischen Bourdonnaye und Lagarde) vorgezogen, wohin sich auch der Divisionsstab im Galopp begab Die Brigade nahm den Weg westlich an Bourdonnaye vorbei. Vom Südrand des Chanalholz konnte das Gefechtsfeld zum Teil übersehen werden.

Das Gefechtsfeld war begrenzt im Süden durch den Rhejn—Marne-Kanal, an dessen nördlichem, diesseitigem Ufer das Dorf Lagarde lag, im Westen durch den Forst Kreuzberg, im Osten durch die Straße Lagarde—Bourdonnaye. Die westliche Hälfte des Gefechtsfeldes war durch die Straße Lagarde—Ommeray durchschnitten, an der am Ostrande des Forstes Kreuzberg die die Umgegend überragende Höhe 265 lag. Das Gelände ist wellig; sanfte Höhenzüge wechseln mit Talmulden ab. Chanalholz und Forst Kreuzberg sind durch einen langen Höhenrücken verbunden, der sich bis nahe an den Rhein—Marne-Kanal, von Mulden geteilt, fortsetzt, um dann nochmals zu einer kleinen Erhöhung anzuschwellen, hinter der wenige hundert Meter entfernt der Kanal selbst an der Straße Lagarde—Xures liegt. Hochstehende Getreidefelder, zum Teil mit Drahtzäunen begrenzt und von Gräben durchzogen, bedeckten das Gelände, das im allgemeinen für Bewegungen größerer Reiterabteilungen günstig war und gedeckte Annäherung ermöglichte.

Der Stab der Bayer. Kav. Div. sah von der Südwestecke des Chanalholz, daß der Angriff sich dem von den Franzosen noch festgehaltenen Lagarde näherte. Eigenes Artilleriefeuer lag am Ostrande des Forstes Kreuzberg. Bald darauf wurde beobachtet, daß sich die Franzosen in kleinen Gruppen aus ihrer Linie lösten und in allgemein westlicher Richtung, nördlich des Kanals, auf Xures zurücksprangen. Die Lage stellte sich daher wie folgt dar:

Der Feind geht nördlich des Kanals auf Xures zurück. Demnächst muß der Angriff der 59. Inf. Brig. über Avricourt—Remoncourt wirksam werden. Es gilt, dem Feind die letzte Rückzugslinie über Xures zu verlegen, in die zurückgehenden Haufen Verwirrung zu tragen, dem Angriff der eigenen Infanterie neuen Impuls zu geben und zwischen Lagarde und Xures noch stehende feindliche Batterien zu nehmen, bevor es diesen gelingt, abzufahren. Dieses Ziel konnte nur durch einen Reiterangriff erreicht werden. Die Vorbedingungen für diesen waren günstig, er konnte gedeckt und unmittelbar in die feindliche Flanke herangetragen werden. Die Ul. Brig. war hierfür zur Hand und schien auch für den Zweck genügend.

Dem Kommandeur der Ul. Brig., der zuvor schon mündlich über die Lage unterrichtet war, wurde durch Ordonnanzoffizier der Befehl überbracht, von der Flanke her in die zurückgehende feindliche Infanterie einzuhauen und die dort stehenden Batterien wegzunehmen. Es mag um diese Zeit 12 Uhr mittags gewesen sein. Der Tag war klar, es war äußerst schwül und drückend. Die Truppen litten unter Hitze und Durst und waren ziemlich erschöpft.

Die feindliche Linie verlief ungefähr von 800 m südlich der Höhe 265 in südöstlicher Richtung gegen den Kirchhof von Lagarde, von dort etwa 50 m vor den Ostrand vorgeschoben, im Bogen bis zum Tal. An der Befestigung dieser Stellung und von Lagarde selbst wurde bis zu diesem Zeitpunkt gearbeitet. Auch der Kirchhof, hinter dessen Mauern feindliche Reserven standen, wurde durch Schützengräben und Drahthindernis befestigt. Die Verteidigungsanlagen schienen noch nicht zusammenhängend, aber Lagarde war bis zum Kanal stark besetzt. Überall schlug den an der Straße von Bourdonnaye und am Kanal zu Fuß vorfühlenden Patrouillen (1. Chev.) lebhaftes Feuer entgegen. Östlich des Forstes Kreuzberg bis zum Kanal stand gruppenweise feindliche Artillerie, im ganzen 12 Geschütze. Sie war, vor allem die nördliche Gruppe, zum Teil niedergekämpft durch unsere Artillerie, doch noch bewegungsfähig und von den Bedienungsmannschaften noch nicht verlassen. Die südliche Gruppe, die in der sich hart östlich des Forstes Kreuzberg hinziehenden Mulde stand, war noch intakt. Sowohl die Ul. Brig. in ihrer Versammlung und unsere Lagarde angreifende Infanterie wurden von dieser Artillerie lebhaft beschossen. Eben lösten sich einzelne Gruppen aus der feindlichen vorderen Linie nördlich und nordwestlich Lagarde und gingen, nicht geschlagen, sondern freiwillig und planmäßig, in westlicher Richtung zurück.

Die eigene Infanterie lag dem Feind erschöpft und ziemlich abgekämpft gegenüber. Sie war vorerst nicht imstande ohne Unterstützung oder Anstoß den Angriff weiter fortzusetzen. Ihre Linie lief, an den Flügeln reichlich dünn, von der Höhe 265, 1 km nordöstlich von Lagarde entlang bis zum Kanal. Südlich des Kanals gingen einzelne Gruppen (wohl die Radf. Komp.) sprungweise in heftigem feindlichen Inf. Feuer in Richtung Lagarde vor. Das eigene Artilleriefeuer lag hauptsächlich auf dem Ostrand des Forstes Kreuzberg.

Die Schw. Reit. Brig. wurde von Marimont über Ommeray gezogen und stand im weiteren Verlauf am Forst Kreuzberg. Feindliche Artillerie, die mit Fliegerbeobachtung schoß, veranlaßte mehrmaligen Stellungswechsel.

Die Ul. Brig. war aus ihrer Bereitstellung südlich Marimont hart westlich Bourdonnaye vorbei gegen Chanalholz geritten. Das Vorgehen verzögerte sich, da das Gelände allenthalben von Drahtzäunen und Gräben durchsetzt war. Die Eskadrons suchten sich einzeln, zum Teil mit Drahtscheren, ihren Weg. Es entstanden größere und unregelmäßige Abstände und Zwischenräume, die auch wegen des feindlichen Artilleriefeuers beibehalten wurden. Nördlich des Chanalholz bildete die Brigade Doppelkolonne in Regimentern, 2. Ul. Regt. voraus, und trabte in der tiefen, nach Höhe 265 führenden Mulde weiter.

Der Brigade, der bis jetzt nur bekannt war, daß sie vorgezogen würde, um bei der demnächstigen Entscheidung zur Hand zu sein, brachte der Ordonnanzoffizier der Division, an den Regimentern mit dem Zuruf vorbeireitend: „Ich gratuliere, die Brigade soll attackieren", den Angriffsbefehl: „Angriff auf die linke Flanke zurückgehender Infanterie und Wegnahme der nordwestlich Lagarde stehenden Artillerie." Der Brigadekommandeur ließ die Brigade in der Mulde halten und rief die Regimentskommandeure auf die die genannte Mulde südlich begrenzende Höhe. Heftiges, dort einschlagendes Infanteriefeuer, das sofort Pferdeverluste im Brigadestab verursachte, verbot weitere Erkundung. Da auch Infanteriestrichfeuer in die Regimenter schlug, ritt die Brigade an. Der Ordonnanzoffizier der Division kam zum zweiten Male von rückwärts der Kolonne vorgeritten, den Befehl rufend: „Losreiten, es eilt!"

Inzwischen überschritt das 2. Ul. Regt. mit 2., 3. und 4. Esk. die Straße Ommeray—Lagarde, die das 1. Ul. Regt. mit 1., 3. und 4. Esk. gerade erreichte. Die 1./2. Ul. Regts. und die 5./1. Ul. Regts. waren als Aufklärungs-Eskadrons entsandt.

Nach kurzer Orientierung gab der Brigadekommandeur den Befehl zum Angriff und ritt voraus, mit dem Säbel die Marschrichtung angebend. Die Regimenter drehten mit Teten links. Das 2. Ul. Regt., durch Drahtzäune aufgehalten, war rechts rückwärts gestaffelt. Der Kommandeur 1. Ul. Regts. befahl: „Angriff auf Infanterie, 4. Esk. rechts, 1. links, 3. als 2. Treffen dahinter, die Esks. in zwei Wellen, geöffnete Glieder." Mit dem Säbel gab der Regimentskommandeur die vom Brigadekommandeur bezeichnete Richtung. Vom 2. Ul. Regt., das rechts des 1. Ul. Regts. anritt, wurde die 4. Esk. rechts, die 3. links, die 2. rechts rückwärts gestaffelt angesetzt. Das Regiment erhielt die feindliche Artillerie als besonderes Angriffsziel zugewiesen.

In der Entwicklung erfolgte der Befehl zum Angaloppieren. Schon prasselte feindliches Maschinengewehrfeuer gegen die linke (1.) Esk./1. Ul. Regts., die das Feuer annahm und dadurch nach links abkam. Die 4. folgte nach links. In die zwischen den beiden Regimentern entstehende Lücke führte der Kommandeur des 1. Ul. Regts. die 3. Esk. aus dem 2. Treffen in zwei Wellen gegliedert selbst vor. Das 2. Ul. Regt. folgte dem 1. Ul. Regt. in der vorbeschriebenen Gliederung etwas rückwärts gestaffelt.

Bei der Höhe 265 wurden eigene dünne Schützenlinien, bei denen sich eine enthüllte Fahne befand, durchritten. Mit begeistertem Hurra begrüßten die Infanteristen die Ulanen. Gleich hierauf stießen die Ulanen, die mit lautem Hurra in starkem Galopp anritten, auf feindliche Schützen und Schützengruppen, die in den hohen Haferfeldern erst im letzten Augenblick sichtbar wurden, oder sich in Gebüschen und Hecken zusammengeballt hatten und von dort aus feuerten. Sie wurden überritten, niedergemacht oder ergaben sich mit lautem Zurufen und Händehochheben.

Nach dem Überreiten der feindlichen Infanterie stieß das etwas vorausgestaffelte 1. Ul. Regt., das mit der 3. Esk. über Höhe 265 in südwestlicher, mit der 4. und 1. in südlicher Richtung ritt, überraschend mit seinem rechten Flügel auf zwei feindliche Batterien, deren Bedienung zu keinem Schuß mehr kam und niedergemacht wurde. Die 2. Ulanen trafen ebenso überraschend auf die Flanke der nördlichsten Artilleriegruppe, dann mit der 2. Esk. auf die am weitesten südlich am Kanal etwas rückwärts gestaffelt stehende Artilleriegruppe. Nur einzelne Schüsse vermochten die völlig überraschten Artilleristen aus den schnell herumgedrehten Geschützen zu lösen, ehe sie überritten waren.

Nun hatte die vorderste Linie der angreifenden 1. Ulanen die Höhe 266 (etwa 500 m nordwestlich Lagarde) erreicht, auf der von der 3. (rechten) Esk. noch ein französischer Bataillonsstab mit entrollter Fahne überrannt wurde. Hier, an dem zur Straße Xures—Lagarde abfallenden Steilhang, kam die Attacke dieser Eskadrons einen Augenblick zum Stehen. Man sah unten den Rhein—Marne-Kanal, hinter dem vom Gegner nichts zu sehen war, und einen schmalen Streifen Wiese zwischen Kanal und Straße, der zur Zeit ebenfalls frei zu sein schien. Dagegen sah man feindliche Infanteristen an der mit Büschen bestandenen kleinen Kuppe dicht nordöstlich der Kanalbrücke zwischen Lagarde und Xures. Gegen diese Schützen, die wenig Widerstandskraft mehr zeigten, führte nunmehr der Regimentskommandeur die 3. Esk. Sie ergaben sich meist sofort.

Hier, an der Höhe 266, westlich Lagarde und an der Straßenbrücke, nach Überreiten der feindlichen Infanterie und Wegnahme der Artillerie, nach Absperren des Rückzugsweges nach Westen, nach Xures, war der eigentliche Zweck der Attacke erfüllt!

Der an dieser Stelle bei der 3./1. Ul. Regts. befindliche Kommandeur 1. Ul. Regts.

ließ auch hier zum Sammeln blasen. Doch verzögerte sich dies, da dem mit dem Kommandeur reitenden Stabstrompeter das Mundstück der Trompete abgeschossen war, und erst ein Trompeter der 3. Esk. geholt werden mußte.

Inzwischen waren aber die 1. u. 4./1. Ul. Regts., in südlicher Richtung weiterreitend, auf die westlichen Vorgärten von Lagarde getroffen, hatten hier lebhaftes Feuer aus dem Ort erhalten und waren, hierdurch angezogen, nach Osten einschwenkend, in den Ort hineingeritten.

Der bisher vor diesen Eskadrons reitende Brigadekommandeur war, durch mehrere Schüsse schwer verwundet, mit seinem zu Tode getroffenen Pferde zusammengebrochen. Sein Adjutant fiel neben ihm, desgleichen der Chef der 1. Esk. durch Maschinengewehrfeuer. Auch der Chef der 4. Esk. wurde schwer verwundet, sein Pferd getötet. So waren die durchgehenden Eskadrons führerlos.

Den gleichen Weg wie die 1. u. 4./1. Ul. Regts. nahmen die 3. u. 4./2. Ul. Regts. Da sie den Westeingang von Lagarde mit Reitern und herumliegenden Pferden angefüllt fanden, ritten sie nördlich des Ortes herum und in den Osteingang hinein. Die 2./Ul. Regts. 2 hatte nach Durchreiten der feindlichen Artillerie an der Kanalbrücke haltgemacht.

Die nach Lagarde hineingerittenen Eskadrons beider Regimenter erlitten schwere Verluste durch Infanterie- und Maschinengewehrfeuer aus den Häusern und vom Kirchturm. Doch ungebrochen blieben der Angriffswille und Vorwärtsdrang der Reiter. Die pferdelosen Ulanen griffen sofort zum Karabiner, die nachdrängenden Kameraden sprangen von den Pferden und stürmten mit der Schußwaffe nach. Ein erbittertes Handgemenge entstand im Ort. In diesem fiel auch der Chef der 4./2. Ul. Regts. Schon der moralische Eindruck der in die Ortschaft jagenden Reiter auf die französische Besatzung war groß gewesen. Zum großen Teil dachte diese nicht mehr an Widerstand, floh aus der Ortschaft, versuchte schwimmend den Kanal zu überwinden oder ergab sich. Im Fußgefecht, Mann gegen Mann, vollendeten die Ulanen die Einnahme von Lagarde.

Nun eilten die bei der glühenden Hitze erschöpften Reiter zu den Ortsbrunnen, erquickten sich und tränkten ihre Pferde. Während die Reiter im gewonnenen Lagarde die Brunnen, vor allem am Ostausgang, umdrängten, kamen mit lautem, die Ulanen begrüßendem Hurra von allen Seiten her die bayerischen Jäger und preußischen Infanteristen in den Ort. Im Nordwesten und Westen war die preußische Infanterie unmittelbar den attackierenden Reitern gefolgt.

Groß war das Ergebnis der Attacke. Anfeuernd wirkte sie auf die eigene Infanterie, die, entlastet, mit neuem Mut zum Angriff schritt, so daß dem Feind keine Zeit blieb, sich loszulösen. Was von der feindlichen Infanterie im Zurückgehen war, außerdem der linke feindliche, unserer Infanterie noch gegenüberliegende Infanterieflügel wurde überritten, niedergemacht oder gefangen. Zwölf feindliche Geschütze wurden erobert, Lagarde von den Reitern genommen. Eine Fahne, über 1200 Gefangene blieben in der Hand der Sieger. Auch sehr wertvolle Schriftstücke wurden erbeutet, die über den ganzen französischen Aufmarsch die wichtigsten Nachrichten brachten, die durch die Aufklärungstätigkeit allein nie zu erhalten gewesen wären.

Der Divisionsstab der B.K.D. war, nachdem er den Ordonnanzoffizier zum zweiten Male mit der Mahnung zur Eile fortgeschickt hatte, selbst den attackierenden Eskadrons gefolgt. Er hatte auf dem ganzen Attackenweg bis zum Kanal feststellen können, daß die Attacke den Ulanen nur geringe Verluste gekostet hatte. Dagegen sah man die schweren Verluste der Franzosen. Überall lagen erstochene französische Infanteristen. In den genommenen Batterien sah man die Bedienungsmannschaften liegen. Zahlreiche Gefangene wurden zurückgebracht. Doch noch waren in den hohen Getreidefeldern und Büschen zahlreiche französische Infanteristen zurückgeblieben, zum Teil auch wohl beim Überreiten nicht erledigt worden, die nun den Reitern nachfeuerten und den Divisionsstab aufs Korn nahmen. Gegen diese sammelte ein Offizier des Stabes die Reiter und Ordonnanzen des Divisionsstabes und ritt mit diesen eine zweite Attacke gegen die feindlichen Schützenreste. Der bis an den Kanal vorgeeilte Divisionskommandeur befahl nun bei Höhe 266 Divisionsruf und Sammeln zu blasen. Zeitlich wird dies kurz nach dem Signal des 1. Ul. Regts. gewesen sein. Und hier ein ähnliches Mißgeschick! Kein Trompeter zu finden, denn diese attackierten soeben mit den Mannschaften des Stabes im Attackenfeld. Der suchende Ordonnanzoffizier fand einen am Boden liegenden Trompeter des 1. Ul. Regts., der das Bein gebrochen hatte. Diesen ließ er aufs Pferd heben und führte ihn zum Divisionskommandeur, wo dann das Signal geblasen wurde.

Bis dahin waren die Teile der beiden Regimenter, die dem vom Kommandeur des 1. Ul. Regts. gegebenen Signal gefolgt waren, allmählich auf zwei Eskadrons angewachsen. Diese führte der Regimentskommandeur auf Höhe 265 zurück, wo er sie dem Divisionskommandeur zur Verfügung stellte. Beim Zurückreiten erhielten diese Eskadrons noch heftiges (eigenes?) Schrapnellfeuer, das Verluste brachte. Beschleunigt an den Nordwestrand des Forstes Kreuzberg zur Sicherung gegen Moncourt befohlen, konnten diese Eskadrons wegen Ermüdung der Pferde die Bewegung nur im Schritt und kurzen Trabe ausführen. Bald nach Besetzung des genannten Waldrandes durch Schützen wurde die Ulanenbrigade von anderen Teilen der B. K. D. abgelöst. Damit war ihre Gefechtstätigkeit am 11. 8. beendet.

Wenn bei der Attacke von Lagarde behauptet wird, daß der erreichte Erfolg nicht mit der Höhe der Verluste im Einklang stehe, so ist hierzu zu bemerken: Wäre die Attacke, wie von der Führung gewollt, bei der Höhe 266 und am Kanal zum Stehen gekommen, so wäre der gleiche Erfolg mit geringen Verlusten erreicht worden. Lagarde war abgeschnitten, die zurückgehende Infanterie und die feindliche Artillerie vernichtet oder gefangen, Lagarde selbst die baldige Beute der eigenen Infanterie, die nun den Impuls zum weiteren Vorgehen erhalten hatte gegen einen Feind, dessen Widerstandskraft durch die Attacke völlig gebrochen war.

Dieser Abschnitt der Attacke war ein Musterbeispiel eines gelungenen Reiterangriffs, das zeigt, daß auch bei neuzeitlicher Waffenwirkung Kavallerie zu Pferde angreifen kann und muß, wenn die Lage es erfordert und die Umstände es gestatten. Erst der zweite Abschnitt der Attacke brachte die großen Verluste, die hätten vermieden werden können.